Kohlhammer

Grundwissen Soziale Arbeit

Herausgegeben von Rudolf Bieker

Das gesamte Grundwissen der Sozialen Arbeit in einer Reihe: theoretisch fundiert, immer mit Blick auf die Arbeitspraxis, verständlich dargestellt und lernfreundlich gestaltet – für mehr Wissen im Studium und mehr Können im Beruf.

Eine Übersicht aller lieferbaren und im Buchhandel angekündigten Bände der Reihe finden Sie unter:

https://shop.kohlhammer.de/grundwissen-soziale-arbeit

Herausgeber*innen dieses Bandes

Prof. Dr. rer. soc. Rudolf Bieker war nach dem Studium der Erziehungswissenschaft, Soziologie und Psychologie und langjähriger Forschungs- und Praxistätigkeit Professor für Theorie und Strukturen Sozialer Dienste/Sozialverwaltung am Fachbereich Sozialwesen der Hochschule Niederrhein in Mönchengladbach. Heute arbeitet er freiberuflich als Lektor, Autor und Herausgeber wissenschaftlicher Publikationen.

Prof. Dr. rer. pol. Heike Niemeyer promovierte an der Universität Konstanz, volkswirtschaftliche Fakultät. Nach langjähriger Forschungs- und Beratungstätigkeit in vielfältigen sozialpolitischen Themenfeldern und Formaten – Sozialberichterstattung, Evaluation, Politikberatung – im Institut für Sozialforschung und Gesellschaftspolitik sowie als Mitinhaberin des Büros synergon ist sie seit 2018 am Fachbereich Sozialwesen der Hochschule Niederrhein Professorin für Theorie und Strukturen Sozialer Dienste/Sozialverwaltung.

Rudolf Bieker
Heike Niemeyer (Hrsg.)

Träger, Arbeitsfelder und Zielgruppen der Sozialen Arbeit

2., überarbeitete Auflage

Verlag W. Kohlhammer

Dieses Werk einschließlich aller seiner Teile ist urheberrechtlich geschützt. Jede Verwendung außerhalb der engen Grenzen des Urheberrechts ist ohne Zustimmung des Verlags unzulässig und strafbar. Das gilt insbesondere für Vervielfältigungen, Übersetzungen, Mikroverfilmungen und für die Einspeicherung und Verarbeitung in elektronischen Systemen.

Die Wiedergabe von Warenbezeichnungen, Handelsnamen und sonstigen Kennzeichen in diesem Buch berechtigt nicht zu der Annahme, dass diese von jedermann frei benutzt werden dürfen. Vielmehr kann es sich auch dann um eingetragene Warenzeichen oder sonstige geschützte Kennzeichen handeln, wenn sie nicht eigens als solche gekennzeichnet sind.

Es konnten nicht alle Rechtsinhaber von Abbildungen ermittelt werden. Sollte dem Verlag gegenüber der Nachweis der Rechtsinhaberschaft geführt werden, wird das branchenübliche Honorar nachträglich gezahlt.

Dieses Werk enthält Hinweise/Links zu externen Websites Dritter, auf deren Inhalt der Verlag keinen Einfluss hat und die der Haftung der jeweiligen Seitenanbieter oder -betreiber unterliegen. Zum Zeitpunkt der Verlinkung wurden die externen Websites auf mögliche Rechtsverstöße überprüft und dabei keine Rechtsverletzung festgestellt. Ohne konkrete Hinweise auf eine solche Rechtsverletzung ist eine permanente inhaltliche Kontrolle der verlinkten Seiten nicht zumutbar. Sollten jedoch Rechtsverletzungen bekannt werden, werden die betroffenen externen Links soweit möglich unverzüglich entfernt.

2., überarbeitete Auflage 2022

Alle Rechte vorbehalten
© W. Kohlhammer GmbH, Stuttgart
Gesamtherstellung: W. Kohlhammer GmbH, Stuttgart

Print:
ISBN 978-3-17-041959-9

E-Book-Formate:
pdf: ISBN 978-3-17-041960-5
epub: ISBN 978-3-17-041961-2

Vorwort zur Reihe

Mit dem so genannten »Bologna-Prozess« galt es neu auszutarieren, welches Wissen Studierende der Sozialen Arbeit benötigen, um trotz erheblich verkürzter Ausbildungszeiten auch weiterhin »berufliche Handlungsfähigkeit« zu erlangen. Die Ergebnisse dieses nicht ganz schmerzfreien Abstimmungs- und Anpassungsprozesses lassen sich heute allerorten in volumigen Handbüchern nachlesen, in denen die neu entwickelten Module detailliert nach Lernzielen, Lehrinhalten, Lehrmethoden und Prüfungsformen beschrieben sind. Eine diskursive Selbstvergewisserung dieses Ausmaßes und dieser Präzision hat es vor Bologna allenfalls im Ausnahmefall gegeben.

Für Studierende bedeutet die Beschränkung der akademischen Grundausbildung auf sechs Semester, eine annähernd gleich große Stofffülle in deutlich verringerter Lernzeit bewältigen zu müssen. Die Erwartungen an das selbständige Lernen und Vertiefen des Stoffs in den eigenen vier Wänden sind deshalb deutlich gestiegen. Bologna hat das eigene Arbeitszimmer als Lernort gewissermaßen rekultiviert.

Die Idee zu der Reihe, in der das vorliegende Buch erscheint, ist vor dem Hintergrund dieser bildungspolitisch veränderten Rahmenbedingungen entstanden. Die nach und nach erscheinenden Bände sollen in kompakter Form nicht nur unabdingbares Grundwissen für das Studium der Sozialen Arbeit bereitstellen, sondern sich durch ihre Leserfreundlichkeit auch für das Selbststudium Studierender besonders eignen. Die Autor*innen der Reihe verpflichten sich diesem Ziel auf unterschiedliche Weise: durch die lernzielorientierte Begründung der ausgewählten Inhalte, durch die Begrenzung der Stoffmenge auf ein überschaubares Volumen, durch die Verständlichkeit ihrer Sprache, durch Anschaulichkeit und gezielte Theorie-Praxis-Verknüpfungen, nicht zuletzt aber auch durch lese(r)-freundliche Gestaltungselemente wie Schaubilder, Unterlegungen und andere Elemente.

Prof. Dr. Rudolf Bieker, Köln

Zu diesem Buch

Moderne Wohlfahrtsstaaten zeichnen sich durch einen hohen Organisationsgrad sozialer Leistungen aus. Dies geht in der Regel – so auch in Deutschland – mit einer hohen Komplexität der Leistungssysteme hinsichtlich der beteiligten Organisationen und Institutionen und ihrer Zuständigkeiten einher. Soziale Arbeit nimmt in diesem Gefüge eine bedeutende Rolle ein. Sie kommt dann zum Tragen, wenn Menschen von sozialen Problemen betroffen sind, zu deren Überwindung sie der Unterstützung der Gemeinschaft in Form professioneller psychosozialer Dienstleistungen bedürfen. Seit ihrer Verberuflichung Anfang des 20. Jahrhunderts haben sich die Arbeitsfelder der Sozialen Arbeit immer weiter ausdifferenziert. Parallel dazu ist eine heterogene, in ihrer Vielgestaltigkeit und organisatorischen Diffundierung nicht einfach zu überschauende Trägerlandschaft entstanden.

Mit diesem Band soll zum einen ein grundlegender Einblick in die institutionellen Systemstrukturen der Sozialen Arbeit (Trägerlandschaft) und die unterschiedlichen Funktionen der verschiedenen Träger gegeben werden (▶ Teil A). Im Fokus stehen die für die Gewährleistung und Durchführung sozialer Leistungen verantwortlichen bzw. beauftragten öffentlichen und privaten Träger und ihr Verhältnis zueinander. Des Weiteren werden grundlegende Informationen über die Mittel bereitgestellt, die den Trägern Sozialer Arbeit für ihre Aufgabenerfüllung zur Verfügung stehen.

Zum anderen geht es um eine Einführung in inhaltliche und methodische Aspekte Sozialer Arbeit am Beispiel von 25 ausgewählten Arbeitsfeldern, in denen Sozialarbeiter*innen professionell tätig sind (▶ Teil B). Wir haben diese Arbeitsfelder pragmatisch nach Handlungsbereichen geordnet, um ihre große Bandbreite und Heterogenität überschaubarer zu machen. Ergänzend zeigen wir auf, welche weiteren Arbeitsfelder diesen Handlungsbereichen – neben den von uns ausgewählten – zugeordnet werden können.

Die wesentlichen organisatorischen, methodischen, inhaltlichen und rechtlichen Aspekte der Arbeitsfelder werden in strukturierter Form jeweils von ausgewiesenen Expert*innen präsentiert. Als Herausgeber*innen haben wir Wert daraufgelegt, dass die Texte auch von Studierenden in Einstiegssemestern selbständig gelesen werden können, wenngleich sie keineswegs nur für diese geschrieben sind.

Köln, im Juli 2021   *Rudolf Bieker, Heike Niemeyer*

Inhalt

Vorwort zur Reihe 5

Zu diesem Buch 6

A   Träger der Sozialen Arbeit

1   Trägerstrukturen in der Sozialen Arbeit – ein Überblick 13
     Rudolf Bieker & Heike Niemeyer

B   Arbeitsfelder und Zielgruppen

Einführung 63
Rudolf Bieker & Heike Niemeyer

Handlungsbereich »Erziehung, Bildung, Sozialisation« 67

2   Offene Kinder- und Jugendarbeit 68
     Ulrich Deinet & Sarah Büchter

3   Schulsozialarbeit 75
     Johannes Kloha, Kathrin Aghamiri & Anja Reinecke-Terner

4   Sportsozialarbeit 82
     Heiko Löwenstein, Birgit Steffens & Julie Kunsmann

5   ASD und Schutzauftrag bei Kindeswohlgefährdung 89
     Reinhold Schone

6   Hilfen zur Erziehung 96
     Sabrina Schmidt

7   Kinder- und Jugendhilfe in geschlossenen Einrichtungen 108
     Nina Oelkers

Inhalt

Handlungsbereich »Existenzielle Problemlagen« 115

8 Jugendberufshilfe – Soziale Arbeit im Übergang Schule-Beruf .. 116
Ruth Enggruber

9 Berufliche Rehabilitation – Teilhabe am Arbeitsleben für
Menschen mit Förder- und Unterstützungsbedarf 123
Ernst von Kardorff

10 Hilfen im Wohnungsnotfall 135
Nora Sellner

11 Soziale Schuldenberatung 142
Harald Ansen

Handlungsbereich »Soziale Beziehungen und Konfliktsituationen« ... 148

12 Gemeinwesen- und sozialraumorientierte Soziale Arbeit 149
Heike Herrmann

13 Familien mit Migrationsgeschichte 155
Hiltrud Stöcker-Zafari

14 Soziale Arbeit mit Geflüchteten und Asylsuchenden 164
Donja Amirpur

15 Gewalt gegen Frauen – Häusliche Gewalt 172
Birgit Meyer

16 Hilfen für Frauen in sexuellen Ausbeutungsverhältnissen 181
Yvette Völschow, Wiebke Janßen & Silke Gahleitner

17 Diskriminierungsaffine und demokratiefeindlich orientierte
junge Menschen 188
Kurt Möller

**Handlungsbereich »Gesundheitliche Beeinträchtigungen/Probleme
des Alterns«** 197

18 Selbsthilfeunterstützung von Menschen mit gesundheitlichen
Beeinträchtigungen 198
Bernhard Borgetto & Isabel Wünsche

19 Selbstbestimmung und Schutz von vulnerablen Erwachsenen .. 206
Reiner Adler

20	Soziale Arbeit in der Suchthilfe	214
	Marion Laging	
21	Soziale Arbeit in psychiatrischen Arbeitsfeldern	221
	Jeannette Bischkopf & Lars Friege	
22	Soziale Arbeit mit behinderten Menschen (in der Eingliederungshilfe)	233
	Dieter Röh	
23	Ältere Menschen	243
	Julia Steinfort-Diedenhofen	

Handlungsbereich »Abweichendes Verhalten« 251

24	Jugendhilfe im Strafverfahren	252
	Bernd Holthusen & Sabrina Hoops	
25	Soziale Arbeit mit straffällig gewordenen Menschen	259
	Heinz Cornel	

Handlungsbereich »Sozialmanagement« 272

26	Förderung und Begleitung freiwilligen sozialen Engagements	273
	Gisela Jakob	

Autor*innenverzeichnis 281

A   Träger der Sozialen Arbeit

1 Trägerstrukturen in der Sozialen Arbeit – ein Überblick

Rudolf Bieker & Heike Niemeyer

> **☞ Was Sie in diesem Kapitel lernen können**
>
> Im modernen Wohlfahrtsstaat sind eine Vielzahl von Organisationen und Institutionen in unterschiedlicher Zuständigkeit damit befasst, Leistungen der Sozialen Arbeit zur Verfügung zu stellen. Im Kern bilden diese die Träger der Sozialen Arbeit. Zur Angebotsstruktur, Ausgestaltung, Weiterentwicklung und Qualitätssicherung Sozialer Arbeit tragen aber auch viele andere Stellen bei, die man als Träger der Sozialen Arbeit im weiteren Sinne verstehen kann. Der Beitrag zeigt die Struktur und Heterogenität dieser Träger im engeren und weiteren Sinne auf. Er fokussiert, wer für die Gewährleistung und die Durchführung gesetzlich gewollter Leistungen der Sozialen Arbeit in der Hauptsache verantwortlich ist, in welchem Verhältnis die verschiedenen Träger zueinanderstehen und welche Mittel sie für ihre Aufgabenerfüllung einsetzen können.

1.1 Zum Begriff des Trägers

»Träger der Sozialen Arbeit« ist der Oberbegriff für in der Regel juristische, z. T. aber auch natürliche Personen, die Dienstleistungen der Sozialen Arbeit erbringen oder für deren Bereitstellung gesetzlich verantwortlich sind (Träger im engeren Sinne). Zu den juristischen Personen zählen insbesondere Verbände, Vereinigungen und Stiftungen; natürliche Personen sind Träger der Sozialen Arbeit, wenn sie ihre Tätigkeit selbständig ausüben, wie z. B. gesetzliche Berufsbetreuer*innen.

Verbände, Vereinigungen und Stiftungen erbringen ihre Dienstleistungen in abgrenzbaren, rechtlich selbständigen oder unselbständigen Organisationseinheiten. Diese werden gewöhnlich als Dienste und Einrichtungen bezeichnet.

Soziale Dienste und Einrichtungen

Beide Begriffe werden in der Fachliteratur nicht immer einheitlich verwendet. Der Begriff Dienst wird z. T. als Tätigkeit verstanden; er entspricht dann dem Begriff Dienstleistung (Deller & Brake 2014, 208; Horcher 2013, 241). Zum Teil – und davon abgegrenzt – werden Soziale Dienste als »organisatorische Form der sozialen Dienstleistungserbringung« bezeichnet, die aber in dem Begriff Einrichtung aufgeht (»Soziale Dienste sind Einrichtungen ...«; Dahme & Wohlfahrt 2013, 36f.). Die Unterscheidung gelingt auch dann nicht, wenn man den Begriff Einrichtung als Kombination von sächlichen und personellen Mitteln versteht, die unter Verantwortung eines Trägers einem bestimmten Zweck zugeordnet sind (Fahlbusch 2017, 214). Sofern man Dienste als abgrenzbare Organisationseinheiten betrachtet (z. B. eine Beratungsstelle), treffen diese Kriterien auch auf Dienste zu.

Im *Sozialrecht* spricht man von Einrichtungen dann, wenn eine Leistung an einem bestimmten Ort (Gebäude mit besonderer Ausstattung) erbracht wird, z. B. die Leistung Pflege in einem Heim. Bei Leistungen, die nicht zwingend an einen festen Ort mit einer bedarfsspezifischen Ausstattung gebunden sind, also z. B. auch auf der Straße oder in der Wohnung einer Person erbracht werden können, wird die ausführende Stelle als Sozialer Dienst bezeichnet (Wiesner 2015, 115; Horcher 2013, 286f.). In diesem Sinne spricht man bei ambulanten, nicht einrichtungsgebundenen Leistungen von Sozialen Diensten, bei teilstationären und stationären Leistungen von Einrichtungen (zur Unterscheidung ambulant, teilstationär, stationär s. u.). Ein Sozialer Dienst ist auch dann eine abgrenzbare Organisationseinheit, wenn es sich lediglich um eine einzelne Stelle handelt, durch die ein Träger seine Aufgaben erfüllt.

In einem erweiterten Verständnis lassen sich dem Begriff Träger auch solche Organisationen zuordnen, die für die Verfügbarkeit, den Umfang, die Qualität und die Weiterentwicklung der Sozialen Arbeit eine große Bedeutung haben, auch wenn sie selbst keine Angebote der Sozialen Arbeit bereitstellen. Typisch für diese Träger ist, dass es ihrer jeweiligen Zielsetzung oder rechtlichen Verpflichtung nach zu ihren regelmäßigen, dauerhaft wahrgenommenen Aufgaben gehört, auf das Vorhandensein und die Weiterentwicklung Sozialer Arbeit in Theorie und Praxis Einfluss zu nehmen (Träger im weiteren Sinne).

Institutionen und Organisationen

Unter *Institutionen* versteht man ganz allgemein dauerhaft existente Strukturelemente einer Gesellschaft, die das Zusammenleben der Gesellschaftsmitglieder lenken und entlasten.

Beispiele solcher mehr oder weniger stabilen gesellschaftlichen Einrichtungen bzw. Ordnungselemente sind: Ehe, Familie, Religion, Justiz, Politik, Schule, Sport, Monogamie.

Soziale Institutionen sind einerseits menschengemacht, andererseits treten sie den Gesellschaftsmitgliedern als quasi-objektive Wirklichkeit gegenüber mit einer mehr oder weniger selbstverständlichen Geltung (vgl. Biermann 2007, 70).

Organisationen sind Institutionen (soziale Gebilde) eines bestimmten Typs. Sie verbinden: Menschen in unterschiedlichen Rollen (z. B. Leitung, Sachbearbeitung, Hilfstätigkeiten), Sachmittel (Gebäude, Ausstattungen) und Regeln für die Aufgabenerledigung (Vorgehen bei der Diagnostik, Aktenführung, Arbeitszeiten, Kommunikationswege, Konzepte, Methoden), um mehr oder weniger dauerhaft einen klar definierten Zweck zu verfolgen.

Beispiel: Hilfevereine sind als Muster sozialen Handelns einerseits eine gesellschaftliche Institution; als Anbieter von sozialen Dienstleistungen sind sie zugleich eine bewusst zweckgerichtet tätige soziale Organisation. Die Mitarbeiter*innen des Vereins arbeiten nach bestimmten Regeln (Zuständigkeiten, Kompetenzen, Vorgehensweisen) zusammen, um einen bestimmten Zweck zu verfolgen, z. B. Geflüchteten zur Integration in die Aufnahmegesellschaft zu verhelfen.

Institutionen können zugleich Organisationen darstellen, allerdings sind nicht alle Institutionen Organisationen, wie z. B. die Familie.

Zusammengenommen lassen sich die Träger im engeren und weiteren Sinne wie folgt gruppieren.

Träger im engeren Sinne

- Bund und Länder als Gesetzgeber und Finanziers
- Leistungsträger nach dem Sozialgesetzbuch (z. B. Jugendamt als öffentlicher Träger der Jugendhilfe)
- öffentliche und private Leistungserbringer

Träger im weiteren Sinne

- Berufsverbände, Sozialverbände, Selbsthilfeorganisationen, aber auch Hochschulen u. a. als ideelle Träger

1.2 Funktionale Struktur der Träger

Die in Abschnitt 1.1 unterschiedenen Träger erfüllen mit Blick auf die Soziale Arbeit jeweils bestimmte Funktionen (▶ Kap. 1.1). Mehrere Funktionen können hierbei zusammentreffen. So sind fast alle Träger im engeren Sinne auch Träger im weiteren Sinne, d. h. zugleich ideelle Träger. Umgekehrt gilt dies nicht.

1.2.1 Bund und Länder

Bund und Länder sind für die Soziale Arbeit in zweifacher Hinsicht von herausgehobener Bedeutung: Als Gesetzgeber und als mittelbare und unmittelbare Finanziers von Leistungen der Sozialen Arbeit.

Gesetzgebungsfunktion

Die meisten Leistungen, die Menschen im föderal organisierten staatlichen Gefüge in Anspruch nehmen können, beruhen auf einer bundes- oder landesgesetzlichen Grundlage. Über Leistungsgesetze kommen Bund und Länder dem Sozialstaatsgebot des Grundgesetzes nach (Art. 20 Abs. 1 GG). Leistungsversprechen gegenüber dem*der Bürger*in, wie er z. B. im Anspruch von Eltern auf erzieherische Unterstützung oder dem Anspruch einer psychisch beeinträchtigten Person auf Betreutes Wohnen zum Ausdruck kommt, können nur durch den Gesetzgeber selbst, nicht aber durch andere öffentliche Institutionen (z. B. die Gemeinden) erfolgen. Dieser staatliche Gesetzesvorbehalt (kein Leistungsanspruch ohne Gesetz) bindet zwar keine privaten Anbieter Sozialer Arbeit, ihrerseits tätig zu werden (z. B. die Kirchen); wegen des großen Bedarfs bzw. der hohen Kosten können private Angebote aber stets nur ergänzenden Charakter zu den staatlichen Leistungen haben. In der Masse fußt der Sozialstaat auf der Gesetzgebungstätigkeit von Bund und Ländern. Hier obliegt es in der Hauptsache dem Bund, auf dem Gebiet der Sozialgesetzgebung und damit auch dem der Sozialen Arbeit tätig zu werden, während die Länder nur eine ergänzende Rolle spielen. In der Regel steht den Ländern aber das Recht zu, bundesrechtliche Regelungen durch eigenes Recht weiter auszuformen, z. B. durch entsprechende Ausführungsgesetze.

Finanzierungsfunktion

Bund und Länder entscheiden mit Hilfe von Leistungsgesetzen nicht nur weitgehend über Art, Spektrum und Volumen sozialer Leistungen (die Soziale Arbeit eingeschlossen), sondern sie beteiligen sich auch an deren Finanzierung. Dies geschieht zum einen *mittelbar* über die allgemeine Steuerverteilung im Staat, zum anderen *unmittelbar* über spezielle gesetzliche Regelungen (z. B. zur Beteiligung des Landes an der Kita-Finanzierung). Hinzu kommen besondere Förderprogramme, die von den Ministerien oder nachgeordneten Behörden verwaltet werden. Ein Beispiel hierfür ist der Kinder- und Jugendplan, der Bundesmittel für besondere Aufgaben in der Jugendarbeit bereitstellt (Bödege-Wolf & Schellberg 2010, 84, 93).

> **Finanzielle Förderungen**
>
> ... können sich z. B. beziehen auf
>
> - Dienste und Einrichtungen der Sozialen Arbeit auf örtlicher Ebene, d. h. die soziale Infrastruktur (z. B. Beratungs- und Anlaufstellen, Frauenhäuser, Jugendeinrichtungen, Einrichtungen für Geflüchtete, Ausbau und Betrieb von Kindertageseinrichtungen),
> - Verbände der Sozialen Arbeit (z. B. die Spitzenverbände der Freien Wohlfahrtspflege),
> - bundeszentrale Einrichtungen (z. B. die Bundesprüfstelle für jugendgefährdende Medien, Deutsches Jugendinstitut),
> - Forschungs- und Entwicklungsprojekte (z. B. zur Qualitätsentwicklung und Wirkungsorientierung in der Jugendhilfe),
> - Fachtagungen, Sozialberichterstattung (z. B. Jugendbericht nach § 84 SGB VIII),
> - Modellprogramme, z. T. in Co-Finanzierung mit der EU (Europäischer Sozialfond).

1.2.2 Leistungs- und Kostenträger

Als Leistungsträger werden nach § 12 SGB I öffentlich-rechtliche Körperschaften, Anstalten und Behörden (und nur diese) bezeichnet, die aufgrund gesetzlicher Regelung verpflichtet sind, bestimmte soziale Leistungen (z. B. erzieherische Hilfen, Beratung, Hilfen für Menschen mit Behinderung, Ausbildungsförderung) zu erbringen, sofern die jeweils geltenden Voraussetzungen (z. B. Vorliegen einer Bedürftigkeit) erfüllt sind. Zu den Leistungsträgern gehören vor allem die kreisfreien Städte und Kreise, aber auch andere öffentlich-rechtliche Körperschaften wie die Bundesagentur für Arbeit und die sonstigen Träger der Sozialversicherung.

Das Bestehen einer Leistungsverpflichtung bedeutet nicht, dass die zuständige Stelle (z. B. das Sozialamt) jede der Sozialleistungen, für die sie zuständig und verantwortlich ist, selbst zu erbringen hat, solange sie wirksam dafür sorgt, dass Hilfeberechtigte die ihnen zustehenden Hilfen tatsächlich bekommen. Das gilt für personenbezogene Dienstleistungen, bei denen eine Gewährleistungspflicht, aber keine Ausführungspflicht besteht. Geldleistungen muss der Leistungsträger dagegen selbst erbringen.

Seinen Verpflichtungen kann der verantwortliche Leistungsträger folglich dadurch nachkommen, dass er die Ausführung der Leistung, z. B. die sozialpädagogische Familienhilfe für Familie X., einem Dritten als Leistungserbringer überträgt (z. B. einem Wohlfahrtsverband oder einer freiberuflich tätigen Sozialarbeiterin).

Mit diesem Beauftragten schließt der Leistungsträger in der Regel eine schriftliche Vereinbarung über die Aufgabenwahrnehmung und deren Finanzierung ab. Dies setzt voraus, dass der Leistungserbringer zu der gewünschten Aufgabenübernahme bereit ist. Steht kein in Frage kommender Leistungserbringer zur Verfügung (z. B. weil er die angebotenen vertraglichen Konditionen nicht für ausreichend hält), muss der öffentliche Leistungsträger den Anspruch der Leistungsberechtigten (z. B. auf Betreuung in einer Kindertageseinrichtung) selbst erfüllen. Nach dem Sozialrecht und der ihm folgenden Praxis stellt die Überlassung der Leistungsausführung den Regelfall dar (▶ Kap. 1.3). Eine vom Jugendamt gewährte Hilfe zur Erziehung (§ 27 SGB VIII) wird deshalb nur im Ausnahmefall von diesem selbst durchgeführt.

Die erwähnte Gewährleistungspflicht ist in § 17 SGB I einheitlich für alle Sozialgesetzbücher geregelt.

> **§ 17 SGB I Ausführung der Sozialleistungen**
>
> 1. Die Leistungsträger sind verpflichtet, darauf hinzuwirken, dass
> 2. jeder Berechtigte die ihm zustehenden Sozialleistungen in zeitgemäßer Weise, umfassend und zügig erhält,
> 3. die zur Ausführung von Sozialleistungen erforderlichen sozialen Dienste und Einrichtungen rechtzeitig und ausreichend zur Verfügung stehen (...).

Die Erfüllung der Anforderungen »erforderlich«, »rechtzeitig« und »ausreichend« (zur Auslegung s. u. a. Münder u. a. 2009, 681) erfordert eine qualifizierte Planung der sozialen Infrastruktur, damit die benötigten Leistungen bedarfs- und zeitgerecht zur Verfügung stehen. Der verpflichtete Leistungsträger kann sich seiner Verantwortung nicht entziehen, auch nicht dadurch, dass er auf fehlende Haushaltsmittel verweist. Das gilt insbesondere dann, wenn der Gesetzgeber Leistungsberechtigten einen unmittelbaren, einklagbaren Anspruch auf eine Leistung eingeräumt hat. Deshalb ist etwa der Anspruch auf Hilfe zum Lebensunterhalt (SGB II, SGB XII) auch dann zu erfüllen, wenn die Kassen leer sind. Menschen, die nach Prüfung ihrer Situation einen Anspruch auf Hilfe haben, dürfen folglich von der Behörde nicht abgewiesen oder auf später vertröstet werden.

Eng mit der Rolle des Leistungsträgers verbunden, aber nicht vollkommen in ihr aufgehend, ist die Funktion des *Kostenträgers*. Als eigener Begriff taucht der Begriff Kostenträger nur in bestimmten Sozialgesetzbüchern auf (z. B. SGB V und XI). Grundsätzlich gilt: Wer zu einer Sozialleistung gesetzlich verpflichtet ist, hat auch deren Kosten zu tragen. Das Jugendamt hat deshalb nicht nur Hilfen zur Erziehung zu (gewähr-)leisten, sondern diese auch zu finanzieren. Ohne Mittelbereitstellung des Leistungsträgers für Personal, Räume, Sachmittel liefe die Leistung praktisch leer oder sie hinge davon ab, ob und inwieweit ein Dritter (z. B. ein Wohlfahrtsverband) willens und finanziell in der Lage ist, für den öffentlichen Träger mit eigenen Mitteln einzustehen. Der moderne Sozialstaat würde sich damit in einen Almosenstaat zurückentwickeln, dem gesetzlich verbriefte Leistungen fremd sind.

Dennoch muss die Kostentragungspflicht nicht auf den Leistungsträger alleine beschränkt sein. Ein Beispiel dafür ist die Finanzierung der Leistung »Förderung von Kindern in Tageseinrichtungen« (§ 22a SGB VIII) in Nordrhein-Westfalen. Nach § 74a SGB VIII in Verbindung mit §§ 32ff. Kibiz NRW vom 03.12.2019 wird die Finanzierung der Leistung auf eine Mehrzahl von Schultern verteilt:

- die örtlichen Jugendämter (laufende Kosten, im Wesentlichen auf der Grundlage von »Kindpauschalen«),
- das Land (Beteiligung an den Aufwendungen des Jugendamtes sowie Zuschüsse zu den investiven Kosten),
- Elternbeiträge (fakultativ, sozial gestaffelt),
- Eigenmittel der Träger (gestaffelt nach Art des Trägers).

Obwohl also die Jugendämter der kreisfreien Städte, der Kreise oder bestimmter Gemeinden oder Gemeindeverbände als örtliche Träger der Jugendhilfe Leistungs- und Gewährleistungsträger für die Leistung »Kindergarten« sind, sind sie nicht deren alleiniger Kostenträger. So können im Sozialrecht nach Maßgabe des jeweiligen Gesetzes grundsätzlich auch die Nutzer*innen einer Leistung verpflichtet sein, im Rahmen ihrer wirtschaftlichen Leistungsfähigkeit in einem begrenzten Umfang zu den Kosten beizutragen. Leistungen können auch nach oben gedeckelt sein, wie z. B. in der Pflegeversicherung (»Teilkasko«).

1.2.3 Leistungserbringer

Der bürokratisch anmutende sozialrechtliche Begriff Leistungserbringer bezeichnet Organisationen, die Soziale Dienste und Einrichtungen für Menschen bereitstellen, die in einer bestimmten Lebenslage oder Lebensphase die Unterstützung dafür ausgebildeter Fachkräfte (und ggf. auch zusätzlicher ehrenamtlicher Kräfte) benötigen.

Die Betreiber dieser Dienste können einen höchst unterschiedlichen Zuschnitt haben nach Rechtsform (z. B. Verein, GmbH, Stiftung), Größe (Zahl der Einrichtungen, Plätze, Mitarbeitenden), Umsatz (Einnahme-/Ausgabevolumen), räumlicher Verbreitung (Bundesländer, Regionen), weltanschaulicher Bindung und Aufgabenspektrum (z. B. Konzentration auf bestimmte Angebote oder Zielgruppen). Anbieter von Dienstleistungen sind zwar auch Städte, Kreise und Gemeinden, überwiegend sind es aber privatrechtliche Vereinigungen, wie z. B. die großen Wohlfahrtsverbände (Caritas, Arbeiterwohlfahrt etc.) und weitere selbständige Träger (z. B. Elterninitiativen; dazu unten mehr), die meist aber den Wohlfahrtsverbänden angeschlossen sind.

Über die Leistungserbringer erfüllt der öffentliche Leistungsträger (z. B. das Jugendamt der Stadt) die Verpflichtungen, die ihm der Gesetzgeber aufgetragen hat (z. B. Angebote der offenen Jugendarbeit bereitzustellen). Damit verbunden sind die Übernahme aller oder der hauptsächlichen Kosten, die Bewilligung einer (Geld-)Zuwendung oder der Abschluss von Vereinbarungen über den Inhalt und die Qualität des jeweiligen Angebots (▶ Kap. 1.4.5). Durch die Überlassung der Leistungsausführung an einen Dritten (z. B. das Jugendzentrum Step e. V.) kann sich der Leistungsträger im Wesentlichen darauf beschränken, a) durch Planung und Abstimmung mit den Angebotsträgern dafür zu sorgen, dass das Gesamtangebot bedarfsgerecht ist, b) dass neuen Bedarfen mit neuen Angebotsformen begegnet wird (z. B. Projekte gegen Gewalt und Rassismus) und c) dass Bürger*innen, die einen individuellen, ihnen persönlich zustehenden Anspruch auf eine Leistung haben, diese Leistung durch die erforderliche Bewilligung erhalten. Daraus ergibt sich die folgende Leistungskette (▶ Abb. 1.1).

Abb. 1.1: Sozialrechtliche Leistungskette (Regelfall) (eigene Darstellung)

Die Leistungen werden für Menschen erbracht, deren besonderer Hilfebedarf zwar öffentlich anerkannt ist (insbesondere durch Verankerung in einem Leistungsgesetz des Sozialgesetzbuches), der aber nicht über den Markt befriedigt werden kann, d. h. durch Kauf der benötigten Leistung. Eltern mit einem Bedarf an »Hilfe zur Erziehung« sind im Regelfall nicht in der Lage, sich die benötigten Leistungen bei kommerziellen Anbietern zu Marktpreisen zu beschaffen. Bei allgemeinen Leistungen wie Stadtteilarbeit, pädagogischem Kinder- und Jugendschutz oder Kriminalprävention wären Menschen von vorneherein gar nicht bereit, ein Entgelt zu zahlen, weil der Nutzen nur sehr eingeschränkt ihnen selbst, sondern im Wesentlichen der Allgemeinheit zufällt. Überhaupt keine Zahlungsbereitschaft dürfte gegeben sein, wenn es sich um Maßnahmen handelt, die individuell als Eingriff und Kontrolle wahrgenommen werden (z. B. Jugendgerichtshilfe, Inobhutnahme bei Kindeswohlgefährdung) oder um Leistungen, die rein vorsorglich bereitgehalten werden (z. B. Notaufnahmeeinrichtungen für Kinder). Ebenso müssten Leistungen entfallen, die sich unter Marktgesichtspunkten nicht rentieren, weil die Fallzahlen zu gering sind (z. B. Jugendarbeit im ländlichen Raum). Aufgrund des im Sozialleistungsbereich typischen »Marktversagens« (vgl. Geest 2013, 649) finanziert der Staat die von Sozialen Diensten und Einrichtungen erbrachten Dienstleistungen aus Steuermitteln.

Die Angebote der Leistungserbringer beziehen sich schwerpunktmäßig auf gesetzlich definierte Leistungen, die in den verschiedenen Sozialgesetzen z. T. sehr präzise, z. T. aber auch mehr oder weniger offen beschrieben sind (z. B. im SGB VIII – Kinder- und Jugendhilfe). Die darin aufgeführten »Sozialleistungen« können individuelle Leistungsansprüche (z. B. auf eine Hilfe zur Erziehung) ebenso beinhalten wie Leistungen für ›Jedermann‹ (z. B. Jugendarbeit, Altenhilfe). Im Unterschied zu individuellen Leistungen lassen sich allgemeine Leistungen vor Gericht nicht einklagen.

Das ›Kerngeschäft‹ der Leistungserbringer sind *personenbezogene Dienstleistungen*. Dazu gehören beratende, fördernde, erzieherische, therapeutische und – außerhalb der Sozialen Arbeit – auch pflegerische Angebote. Personenbezogene Dienstleistungen können ambulant, teilstationär und vollstationär erbracht werden (s. Textfeld). Ergänzend kommen *Sachleistungen* in Betracht (z. B. die Verpflegung in einer Wohneinrichtung). Typische *Geldleistungen* wie z. B. das Arbeitslosengeld II oder das Elterngeld werden dagegen nicht durch Soziale Dienste und Einrichtungen als Leistungserbringer bereitgestellt, sondern unmittelbar durch die dafür zuständigen Leistungsträger (z. B. das Jobcenter). Zum Aufgabenbereich der Leistungserbringer gehört es aber regelmäßig, Menschen darin zu beraten, wie sie Zugang zu diesen materiellen Leistungen finden.

Ambulante, teilstationäre, stationäre Leistungen

Bei stationären Leistungen verlegen Leistungsberechtigte ihren Aufenthaltsort befristet oder auf unbestimmte Zeit über Tag und Nacht in die soziale Einrichtung (z. B. ein Wohnheim für Jugendliche); dort erhalten sie neben den persönlichen Hilfen auch Unterkunft und Verpflegung. Die teilstationäre Leistung unterscheidet sich von der vollstationären Leistung dadurch, dass Leistungsberechtigte einen (größeren) Teil eines Tages oder einer Nacht vorübergehend oder regelmäßig in einer Einrichtung verbringen (z. B. einer Werkstatt für behinderte Menschen). Ambulante Leistungen sind zeitlich flexibel, häufig weniger intensiv und beinhalten keine Vollversorgung, insbesondere keine Verpflegung. Ambulante Leistungen werden ggf. auch außerhalb der Räumlichkeiten des Sozialen Dienstes erbracht, z. B. im häuslichen Bereich der leistungsberechtigten Person. Der Dreiteilung entsprechen in den diversen Sozialgesetzbüchern bestimmte Formen der Leistungsfinanzierung. Wegen der grundlegenden Änderung der Finanzierungsstrukturen wurde die Unterscheidung (teil-)stationärer und ambulanter Leistungen in der Eingliederungshilfe für behinderte Menschen (SGB IX, Teil 2) aufgegeben (▶ Kap. 22).

1.2.4 Ideelle Träger

Wie jedes andere soziale System muss sich die Soziale Arbeit kontinuierlich mit Veränderungen in ihrer Umwelt auseinandersetzen und sich an neue Realitäten anpassen (gesellschaftliche Entwicklungen und Diskurse, Problemlagen der Menschen, Prioritätensetzungen der Politik, Finanzsituation der öffentlichen Hände etc.). Daneben ist sie auch selbst Initiatorin von Veränderungen. Beide ›Treiber‹ zusammengenommen machen die Soziale Arbeit zu einem hochdynamischen gesellschaftlichen Handlungsfeld. An dem komplexen, miteinander verwobenen Entwicklungsprozess ist eine Vielzahl von Organisationen beteiligt, die ihrem jeweiligen Auftrag nach unmittelbar Einfluss nehmen auf die Ausgestaltung und

Weiterentwicklung Sozialer Arbeit in Theorie und Praxis. Diese Organisationen werden hier als *ideelle Träger* bezeichnet. Ideelle Träger wirken auf Theorie, Selbstverständnis und Praxis der Sozialen Arbeit ein, auf die Definition und Bearbeitungsbedürftigkeit sozialer Probleme und auf die Intensität, Qualität, Methoden und Finanzierungsformen. Der Bogen dieser Träger ist weit gespannt, er schließt neben den Verbänden der Leistungserbringer (z. B. Bundesarbeitsgemeinschaft der Freien Wohlfahrtspflege) und der Leistungsträger (z. B. Deutscher Städtetag) auch die Hochschulen, Forschungseinrichtungen (z. B. Deutsches Jugendinstitut) sowie die Berufsverbände in der Sozialen Arbeit ein (z. B. Deutscher Berufsverband für Soziale Arbeit DBSH). Daneben besteht eine Vielzahl von Fachverbänden, Fachvereinigungen und Arbeitsgemeinschaften, die sich mit der Bearbeitung bestimmter Ausschnitte sozialer Probleme befassen, z. B. der Jugendsozialarbeit (Bundesarbeitsgemeinschaft Jugendsozialarbeit) oder der Förderung behinderter Menschen (Bundesarbeitsgemeinschaft Selbsthilfe von Menschen mit Behinderung, chronischer Erkrankung und ihren Angehörigen e. V., BAG Selbsthilfe).

Beispiele für ideelle Träger der Soziale Arbeit

Deutsche Gesellschaft für Soziale Arbeit (DGSA)

Die DGSA ist eine Fachgesellschaft; im Unterschied zum Berufsverband DBSH vertritt sie nicht unmittelbar die Interessen der Beschäftigten in der Sozialen Arbeit. Sie versteht sich als ein Netzwerk von Menschen, die die wissenschaftlichen Grundlagen der Sozialen Arbeit in Theorie, Ausbildung und Praxis fördern wollen. Es handelt sich mithin um eine wissenschaftliche Fachgesellschaft, die sich um die Soziale Arbeit in Lehre und Forschung an den Hochschulen kümmert. Sie will ein Fachforum sowohl für inhaltliche Diskussionen und die Ausdifferenzierung verschiedener Unterdisziplinen Sozialer Arbeit sein als auch den wissenschaftlichen Nachwuchs fördern und eine lebendige wissenschaftliche und Publikationstätigkeit anregen. Die Gesellschaft gliedert sich in Sektionen (z. B. Forschung, Klinische Sozialarbeit, Politik Sozialer Arbeit) und Fachgruppen (z. B. Lehre, Ethik, Promotionsförderung). Der Vorstand besteht aus Hochschullehrer*innen. Große Resonanz finden die jährlichen Fachtagungen (www.dgsa.de).

Fachbereichstag Soziale Arbeit (FBTS)

Der FBTS ist das deutschlandweite Koordinationsorgan der Dekan*innen von Fachbereichen/Fakultäten mit dem Studienangebot Soziale Arbeit (früher Sozialpädagogik/Sozialarbeit). Der FBTS »bündelt als übergeordnetes, kollegiales Organ der akademischen Selbstverwaltung die fachlichen, organisatorischen und bildungspolitischen Aktivitäten von etwa 80 Standorten. Überwiegend sind dies Fachhochschulen. Hinzu kommen die ehemaligen Gesamthochschulen als heutige Universitäten (z. B. Kassel). Eine weitere Besonderheit bilden die konfessionell getragenen Hochschulen in diesem Feld (z. B. Evangelische

Hochschule Dresden, Katholische Fachhochschule Freiburg)« (www.fbts.de, Online: 02.10.2020).

Deutscher Berufsverband für Soziale Arbeit e. V. (DBSH)

Der Verband mit Sitz in Berlin versteht sich als die berufsständische Vertretung der Fachkräfte in der Sozialen Arbeit. Gleichzeitig ist er Fachgewerkschaft innerhalb des dbb (Deutscher Beamtenbund und Tarifunion). Er nimmt für seine ca. 6.000 Mitglieder deren gesellschaftsbezogene und berufspolitische sowie die arbeits-, besoldungs- und tarifrechtlichen Interessen wahr. In fachlicher Hinsicht beansprucht er zugleich »Maßstäbe in der Sozialen Arbeit zu setzen« (www.dbsh.de, Online: 02.03.2021). Der DBSH setzt sich insbesondere für die »Verbesserung der Bedingungen Sozialer Arbeit, die fachliche Profilierung und leistungsgerechte Anerkennung der sozialen Berufe, die Zusammenarbeit aller in sozialen Arbeitsfeldern beschäftigten Fachkräfte und die Einhaltung von Berufsethik und Qualitätsstandards der Sozialen Arbeit« ein (ebd.).

Deutscher Verein für öffentliche und private Fürsorge (DV)

Der 1880 von Entscheidungsträgern der Kommunen sowie Einrichtungen und Verbänden der privaten, Freien Wohlfahrtspflege gegründete Verein versteht sich als gemeinsames Forum für alle Akteure in der sozialen Arbeit, der Sozialpolitik und des Sozialrechts in Deutschland. Sein Ziel ist, durch Empfehlungen für die Praxis der Sozialarbeit, durch Fachveranstaltungen, Fortbildungsangebote, Gutachten, Stellungnahmen und Publikationen auf die Ausgestaltung der Kinder-, Jugend-, und Familienpolitik, der Grundsicherungssysteme, der Altenhilfe, Pflege und Rehabilitation, das Bürgerschaftliche Engagement, die Planung und Steuerung der sozialen Arbeit und der Sozialen Dienste sowie die internationale und europäische Sozialpolitik und das Sozialrecht Einfluss zu nehmen. Große Bedeutung hat der alle drei Jahre stattfindende Deutsche Fürsorgetag. Zu den heute ca. 2.000 Mitgliedern gehören seit Gründung des DV u. a. Kommunen, die Freie Wohlfahrtspflege, die Wissenschaft, Einzelpersonen und zahlreiche weitere Akteure aus dem sozialen Bereich. Der Verein ist überparteilich und weltanschaulich neutral.

1.3 Öffentliche und private Träger Sozialer Dienste und Einrichtungen

Im vorangegangenen Kapitel wurden die Träger der Sozialen Arbeit nach den Funktionen unterschieden, die sie auf dem weiten Feld der Sozialen Arbeit wahrnehmen: Gesetzgebung, Finanzausstattung, Gewährleistung, Ausführung und ideelle Förderung. Betrachtet man den Trägerbegriff nicht funktional (aufgabenbezogen), sondern nach der Art des Trägers (institutionell) kann auf einer ersten Ordnungsebene zwischen öffentlichen und privaten Trägern unterschieden werden. Beide Trägertypen repräsentieren ein Konglomerat von Untergruppen (zweite Ebene), denen sich ihrerseits eine Vielzahl verschiedener Träger zuordnen lässt (dritte Ebene, in Abbildung 1.2 nicht ausgewiesen). Im Ergebnis besteht eine strukturell stark diversifizierte Landschaft von Trägern der Sozialen Arbeit (▶ Abb. 1.2).

Abb. 1.2: Institutionelle Struktur der Angebotsträger (eigene Darstellung)

1.3.1 Öffentliche Träger

Zum Typus »Öffentliche Träger« der Sozialen Arbeit gehören die Städte, Gemeinden, (Land-)Kreise und die höheren Kommunalverbände als kommunale Träger sowie – in begrenztem Umfang – die Länder und die gesetzlichen Sozialversicherungen als staatliche Träger.

Kommunale Träger

Städte, Gemeinden, (Land-)Kreise

Städte, Gemeinden und (Land-)Kreise sind Selbstverwaltungskörperschaften. Sie genießen das im Grundgesetz verankerte Recht, ihre Angelegenheiten in einem bestimmten Umfang in eigener Verantwortung zu regeln (Bieker 2020a). In den Zuständigkeitsbereich fallen grundsätzlich auch soziale Angelegenheiten. Da viele soziale Leistungen, die von den kommunalen Körperschaften erbracht werden, gesetzliche Pflichtaufgaben darstellen, beschränkt sich das Selbstverwaltungsrecht auf die fallbezogene Anwendung und die örtliche Ausgestaltung der Leistungen.

Zum Selbstverwaltungsrecht der Kommunen gehört, dass Kommunen auch über die konkreten gesetzlichen Vorgaben hinaus soziale Dienstleistungen für ihre Bürger*innen erbringen dürfen (freiwillige Leistungen, z. B. Einrichtung einer Antidiskriminierungsstelle, Finanzierung eines Frauenhauses). Im Bereich der freiwilligen Aufgaben bestimmen die Kommunen im Rahmen ihrer finanziellen Möglichkeiten selbst, ob und wie sie diese Aufgaben wahrnehmen.

Das Selbstverwaltungsrecht der kommunalen Körperschaften ist für die Soziale Arbeit von grundlegender Bedeutung: Es gibt der lokalen Bürgerschaft (die über politische Parteien und Wählervereinigungen repräsentiert wird) in den zuständigen Gremien (Rat, Kreistag, Fachausschüsse) die Möglichkeit, sich im Rahmen, aber auch über die zentralstaatlichen Vorgaben hinaus um die sozialen Probleme vor Ort eigenaktiv zu kümmern, dabei Schwerpunkte zu setzen, die dafür erforderlichen Ressourcen für personenbezogene Dienstleistungen und Sachmittel bedarfsgerecht bereitzustellen und auf neue Anforderungen flexibel zu reagieren. Dieses Recht steht allerdings oft in einem beachtlichen Gegensatz zu den finanziellen Handlungsmöglichkeiten der Kommunen.

Als Träger der Sozialen Arbeit spielen auf kommunaler Ebene die *Jugendämter* eine wichtige Rolle.

Jugendämter – Steckbrief

Erste Jugendämter gab es in den großen Städten in Deutschland zu Beginn des 20. Jahrhunderts, seit 1922 gibt es sie als gesetzlich vorgeschriebene Einrichtungen. Die gesetzlichen Grundlagen wurden seitdem immer wieder verändert. Rechtsgrundlage ist heute das SGB VIII.

Jugendämter müssen nicht ausdrücklich Jugendamt genannt werden, es können auch andere Bezeichnungen gewählt werden (z. B. Amt für Kinder, Jugendliche und Familie; Fachdienst Jugend), solange die gesetzlichen Aufgaben in einer Organisationseinheit gebündelt werden (vgl. Mund 2019, 135f.).

Träger der Jugendämter sind von Gesetzes wegen die kreisfreien Städte und Landkreise. Ab einer landesweit unterschiedlichen Einwohner*innenzahl können auch kreisangehörige Gemeinden die Aufgaben eines Jugendamtes übernehmen (zur Struktur der Kommunen: Bieker 2016, 2020b).

Jugendämter verwalten ein großes Bündel an Aufgaben, bei denen die Soziale Arbeit eine große Rolle spielt (z. B. Sozialpädagogische Familienhilfe, Angebote für minderjährige Eltern, stationäre Erziehung, Erziehungsberatung, Erziehung in einer Tagesgruppe, Jugendarbeit, Schulsozialarbeit, Beratung bei Trennung/Scheidung, Hilfen für junge Volljährige). Personell stehen die Aufgaben als Träger von Kindertageseinrichtungen oft im Vordergrund.

Soziale Arbeit im Jugendamt hat es mit zwei Gruppen von Personen zu tun: Menschen, die Leistungen (Beratung, Erziehung) selbst nachfragen und Menschen, an die sich das Jugendamt *von Amts wegen* wendet. Im Extremfall wird das Jugendamt unabhängig vom bzw. gegen den ausdrücklichen Willen seiner Adressat*innen tätig (z. B. vorläufige Inobhutnahme eines von seinen Eltern misshandelten Kindes, Einschaltung des Vormundschaftsgerichts, Jugendgerichtshilfe). Das Gesetz spricht in diesem Fall nicht mehr von Leistungen, sondern von »anderen Aufgaben«. Zu den anderen Aufgaben gehören auch trägerbezogene Aufgaben (z. B. Erteilung einer Pflegerlaubnis).

Jugendämter sind nach innen zweigliedrig angelegt: Sie bestehen aus der Verwaltung des Jugendamtes und dem Jugendhilfeausschuss. Die Verwaltung erledigt alle laufenden, d. h. wiederkehrenden Aufgaben (z. B. die Bewilligung einer Hilfe zur Erziehung, die Abrechnung von finanziellen Zuwendungen an private Träger), während der Jugendhilfeausschuss Grundsatz- und Rahmenentscheidungen trifft (z. B. welche Schwerpunkte in der Jugendhilfeplanung gesetzt werden sollen) und über die Vergabe von Fördermitteln befindet. Eine demokratie- und finanzpolitisch nicht unproblematische Besonderheit ist, dass im Jugendhilfeausschuss auch die gemeinnützigen Träger der Jugendhilfe mit Sitz und Stimme vertreten sind.

Während die Jugendämter auch eigene Soziale Dienste und Einrichtungen (als Einrichtungen meist Kitas) anbieten, trifft dies auf die kommunalen *Sozialämter* nur ausnahmsweise zu. Domäne der Sozialämter ist die Anspruchsprüfung und Bewilligung von Leistungen. Die Ausführung der Leistungen, z. B. für alte oder wohnungslose Menschen, liegt in der Regel bei privaten Leistungserbringern. Viele Leistungen der Sozialämter sind Geldleistungen. Dementsprechend rekrutiert sich das Personal der Sozialämter an den Schnittstellen zu den Bürger*innen hauptsächlich aus rechtskundigen Verwaltungsfachkräften und nicht wie in den Jugendämtern überwiegend aus Sozialfachkräften (vgl. Merchel 2008, 41).

Sozialämter – Leistungen

Zu den hauptsächlichen Leistungen der Sozialämter gehören:

- die Hilfe zum Lebensunterhalt für nicht erwerbsfähige Personen,
- die Grundsicherung für Personen über 65 Jahre sowie für Menschen mit voller Erwerbsminderung (z. B. Menschen mit einer geistigen Behinderung),
- die Hilfen zur Gesundheit für nicht krankenversicherte Hilfeempfänger (deren Kosten im Regelfall aber von den Krankenversicherungen übernommen werden; § 264 II SGB V),
- die Hilfe zur Pflege (z. B. in einer stationären Pflegeeinrichtung),
- die Hilfe zur Überwindung besonderer sozialer Schwierigkeiten (z. B. nach Haftentlassung, bei Obdachlosigkeit, Hilfen für Flüchtlinge),
- Hilfen in anderen Lebenslagen (z. B. Altenhilfe, Blindenhilfe).

Neben den gesetzlichen Pflichtleistungen nach dem SGB XII sind die Sozialämter für weitere, ebenfalls pflichtige Leistungen zuständig, u. a. für

- Leistungen an ausländische Flüchtlinge nach dem Asylbewerberleistungsgesetz (AsylbLG),

- Elterngeld,
- Betreuungsgeld für Eltern, die ihr Kind im zweiten und dritten Lebensjahr selbst betreuen oder privat betreuen lassen,
- Blindengeld nach Landesrecht.

Neben diesen Leistungen im Einzelfall nehmen die Sozialämter trägerbezogene und sonstige Aufgaben wahr (vgl. Bieker 2016, 100).

Seit dem 01.01.2020 liegt die Eingliederungshilfe für Menschen mit Behinderungen nicht mehr im Zuständigkeitsbereich der Sozialämter. Wer Träger der Eingliederungshilfe ist, bestimmen nach § 94 I SGB IX die Bundesländer, wobei unterschiedliche Lösungen gefunden wurden. Als Träger der Eingliederungshilfe wurden Kreise und kreisfreie Städte, höhere Kommunalverbände (s. u.), das Land oder Mischformen nach dem Lebensabschnittsmodell (getrennte Zuständigkeit für Kinder und Jugendliche und für Erwachsene mit Behinderungen) bestimmt (vgl. DV 2020).

Während die Sozialämter vornehmlich die Funktion eines Leistungsträgers wahrnehmen (▶ Kap. 1.2.2), stellen die *Gesundheitsämter* auch eigene Dienstleistungen der Sozialen Arbeit bereit. Dazu gehören bzw. können gehören die Beratung behinderter und abhängigkeitskranker Menschen, die Grundversorgung psychisch Kranker durch Sozialpsychiatrische Dienste (Beratung, Erschließung von Hilfen und Therapieangeboten, Klinknachsorge) und die (aufsuchende) psychosoziale Beratung von Schwangeren und Müttern in sozialen und gesundheitlichen Problemlagen (vgl. Bieker 2016, 105).

Ämterübergreifende Aufgaben übernimmt der *Allgemeine Soziale Dienst* (ASD); oft ist er allerdings im Wesentlichen mit Jugendhilfeaufgaben befasst und in das örtliche Jugendamt integriert (▶ Kap. 5).

Organisationsformen kommunaler Sozialer Dienste und Einrichtungen

Kommunale Dienste und Einrichtungen können grundsätzlich in unterschiedlichen Organisationsformen betrieben werden:

- unmittelbar durch ein kommunales Amt (z. B. Jugendhaus der Stadt W.),
- in einer organisatorisch oder auch rechtlich verselbständigten Organisationseinheit, z. B. einem sog. Eigenbetrieb oder einer städtischen GmbH (z. B. Kinder- und Jugendeinrichtungen der Stadt W. gGmbH),
- in gemischter Trägerschaft (z. B. eine Jugendfreizeiteinrichtung wird von einem Verein betrieben, an dem die Stadt und ein privater Träger beteiligt sind; zwei Nachbargemeinden betreiben eine gemeinsame Erziehungsberatungsstelle).

Eine organisatorische Besonderheit stellen die Jobcenter dar (▶ Kap. 3.1).

Höhere Kommunalverbände

Oberhalb der Städte und Kreise sind die Höheren Kommunalverbände angesiedelt. Sie firmieren unter länderspezifischen Bezeichnungen wie z. B. Landschaftsverband (NRW), Bezirksverband (Bayern), Kommunaler Sozialverband (Sachsen) oder Landeswohlfahrtsverband (Hessen). Die Höheren Kommunalverbände stellen gesetzliche Zusammenschlüsse von kreisfreien Städten und Kreisen dar. Ihre Leistungen beziehen sich auf das geografische Gebiet ihrer Mitgliedskommunen. Als sog. überörtliche Träger bilden sie mit den kreisfreien Städten und Kreisen als örtlichen Trägern der Jugend- und Sozialhilfe einen funktionalen Aufgabenverbund ohne hierarchische Weisungskompetenzen. Eine Verwaltungsstufe dieser Art mit sozialrechtlicher Aufgabenstellung gibt es allerdings nicht in allen Bundesländern, sondern nur in Baden-Württemberg, Bayern, Hessen, Mecklenburg-Vorpommern, Nordrhein-Westfalen und Sachsen. In Bundesländern ohne diese dritte kommunale Verwaltungsebene obliegen deren Aufgaben staatlichen Verwaltungsträgern (z. B. den Landessozialämtern als Landesbehörden).

Die Höheren Kommunalverbände spielen für die Soziale Arbeit insbesondere die Rolle eines Gewährleistungs- und Kostenträgers im Bereich überörtlich wahrzunehmender Aufgaben der Jugend- und Sozialhilfe (dazu ausführlich: Bieker 2016, 230ff.). Zuständig dafür sind die Landesjugendämter (Horcher 2013, 609f.) und die Landessozialämter. Die Leistungserbringung mit Hilfe eigener Sozialer Dienste und Einrichtungen (z. B. Wohneinrichtungen für Jugendliche) ist dagegen nachrangig. Über eigene Einrichtungen verfügen die Höheren Kommunalverbände auf dem Gebiet der Psychiatrie (Trägerschaft von psychiatrischen Kliniken) und der Schulen für bestimmte Gruppen von behinderten jungen Menschen (z. B. blinde und gehörlose Schüler*innen). Deren jeweiliges Leistungsspektrum schließt auch sozialarbeiterische Dienstleistungen ein. In einigen Bundesländern sind die Landesjugend- bzw. Landessozialämter keine kommunalen, sondern Landesbehörden.

Staatliche Träger

Länder

Die Rolle, die Bund und Länder bei einem erweiterten Trägerbegriff einnehmen, wurde in Abschnitt 1.2.1 angesprochen (▶ Kap. 1.2.1). Als Angebotsträger Sozialer Dienste und Einrichtungen spielen sie gar keine oder nur eine untergeordnete Rolle. Dass der Bund als Träger eigener Dienste und Einrichtungen der Sozialen Arbeit ausscheidet (ausgenommen Angebote betrieblicher Sozialarbeit für die Bundesbediensteten), hängt mit dem Umstand zusammen, dass die Ausführung von Gesetzen den Ländern oder den Sozialversicherungen obliegt. Die Länder übertragen die Ausführung zumeist auf die Kommunen. Als unmittelbare Beschäftigungsträger für Sozialfachkräfte sind die Länder nur auf dem Gebiet der Strafrechtspflege aktiv (Bewährungshilfe, Führungsaufsicht, Gerichtshilfe für Erwachsene, Straf- und Maßregelvollzug; ▶ Kap. 25). Zwar sind einige Länder auch Träger des Landesjugend- und Landessozialamtes, deren Aufgaben liegen aber allenfalls ausnahmsweise in der unmittelbaren Arbeit mit Adressat*innen (zu den Aufgaben dieser Ämter: Bieker 2016, 230ff.).

Sozialversicherungen

Die Träger der gesetzlichen Sozialversicherung sind für eine Vielzahl von Sozialleistungen zuständig (z. B. Rentenzahlungen, ärztliche Behandlung, Rehabilitation, Pflege, Arbeitslosengeld), ohne dass diese einen direkten Bezug zur Sozialen Arbeit haben. Dennoch sind in einige der von den Sozialversicherungsträgern gesetzlich finanzierten Leistungen personenbezogene Dienstleistungen durch Sozialarbeitende als Appendix in die Hauptleistung einbezogen (z. B. in Gestalt von Krankenhaussozialarbeit oder in beruflichen Fördermaßnahmen für sozial benachteiligte Jugendliche; ▶ Tab. 1.1). Insofern könnte man von den Sozialversicherungsträgern als *mittelbaren* Leistungsträgern der Sozialen Arbeit sprechen. Die sozialarbeiterischen Dienstleistungen werden allerdings durchgängig in der Verantwortung von privaten (nicht-öffentlichen) Anbietern erbracht, z. B. Kliniken oder wirtschaftlich und rechtlich selbständigen Bildungsträgern (z. B. Kolping-Bildungswerk). Eine Ausnahme als unmittelbare Leistungserbringer bilden die Rentenversicherungsträger. Diese unterhalten eigene Rehabilitationseinrichtungen und Suchtkliniken, in denen auch eigene Soziale Dienste bestehen.

Tab. 1.1: Integrierte Dienstleistungen der Sozialen Arbeit am Beispiel SGB III und V

Leistungsgrundlage	Beispiele
SGB III: Arbeitsförderung	Maßnahmen zur Aktivierung und beruflichen Eingliederung (§ 45) Berufseinstiegsbegleitung (§ 49) Berufsvorbereitende Bildungsmaßnahmen (§ 51) Begleitung im Rahmen assistierter Ausbildung (§ 74) Ausbildungsbegleitende Hilfen (§ 76) Berufsausbildung in einer außerbetrieblichen Einrichtung (§ 76) Eingangsverfahren und Berufsbildungsbereich einer Werkstatt für behinderte Menschen (§ 117)
SGB V: Gesetzliche Krankenversicherung	Leistungen zur Gesundheitsförderung und Prävention in Lebenswelten (§ 20a) Selbsthilfeförderung in Verbänden und Kontaktstellen (§ 20h) Medizinische Vorsorgeleistungen für Eltern und Kinder in Müttergenesungswerken oder anderen Einrichtungen (§ 24) Soziotherapie (§ 37a) Spezialisierte ambulante Palliativversorgung (§ 37b) Medizinische Rehabilitationsleistungen für Mütter und Väter (§ 41) Sozialmedizinische Nachsorgemaßnahmen für chronisch kranke oder schwerstkranke Kinder und Jugendliche (§ 43 Abs. 2) nicht-ärztliche sozialpädiatrische Leistungen (§ 43a); Krankenhaussozialarbeit (§ 112)

Eigene Darstellung

Die Auflistung zeigt: Soziale Arbeit wirkt immer dann mit, wenn der Leistungsbedarf der Versicherten sich nicht auf die Kernleistungen des Versicherungsträgers beschränken lässt (z. B. Ausbildung, medizinische Behandlung), sondern eine darüber hinausgehende Begleitung und Unterstützung erforderlich ist, wie z. B. persönliche Motivierung/Aktivierung/Stabilisierung, Hilfe bei der Bewältigung belastender Situationen/Neuausrichtung der individuellen Lebensziele, Förderung von Schlüsselqualifikationen, Hilfestellung bei der Bearbeitung erfolgskritischer Problemlagen bei einer Berufsvorbereitung, wie z. B. ungesicherte Wohnverhältnisse, Nachsorge/Überleitung in nachfolgende Systeme (z. B. Pflege, Rückkehr in den Betrieb) etc.

Staatlich-kommunale Träger

Eine staatlich-kommunale Mischbehörde stellen die meisten *Jobcenter* dar. Beteiligte sind die Bundesagentur für Arbeit (staatliche Verwaltung) und die kreisfreien Städte oder Landkreise (kommunale Verwaltung).

Jobcenter kümmern sich um die finanzielle Sicherung (Arbeitslosengeld II, umgangssprachlich: »Hartz IV«) und die (Re-)Integration von arbeitslosen Menschen in den Arbeitsmarkt, sofern diese keinen Anspruch auf Leistungen nach dem SGB III (mehr) haben.

Nach ihrem gesetzlichen Aufgabenprofil sind Jobcenter keine Träger der Sozialen Arbeit; ihr Leistungsportfolio schließt aber im Einzelfall Dienstleistungen der Sozialen Arbeit ein. Dahinter steht der Gedanke, dass ohne diese Leistungen die Teilhabe am Arbeitsleben und die soziale Integration der Leistungsberechtigten nicht erfolgreich wäre. Leistungsberechtigte können Hilfen durch Sozialfachkräfte benötigen, um neue Motivation aufzubauen, um Sucht- oder Schuldenprobleme zu bearbeiten oder nach Langzeitarbeitslosigkeit durch arbeitsbegleitende Maßnahmen wieder erfolgreich in das Arbeitsleben eingegliedert zu werden. Persönliche Hilfen der Jobcenter werden überwiegend durch beauftragte private, meist gemeinnützige Träger erbracht.

1.3.2 Private Träger der Sozialen Arbeit

Freie oder private Träger?

Personenbezogene soziale Dienstleistungen werden in Deutschland überwiegend von nicht-öffentlichen, d. h. weder kommunalen noch staatlichen Trägern angeboten. Diese Träger werden im Folgenden als private Träger bezeichnet (so u. a. auch Mund 2019, 109). Die Bezeichnung »private Träger« ist allerdings bisher kein Allgemeingut. Einen allgemein gebräuchlichen Begriff, der die gesamte Gruppe der nicht-öffentlichen Träger überspannt, d. h. gemeinnützige ebenso wie eigenwirtschaftliche Träger, gibt es in der fachwissenschaftlichen Kommunikation bisher ebenso wenig wie eine Legaldefinition (eindeutige Definition durch den Gesetzgeber). Der weithin gebräuchliche Begriff »freie Träger« ist als Oberbegriff missverständlich, weil er immer wieder mit der Gruppe der gemeinnützigen Träger gleichgesetzt wird (so Merchel 2008; Deller & Brake 2014, 224).

> **Exkurs: Nicht-öffentliche Träger im Sozialrecht**
>
> - *SGB I*: Das SGB I unterscheidet in § 17 zwischen gemeinnützigen und freien Einrichtungen. Logisch folgt daraus, dass freie Einrichtungen nicht gemeinnützig sind und demzufolge der Sphäre einer dem Eigenwohl dienenden wirtschaftlichen Betätigung zuzuordnen sind (privatwirtschaftliche Träger).
> - *SGB VIII*: Das Jugendhilferecht unterscheidet in § 78e und § 78f. SGB VIII zwischen den »Trägern der freien Jugendhilfe« und »sonstigen Trägern«. Mit den sonstigen Trägern sind hier privatwirtschaftliche Träger gemeint (Wiesner 2015, Rz 2 zu § 78f. SGB VIII); demzufolge ist der Begriff freie Jugendhilfe – anders als im SGB I – augenscheinlich gemeinnützigen Trägern vorbehalten.
> - *SGB XI*: In § 11 Abs. 2 SGB XI werden die nicht-gemeinnützigen Träger dagegen als »private Träger« bezeichnet. Sie werden von den »freigemeinnützigen Trägern« abgegrenzt, obwohl auch diese private Träger sind.
> - *SGB XII*: nimmt keine begriffliche Differenzierung zwischen Trägern vor; es erwähnt in § 80 SGB XII lediglich »freigemeinnützige Träger«, spricht im Übrigen aber nur pauschal von Leistungserbringern. Leistungserbringer können sowohl gemeinnützig als auch gewerblich sein.

Der Begriff private Träger hat mit dem Begriff freie Träger gemein, dass hierunter nicht-öffentliche Träger zu verstehen sind, die ohne gesetzliche Verpflichtungen handeln und in der Ausgestaltung ihrer Angebote frei sind. Der Begriff »privat« schließt ausdrücklich auch eigenwirtschaftlich tätige Träger mit ein. Diese können im Rahmen der allgemeinen, für jedermann geltenden Gesetze ebenso die freie Entfaltung der Persönlichkeit nach Art. 2 Abs. 1 GG (hier in Form karitativer Betätigung) für sich beanspruchen wie gemeinnützige Träger. Ebenso steht ihnen die Berufsfreiheit nach Art. 12 GG zu. Terminologisch bestehen daher zwei Alternativen: Den Begriff »freie Träger« um die Gruppe der privatwirtschaftlichen Träger zu erweitern (z. B. Liebig & Wohlfahrt 2015, 92) oder einen anderen (›unverbrauchten‹) Oberbegriff zu wählen. Da privat der unmittelbare Gegenbegriff zu öffentlich ist, sprechen gute Gründe dafür, die Gesamtheit der nicht-öffentlichen Träger von dem historisch und verbandspolitisch einseitig geprägten Begriff »freie Träger« zu lösen und stattdessen den Begriff private Träger zu verwenden. Der Begriff frei suggeriert im Übrigen, dass die betreffenden Träger nicht nur rechtlich frei sind, sondern auch tatsächliche Handlungsfreiheit genießen. Angesichts der starken Abhängigkeit der freien Träger von öffentlicher Finanzierung und Regelung sind der Freiheit der ›Freien‹ in Wirklichkeit enge Grenzen gesetzt. Im Folgenden werden daher alle nicht-öffentlichen Träger, die Leistungen der Sozialen Arbeit erbringen, als private Träger bezeichnet. Private Träger können privat-gemeinnütziger oder privat-gewerblicher Art sein (von Boetticher & Münder 2011, 222).

Privat-gemeinnützige Träger

Die gemeinnützigen Träger werden vor allem durch die großen Wohlfahrtsverbände, durch eine Vielzahl an rechtlich selbständigen, den Wohlfahrtsverbänden meist aber angeschlossene Träger, durch Selbsthilfevereinigungen, Kirchen und Ordensgemeinschaften, Stiftungen, Jugendverbände und in geringem Umfang von Sozialunternehmen repräsentiert. Die Gesamtheit dieser auf gemeinnütziger Grundlage arbeitenden, nicht-öffentlichen Träger sozialer Aufgaben bezeichnet man als *Freie Wohlfahrtspflege* (Merchel 2013, 364).

Gemeinnützigkeit

Gemeinnützigkeit ist ein steuerrechtlich privilegierender Status, der durch das Finanzamt zuerkannt werden kann. Eine Körperschaft (z. B. ein Verein, eine GmbH) gilt als gemeinnützig, »wenn ihre Tätigkeit darauf gerichtet ist, die Allgemeinheit auf materiellem, geistigem oder sittlichem Gebiet selbstlos zu fördern« (§ 52 Abs. 1 AO). *Selbstlosigkeit* umschreibt § 55 Abs. 1 AO wie folgt: »Eine Förderung oder Unterstützung geschieht selbstlos, wenn dadurch nicht in erster Linie eigenwirtschaftliche Zwecke – z. B. gewerbliche Zwecke oder sonstige Erwerbszwecke – verfolgt werden«. Darüber hinaus müssen weitere Voraussetzungen vorliegen, z. B. dürfen Überschüsse nicht privat entnommen werden (es dürfen keine unverhältnismäßig hohen Vergütungen an Mitarbeitende gezahlt werden; Einnahmen müssen ausschließlich und unmittelbar dem gemeinnützigen Zweck zugutekommen; Mittel müssen zeitnah verwendet werden, d. h. Rücklagen sind nur unter engen Voraussetzungen erlaubt).

Vorteile der Gemeinnützigkeit

- Der Staat gewährt Steuerbefreiungen (Körperschafts-, Gewerbe-, Grund-, Grunderwerbs-, Erbschafts- und Schenkungssteuer) oder Steuerermäßigungen (reduzierter Umsatzsteuersatz bei Zweckbetrieben, z. B. Entrümpelungsunternehmen zur Beschäftigungsförderung von langzeitarbeitslosen Menschen).
- Private Spenden werden steuerlich begünstigt. Dies soll die Spendenbereitschaft in der Bevölkerung fördern.
- Die öffentliche Hand fördert gemeinnützige Aktivitäten durch Zuschüsse, oft auf Dauer.
- Gerichte und Staatsanwaltschaften können Bußgelder von Verurteilten zuteilen.
- Das Image der Gemeinwohlorientierung motiviert Menschen zu ehrenamtlicher Mitarbeit.
- Der Vertrauensvorschuss gemeinwohlorientierter Sozialer Dienste (Fehlen eines eigennützlichen Gewinnmotivs) fördert die Inanspruchnahme der Angebote anstelle gewerblicher Angebote.

- Tätigkeiten für die Körperschaft werden steuerlich begünstigt (»Übungsleiterpauschale«).

Wohlfahrtsverbände

Soziale Arbeit in Deutschland findet weitgehend durch und unter dem Dach der sechs Spitzenverbände der Freien Wohlfahrtspflege statt (▶ Tab. 1.2). Das gilt auch für die neuen Bundesländer. Nach der Wiedervereinigung 1989 war das etablierte westdeutsche System der Wohlfahrtspflege mit Hilfe eines Förderprogramms auf das Gebiet der ehemaligen DDR übertragen worden (Bauer, Dahme & Wohlfahrt 2010, 817). Offizielle Wohlfahrtsorganisation der DDR war bis zur »Wende« die Volkssolidarität. Sie hat sich bis heute nicht nur erhalten können, sondern ihr früheres Hauptgeschäftsfeld (Arbeit für und mit Senior*innen) deutlich ausgeweitet.

Tab. 1.2: Überblick über Aufbau, Einrichtungen und Ausrichtung der Verbände der Freien Wohlfahrtspflege

Verband	Gründung	Gründungsideal	Einrichtungen	Mitarbeitende
Caritasverband (DCV)	1897	Tätige Nächstenliebe als Ausdruck katholischen Glaubens	24.391 (31.12.2014)	650.000 + ca. 500.000 Ehrenamtliche
Arbeiterwohlfahrt (AWO)	1919	Demokratischer Sozialismus Ideale der Arbeiterbewegung	Über 13.000 (2016)	212.000 + 66.000 Ehrenamtliche
Deutscher Paritätischer Wohlfahrtsverband	1920	Pluralität, Toleranz, Offenheit, weltanschauliche Neutralität	28.891 (03.07.2010)	141.922 + 1.000.000 Freiwillige
Deutsches Rotes Kreuz (DRK)	1921	Grundsätze der internationalen Rotkreuzbewegung (u. a. Menschlichkeit und Neutralität)	24.774 (2015)	164.500 + 410.000 Ehrenamtliche
Diakonisches Werk (DW)	1848	Erweckungsbewegung (»innere Mission«) Wesensäußerung der evangelischen Kirche	31.500 (2016)	525.000 + 700.000 Ehrenamtliche
Zentralwohlfahrtsstelle der Juden in Deutschland (ZWSt)	1917	Jüdische Selbsthilfe	440	756 (2013)

Quelle: Schneiders 2020, 26 (eigene Zusammenstellung der Verfasserin auf der Basis von Angaben auf den Homepages der Verbände)

Ihr geografischer Radius beschränkt sich aber nach wie vor auf die östlichen Bundesländer (Angerhausen 2003). Sie ist Mitglied des Deutschen Paritätischen Wohlfahrtverbandes als einem der Spitzenverbände der Freien Wohlfahrtspflege in Deutschland.

Die Selbstbezeichnung »Spitzenverband« steht u. a. für die bundesweite Präsenz der Träger, für ihre auf das gesamte Gebiet der Wohlfahrtspflege bezogene Tätigkeit und für eine ideelle Zielsetzung, die die Mitglieder dieser Verbände nach innen verbindet. Die Verbände, die über ihren Zusammenschluss zur Bundesarbeitsgemeinschaft der Freien Wohlfahrtspflege (BAG Freie Wohlfahrtspflege) nach außen als Einheit auftreten, unterscheiden sich bei genauerer Betrachtung aber sowohl hinsichtlich ihres Leistungsportfolios, der internen Organisation als auch ihrer weltanschaulichen Bindung. Das Vorhandensein von lediglich sechs Spitzenverbänden verdeckt, wie komplex und verschachtelt deren Mitgliederstrukturen sein können (vgl. Boeßenecker & Vilain 2013, 81ff.; Grohs 2010, 48).

Die nach der Mitarbeitendenzahl und der Einrichtungen mit Abstand größten Verbände, der Deutsche Caritasverband und das Diakonische Werk der Evangelischen Kirche in Deutschland (DW der EKD) stellen die Wohlfahrtsorganisationen der beiden großen christlichen Kirchen dar. Vor dem Hintergrund, dass die christlichen Kirchen immer mehr an Mitgliedern verlieren und die Zahl muslimisch Gläubiger ebenso wie die Zahl muslimisch verantworteter Sozialer Dienste stetig zugenommen hat, entsteht die Frage, wie auch die Überzeugungen anderer Glaubensgemeinschaften im Verbandswesen angemessen repräsentiert werden können (Mund 2019, 142; ausführlich: Ceylan & Kiefer 2016; Strube u. a. 2020).

Ein erster Schritt in diese Richtung war die Gründung des muslimischen Wohlfahrtsverbandes Nusrat e. V. im Jahr 2018. Der Verband, der bundesweite Hilfen anbieten will, bezeichnet sich ausdrücklich als islamischer Wohlfahrtsverband, sieht sich aber gleichwohl »als neutrale soziale Institution der Freien Wohlfahrtspflege«, deren Hilfeangebote sich an »alle Menschen, ungeachtet der Herkunft und Religion« wenden (https://www.an-nusrat.de/ueber-uns/, 14.10.2020).

Die etablierten Wohlfahrtsverbände sind zum einen selbst Träger von Diensten und Einrichtungen, zum anderen unterstützen sie ihre Mitgliedsorganisationen bei der Wahrnehmung von deren Aufgaben in der Sozialen Arbeit (u. a. Information/Beratung, fachliche Koordination, Fortbildung, Interessenvertretung nach außen). Zu den Mitgliedern der Spitzenverbände gehören deren unmittelbare regionale und örtliche Untergliederungen (z. B. Landesverband der Arbeiterwohlfahrt Bayern e. V., Caritasverband für die Stadt Köln e. V.), darüber hinaus auch eine Vielzahl an korporativen Mitgliedern (rechtlich selbständige Verbände) sowie Einzelpersonen.

Wohlfahrtsverbände sind traditionell als eingetragene Vereine organisiert (e. V.). Umsatzstarke Einrichtungen der Verbände werden oft jedoch in einer eigenen Rechtsform, zumeist einer GmbH geführt, die wie ihr Gesellschafter – der e. V. – in der Regel ebenfalls als gemeinnützig anerkannt ist (gGmbH). Die Verselbständigung von Einrichtungen (»Ausgründung«) soll u. a. das Haftungsrisiko von Vereinsvorständen bei Insolvenz mindern, die Überforderung ehrenamtlicher Vereinsvorstände bei der Führung großer Sozialunternehmen vermeiden und die Effektivität und Effizienz der Einrichtungen verbessern (Dahme & Wohlfahrt 2013, 184ff.). Mit der Entkoppelung von Verein und der von ihm getragenen Einrichtungen (»Verbetrieblichung«) geht den Vorständen jedoch Einfluss verloren, gleichzeitig wächst die Ausrichtung der Einrichtungen auf betriebliche Interessen.

Der Aufbau der Wohlfahrtsverbände folgt weitgehend der Struktur der staatlichen Gebietskörperschaften (Bund, Länder, Gemeinden). Dadurch bestehen auf politischer Seite jeweils klare Ansprechpartner*innen. Die Gliederung der Wohlfahrtsverbände in örtliche, überregionale bzw. Landes- und Bundesverbände berührt nicht die rechtliche Selbständigkeit der einzelnen Verbandsebenen. Übergeordnete Verbandsebenen haben folglich kein formelles Weisungsrecht gegenüber den nachgeordneten Ebenen.

Die Wohlfahrtsverbände arbeiten sowohl auf Bundes- als auch auf Landes- und kommunaler Ebene in Ligen zusammen (z. B. Liga der Spitzenverbände der Freien Wohlfahrtspflege Köln), treten beim Zugang zu öffentlichen Fördermitteln aber auch in Konkurrenz zueinander. Die Mitgliedschaft in der Liga verschafft den Verbänden größeren Einfluss auf Politik und Verwaltung; gleichzeitig begrenzt sie den Einfluss von anderen Trägern. Gute Beziehungen zur Politik und unmittelbare personelle Verflechtungen helfen dabei, sozialpolitische, fachliche und finanzielle Interessen zu wahren.

In seiner Gesamtheit stellt der überaus stark von den großen Verbänden geprägte Wohlfahrtssektor nach Umsatz und Beschäftigten einer der größten Wirtschaftszweige in Deutschland dar (ausführlich: Merchel 2008, 81ff.; Moos & Klug

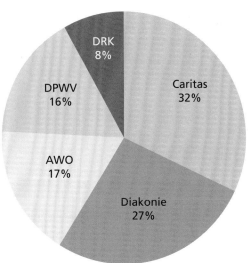

Abb. 1.3: Anteil der Spitzenverbände an allen Mitarbeitenden der Freien Wohlfahrtspflege (Daten aus: für DPWV: Boeßenecker & Vilain 2013, 261 und 285; für alle übrigen: BAG FW 2018, 42)

2009, 18ff.). Anfang 2016 waren den Wohlfahrtsverbänden mehr als 118.000 Einrichtungen mit nahezu 4,2 Millionen Betten bzw. Plätzen angeschlossen (einschließlich Gesundheits- und Pflegebereich, ohne Platzkapazitäten von Beratungsstellen, mobilen Diensten und Selbsthilfegruppen) (BAG FW 2018, 6).

Die Zahl der hauptamtlich Beschäftigten lag 2016 bei mehr als 1,9 Millionen Menschen, davon knapp 60 % in Teilzeitbeschäftigung (ebd.). Das sind 4 % aller Beschäftigten in Deutschland (ebd., 7). Rund 60 % der Mitarbeitenden waren bei Caritas und Diakonie tätig (ebd., 42, eigene Berechnung). Alleine die Zahl der Caritas-Mitarbeitenden (2016: 617.000) entspricht annähernd der Zahl der weltweit Beschäftigten des VW-Konzerns (2016: 626.700; Volkswagen AG 2016, 138, Aufruf 15.02.2021); allerdings sind nur gut 4 % der VW-Mitarbeitenden teilzeitbeschäftigt.

Kleinster Wohlfahrtsverband ist die Zentralwohlfahrtsstelle der Juden in Deutschland (ZWSt), in deren Sozial- und Kultureinrichtungen nur ca. 1.000 hauptamtliche Fachkräfte tätig sind, d. h. unter einem Prozent aller Beschäftigten der Freien Wohlfahrtspflege (Boeßenecker & Vilain 2013, 286).

Die Tätigkeitsfelder der Wohlfahrtsverbände lassen sich in neun Kernbereiche gliedern (BAGFW 2018, 4, Aufruf: 06.03.2021)

- Kinder- und Jugendhilfe: Jugendarbeit, Erziehungsberatung, Beratung bei Trennung/Scheidung, Familienbildung, Sozialpädagogische Familienhilfe etc.
- Altenhilfe: Seniorentreffs, Mahlzeiten- und Besuchsdienste, Alten- und Pflegeheime etc.
- Behindertenhilfe: Frühförderung, Wohneinrichtungen, Berufsbildungswerke etc.
- Gesundheitsdienstleistungen: Krankenpflege in Krankenhäusern, Tagespflege, Kureinrichtungen etc.
- Integrationshilfe: Beratung von Migrant*innen, psychosoziale Zentren für Flüchtlinge etc.
- Allgemeine Sozialberatung: Sozialberatungsstellen und ambulante Dienste, Nachbarschaftszentren etc.
- Hilfen in sozialen Notlagen: Wohnungslosenunterkünfte, Schuldenberatung, Telefonseelsorge, Wohneinrichtungen für Strafentlassene etc.
- Engagementförderung: Kontakt-, Informations-, Beratungsstellen für Selbsthilfegruppen, Freiwilligenzentren etc.
- Aus-, Fort- und Weiterbildung in erzieherischen, sozialen und pflegerischen Berufen.

Unter den Spitzenverbänden nimmt der Paritätische Wohlfahrtsverband (DPWV) eine Sonderstellung ein. Im Unterschied zu den anderen Verbänden, ist der »Paritätische« ein Sammelbecken für eine Vielzahl eigenständiger, oft kleiner, nicht miteinander verflochtener Träger der Sozialen Arbeit, die sich als Träger von Diensten und Einrichtungen dem DPWV als Dachorganisation angeschlossen haben. Während die anderen Spitzenverbände selbst Träger sozialer Einrichtungen sind, gilt dies für den DPWV nur im Ausnahmefall. Die Mitgliedsorganisationen sind nicht nur auf ihre Eigenidentität bedacht, sondern auch überaus heterogen, gemäß den DPWV-Prinzipien »Pluralität – Offenheit – Toleranz«. Der DPWV selbst versteht sich als weltanschaulich neutral.

Die Mitgliedsorganisationen des DPWV haben sich unter das Dach des »Paritätischen« begeben, weil sie sich davon Vorteile für ihr eigenes Wirken als Solitäre versprechen: Zugang zu Informationen und fachlichem Austausch, fachliche und (vereins-)rechtliche Beratung, Fortbildungsangebote, Repräsentation ihrer Interessen auf den diversen föderalen Politikbühnen, Unterstützung beim Zugang zu Fördermitteln und darüber hinaus praktische und administrative Unterstützung (Lohnbuchhaltung, Bereitstellung von Räumen etc.). Nach eigenen Angaben gehören dem Dachverband DPWV über 10.000 eigenständige Organisationen, Einrichtungen und Gruppierungen im Sozial- und Gesundheitsbereich an (DPWV Gesamtverband, Homepage, Aufruf 15.03.2021). Viele der DPWV-Mitglieder haben sich in den 1970er und 1980er Jahren als Selbsthilfevereinigungen gegründet, um quantitativen und qualitativen Defiziten des von den großen Wohlfahrtsverbänden beherrschten Versorgungssystems zu begegnen. Der DPWV erschien diesen Trägern als geeigneter Interessenwalter, weil er die weltanschauliche und organisatorische Autonomie der Vereinigungen respektiert, die z. T. eng mit gesellschaftlichen Bewegungen (Frauenbewegung, Friedensbewegung, Alternativszene) und deren Werten verbunden sind (Selbstbestimmung, Ablehnung hierarchischer Strukturen, Ablehnung aussondernder Systeme) (ausführlich: Merchel 2008, 168ff.).

Neben der weiter oben bereits erwähnten Gemeinnützigkeit, die es den Verbänden ermöglicht, in beachtlichem Umfang auf unentgeltliches privates Engagement zurückzugreifen und sie grundlegend gegen privatwirtschaftliche Träger abgrenzt, steht die Selbstbestimmung des Handelns im Zentrum des Selbstverständnisses der Freien Wohlfahrtspflege. Trotz ihres großen Anteils an den Diensten und Einrichtungen der Sozialen Arbeit sehen sie sich nicht als Erfüllungsgehilfen oder Auftragnehmer des Staates. Sie beanspruchen, Soziale Arbeit auch dann nach eigenen Vorstellungen ausgestalten zu können, wenn sie hierfür Steuermittel in Anspruch nehmen. Dieses Selbstverständnis wird durch unsere Rechtsordnung ausdrücklich anerkannt (▶ Kap. 1.4.2).

Die verfassungsrechtliche Handlungsfreiheit, die nicht nur natürlichen, sondern auch juristischen Personen (z. B. einem eingetragenen Verein, einer GmbH) zusteht, gibt den Verbänden die Möglichkeit, das eigene Handeln an grundlegende Werte und Überzeugungen zu binden. Darin unterscheidet sich die Freie Wohlfahrtspflege in ihrem Selbstverständnis vor allem von privatwirtschaftlichen Trägern. Als Wertegemeinschaft geht es ihr um die Verwirklichung von christlicher Nächstenliebe, um Solidarität, um das gegenseitige Eintreten füreinander, um Hilfe zur Selbsthilfe, um Toleranz, Offenheit, Gerechtigkeit, Selbstbestimmung etc. – Werte, die in ihrem Kern auch der Idee des Sozialstaates zugrunde liegen. In der Praxis dürfte sich die weltanschauliche Bindung am ehesten bei den konfessionellen Trägern bemerkbar machen, z. B. beim morgendlichen Gebet in der Kita, dem Begehen religiöser Feste oder bei der Tröstung schwerkranker und sterbender Menschen. Zu fragen ist, inwieweit sich die allgemeinen Werteformeln als Unterscheidungsmerkmale der Verbände untereinander eignen, welche Rolle sie im Alltag der Sozialen Arbeit spielen bzw. infolge von

Wettbewerbsdruck und staatlichen Leistungsvorgaben überhaupt noch spielen können (Möhring-Hesse 2018, 67) und ob Wertbezüge nicht durch den Vorrang professioneller Standards stark in den Hintergrund treten (so auch Boßenecker & Vilain 2013, 37); darüber hinaus: welchen Schutz sie Adressat*innen bieten (Willems & Ferring 2014) und welche Überzeugungskraft sie nach innen haben als Bindeglied und Leitbilder für die Mitarbeiter*innen. In jedem Fall eignen sie sich dazu, die verbandspolitische Forderung zu begründen, Soziale Arbeit nicht dem Staat oder gewinnorientierten Marktunternehmen zu überlassen.

Als wertgebundene Organisationen genießen die Wohlfahrtsverbände und ihre Einrichtungen als Arbeitgeber den Status von *Tendenzbetrieben*.

Tendenzbetriebe

Tendenzbetriebe können die Beschäftigung z. B. von Sozialarbeiter*innen davon abhängig machen, dass diese die geistig-ideelle Überzeugung des Trägers teilen. Für Tendenzbetriebe i. S. des § 118 BetrVG gelten die Vorschriften des Betriebsverfassungsgesetzes, z. B. das Mitbestimmungsrecht der Arbeitnehmer*innen, nur eingeschränkt, für die Kirchen und ihre Wohlfahrtsverbände gilt das Betriebsverfassungsgesetz nach § 118 Abs. 2 überhaupt nicht. Jedoch haben diese Träger eigene Regelwerke zur Mitwirkung der Beschäftigten geschaffen (Niemeyer/Bieker 2022).

Durchweg werden die Wohlfahrtsverbände als »multifunktionale Organisationen« (Olk 2007 bei Messan 2019 S. 17) bezeichnet, weil sie nicht nur als Dienstleistungsorganisationen auf allen Gebieten der Sozialen Arbeit auftreten, sondern weil sie mehrere gesellschaftlich relevante Funktionen erfüllen, die eng mit ihrem Selbstverständnis verbunden sind:

Advokatorische Funktion: Wohlfahrtsverbände verstehen sich als Vertretung für sozial schwache und benachteiligte Bevölkerungsgruppen (z. B. benachteiligte Jugendliche, alte Menschen, Menschen ohne Obdach), deren Interessen und Bedürfnisse sie an Politik und Verwaltung sowie die allgemeine Öffentlichkeit und die Medien übermitteln wollen (vgl. Messan 2019 mit zahlreichen Nachweisen; Moos & Klug 2009, 85ff.). Advokatorische bzw. sozialanwaltliche Funktionen nehmen die Wohlfahrtsverbände einerseits durch aktives Lobbying (Rieger 2013, 632) wahr; andererseits werden sie gewöhnlich auf allen Ebenen des föderalen Systems durch Politik und Verwaltung in die Vorbereitung (ggf. auch in die Nachbereitung) sozialpolitischer Entscheidungen mit eingebunden (auf Bundesebene z. B. im Rahmen eines sog. »Sozialmonitorings« zwischen Bundesregierung und Spitzenvertretern der Wohlfahrtsverbände, das den Verbänden ermöglichen soll, Problemanzeigen einzubringen und auf Fehlentwicklungen hinzuweisen). Als Lobbyisten kommt den (Spitzen-)Verbänden eine erhebliche Definitionsmacht zu, weil eine direkte Beauftragung durch die Vertretenen nicht gegeben ist und deren Interessen nicht homogen sein müssen. Die Situation ist daher günstig, Adressat*inneninteressen so zu definieren, dass diese zu den Eigeninteressen der Verbände und ihrer Einrichtungen passen (vgl. Pabst 1996, 19; Klug 1997, 42) oder –

noch weitergehend – eigene Interessen als Adressat*inneninteressen auszugeben. Schließlich gibt es keine repräsentative Instanz, die zuverlässig Auskunft über die tatsächlichen Bedürfnisse der Adressat*innen geben könnte, wenn schon die Adressat*innen selbst – insbesondere, wenn man an klassische Zielgruppen der Sozialen Arbeit denkt – hierzu kaum imstande sind. Es ergeben sich nicht nur grundsätzliche Fragen nach der Berechtigung des Anspruchs, Dritte zu vertreten, sondern auch danach, über welche Instrumente der treffsicheren Bedürfnis- und Interessenermittlung Organisationen verfügen, die ein solches »Mandat ohne Auftrag« für sich reklamieren. Trotz dieser vakuumbedingten Risiken ist die Anwalts- und Fürsprecherfunktion der Wohlfahrtsverbände in den staatlichen und kommunalen Arenen sozialpolitischer Konsultationen grundsätzlich anerkannt (»Gemeinnützigkeit der Verbände«; Fehlen alternativer Ansprechpartner für die Politik, soweit keine eigenständigen, vertretungsmächtigen Betroffenenorganisationen bestehen).

Bemerkenswert sind neuere Initiativen einzelner Wohlfahrtsverbände, die sich selbst zugeschriebene Vertretungsfunktion durch eine »Neue Anwaltschaftlichkeit« abzulösen, die das Handeln für die Adressat*innen durch ein Handeln mit den Adressat*innen ersetzt und dabei neue Formen der Interessenartikulation und Vernetzung außerhalb der klassischen korporatistischen Liaison erprobt (vgl. dazu Messan 2019, 75).

> **Konflikte zwischen Organisations- und Adressat*inneninteressen – Beispiele**
>
> - Das Interesse, den Bestand einer Einrichtung zu sichern (z. B. einer Werkstatt für behinderte Menschen oder einer Wohneinrichtung) kann mit dem Interesse von Adressat*innen an anderen oder neuen Formen der Teilhabe konfligieren (z. B. Tätigkeit auf dem allgemeinen Arbeitsmarkt oder dem Leben in einer eigenen Wohnung).
> - Die Interessenvertretung langzeitarbeitsloser Menschen wird eingeschränkt, wenn Verbände von den zu kritisierenden staatlichen Entscheidungen direkt profitieren, z. B. als Träger von Arbeitsgelegenheiten nach dem SGB II.
> - Bei der einrichtungsinternen Alltagsgestaltung können Adressat*inneninteressen und Einrichtungs- bzw. Personalinteressen z. B. bei der Tagesstrukturierung, den Mahlzeiten, der Freizeitgestaltung oder der selbstbestimmten Nutzung von Wohnräumen in Gegensatz geraten.
> - Adressat*innen erwarten persönliche Zuwendung, während das Personal der Einrichtung an einer möglichst routineförmigen Aufgabenerledigung interessiert ist.
> - Sozialfachkräfte sehen über einen offenkundigen Handlungsbedarf hinweg, um Kosten oder Aufwand (z. B. durch die aktive Mitwirkung der Adressat*innen) zu vermeiden und Unbequemlichkeiten auszuweichen.
> - Als Sozialanwälte müssten die Träger ihre Einrichtungen kritisch durchleuchten, als Einrichtungsträger sind sie an der Offenbarung von Missständen verständlicherweise nicht interessiert.

Die jüngste Reform der Eingliederungshilfe nimmt den Interessenkonflikt zwischen Organisation und Adressat*innen auf und regelt die Einbeziehung von Behindertenverbänden bei der Förderung und Weiterentwicklung der Strukturen der Eingliederungshilfe sowie bei Rahmenvertragsverhandlungen (§§ 94 Abs. IV, 131 SGB IX).

Aktivierungsfunktion: Wohlfahrtsverbände organisieren und binden in beträchtlichem Umfang soziales Kapital in Form von freiwilligem bürgerschaftlichen Engagement. Ihren Mitgliedern (Einzelpersonen), aber auch außerhalb einer Mitgliedschaft, bieten sie Betätigungs- und Selbstentfaltungsmöglichkeiten, soziale Kontakte und soziale Anerkennung. Dabei müssen die Bedürfnisse der ehrenamtlich Tätigen, die Bedürfnisse der Adressat*innen, die fachlichen Ansprüche und persönlichen Interessen der professionellen Mitarbeiter*innen und die Interessen des Trägers sorgfältig austariert werden. Ohne bürgerschaftliche Mitwirkungsbereitschaft wäre der Sozialstaat kaum funktionsfähig. Die Zahl der ehrenamtlichen Mitarbeiter*innen wird – Mitglieder von Selbsthilfegruppen eingeschlossen – auf ca. drei Millionen geschätzt (BAG FW 2018, 6). Meyer (1999, 34) weist jedoch kritisch darauf hin, dass »der teilweise geringe zeitliche Arbeitseinsatz, die häufig geringe fachliche Ausbildung, daher notwendige Qualifizierungsmaßnahmen sowie innerbetriebliche Reibungsverluste in der Zusammenarbeit mit hauptamtlichen Kräften die faktische Bedeutung dieser Gratisressource jedoch erheblich« relativieren. Beklagt wird ein genereller Rückgang der Bereitschaft, sich in den etablierten Verbänden ehrenamtlich zu engagieren (Sprengel 2008, 90; vgl. Moos & Klug 2009, 96f., Heinze 2018, 290ff.).

Fachliche und sozialpolitische Koordinationsfunktion: Auf der Landes- und Bundesebene koordinieren die Wohlfahrtsverbände und ihre Mitgliedsorganisationen ihre Meinungsbildung nicht nur nach innen, sondern auch untereinander in wichtigen fachpolitischen und sozialpolitischen Fragen. Dazu dienen u. a. fest institutionalisierte Arbeitsgemeinschaften, Fachtagungen und Publikationen. Der kontinuierliche Austausch fördert die Qualität der Leistungsangebote unabhängig von ihrem geografischen Standort und sorgt gleichzeitig für die fachliche Weiterentwicklung sozialer Leistungsangebote.

Messan (2019, 82) bezeichnet die Wohlfahrtsverbände als hochkomplexe Interessenvertretungsorganisationen, weil sie gegenüber Politik, Verwaltung und Öffentlichkeit ein Bündel von unterschiedlichen Interessen zu vertreten haben: die Interessen von Armen und Benachteiligten, die Interessen ihrer Dienste und Einrichtungen, die Interessen ihrer persönlichen Mitglieder und der korporativen Mitglieder mit ihren Diensten und Einrichtungen und nicht zuletzt ihre eigenen Interessen als Spitzenverbände auf einem Spielfeld, auf dem die traditionell engen Bindungen zwischen Staat und Freier Wohlfahrtspflege (»Korporatismus«) und die privilegierte Stellung der Spitzenverbände sich tendenziell aufzulösen beginnen (▶ Kap. 1.4.5).

Selbständige Träger innerhalb und neben den Spitzenverbänden

Die Spitzenverbände der Freie Wohlfahrtspflege sind nicht nur Anbieter eigener Dienste und Einrichtungen, die nach außen unter dem Eigennamen des Verbandes firmieren, sie sind auch Dachverband (Verbändeverband) für eine Vielzahl rechtlich und organisatorisch selbständiger Träger, deren Interessen sie im kommunalen Raum sowie auf Landes- und Bundesebene mitvertreten. Diese sog. korporativen Mitglieder gibt es nicht nur im DPWV (s. o.), sondern auch bei den anderen Spitzenverbänden. Zu den korporativen Mitgliedern gehören große Wohlfahrtsträger, die bundesweit als Anbieter sozialer Dienstleistungen auftreten (z. B. Sozialdienst katholischer Frauen, Deutsche Aids-Hilfe, pro familia), aber auch eine Vielzahl kleiner Träger Sozialer Dienste, die nur im lokalen Raum aktiv sind und daher nicht auf die Ressourcen einer eigenen übergeordneten Verbandsebene zurückgreifen können (z. B. Frauenberatungsstellen, Kita-Elterninitiativen, Drogenberatung). Diese Träger teilen zwar das jeweilige Selbstverständnis ›ihres‹ Spitzenverbandes, agieren im Übrigen aber als rechtlich und wirtschaftlich selbständige Anbieter unter eigenem Namen und auf eigenes Risiko. Sie werden deshalb hier gesondert aufgeführt.

Beispiel: Kinderschutzbund (DKSB)

Der in den Nachkriegsjahren gegründete Verband mit heute 16 Landesverbänden, mehr als 400 Ortsvereinen, mehr als 15.000 ehrenamtlich und 7.000 hauptamtlich Mitarbeitenden versteht sich als überparteilicher und überkonfessioneller Interessenwalter für Kinder (»Lobby«). Er ist anerkannter Träger der Jugendhilfe. Nach seiner Satzung setzt er sich ein für

- »die Verwirklichung der im Grundgesetz verankerten Rechte für Kinder und Jugendliche und die Umsetzung des UN-Übereinkommens über die Rechte des Kindes,
- die Verwirklichung einer kinderfreundlichen Gesellschaft, (…)
- den Schutz der Kinder vor Ausgrenzung, Diskriminierung und Gewalt jeder Art,
- soziale Gerechtigkeit für alle Kinder,
- eine dem Entwicklungsstand von Kindern und Jugendlichen angemessene Beteiligung bei allen Entscheidungen, Planungen und Maßnahmen, die sie betreffen (…).«
(§ 2 Abs. 1 der Satzung des DKSB-Bundesverband)

Beispiele für örtliche Angebote

kostenfreie Beratungs- und Therapieangebote für misshandelte oder vernachlässigte Kinder und deren Eltern, wohnortnahe präventive Hilfen, Elterncafés, Elternkurse, sozialpädagogische Spielangebote, Beratung von Fachkräften außerhalb des Vereins u. a. M.

Die große Mehrheit der rechtlich selbständigen gemeinnützigen Träger der Sozialen Arbeit hat sich einem der großen Wohlfahrtsverbände angeschlossen (zu den Gründen s. o.). Dennoch gibt es auch Träger, die auf diesen Beitritt verzichtet haben. Aner und Hammerschmidt (2018, 143) nennen auf der Grundlage von Daten der Berufsgenossenschaft für das Jahr 2014 die Zahl von knapp 9.400 Einrichtungen mit gut 182.000 hauptamtlich Beschäftigten, die keine organisatorische Verbindung zu einem Spitzenverband aufweisen.

Selbsthilfevereinigungen

Selbsthilfevereinigungen sind in sich zu heterogen, um sie bruchlos in die Reihe von Trägern der Sozialen Arbeit einordnen zu können. *Selbsthilfegruppen* sind selbstinitiierte Zusammenschlüsse von Menschen, die unmittelbar selbst oder als Angehörige von einer bestimmten Problemlage betroffen sind (z. B. einer chronischen Erkrankung, Sucht, psychischer Störung, Beziehungs-, Erziehungs- und Trennungsschwierigkeiten). Die Selbsthilfegruppe soll im direkten persönlichen Austausch die Bewältigung des Problems erleichtern. Sie strebt aber keine Bereitstellung von Dienstleistungen der Sozialen Arbeit an, die gegen Entgelt von Dritten in Anspruch genommen werden können (▶ Kap. 18). Von Selbsthilfegruppen sind *Selbsthilfeinitiativen* abzugrenzen, die mit dem Ziel gegründet worden sind, eine akute Versorgungslücke zu schließen oder ein eigenständiges, weltanschaulich profiliertes, mit Sozialfachkräften ausgestattetes Angebot auch für Dritte bereitzustellen (z. B. Kita einer Elterninitiative, Frauenhaus). Aus Selbsthilfegruppen können sich im Laufe der Jahre und Jahrzehnte Großorganisationen (*Selbsthilfeverbände*) mit bundesweiter Präsenz als Träger von Diensten und Einrichtungen entwickeln. Die Ausdehnung in den sozialen Dienstleistungsbereich hinein scheint für einen Teil der Selbsthilfegruppen und -vereinigungen sogar keine Seltenheit zu sein (Nikles 2008, 103; Mund 2019, 151). Ein Beispiel für einen solchen Entwicklungsprozess ist die Lebenshilfe für geistig behinderte Menschen; sie startete Ende der 1950er Jahre als Elternselbsthilfeverband und ist heute eine der größten Anbieterinnen von Diensten und Einrichtungen für behinderte Menschen. Nach wie vor versteht sie sich aber auch als Selbsthilfe- und Elternverband.

Die meisten selbständigen Selbsthilfevereinigungen sind heute einem der großen Wohlfahrtsdachverbände angeschlossen, insbesondere dem DPWV.

Kirchen und Ordensgemeinschaften

Die Tätigkeit der Kirchen und sonstigen Religionsgemeinschaften als eigene Träger professioneller Sozialer Arbeit ist bisher noch wenig untersucht. Sie ist eng mit der Tätigkeit der konfessionellen Wohlfahrtsverbände verwoben. Traditionell engagieren sich *Pfarrgemeinden* vor allem als Anbieter von Kindertagesstätten und Freizeitangeboten für Jugendliche. Hinzu kommen viele ehrenamtlich betriebene Angebote (z. B. Kleiderstuben, Tafeln), die nicht Gegenstand dieser Abhandlung sind. Wie bei den Jugendverbänden spielt im Bereich der Jugendarbeit der Pfarrgemeinden das eigene Engagement von Kindern und Jugendlichen eine wichtige Rolle, z. T. unterstützt und angeleitet von hauptamtlichen Fachkräften.

Ordensgemeinschaften treten überwiegend als Träger von stationären Einrichtungen in Erscheinung (insbesondere Kliniken, Alten- und Pflegeheimen), die in der Regel in der Rechtsform einer GmbH geführt werden (s. Beispiel).

Beispiel: Alexianer-Brüdergemeinschaft

- Geschäftsbereiche: Somatik, Psychiatrie, Eingliederungs- und Jugendhilfe, Senioren und Pflege
- Mitarbeitende: 25.000
- Betten: 6.000
- Jährlicher Umsatz: 1,5 Milliarden Euro
(Homepage der Alexianer GmbH, 13.10.2020).

Stiftungen

Stiftungen stellen keinen Verein, sondern eine Vermögensmasse dar. Die Erträge des Vermögens sollen dem (meist gemeinnützigen) Zweck zugutekommen, der in der Stiftungssatzung niedergelegt ist. Die Höhe der Erträge hängt ebenso von dem Vermögen der Stiftung ab wie von der Zinsentwicklung des Kapitalmarkts. Stiftungen sind für Stifter und (Hin-)Zustifter attraktiv, weil das eingebrachte Vermögen dauerhaft erhalten wird; verausgabt werden dürfen nur die Erträge des Vermögens. Stiftungen können als »Förderstiftungen« mit den Erträgen ihres Vermögens, das regelmäßig aus einer Schenkung oder einem Nachlass stammt, entweder zur Finanzierung von Diensten und Einrichtungen Dritter beitragen oder selbst als Träger sozialer Arbeit auftreten, z. B. in der Rechtsform einer von der Stiftung betriebenen gGmbH (operative Stiftungen). Neben ihren Vermögenserträgen kann die Stiftung auch ihr zufließende Spenden oder Erbschaften für ihre Zwecke nutzen, sofern diese nicht zur Aufstockung des Stiftungsvermögens bestimmt sind.

Um z. B. über (Hin-)Zustiftungen zusätzliche Mittel für ihre Aufgaben zu generieren, verfügen auch etablierte Träger Sozialer Dienste und Einrichtungen (z. B. der Caritasverband) seit langem über eigene Stiftungen. Ein anschauliches Beispiel für eine spitzenverbandsunabhängige rechtlich selbständige Stiftung auf dem Gebiet der Jugendhilfe ist die Stiftung Offroad-Kids (https://offroadkids.de).

Neben den privatrechtlichen gibt es auch Stiftungen des öffentlichen Rechts wie bspw. die Bundesstiftung Mutter und Kind oder die Stiftung Wohlfahrtspflege NRW.

Jugendverbände

Jugendverbände sind überwiegend auf die eigenen Mitglieder bezogene Verbände der Jugendarbeit. Diese soll von »jungen Menschen selbst organisiert, gemeinschaftlich gestaltet und mitverantwortet« werden (§ 12 Abs. 2 SGB VIII). Nicht die Leistungserbringung durch Fachkräfte, sondern Eigenaktivität und ehrenamtliches Engagement der Jugendlichen selbst stehen hier im Vordergrund. Dennoch sind in etwa der Hälfte der Jugendverbände Sozialfachkräfte tätig (Seckinger u. a. 2009, 41). Traditionell liegen deren Aufgaben in der Förderung und Unterstützung des Eigenengagements von Kindern und Jugendlichen, in der Gewährleistung des organisatorischen Rahmens der verbandlichen Aktivitäten und in der Interessenvertretung der jungen Verbandmitglieder gegenüber kommunalen und staatlichen Stellen. Die Betonung selbstaktiven, aber auch ehrenamtlichen Engagements in Jugendverbänden führt dazu, dass die Verbände nur über eine relativ kleine Zahl von hauptamtlichen Fachkräften verfügen. Während Schäfer (2009, 581) von 7.371 Mitarbeiter*innen (auf Vollzeit umgerechnete Stellen) ausgeht, kommen Aner und Hammerschmidt (2018, 160) lediglich auf rund 6.300 Vollzeitäquivalente). In jedem Fall bestehen erhebliche Unsicherheiten (Ahlrichs 2019, 58).

Mitgliederorientierung und Eigengestaltung schließen nicht aus, dass Jugendverbände z. B. klassische Angebote wie Ferienprojekte auch für Nicht-Verbandsmitglieder öffnen oder Jugendzentren, offene Treffs und Spielmobile betreiben oder in offenen Ganztagsschulen regelmäßig Nachmittagsangebote gestalten (Merchel 2008, 155; Seckinger u. a. 2009, 23ff.; Aner & Hammerschmidt 2018, 160). In der Praxis lassen sich im Gegenteil Hinweise dafür finden, dass Jugendverbände Dienstleistungen der Sozialen Arbeit zunehmend nicht nur nach innen, sondern verstärkt auch nach außen erbringen. Damit ergeben sich auch neue Aufgaben für die dort tätigen Fachkräfte.

Unter den Jugendverbänden befinden sich konfessionell ausgerichtete Verbände (z. B. Deutsche Pfadfinderschaft St. Georg), politisch orientierte Verbände (z. B. die Falken), arbeitsweltorientierte Organisationen (z. B. Gewerkschaftsjugend), fachlich ausgerichtete Verbände (z. B. Jugendfeuerwehr) und freizeitorientierte Vereinigungen (z. B. Sportjugend).

Sozialunternehmen/Social Entrepreneurs

Die oft aus Start-ups junger Leute entstandenen Sozialunternehmen sind eine vergleichsweise neue Erscheinung auf dem Wohlfahrtssektor. Gemessen an den großen Wohlfahrtsverbänden spielen sie quantitativ keine Rolle. Sie werden hier aus Gründen der Vollständigkeit erwähnt.

Soweit sie eine unmittelbare soziale Zielsetzung verfolgen, unterscheiden sich ihre Zielgruppen (z. B. Menschen mit Behinderung, Jugendliche ohne Ausbildung) nicht von den Zielgruppen traditioneller Träger der Sozialen Arbeit. Als Ausdruck des innovativen Anspruchs können sich u. a. aber die Vorgehensweisen und Finanzierungsstrukturen der Sozialunternehmen unterscheiden (z. B. stärkere Einbindung von privatem Kapital oder gänzlicher Verzicht auf öffentliche Finanzierung). Sozialunternehmen sind oft Kleinunternehmen, die in Nischen aktiv sind, die von anderen Trägern nicht bedient werden (Heinze & Schneiders 2014, 49). In Abhängigkeit von Zielen und Handlungskonzept sind Sozialunternehmen in begrenztem Umfang auch Beschäftigungsträger für Fachkräfte der Sozialarbeit. Oft wird die Face-to-Face-Arbeit von qualifizierten Ehrenamtlichen übernommen. Auch wenn sie keine Gewinninteressen verfolgen, sind nicht alle Sozialunternehmen als gemeinnützig anerkannt. Der Begriff Unternehmen deutet weniger auf eine unmittelbare Markttätigkeit hin, deren Erlöse dem selbst gesetzten Zweck zugutekommen soll; er dient vor allem als Chiffre für die Nutzung unternehmerischer Instrumente (Marktanalyse, Businessplan, Marketing, Controlling) (Brinkmann 2014, Hackenberg & Empter 2011).

Beispiel: Joblinge e. V.

Als innovatives Beispiel für ein gemeinnütziges Sozialunternehmen kann das Social-Franchise-Unternehmen »Joblinge e. V.« gelten (https://www.joblinge.de/ueber-uns/ziel-konzept, 24.10.2020). Als Beispiele für markttätige Social-Franchise-Unternehmen können die »CAP-Lebensmittelmärkte« gelten, die an ihren 100 Standorten zur Hälfte Menschen mit einer Behinderung beschäftigen. Weitere Beispiele für das breite Spektrum der in unterschiedlichen Rechtsformen operierenden Sozialunternehmen lassen sich über die Homepage des Social Entrepreneurship Netzwerk Deutschland e. V. erschließen (https://www.send-ev.de/)

Privatwirtschaftliche Träger

Das Angebot an Diensten und Einrichtungen wird nach wie vor in erster Linie von gemeinnützigen Trägern bereitgestellt. Neben diesen haben sich seit Mitte der 1990er Jahre auch privatwirtschaftliche Träger etablieren können. Grundlage dafür waren veränderte gesetzliche Rahmenbedingungen, die zum Ziel hatten, die starke Privilegierung gemeinnütziger Anbieter aufzulösen und mehr Wettbewerb in den Wohlfahrtssektor einziehen zu lassen. Im Ergebnis ist es allerdings nicht – den Pflegesektor ausgenommen – zu gravierenden Veränderungen in der Trägerlandschaft zu Lasten der gemeinnützigen Träger gekommen (Schneiders 2020, 115).

Im Jugendhilferecht hat der Gesetzgeber keineswegs alle Privilegien der gemeinnützigen Träger beseitigt (z. B. Mitwirkung im Jugendhilfeausschuss, Beteiligung an der Jugendhilfeplanung, dauerhafte Subventionierung); im Jahr 2008 hat er aber in § 74a SGB VIII einen weiteren Schritt zur Egalisierung der Trägergruppen vollzogen (Chancengleichheit), indem er den Ländern eingeräumt hat, abweichend von § 74 SGB VIII auch privatwirtschaftlich geführte Kindergärten mit denselben Finanzierungsinstrumenten zu fördern wie gemeinnützige Kindergärten, also auch durch Subventionen (»Zuwendungen«).

Als privatwirtschaftliche Träger, die zugunsten Dritter Dienstleistungen der Sozialen Arbeit erbringen, kommen sowohl gewerbliche Träger als auch freiberuflich tätige Personen in Betracht. Zu welcher Gruppe ein Träger gehört, bemisst sich nach den Vorgaben des Steuerrechts, das bestimmte privatwirtschaftliche Tätigkeiten – darunter selbständig ausgeübte erzieherische Tätigkeiten – als »freiberuflich« klassifiziert und diese steuerrechtlich privilegiert (§ 18 Abs. 1 Nr. 1 EStG). Während es sich bei freiberuflich Tätigen um natürliche Personen handelt (die sich ggf. zu einer Partnerschaftsgesellschaft zusammenschließen können), können gewerbliche Träger sowohl natürliche Personen (Einzelunternehmen) als auch Personengesellschaften (z. B. Gesellschaft bürgerlichen Rechts – GbR) oder juristische Personen sein (z. B. GmbH). Von den gemeinnützigen Trägern unterscheiden sich privatwirtschaftliche Träger durch ihre *eigenwirtschaftliche* Zielsetzung. Privatwirtschaftliche Träger wollen grundsätzlich Gewinne bzw. existenzsichernde Einnahmen erwirtschaften. Wie sie erzielte Überschüsse verwenden, ist ihnen wie jedem anderen nicht gemeinnützigen Unternehmen freigestellt. Ein privatwirtschaftlicher Status schließt ideelle Motive nicht aus; umgekehrt spielen bei gemeinnützigen Trägern wirtschaftliche Entscheidungskriterien keineswegs nur eine randseitige Rolle (Praxisbeispiel: Helfrich 2010). Denn auch gemeinnützige Träger sind nicht vor konkurrierenden Anbietern geschützt, tragen ein Konkursrisiko und müssen sich um Rentabilität bemühen (Bödege-Wolf & Schellberg 2010, 69). Aus der Rechtsform lässt sich nur sehr begrenzt auf die Handlungsorientierung des Trägers schließen (Schneiders 2020, 34). Die im Sozialbereich gerne diskreditierte Gewinnorientierung ist für viele privatwirtschaftlichen Anbieter nicht prägend. Oft sind es ehemalige Angestellte aus dem Sozialsektor und aus Wohlfahrtsverbänden, »die mangelnde Flexibilität und innovationsfeindliches Klima in diesen Institutionen zum Anlaß nehmen, selbst eine Firma zu gründen, um ihre Vorstellungen von geeigneten und wirksamen Hilfeangeboten zu verwirklichen« (Tippelt 2000, 208 zit. nach Grohs 2010, 60). In Bezug auf die Qualität der Leistungen gelten für die erwerbswirtschaftlichen Träger die gleichen Anforderungen wie für alle anderen Träger auch (Mund 2019, 153).

Schwarz-Weiß-Zeichnungen zwischen gemeinnützigen und eigennützigen Diensten und Einrichtungen verbieten sich. Immer wieder waren es Einrichtungen gemeinnütziger bzw. kirchlicher Träger, in denen es zu Gewalt, Vernachlässigung und schwerwiegenden Übergriffen gegen Schutzbefohlene gekommen ist.

Beispiele für typische Leistungsangebote privatwirtschaftlicher Träger (ohne Pflegebereich)

Tagespflege durch eine Tagespflegeperson, Wohnangebote für psychisch behinderte Menschen, Kinder- und familientherapeutische Ambulanzen, Flexible Erziehungshilfen, Betreutes Wohnen, Erlebnispädagogische Jugendhilfe-Projekte, stationäre individualpädagogische Maßnahmen (vgl. aim-ev.de), gesetzliche Betreuung nach §§ 1986ff. BGB, Maßnahmen der Berufsvorbereitung für benachteiligte Jugendliche, Bildung und Erziehung in einer Kindertagesstätte.

Neben den genannten Leistungserbringern zählen zu den privatwirtschaftlichen Trägern im weiteren Sinne auch interne Dienste von Unternehmen und Verwaltungen, die soziale Dienstleistungen ausschließlich für die jeweiligen Mitarbeiter*innen erbringen (Betriebliche Sozialarbeit).

Betriebliche Sozialarbeit

Das Erscheinungsbild betrieblicher Sozialarbeit ist insgesamt noch »diffus und heterogen« (Bundesfachverband Betriebliche Sozialarbeit (bbs) e.V., 06.03.2021). Zu den Angeboten betriebsinterner Sozialer Arbeit können gehö-

> ren: Beratung der Beschäftigten bei Sucht-, psychischen und anderen Problemen, Bearbeitung von Mitarbeiter*innenkonflikten, Erschließung externer Hilfen, z. B. Therapie, Rehabilitation; Coaching von Mitarbeiter*innen; Mitwirkung an Präventionskonzepten und beim betrieblichen Eingliederungsmanagement.

Im Blickpunkt steht die Arbeitsfähigkeit der Mitarbeiter*innen und die Förderung der Beziehungen zwischen den Beschäftigten. Betriebliche Sozialarbeit will sowohl reaktiv wie präventiv zur Wiederherstellung, Stabilisierung und Förderung von psychosozialer Gesundheit beitragen. Sie dient damit sowohl dem Unternehmen als auch den Mitarbeiter*innen selbst (ebd.).

Privatwirtschaftliche Träger kommen als Leistungserbringer in Betracht, wenn die Finanzierung der Leistung vollständig entweder durch den Leistungsempfänger selbst oder einen öffentlichen Leistungsträger oder durch beide gemeinsam sichergestellt ist. Denn anders als der gemeinnützige Träger kann der privatwirtschaftliche Träger nicht auf Eigenmittel wie z. B. Kirchensteuermittel oder Spenden zurückgreifen. Öffentliche Förderungen (Subventionen in Form von Zuwendungen) sind bisher die Ausnahme (vgl. Schneiders 2020, 32).

Bis heute sind die Marktanteile der privatwirtschaftlichen Träger im Bereich der Sozialen Arbeit insgesamt gering. Im Gegensatz zum Pflegebereich, in dem sich diese Träger erhebliche Marktanteile vor allem bei den ambulanten Pflegediensten oder als Krankenhausträger verschaffen konnten (Zahlen: Schneiders 2020, 29), haben sie sich in der ambulanten und stationären Jugendhilfe kaum durchgesetzt (Hansbauer, Merchel & Schone 2020, 83). Schneiders (2020, 30) zufolge lag der Anteil der gewerblichen Einrichtungen der Kinder- und Jugendhilfe (ohne Kitas) im Jahr 2014 bei lediglich 7,5 % (8,6 % aller Plätze), bei den Kitas lagen die privatwirtschaftlichen Einrichtungen im Jahr 2016 sogar bei einem Anteil von nur 3 %.

Erheblich stärker repräsentiert dürften privatwirtschaftliche Träger dagegen bei der Arbeitsförderung für benachteiligte Jugendliche, Langzeitarbeitslose etc. sein. Auch wenn es hier an belastbaren statistischen Daten mangelt, sprechen Boßenecker und Vilain (2013, 61) quantitativ von einer »Dominanz privat-gewerblicher Bildungsanbieter«. Die Auftragsvergabe erfolgt hier im Wettbewerb durch europaweite Ausschreibungen. Diese Praxis kann bisweilen zur Folge haben, dass Aufträge an Anbieter vergeben werden, die in die gewachsenen örtlichen Strukturen des Arbeitsmarktes und seiner Akteure (Unternehmen, Arbeitsagentur/Jobcenter, psychosoziale Dienste, andere Träger, Kammern …) nicht integriert sind und diese Vernetzung folglich nicht für ihre Adressat*innen nutzen können. Um Aufträge bei den Ausschreibungen zu erhalten, werde das Personal schlecht bezahlt, mit den sich daraus ergebenden Folgen (Beschäftigung von Fachkräften ohne ausreichende Berufserfahrung, hohe Fluktuation; zu den Beschäftigungsbedingungen in der Sozialen Arbeit Niemeyer & Bieker 2022).

1.4 Verhältnis zwischen Leistungsträgern und Leistungserbringern

1.4.1 Grundsatz der Zusammenarbeit

Öffentliche und private Träger sollen zusammenarbeiten und sich wirksam ergänzen (§ 17 Abs. 3 Satz 1 SGB I). Durch die Zusammenarbeit soll ein koordiniertes Angebot an Sozialen Diensten und Einrichtungen entstehen. Nicht Konkurrenz, sondern eine abgestimmte, bedarfsgerechte, sich ergänzende und wirtschaftliche Leistungserstellung stehen im Hintergrund des Zusammenarbeitsgebots. Von dieser Zusammenarbeit profitiert auch der öffentliche Träger: organisatorisch, finanziell und fachlich (Patjens 2017, 69).

Partnerschaftlich schließt ein Über-/Unterordnungsverhältnis aus. Kooperation auf gleicher Augenhöhe bieten z. B. örtliche Arbeitsgemeinschaften (zu sexuellem Missbrauch, zur Jugendarbeit), Stadtteilkonferenzen oder gesetzlich vorgegebene Koordinationsgremien wie die Pflegekonferenz oder der Jugendhilfeausschuss (ausführlich: Nikles 2008, 122ff.; Merchel & Reismann 2004, Bieker 2006, 136ff.).

Die partnerschaftliche Zusammenarbeit wird in der Praxis durch die starke finanzielle Abhängigkeit der privaten Träger von öffentlichen Mitteln überlagert (Leistungsentgelte, Subventionen: ▶ Kap. 1.4.4). Überdies steuern Staat und Kommunen die Leistungserbringung der privaten Träger durch rechtliche Vorgaben und darauf aufbauende vertragliche Vereinbarungen (▶ Kap. 1.4.5). Kritiker monieren deshalb, dass an die Stelle der seit Jahrzehnten verankerten partnerschaftlichen Zusammenarbeit zunehmend ein Auftraggeber-Auftragnehmer-Verhältnis getreten sei (Bauer, Dahme & Wohlfahrt 2012, 824).

1.4.2 Selbständigkeit der privaten Träger

In der Zusammenarbeit haben die öffentlichen Träger die Selbständigkeit der privaten Träger in Zielsetzung und Durchführung ihrer Aufgaben zu achten (§ 17 Abs. 3 Satz 2 SGB I). Diese Regelung soll nicht nur die Betätigungsfreiheit der privaten Träger schützen, sondern auch zu einem vielfältigen Angebot der Sozialen Arbeit beitragen.

Selbstbestimmung bedeutet die Freiheit, Soziale Arbeit nach eigenen Vorstellungen, Grundsätzen und Methoden zu verwirklichen. Staat oder Kommunen sind daher grundsätzlich nicht berechtigt, Einfluss auf die weltanschauliche und pädagogische Konzeption eines privaten Trägers zu nehmen, solange diese nicht gegen geltendes Recht verstößt. Das gilt auch dann, wenn der private Träger mit öffentlichen Mitteln arbeitet, denn »der Staat ist nicht befugt, weltanschauliche Fragen zu beurteilen oder bestimmte Positionen zu bevorzugen (*Neutralitätspflicht des Staates*). Er muss vielmehr Rahmenbedingungen bereitstellen, die ein plurales gesellschaftliches Leben auch im sozialen Bereich ermöglichen« (Falterbaum 2020, 192).

Beispiel

Das Sozialamt der Stadt F. ist nicht berechtigt, dem Träger des örtlichen Frauenhauses »Frauen für Frauen e. V.« Vorgaben für die konkrete Ausgestaltung seines Angebots zu machen und die Aufgabe der feministischen Grundhaltung des Trägers zu verlangen.

Das Selbstbestimmungsrecht der privaten Träger, d. h. die Unabhängigkeit von staatlichen Weisungen, folgt aus der allgemeinen Handlungsfreiheit gemäß Art. 2 Abs. 1 GG (freie Entfaltung der Persönlichkeit) und der Berufsfreiheit (Art. 12 GG). Die Grundrechte gelten nach Art. 19 GG grundsätzlich auch für inländische juristische Personen. Das freie Selbstbestimmungsrecht hat aber Grenzen: Es ist dem öffentlichen Träger nicht verwehrt, zu prüfen, ob der private Träger ihm zur Verfügung gestellte Mittel zweckentsprechend verwendet, z. B. für die öffentlich geförderte Beratungsstelle nutzt und nicht für einen anderen Zweck. Außerdem sind die in einem Handlungsbereich bestehenden gesetzlichen Regelungen zu beachten, z. B. die Anforderung in der Jugendhilfe, Kinder und Jugendliche an allen sie betreffenden Entscheidungen zu beteiligen, in bestimmten Fällen eine Betriebserlaubnis einzuholen, Datenschutzregelungen zu beachten oder bestimmte Personen nicht zu beschäftigen.

Gesetzliche Rahmenbedingungen spielen insbesondere dort eine große Rolle, wo private Träger gesetzlich geregelte Sozialleistungen für bedürftige Personen ausführen, z. B. für Menschen mit Behinderung, für Eltern, für psychisch Kranke. Dieser Aufgabenbereich, der weite Teile der Leistungen der privaten Träger abdeckt, ist von starker *Regulierung* geprägt.

Beispiel: Jugendhilfe

Die Regulierung betrifft den Inhalt, den Umfang, die Maßstäbe für die Qualitätsbewertung und -entwicklung sowie die Preisgestaltung (§ 78b SGB VIII). Instrumente der Regulierung sind landesweite Rahmenverträge und die auf dieser Grundlage zu schließenden Verträge. Um zu Vereinbarungen zu kommen, müssen interessierte Träger nicht nur ihre Eignung zur Leistungsübernahme darlegen (geeignetes Personal, Ausstattung), sondern auch eine wirtschaftliche und sparsame Leistung anbieten können. Hierbei geht es um eine günstige Zweck-Mittel-Relation (Leistung/Entgelt) und die Vermeidung unnötiger Kosten (Wiesner 2015, Rnr. 21ff. zu § 78b SGB VIII).

Auch außerhalb unmittelbarer individueller Leistungsansprüche, also z. B. in der Jugendarbeit, bei der Partnerschafts-, Trennungs- und Scheidungsberatung, in der Jugendsozialarbeit, wird die Selbstbestimmung der privaten Träger durch die starke *Abhängigkeit von öffentlichen Mitteln* eingeschränkt. Finanzielles Angewiesensein begünstigt die Anpassung an die Erwartungen des Geldgebers. Die Tatsache, dass vorgabenähnliche Erwartungen des öffentlichen Trägers einen unzulässigen Eingriff in die Trägerautonomie darstellen können, bedeutet nicht, dass sie bei der Entscheidung über Fördermittel im politischen Raum bedeutungslos wären.

1.4.3 Vorrang der privaten Träger bei der Leistungserbringung

Noch deutlicher als durch das Zusammenarbeitsgebot wird das Verhältnis zwischen öffentlichen und privaten Trägern durch die Vorgabe bestimmt, dass die privaten Träger bei der *Ausführung* von Sozialleistungen den Vortritt vor dem öffentlichen Träger haben sollen. Gibt es einen privaten Träger, der zur Leistungserbringung geeignet und bereit ist, soll sich der öffentliche Träger selbst Zurückhaltung auferlegen. Das Vorrang-Nachrang-Verhältnis gehört zum Kern des sog. »Subsidiaritätsprinzips«, das vor allem mit dem Verweis auf die katholische Soziallehre legitimiert und historisch durchgesetzt wurde. In der Praxis hat die Regel dazu geführt, dass wesentliche sozialstaatliche Dienstleistungen an die Freie Wohlfahrtspflege ausgelagert wurden (zur historischen Entstehung und zur Bedeutung des Subsidiaritätsprinzips im deutschen Sozialstaat: Heinze, Klie & Kruse 2015).

Das Subsidiaritätsprinzip ist in den einzelnen Sozialgesetzbüchern freilich unterschiedlich ausgestaltet. So gilt die in § 4 Abs. 2 SGB VIII normierte Vorrangstellung der freien Jugendhilfe nur für die gemeinnützigen Jugendhilfeträger. Denn es heißt hier: »Soweit geeignete Einrichtungen, Dienste und Veranstaltungen *von anerkannten Trägern der freien Jugendhilfe* (Hervorhebung hinzugefügt) betrieben werden oder rechtzeitig geschaffen werden können, soll die öffentliche Jugendhilfe von eigenen Maßnahmen absehen.« Als öffentlich anerkannte Träger der Jugendhilfe kommen nach § 75 SGB VIII aber nur gemeinnützige Träger in Betracht. Während auch das Sozialhilferecht (§ 5 Abs. 4 SGB XII) privatwirtschaftliche Träger weiter vom Vorranggrundsatz ausnimmt, wurde die Bevorzugung der gemeinnützigen Träger im Pflegeversicherungsrecht (§ 11 Abs. 2 Satz 3 SGB XI), bei der Grundsicherung für Arbeitssuchende (§ 17 Abs. 1 SGB II) und im Reha- und Teilhaberecht (§ 124 Abs. 1 SGB IX) zugunsten einer diskriminierungsfreien Trägerbeteiligung beseitigt.

Die Vorrangstellung der privaten Träger als Leistungserbringer verfolgt verschiedene Ziele: Sie soll

- gesellschaftliches, d. h. nicht-staatliches Engagement fördern, auch in der Vorstellung, den Staat finanziell und organisatorisch zu entlasten,
- eine Übermacht öffentlicher Träger verhindern,
- privaten Trägern Betätigungsmöglichkeiten sichern,
- Hilfeadressat*innen die Möglichkeit geben, zwischen verschiedenen Angeboten bzw. Trägern wählen zu können.

Der Handlungsvorrang gilt jedoch nicht absolut, sondern nur unter bestimmten Bedingungen (»bedingter Vorrang«), dazu gehören u. a. die fachliche und personelle Qualität des Angebots (»Eignung«), seine rechtzeitige Bereitstellung, die

Wirtschaftlichkeit und – in der Jugendhilfe – die Beachtung der Beschlüsse der kommunalen Jugendhilfeplanung. Außerdem ist es dem öffentlichen Träger unbenommen, eigene, weltanschaulich neutrale Angebote bereitzustellen, wenn dies durch die privaten Träger nicht gewährleistet ist. Dies kann z. B. in der Kinder- und Jugendarbeit eine Rolle spielen, wenn im Nahbereich ausschließlich kirchlich geprägte Angebote vorhanden sind.

Das Gestaltungsprinzip der »Subsidiarität« – der Staat hält sich so lange zurück, wie es ausreicht, die freien gesellschaftlichen Kräfte in ihrer Aufgabenerfüllung zu unterstützen – wurde in den 1960er Jahren nach langjährigem Streit der Träger durch das Bundesverfassungsgericht als verfassungskonform angesehen. Das Gericht sah in dem Handlungsvorrang der freien Träger (hier: der Jugendhilfe) keine ernsthafte Verletzung des Selbstverwaltungsrechts der kommunalen Leistungsträger (▶ Kap. 1.3.1), sondern ein vernünftiges Prinzip der Aufgabenteilung, das dem öffentlichen Leistungsträger die Gesamtverantwortung für das sozial Erforderliche belässt (Bewilligung von Sozialleistungen im Einzelfall, Planungshoheit und Prioritätensetzung bei der Ausgestaltung der lokalen Sozialpolitik, Herrschaft über die Mittelbereitstellung) und gesellschaftliche Ressourcen in die Verwirklichung des Sozialstaats einbindet.

1.4.4 Förderung der privatgemeinnützigen Träger

Sonderrechte genießen die privat*gemeinnützigen* Träger im Jugend- und Sozialhilferecht heute noch beim Zugang zu Fördermitteln. § 4 Abs. 3 SGB VIII sieht vor, dass die freie (hier die gemeinnützige) Jugendhilfe gefördert werden soll. Ähnlich spricht § 5 Abs. 3 Satz 2 SGB XII von der angemessenen Unterstützung der »Verbände der Freien Wohlfahrtspflege in ihrer Tätigkeit auf dem Gebiet der Sozialhilfe.« Dazu kann

> »die Bereitstellung von Räumen und von Materialien, die Zulassung von Mitarbeiter*innen freier Verbände zu Fortbildungsveranstaltungen ebenso wie die Beratung bei der Planung von Maßnahmen gehören. Erfasst sind aber auch Leistungen, auf die kein Rechtsanspruch besteht, die aber von Freien Wohlfahrtsträgern angeboten werden, wie z. B. Straßensozialarbeit oder Erholungsfürsorge alter Menschen« (Deckers 2020, Rnr. 14 zu § 5 Abs. 3 SGB XII).

Förderung bedeutet in der Praxis im Wesentlichen finanzielle Förderung. Förderung ist anders als ein Entgelt zwar auf einen Zweck gerichtet (z. B. Soziale Arbeit mit Menschen, die von häuslicher Gewalt betroffen sind), nicht aber an eine genau umschriebene Gegenleistung gebunden. Sie soll die *eigene soziale Tätigkeit* eines privatgemeinnützigen Trägers ermöglichen, wenn diese zugleich einem öffentlichen Interesse dient. Auch wenn der privatgemeinnützige Träger keinen unmittelbaren Anspruch auf Mittelzuweisungen hat, ist der öffentliche Träger im Rahmen seiner Möglichkeiten zur Unterstützung dennoch verpflichtet. Er muss dabei gezielte Bevorzugungen und Benachteiligungen vermeiden (vgl. Patjens 2017, 105).

1.4.5 Von der Privilegierung zur Egalisierung

Sozialleistungen in Form von personenbezogenen sozialen Dienstleistungen wurden bis Mitte der 1990er Jahre nahezu vollständig von gemeinnützigen Vereinigungen, insbesondere den großen Wohlfahrtsverbänden und ihren Mitgliedsorganisationen, angeboten. Gemeinnützige Träger genossen bei der Ausführung der Leistungen jahrzehntelang eine sozialrechtlich privilegierte Stellung, die ihnen eine gesicherte, monopolartige Existenz verschaffte. Die Kosten für die erbrachten Leistungen waren den Leistungserbringern vom zuständigen Sozialhilfeträger zu erstatten (Kostendeckungsprinzip). Kam es im Laufe eines Jahres zu unerwarteten Mehrkosten, so wurden diese vom öffentlich-rechtlichen Leistungsträger im Nachhinein ausgeglichen. Auf dieser Grundlage waren die Wohlfahrtsverbände und ihre Mitgliedsorganisationen gegen unterjährige Ausgabensteigerungen und das Risiko von Auslastungsschwankungen gut abgesichert. Verbindliche Vereinbarungen über die zu erbringenden Leistungen waren nicht vorgesehen (vgl. z. B. BSHG vom 24.05.1983 Bundesgesetzblatt Teil I, Nr. 23/1983 vom 01.06.1983).

Diese großzügige Risikoabsicherung und die Quasi-Monopolstellung der Wohlfahrtsverbände wurden durch den Gesetzgeber Mitte der 1990er Jahre – beginnend mit der neu geschaffenen Pflegeversicherung – zurückgenommen. Wie in 1.4.4 dargestellt, haben privatgemeinnützige Träger im Jugend- und Sozialhilferecht zwar immer noch einen grundsätzlichen Anspruch auf (finanzielle) Förderung, um eigene soziale Aufgaben wahrnehmen zu können (▶ Kap. 1.4.4), im Übrigen sind privatgemeinnützige und privatwirtschaftliche Träger bei der *Ausführung staatlicher Sozialleistungen* aber grundsätzlich gleichgestellt. Rechtlich ist für die Leistungserbringung nicht mehr der Status des Trägers (gemeinnützig/privatwirtschaftlich) entscheidend, sondern seine Eignung, Leistungen »unter Berücksichtigung der Grundsätze der Leistungsfähigkeit, Wirtschaftlichkeit und Sparsamkeit« (§ 78b Abs. 2 Satz 1 SGB VIII, § 75 Abs. 1 SGB XII) zu erbringen. Erfüllt der Leistungserbringer diese Voraussetzungen, hat er Anspruch darauf, als Dienstleister zugelassen zu werden.

Im Hintergrund der Träger-Egalisierung steht ein neues, wettbewerbsorientiertes Modell sozialstaatlicher Leistungserbringung und eine neue, unter Wirtschaftlichkeitsaspekten gestaltete Finanzierung.

Wettbewerb der Anbietergruppen soll zur Qualitätssteigerung und zur Verminderung des Kostenanstiegs beitragen. Anders als auf klassischen Märkten überlässt der Staat im »Wohlfahrtsmarkt« jedoch weder die Angebotsqualität noch den Preis dem freien Spiel der Kräfte. Beides ist Gegenstand von gesetzlichen Rahmensetzungen und daran gebundenen vertraglichen Verhandlungen (s. z. B. §§ 75–81 SGB XII). Die Finanzierung der Leistungen erfolgt nicht mehr auf der Grundlage der Kosten, die ein Dienst oder eine Einrichtung als solche verursacht (selbstkostendeckende Objektfinanzierung), sondern personenbezogen (pro Kopf, sog. Subjektfinanzierung). Für eine Einrichtung ist es daher von elementarer Bedeutung, ob sie (in einem bestimmten Umfang) ausgelastet ist, also möglichst viele Personen ›abrechnen‹ kann. Da grundsätzlich die Leistungsberechtigten darüber entscheiden, von wem sie eine Leistung entgegennehmen, können sich für die Leistungserbringer wirtschaftliche Risiken ergeben. Dasselbe gilt, wenn Leistungsträger die Bewilligung bestimmter Leistungen einschränken, z.B. stationäre Erziehungshilfen, sodass Einrichtungen nicht mehr ausgelastet sind. Oder wenn im ambulanten Bereich, in dem Leistungen wie bei einem Handwerksbetrieb auf Stundenbasis abgerechnet werden (»Fachleistungsstunden«), in einem zu geringen Umfang bewilligt werden, um alle Anbieter mindestens kostendeckend zu ›versorgen‹. Überkapazitäten gehen grundsätzlich zu Lasten des Anbieters.

Der ehedem beliebte nachträgliche Mehrkostenausgleich wurde stark eingeschränkt: Vergütungssätze werden für eine zukünftige Periode fixiert. Ein nachträglicher Ausgleich von Defiziten, z.B. weil die Leistungen des Trägers weniger in Anspruch genommen wurden, als in der ursprünglichen Kalkulation angenommen worden war, ist – von Ausnahmen abgesehen – ausgeschlossen (prospektive Entgelte).

Die Lizenz zur Beteiligung an der Leistungserbringung erwerben Interessenten, indem sie mit dem Leistungsträger eine schriftliche Vereinbarung (Vertrag) schließen (sog. Kontraktmanagement). Die Vereinbarung soll sicherstellen, dass Leistungsinhalt-, Leistungsqualität und Leistungsentgelt eng aufeinander abgestimmt und für den Leistungsträger transparent sind. Leistungs- und Vergütungsvereinbarungen setzen Leistung und Entgelt in ein direktes Verhältnis (Leistung/Gegenleistung) und sind für eine wirtschaftliche Leistungserbringung ein wichtiges Steuerungsinstrument.

Die Nutzung ökonomischer Steuerungselemente in der Leistungserbringung betrifft alle Leistungsbereiche des Sozialgesetzbuches (Gesundheit, Pflege, Jugendhilfe, Sozialhilfe, Hilfe für Menschen mit Behinderung, Arbeitsförderung), die gesetzlichen Instrumente in den einzelnen Leistungsbereichen unterscheiden sich aber. Auch die Öffnung des Anbieterspektrums hat sich in der Praxis sehr unterschiedlich ausgewirkt (▶ Kap. 1.3.2).

Wo dies rechtlich zulässig ist (so z.B. in der Arbeitsförderung nach dem SGB III), greifen Leistungsträger heute zu (europaweiten) Ausschreibungsverfahren, in denen interessierte Anbieter um Aufträge konkurrieren. Für die Mitarbeiter*innen können solche Verfahren die Konsequenz haben, dass sie nur projektbezogen beschäftigt werden (bis zur nächsten Ausschreibung), also keine langfristige Beschäftigungssicherheit haben und einem Gehaltsdumping ausgesetzt sind. Im Fall der Arbeitsförderung sah sich der Gesetzgeber zwischenzeitlich genötigt, für die Weiterbildungsbranche einen Mindestlohn vorzugeben.

Wettbewerbliche Steuerungsformen haben sich aber auch innerhalb des gemeinnützigen Trägerspektrums immer mehr durchgesetzt. Jugendämter, die für eine neu geschaffene oder neu zu bewilligende Leistung (z.B. Kindernotdienst, Angebote der Familienbildung, offene Jugendarbeit) einen Träger suchen, führen immer häufiger einen ausschreibungsähnlichen Wettbewerb unter interessierten gemeinnützigen Jugendhilfeträgern durch (»Interessenbekundungsverfahren«). Interessierte Träger werden hierbei aufgefordert, ihr Konzept für die gewünschte Leistung – meist unter Beachtung von Rahmen- und Zielvorgaben sowie festliegender Budgetgrenzen – darzulegen. Da das Jugendamt daran interessiert ist, möglichst viel/gute Leistung für die bereitstehenden Mittel zu erhalten, stellen Interessenbekundungsverfahren nicht nur eine Maßnahme der wettbewerbsorientierten Qualitätssteuerung dar, sondern auch der Wirtschaftlichkeit der Leistungserbringung (Value für Money). Gleichzeitig wird angestammten Vorrechten etablierter Träger entgegengewirkt.

Die einst enge Liaison zwischen Staat und Wohlfahrtsverbände hat sich durch Wettbewerbsstrukturen und auf Wirtschaftlichkeit setzende Finanzierungsregelungen zwar gelockert, das Verhältnis zwischen Wohlfahrtsverbände und Staat ist aber nach wie vor korporatistisch geprägt.

> **Korporatismus**
>
> Staat und Verbände sind aus ihren jeweiligen Interessen heraus wechselseitig an einer engen Zusammenarbeit und kontinuierlicher Abstimmung interessiert. Die Verbände sind quasi in die Staatstätigkeit inkorporiert.

Die Wohlfahrtsverbände sind weiterhin die größten ›Player‹ im Wohlfahrtsgeschehen, vielfach konnten sie ihren Marktanteil sogar ausbauen (Möhring-Hesse 2018, 58); nach wie vor bestehen auf allen staatlichen Ebenen (Bund, Länder, Kommunen) institutionalisierte Kooperationen zwischen Staat und Freier Wohlfahrtspflege. Vielfach bestehen auch personelle Verflechtungen, die der Freien Wohlfahrtspflege zugutekommen. Die ökonomisch ausgerichtete Steuerung des Dienstleistungssektors hat aber durchaus Folgen für die Verbände: Sie müssen ihre Dienste und Einrichtungen nach betriebswirtschaftlichen Kriterien organisieren (Droß & Priller 2015, 153) und folglich Kosten und Leistungsqualität steuern. Hierfür haben sie in der Vergangenheit erhebliche Managementkompetenzen aufgebaut.

2012 hat sich die Monopolkommission der Bundesregierung (2014, 128ff.) mit der Wettbewerbssituation zumindest im Bereich der Kinder- und Jugendhilfe befasst. Die Kommission sieht trotz aller Marktöffnungen weiteren Reformbedarf: Es müsse daran gearbeitet werden, die Qualität von Leistungen beurteilen zu können und sie in die Entgelte einzubeziehen. Das Trägersystem, das jahrzehntelang als Closed Shop organisiert gewesen sei, mache es häufig auch heute noch Dritten schwer, Dienstleistungen auf dem Markt der Kinder- und Jugendhilfe anzubieten. Die weiter bestehende steuerliche Privilegierung gemeinnütziger Anbieter verzerre den Wettbewerb, indem sie privatwirtschaftliche Anbieter benachteilige und Innovationen behindere; überdies schränke sie das Wahlrecht der Leistungsberechtigten ein.

1.5 Finanzierung Sozialer Arbeit

So komplex wie die Trägerstrukturen ist auch die Finanzierung Sozialer Arbeit. Sie hängt stark von der Art des Trägers ab. Ein kurzer Überblick soll an dieser Stelle ausreichen (s. weitergehend: Bieker 2012; Kolhoff 2017).

Bei den kommunalen Trägern dominieren Steuereinnahmen und staatliche Zuweisungen, deren Höhe die Kommunen jedoch nur zu einem kleinen Teil beeinflussen können. Sozialversicherungen greifen zur Finanzierung ihrer Aufgaben hauptsächlich auf die Pflichtbeiträge ihrer Versicherten zurück, ergänzend auch auf Steuerzuflüsse des Bundes. Gemeinnützige und privatwirtschaftliche Träger verbindet ihre weitreichende Abhängigkeit von kommunalen oder staatlichen Leistungsträgern und Geldgebern. Diese Abhängigkeit ist bei privatwirtschaftlichen Träger noch deutlicher ausgeprägt. Gemeinnützige Träger können Schätzungen zufolge immerhin ca. 15 % ihres Finanzbedarfs aus nicht-öffentlichen Quellen decken (sog. Eigenmittel, vgl. Boeßenecker 2005, 258), während 85 % der Mittel aus öffentlichen Quellen stammen (vgl. auch Enste 2004, 74). Privatwirtschaftliche Träger sind dagegen nahezu vollständig auf eine Fremdfinanzierung, d. h. auf die Zahlungsfähigkeit und -bereitschaft der Leistungsträger angewiesen. Sie engagieren sich folglich nur in den Arbeitsfeldern, in denen sie durch die erzielten Leistungsentgelte eine auskömmliche Gesamtfinanzierung der Leistung erzielen können. Aus welchen Quellen die Freie Wohlfahrtspflege sich als Hauptakteurin in der Sozialen Arbeit finanziert, zeigt folgendes Textfeld.

Einnahmequellen der Wohlfahrtsverbände

A. Öffentliche Mittel (ca. 85 %)

- Leistungsentgelte in Form von aufwandsabhängigen Tagessätzen oder Stundensätzen (»Fachleistungsstunden«) bei Leistungen, auf die ein Rechtsanspruch besteht. Grundlage: Schriftliche Vereinbarungen zwischen Leistungsträger und Leistungserbringer auf der Grundlage überörtlicher Rahmenverträge. Zahlungspflicht nur bei tatsächlicher Leistungsabnahme durch den Berechtigten (»Subjektbezogene Finanzierung«).
- Zuwendungen (Subventionen, Unterstützung) zur Erfüllung eigener Aufgaben des Trägers, die zugleich im öffentlichen Interesse liegen, als Darlehen oder Zuschuss, kein Rechtsanspruch auf Zuwendungen, haushaltsabhängig, keine Vollfinanzierung. Zuwendungen sind in der Regel »objektbezogen«, beziehen sich also nicht auf einen individuellen Fall, sondern auf das Angebot als solches (z. B. Betrieb einer Beratungsstelle). Formen sind:
  - institutionelle Förderung (allgemeine pauschale Förderung eines Trägers)
  - Projektförderung (Förderung abgegrenzter Aufgaben/Vorhaben, Beispiel: Stadt übernimmt 80 % der Betriebskosten einer Jugendfreizeiteinrichtung)
- Kostenerstattungen: Wenn der private Träger ausnahmsweise hoheitliche Aufgaben übernimmt, die eigentlich durch die Behörde selbst zu erfüllen wären (z. B. Jugendgerichtshilfe, Teilaufgaben im Zusammenhang von Inobhutnahmen); Erstattung der tatsächlich entstandenen Aufwendungen.

- Erstattungen durch Sozialversicherungsträger, z. B. Schwangerschaftskonfliktberatung
- EU-Mittel als projektbezogene Förderung oder zur Finanzierung von Modellvorhaben, in der Regel durch Bundes- oder Landesmittel co-finanziert
- Bußgelder (Staatsanwaltschaften, Gerichte)

B. Eigenmittel (ca. 15 %)

- Erträge aus steuerbegünstigten Zweckbetrieben (Beispiel: Gartenbaubetrieb für Langzeitarbeitslose)
- Zuweisungen aus Kirchensteuermitteln (nur Caritas, Diakonie)
- Spenden/Sponsorengelder
- Stiftungsmittel (Kapitalerträge)
- Schenkungen/Erbschaften
- Lotterien/Spielbanken
- Sammlungen
- Mitgliedsbeiträge (ordentliche Mitglieder, Fördermitglieder)
- Erlöse (z. B. aus Fortbildungen, Teilnehmerbeiträge, Mieterlöse, Vermögenserträge)

Gut zu wissen – gut zu merken

Der Trägerbegriff in der Sozialen Arbeit umfasst ein breites Konglomerat von Organisationen, die auf unterschiedliche Weise an der Bereitstellung Sozialer Dienste und Einrichtungen, der Weiterentwicklung ihrer Konzepte und Qualität und an der Aus- und Fortbildung des Personals freiwillig oder von Gesetzes wegen beteiligt sind. Träger im Sinne von Leistungserbringern sind die Wohlfahrtsverbände und die ihnen angeschlossenen Fachverbände, sowie Kirchen, Orden, Stiftungen, Jugendverbände, Selbsthilfevereinigungen und vereinzelt auch »neue Sozialunternehmen«. Hinzu kommen erwerbswirtschaftliche Träger. Im Kernbereich der Sozialen Arbeit, der Jugend-, Sozial- und Gesundheitshilfe (außerhalb von Pflege) dominieren nach wie vor die gemeinnützigen Anbieter. Diese sind überwiegend einem der sechs Spitzenverbände der Freien Wohlfahrtspflege angeschlossen. Zwar wurden ab Mitte der 1990er Jahre auch privatwirtschaftliche Träger als Anbieter zugelassen, sie haben aber in den klassischen Arbeitsfeldern der Sozialen Arbeit nur geringe Marktanteile erzielt. Dazu tragen die nach wie vor engen Bindungen und Verflechtungen zwischen staatlichen Institutionen und Freier Wohlfahrtspflege bei. Privatwirtschaftliche Träger können zudem nicht die steuerlichen und förderpolitischen Vorteile der gemeinnützigen Träger für sich in Anspruch nehmen. Das Subsidiaritätsprinzip wirkt sich daher unterschiedlich für die beteiligten Trägergruppen aus. Beide Gruppen betrifft die starke Abhängigkeit von sozialstaatlichen Mitteln. Die öffentlichen Mittel werden insbesondere bei den gemeinnützigen Trägern durch eine Vielzahl an weiteren Einnahmequellen ergänzt.

Weiterführende Literatur

Aner & Hammerschmidt 2018; Boeßenecker & Vilain 2013; Dahme & Wohlfahrt 2013; Hummerl & Thimm 2020, Merchel 2008; Mund 2019 (s. u.)
Pothmann, Jens & Schmidt, Holger (2021): Soziale Arbeit – die Organisationen und Institutionen. Opladen: Budrich.

Internetquellen

BAG FW – Bundesarbeitsgemeinschaft der Freien Wohlfahrtspflege e. V.: www.bagfw.de;
Bpa – Bundesverband privater Anbieter sozialer Dienste e. V.: www.bpa.de;
VPK – Bundesverband privater Träger der freien Kinder-, Jugend- und Sozialhilfe e. V.: www.vpk.de
Bundesarbeitsgemeinschaft Landesjugendämter: http://www.bagljae.de
BAGüS – Bundesarbeitsgemeinschaft der überörtlichen Träger der Sozialhilfe und der Eingliederungshilfe: https://www.bagues.de

Literatur

Ahlrichs, R. (2019): Demokratiebildung im Jugendverband: Grundlagen – empirische Befunde – Entwicklungsperspektiven. Weinheim: Beltz Juventa.
Aner, K. & Hammerschmidt, P. (2018): Arbeitsfelder und Organisationen der Sozialen Arbeit: Eine Einführung. Wiesbaden: Springer VS.
BAG FW – Bundesarbeitsgemeinschaft der Freien Wohlfahrtspflege (2018): Einrichtungen und Dienste der Freien Wohlfahrtspflege. Gesamtstatistik 2016. Berlin. https://www.bagfw.de/veroeffentlichungen/statistik.
Bauer, R., Dahme, H.-J. & Wohlfahrt, N. (2012): Freie Träger. In: Thole, W. (Hrsg.): Grundriss Soziale Arbeit. Ein einführendes Handbuch (4. Aufl.). 813–829.
Bieker, R. (2006): Kommunale Sozialverwaltung. Grundriss für das Studium der angewandten Sozialwissenschaften. München/Wien: Oldenbourg.
Bieker, R. (2012): Finanzierung Sozialer Arbeit. In: Bieker, R. & Vomberg, E. (Hrsg.): Management in der Sozialen Arbeit. Stuttgart: Kohlhammer, 199–221.
Bieker, R. (2016): Verwaltungswissen für die Soziale Arbeit. Stuttgart: Kohlhammer.
Bieker, R. (2020a): Kommunale Selbstverwaltung [online]. socialnet Lexikon. Bonn: socialnet. https://www.socialnet.de/lexikon/Kommunale-Selbstverwaltung
Bieker, R. (2020b): Kommune [online]. socialnet Lexikon. Bonn: socialnet. https://www.socialnet.de/lexikon/Kommune
Biermann, B. (2007): Soziologische Grundlagen der Sozialen Arbeit. München: Reinhardt.
Bödege-Wolf, J. & Schellberg, K. (2010): Organisationen der Sozialwirtschaft (2. Aufl.). Baden-Baden: Nomos.
Boeßenecker, K.-H. (2005): Spitzenverbände der Freien Wohlfahrtspflege. Weinheim/München: Juventa.
Boeßenecker, K.-H. & Vilain, M. (2013): Spitzenverbände der Freien Wohlfahrtspflege. Eine Einführung in Organisationsstrukturen und Handlungsfelder sozialwirtschaftlicher Akteure in Deutschland (2. Aufl.). Weinheim/Basel: Beltz Juventa.
Brinkmann, V. (Hrsg.) (2014): Sozialunternehmertum. Baltmannsweiler: Schneider.
Bundesfachverband Betriebliche Sozialarbeit (bbs) e. V.: Rahmenkonzeption für das Arbeitsfeld Betriebliche Sozialarbeit. https://www.bbs-ev.de/rahmenkonzeption-f%C3%BCr-das-arbeitsfeld-betriebliche-sozialarbeit.html, Aufruf: 06.03.2021.

Ceylan, R. & Kiefer, M. (2016): Muslimische Wohlfahrtspflege in Deutschland. Eine historische und systematische Einführung. Wiesbaden: Springer VS (zugleich unter: https://www.bpb.de/system/files/dokument_pdf/Muslimische%20Wohlfahrtspflege_978-3-658-10 583-9.pdf).

Dahme, H.-J. & Wohlfahrt, N. (2013): Lehrbuch Kommunale Sozialverwaltung und Soziale Dienste. Weinheim/München: Beltz Juventa.

Deckers, Jörg (2020): Kommentar zu § 5 Abs. 3 SGB XII. In: Flint, Th. (Hrsg.): SGB XII – Sozialhilfe mit Eingliederungshilfe (SGB IX Teil 2) und Asylbewerberleistungsgesetz (7. Aufl.). München: Beck.

Deller, U. & Brake, R. (2014): Soziale Arbeit: Grundlagen für Theorie und Praxis. Opladen/Toronto: Budrich (UTB).

Deutscher Paritätischer Wohlfahrtsverband (DPWV): Homepage. https://www.der-paritaetische.de/verband/ueber-uns, Aufruf: 15.03.2021.

Deutscher Verein für öffentliche und private Fürsorge – DV (2020): Umsetzungsstand BTHG (Stand: Dezember 2020) unter: https://umsetzungsbegleitung-bthg.de/gesetz/umsetzung-laender/, Aufruf: 20.12.2020

Droß, P. J. & Priller, E. (2015): Neue Rahmenbedingungen für Subsidiarität und ihre Auswirkungen auf Dritte-Sektor-Organisationen. In: Sozialer Fortschritt, Heft 6, 149–154.

Enste, D. (2004): Die Wohlfahrtsverbände in Deutschland. Eine ordnungspolitische Analyse und Reformagenda. IW-Analysen 9. Köln: Deutscher Instituts-Verlag.

Falterbaum, J. (2020): Rechtliche Grundlagen Sozialer Arbeit. Eine praxisorientierte Einführung (5. Aufl.). Stuttgart: Kohlhammer.

Geest, W. (2013): Marktversagen In: Grunwald, Horcher & Maelicke 2013, 649.

Grohs, S. (2010): Modernisierung kommunaler Sozialpolitik. Anpassungsstrategien im Wohlfahrtskorporatismus. Wiesbaden: Springer VS.

Grunwald, K., Horcher, G. & Maelicke, B. (Hrsg.) (2013): Lexikon der Sozialwirtschaft (2. akt. u. vollst. überarb. Aufl.). Baden-Baden: Nomos.

Hackenberg, H.& Empter, S. (Hrsg.) (2011): Social Entrepreneurship – Social Business: Für die Gesellschaft unternehmen. Wiesbaden: Springer VS.

Heinze, R. G. (2018): Wohlfahrtsverbände im Transformationsprozess. Vom stillen Wandel zum hybriden Wohlfahrtsmix. In: Heinze, Lange & Sesselmeier 2018, 281–303.

Heinze, R. G. & Schneiders, K. (2014): Wohlfahrtskorporatismus unter Druck. Zur Ökonomisierung der Sozialpolitik und des sozialen Dienstleistungssektors. In: Schaal, G. S., Lemke, M. & Ritzi, C. (Hrsg.): Die Ökonomisierung der Politik in Deutschland. Wiesbaden: Springer VS, 45–68.

Heinze, R. G., Klie, T. & Kruse, A. (2015): Subsidiarität revisited. In: Sozialer Fortschritt, Heft 6, 131–138.

Heinze, R. G., Lange, J. & Sesselmeier, W. (Hrsg.) (2018): Neue Governancestrukturen in der Wohlfahrtspflege. Wohlfahrtsverbände zwischen normativen Ansprüchen und sozialwirtschaftlicher Realität. Baden-Baden: Nomos.

Helfrich, A. (2010): Privatgewerblich und sozial – wie das geht? Das Konzept eines privaten Trägers im Bereich der Hilfen für Menschen mit Behinderungen. In: Bundesarbeitsgemeinschaft der Freien Wohlfahrtspflege (BAG FW) (Hrsg.): Sozialwirtschaft – mehr als Wirtschaft? Steuerung – Finanzierung – Vernetzung. Bericht über den 6. Kongress der Sozialwirtschaft vom 14. und 15. Mai 2009 in Magdeburg. Baden-Baden: Nomos.

Horcher, G. (2013): Dienste. In: Grunwald, Horcher & Maelicke 2013, 241–242.

Horcher, G. (2013): Einrichtung. In: Grunwald, Horcher & Maelicke 2013, 286–287.

Horcher, G. (2013): Landesjugendamt. In: Grunwald, Horcher & Maelicke 2013, 609–610.

Hummel, K. & Thimm, G. (Hrsg.) (2020): Demokratie und Wohlfahrtspflege. Baden-Baden: Nomos.

Klug, W. (1997): Wohlfahrtsverbände zwischen Markt, Staat und Selbsthilfe. Freiburg: Lambertus.

Kolhoff, L. (2017): Finanzierung der Sozialwirtschaft: Eine Einführung (2. Aufl.). Wiesbaden: Springer VS.

Liebig, R. & Wohlfahrt, N. (2012): Freie Träger. In: Thole, W.: Taschenwörterbuch Soziale Arbeit. Bad Heilbrunn: Klinkhardt, 91–92.

Merchel, J. (2008): Trägerstrukturen in der Sozialen Arbeit (2. Aufl.). Weinheim/München: Juventa.
Merchel, J. (2013): Freie Wohlfahrtspflege. In: Grunwald, Horcher & Maelicke 2013, 364–368.
Merchel, J. & Reismann, H. (2004): Der Jugendhilfeausschuss. Eine Untersuchung über sein fachliche und jugendhilfepolitische Bedeutung am Beispiel NRW. Weinheim/München: Juventa.
Messan, M. (2019): Die Anwaltsfunktion der freien Wohlfahrtspflege: Über den Begriff und die empirische Tragweite im aktivierenden Sozialstaat. Weinheim/Basel: Beltz Juventa.
Meyer, D. (1999): Die Freie Wohlfahrtspflege zwischen Wettbewerb und Neokorporatismus. Auswertung einer Pilotstudie. In: Zeitschrift für öffentliche und private Unternehmen, Heft 1, 30–50.
Möhring-Hesse, M. (2018): Verbetriebswirtschaftlichung und Verstaatlichung. Der destruktive Formwandel der Freien Wohlfahrtspflege. In: Heinze, Lange & Sesselmeier 2018, 57–78.
Monopolkommission der Bundesregierung (2014): Hauptgutachten XX – 2012/2013- : Eine Wettbewerbsordnung für die Finanzmärkte. Kapitel I: Aktuelle Probleme der Wettbewerbspolitik. Wettbewerb in der deutschen Kinder- und Jugendhilfe. Bonn. https://www.monopolkommission.de/de/gutachten/hauptgutachten/89-hauptgutachten-xx.html, Aufruf: 08.12.2020
Moos, G. & Klug, W. (2009): Basiswissen Wohlfahrtsverbände. München/Basel: Reinhardt.
Mund, P. (2019): Grundkurs Organisation(en) in der Sozialen Arbeit. München: Reinhardt.
Niemeyer, H. & Bieker, R. (2022): Beschäftigungsverhältnisse und Arbeitsbedingungen. In: Kuhlmann, C., Löwenstein, H., Niemeyer, H. & Bieker, R. (Hrsg.): Soziale Arbeit. Das Lehr- und Studienbuch für den Einstieg. Stuttgart: Kohlhammer (i. E.).
Nikles, B. W. (2008): Institutionen und Organisationen der Sozialen Arbeit. München/Basel: Reinhardt.
Olk, T. (2007): Zwischen Sozialmarkt und Bürgergesellschaft – Die Wohlfahrtsverbände im expandierenden Sozialstaat. In: Hering, S. (Hrsg.): Bürgerschaftlichkeit und Professionalität. Wirklichkeit und Zukunftsperspektiven Sozialer Arbeit. Wiesbaden: Springer VS, 33–40.
Pabst, S. (1996): Sozialanwälte. Wohlfahrtsverbände zwischen Interessen und Ideen. Augsburg: Maro.
Patjens, R. (2017): Förderrechtsverhältnisse im Kinder- und Jugendhilferecht. Wiesbaden: Springer VS.
Rieger, G. (2013): Lobbying. In: Grunwald, Horcher & Maelicke 2013, 632–634.
Angerhausen, S. (2003): Radikaler Organisationswandel. Wie die »Volkssolidarität« die deutsche Vereinigung überlebte. Opladen: Leske + Budrich.
Schäfer, K. (2009): Vorbemerkung zu den §§ 69 bis 71. In: Münder, J., Meysen, T. & Trenczek, T. (Hrsg.): Frankfurter Kommentar zum SGB VIII: Kinder- und Jugendhilfe (6. Aufl.). Baden-Baden: Nomos/Juventa.
Schneiders, K. (2020): Sozialwirtschaft und Soziale Arbeit. Stuttgart: Kohlhammer.
Seckinger, M., Pluto, L., Peuker, C. & Gado, T. (2009): DJI-Jugendverbandserhebung 2008. Befunde zu Strukturmerkmalen und Herausforderungen. München: DJI. www.dji.de, Aufruf: 14.10.2020.
Sprengel, R. (2008): Produktionsauftrag: zivilgesellschaftlicher Mehrwert. In: Blätter der Wohlfahrtspflege, Heft 3, 90–93.
Strube, A., Koc, M., Kleemann, W. & Roumer, A. (2020): Wohlfahrt in einer pluralen Gesellschaft – Muslimische Wohlfahrt als Antwort auf gesellschaftliche Herausforderungen? In: Hummer/Thimm 2020, 319–348.
Tippelt, H. (2000): Privatisierung Sozialer Dienste – Chance für die öffentliche Hand und die Souveränität der Bürger. In: Boeßenecker, K.-H., Trube, A. & Wohlfahrt, N. (Hrsg.): Privatisierung im Sozialsektor. Münster: Votum, 216–227.
Volkswagen AG: Wir definieren Mobilität neu. Geschäftsbericht 2016. Wolfsburg. https://geschaeftsbericht2016.volkswagenag.com, Aufruf: 15.02.2021.

von Boetticher, A. & Münder, J. (2011): Rechtliche Fragen sozialer Dienste – zentrale Entwicklungen und Eckpunkte der Diskussion. In: Evers, A., Heinze, R. G. & Olk, T. (Hrsg.): Handbuch Soziale Dienste. Wiesbaden: Springer VS, 206–225.

Wiesner, R. (2015): SGB III – Kinder- und Jugendhilfe. Kommentar (5., überarb. Aufl.). München: C.H. Beck.

Willems, H. & Ferring, D. (Hrsg.) (2014): Macht und Missbrauch in Institutionen. Interdisziplinäre Perspektiven auf institutionelle Kontexte und Strategien der Prävention. Wiesbaden: Springer VS.

Zeitler, H. (2002). Einrichtungen – Rechtlicher Begriff. In: Deutscher Verein für öffentliche und private Fürsorge (Hrsg.): Fachlexikon der sozialen Arbeit. Frankfurt a. M.: Nomos, 248ff.

B Arbeitsfelder und Zielgruppen

Einführung

Rudolf Bieker & Heike Niemeyer

Arbeitsfelder der Sozialen Arbeit sind Tätigkeitsfelder, in denen professionelle, überwiegend staatlich finanzierte psychosoziale Dienstleistungen für Menschen erbracht werden, die von Sozialen Problemen betroffen sind und zu deren Überwindung der Unterstützung der Gemeinschaft bedürfen (Bieker 2022). Die Tätigkeitsfelder können bei öffentlichen und bei privaten Trägern (z. B. Wohlfahrtsverbänden) angesiedelt sein. Nach dem Subsidiaritätsprinzip (▶ Kap. 1) werden die meisten Aufgaben der Sozialen Arbeit von privaten, überwiegend gemeinnützigen Trägern ausgeführt (meist »freie Träger« genannt).

Seit ihrer Verberuflichung haben sich die Arbeitsfelder Sozialer Arbeit immer weiter *ausdifferenziert*. Zu den schon früh etablierten sind im Laufe der Jahrzehnte viele neue hinzugekommen. Gleichzeitig hat eine *Spezialisierung* der Hilfen stattgefunden, so im Bereich der Kinder- und Jugendhilfe oder auf dem Gebiet gesundheitsbezogener Dienstleistungen. Wie die folgenden Beispiele zeigen, verlangen neu aufgekommene soziale Probleme entsprechende sozialpolitische Antworten und schaffen sodann neue Arbeitsfelder:

- Illegale Drogen spielten bis Mitte der 1960er Jahre noch keine öffentlich relevante Rolle, heute stellt die »Drogenarbeit« eines der prominentesten Arbeitsfelder der Sozialen Arbeit mit einem vielgestaltigen Angebot an Sozialen Diensten und Einrichtungen dar.
- Durch (Bürger-)Krieg und Verelendung ausgelöste Flüchtlingswellen wurden seit den 1990er Jahren zu einem drängenden sozialen Problem und erforderten entsprechende Maßnahmen im Bereich des Asyls und der Integration.
- (Langzeit-)Arbeitslosigkeit und die mit ihr verbundenen psychosozialen Folgen gerieten erst auf die Agenda der Sozialen Arbeit, nachdem sich erwiesen hatte, dass die »Soziale Marktwirtschaft« ihr Versprechen der Teilhabe am Arbeitsleben für alle nicht erfüllen kann. Heute ist Soziale Arbeit überall präsent, wo Menschen Probleme mit der Integration in das Arbeitsleben haben (langzeiterwerbslose Menschen, Jugendliche, Frauen nach einer längeren Familienphase, Menschen mit Behinderungen).
- Andere gesellschaftliche Probleme waren zwar seit jeher vorhanden, wurden aber weitgehend als »private Angelegenheit« definiert oder in ihrer tatsächlichen Bedeutung relativiert wie z. B. häusliche Gewalt. Nachdem hier zunächst weit überwiegend Frauen im Fokus standen (besondere Beratungsangebote, Hilfetelefone, Frauenhäuser), wird neuerdings anerkannt, dass auch Männer von Gewalt betroffen sein können, mit der Folge, dass sich wiederum ein neues Arbeitsfeld herauszubilden beginnt.

B Arbeitsfelder und Zielgruppen

- Schließlich gewinnt die Soziale Arbeit auch in institutionellen Kontexten an Bedeutung, die ehedem strikt abgegrenzte Domänen darstellten (z. B. Schule).

Auch wenn längst nicht alle Menschen im Laufe ihres Lebens zu Adressat*innen Sozialer Arbeit werden, haben die Entwicklungen im Ergebnis dazu geführt, dass sich die Arbeitsfelder der Sozialen Arbeit heute auf die gesamte Lebensspanne und nahezu alle Problem- und Bedarfslagen der persönlichen Lebensführung erstrecken. Welche enorme Bandbreite die Arbeitsfelder mittlerweile erreicht haben, wird in diesem Teil des Buches deutlich, auch wenn unsere Zusammenstellung immer noch unvollständig sein dürfte.

Die Auswahl der präsentierten Arbeitsfelder umfasst einerseits Handlungsfelder, die in fachlichen und wissenschaftlichen Diskursen oft im Vordergrund stehen und/oder gemessen an der Zahl der dort beschäftigten Sozialfachkräfte von herausgehobener Bedeutung sind. Darüber hinaus haben wir Handlungsfelder berücksichtigt, die wir für gesellschaftlich relevant halten, denen aber nur – oder noch – eine vergleichsweise begrenzte Aufmerksamkeit zuteilwird. Diese Handlungsfelder sollen zugleich – pars pro toto – die Spannweite Sozialer Arbeit verdeutlichen, die in einem einführenden Werk nur bedingt abgebildet werden kann.

Eine schlüssige Systematisierung der so bestimmten Arbeitsfelder bereitet freilich Schwierigkeiten. Grundsätzlich bieten sich für einen Ordnungsversuch verschiedene Anknüpfungspunkte an:

- der Zeitpunkt bzw. die Lebensphase, in denen Dienstleistungen biografisch von Bedeutung werden (Kindheit/Jugend, Erwachsenenalter, Alter),
- die inhaltlichen Ziele, auf die Arbeitsfelder vorrangig ausgerichtet sind (z. B. Personalisation, Resozialisation, vgl. Heiner 2010, 91),
- die Intensität, in der Soziale Arbeit die Eigenkräfte in der Bewältigung der Herausforderungen in den zuvor genannten Lebensphasen ergänzt, unterstützt oder ggf. ersetzt (vgl. Hamburger 2016, 159; Thole 2012, 28),
- Kombinationen aus den vorgenannten Strukturierungen.

Alle bisherigen Ordnungsversuche verbindet das Problem, die außerordentliche Bandbreite und Heterogenität der Arbeitsfelder der Sozialen Arbeit in einer schlüssigen, *überschneidungsfreien* Systematik abzubilden. Die Zuordnung von Arbeitsfeldern zu den wie immer bestimmten Kategorien ist nicht immer eindeutig möglich. Arbeitsfelder lassen sich bspw. nicht ohne Weiteres dem Lebenslauf von Menschen zuordnen. Arbeitsfelder folgen auch nur bedingt exklusiven Zielsetzungen.

Auch die im Folgenden präsentierte Ordnung kann dieses grundlegende Problem nicht lösen. Sie ist pragmatisch ausgerichtet und verzichtet auf die Nutzung theoretischer Begriffe und mehrdimensionaler Strukturierungen. Sie knüpft an die Tatsache an, dass Soziale Arbeit *Soziale Probleme* bearbeitet. Ordnungsprinzip sind daher die ›kritischen Tatsachen‹, unter denen Soziale Arbeit sich auf ihre Adressat*innen bezieht. Diese Tatsachen bzw. Sozialen Probleme bilden in der Praxis den *Anknüpfungspunkt* für sozialarbeiterische Dienstleistungen. Diese

Dienstleistungen können vielgestaltig sein. So benötigen psychisch kranke Menschen, die wir als Zielgruppe Sozialer Arbeit dem Handlungsbereich »Gesundheit« zugeordnet haben, neben spezifischen medizinisch-therapeutischen Leistungen (die von anderen Berufsgruppen zu erbringen sind) vielfältige andere Hilfen (z. B. Leistungen der Grundsicherung, soziale Kontakte, Tagesgestaltung, Arbeit, Wohnung). Das Gesundheitsproblem ist also lediglich der Einstiegs- bzw. Anknüpfungspunkt für die Hilfen, die von Sozialfachkräften geleistet werden. Die Zuordnung psychischer Erkrankungen zum Handlungsbereich »Gesundheit« bedeutet im Übrigen nicht, dass Gesundheitsprobleme ursächlich für alle weiteren Probleme zu gelten haben.

Zu beachten ist, dass einige Arbeitsfelder, wie z. B. die Arbeit mit Menschen ohne Ausbildung und Arbeit, durch spezialisierte Dienste und Einrichtungen organisiert werden (deshalb im Folgenden die Zuordnung zu dem Handlungsbereich »existenzielle Problemlagen«), während das Problem selbst und seine Bearbeitung arbeitsfeldübergreifend auch in anderen Handlungsbereichen, z. B. »Gesundheitliche Beeinträchtigungen«, eine bedeutsame Rolle spielt. Der Begriff Arbeitsfeld hat also zwei Bedeutungen: Er steht einerseits für regelmäßig geleistete Aufgaben, die durch spezielle Soziale Dienste wahrgenommen werden, andererseits bezeichnet er nicht nur vorübergehend wahrgenommene inhaltliche Aufgaben, ohne dass diese mit einem speziell ausgewiesenen Arbeitsplatz oder einer separaten Organisationseinheit eines Trägers korrespondieren.

Die bestehenden Interdependenzen akzeptierend lassen sich ausgehend von den problembezogenen Einstiegs- bzw. Anknüpfungspunkten fünf große unmittelbar adressat*innenbezogene Handlungsbereiche der Sozialen Arbeit unterscheiden, denen jeweils eine Vielzahl von Arbeitsfeldern zugeordnet werden können:

- Erziehung, Bildung, Sozialisation
- Existenzielle Problemlagen
- Soziale Beziehungen und Konfliktsituationen
- Gesundheitliche Beeinträchtigungen/Probleme des Alterns
- Abweichendes Verhalten

Diese Handlungsbereiche sind um einen weiteren Aufgabenbereich zu ergänzen, den wir als

Sozialmanagement

bezeichnet haben. Anders als zuvor geht es hier nicht um unmittelbare, sondern *mittelbare* Aufgaben der Sozialen Arbeit. Dazu gehören u. a. Aufgaben wie Qualitätssicherung und Ressourcenbeschaffung, die in der Praxis oft – wenn auch nicht exklusiv – von Sozialfachkräften – vielfach erst nach entsprechender Weiterbildung – wahrgenommen werden. Gemeinsames Ziel dieser Arbeitsfelder ist es, die Voraussetzungen dafür zu schaffen und aufrechtzuerhalten, dass die personenbezogene Arbeit als ›Kerngeschäft‹ Sozialer Arbeit kontinuierlich in einer bestimmten Qualität und einem bestimmten Umfang gewährleistet werden kann. Beispiele für diesen Handlungsbereich sind die Arbeitsfelder »Fortbildung/Personalentwicklung« und »Förderung zivilgesellschaftlichen Engagements«.

Weiterführende Literatur

Graßhoff, G., Renker, A. & Schroer, W. (Hrsg.) (2018): Soziale Arbeit. Eine elementare Einführung. Wiesbaden: Springer VS, 115–255.
Meyer, N. & Siewert, A. (Hrsg.) (2021): Handlungsfelder der Sozialen Arbeit. Der berufliche Alltag in Beschreibungen aus der Praxis. Opladen/Toronto: Budrich.

Literatur

Bieker, R. (2022): Was ist Soziale Arbeit? – eine Einführung in Gegenstand und Funktionen. In: Kuhlmann, C., Löwenstein, H., Niemeyer, H. & Bieker, R. (Hrsg.): Soziale Arbeit. Das Lehr- und Studienbuch für den Einstieg. Stuttgart: Kohlhammer, 15–64.
Hamburger, F. (2016): Einführung in die Sozialpädagogik (3. Aufl.). Stuttgart: Kohlhammer.
Heiner, M. (2010): Soziale Arbeit als Beruf. Fälle – Felder – Fähigkeiten. München: Reinhardt.
Thole, W. (2012): Die Soziale Arbeit – Praxis, Theorie, Forschung und Ausbildung. Versuch einer Standortbestimmung. In: Thole, W. (Hrsg.): Grundriss Soziale Arbeit. Ein einführendes Handbuch (4. Aufl.). Springer VS, 19–70.

Handlungsbereich »Erziehung, Bildung, Sozialisation«

Kurzbeschreibung

Im Mittelpunkt dieses Handlungsbereichs steht das Aufwachsen von Kindern und Jugendlichen. Es geht um Stärkung und Ergänzung lebensweltlicher Integrationsleistungen. Ein besonderes Augenmerk gilt Störungen in der Erziehung und in dem Verlauf der Sozialisation, die auf eine Gefährdung des Kindeswohls hindeuten. Neben ambulanten Hilfen kommen auch stationäre familienersetzende Hilfen in Betracht.

Adressat*innen

Kinder, Jugendliche, junge Erwachsene,
Eltern, Alleinerziehende, Pflegeeltern, Personensorgeberechtigte

Wichtige Arbeitsfelder/-orte

Arbeitsfelder, die in diesem Band vorgestellt werden:
Offene Kinder- und Jugendarbeit (▶ Kap. 2); Schulsozialarbeit in den diversen Schulformen (▶ Kap. 3); sportbezogene Soziale Arbeit (▶ Kap. 4); Schutz von Kindern/Allgemeiner Sozialer Dienst (▶ Kap. 5); Hilfen zur Erziehung: Erlebnispädagogische Projekte; Heimerziehung, Jugendwohngemeinschaften, Erziehungsbeistandschaft, Intensive sozialpädagogische Einzelfallhilfe; Tagesgruppen; sozialpädagogische Familienhilfe unter Berücksichtigung gemeinsamer Wohnformen für Mütter/Väter und Kinder (▶ Kap. 6); Jugendhilfe in geschlossenen Einrichtungen (▶ Kap. 7).

Weitere Arbeitsfelder (Beispiele):
Kindertageseinrichtungen/Familienzentren; Jugendkulturarbeit; Jugendverbandsarbeit; Jugendbildungsarbeit; Mobile Jugendarbeit/Streetwork; Jugendberatung, Kindernotruf; Erziehungsberatung, Familienbildung/Elternkurse; Pflegekinder- und Adoptionsvermittlung; Beratung in Fragen der Partnerschaft, Trennung und Scheidung; Übernahme von Vormundschaften/Pflegschaften; Anwalt/Anwältin des Kindes in familiengerichtlichen Verfahren; Arbeit in Kinderschutzzentren/Notaufnahmeeinrichtungen.

2 Offene Kinder- und Jugendarbeit

Ulrich Deinet & Sarah Büchter

2.1 Einführung

Die Offene Kinder- und Jugendarbeit (im Folgenden: OKJA) ist ein Bildungsbereich insbesondere der informellen und non-formalen Bildung. Mit ihren Einrichtungen und Arbeitsformen ist sie in den Sozialräumen und Lebenswelten von Kindern und Jugendlichen verortet und stellt Räume zur Verfügung, die von jungen Menschen mitgestaltet werden und in denen sie selbstorganisierte Formen des Sozialen Lernens entwickeln können. Sie agiert zwischen Schule und Lebenswelten der Kinder und Jugendlichen und gestaltet in der Bildungslandschaft unterschiedliche Räume mit andersartigen Bildungserfahrungen.

Das Arbeitsfeld der Kinder- und Jugendarbeit (im SGB VIII »Jugendarbeit« genannt) ist ein Bereich der *Jugendhilfe* und wird in den §§ 11 und 12 des SGB VIII geregelt. Im Unterschied zur mitglieder- und werteorientierten Jugendverbandsarbeit ist die OKJA durch die Prinzipien der Offenheit und Freiwilligkeit und eine nicht an Mitgliedschaft gebundene Teilnahme charakterisiert. Innerhalb der Jugendhilfe nimmt die Kinder- und Jugendarbeit eine ›Sandwichposition‹ ein: Zwischen den gesetzlich stärker abgesicherten und in den letzten Jahren deutlich ausgebauten Bereichen der Hilfen zur Erziehung einerseits und der Tagesbetreuung von Kindern andererseits.

2.2 Aktuelle Situation der offenen Kinder- und Jugendarbeit

Der bis 2014 zu verzeichnende Trend des Abbaus der Kinder- und Jugendarbeit wendet sich in den letzten Jahren wieder: Bund, Länder und Kommunen haben für die Kinder- und Jugendarbeit im Jahr 2018 1,973 Milliarden Euro ausgegeben (Pothmann 2019, 7). Das bedeutet eine Steigerung um 3,6 % zum Vorjahr und im Vergleich zum Jahr 2014 eine Steigerung um 16 % (eigene Berechnung) (Pothmann 2019, 8). Diese Ausgabensteigerung liegt damit über der Preissteigerungsrate und der Tarifsteigerung bei den Personalkosten (ebd.).

Seckinger u. a. (2016) beschreiben dennoch die finanzielle Situation der OKJA insgesamt als »nicht komfortabel« (ebd., 56). Dazu passt, dass 67 % der Jugendzentren versuchen, zusätzliche Finanzquellen zu akquirieren, bspw. (zusätzliche) EU- oder Bund- Fördermittel für (zeitlich begrenzte) Projekte (ebd., 55f.).

Bezüglich der Statistiken zu Einrichtungen, Personal etc. existiert seit 2015 ein neues Erhebungsmodell, bei dem nun die Angebotsstruktur fokussiert wird. Die Auswertungen beziehen sich auf das Arbeitsfeld der Kinder- und Jugendarbeit insgesamt und sind aufgrund der erst zweiten Erhebungsrunde (noch) nicht vollständig belastbar (Pothmann 2020, 12–16). Bundesweit deuten die Erhebungen der Jahre 2016 und 2018 an, dass für das Arbeitsfeld steigende personelle Ressourcen aufgewendet wurden (ebd., 12). Die Statistik vermerkt zum Stichtag 2018 32.132 Personen im Arbeitsfeld der Kinder- und Jugendarbeit (2016: 30.302 Personen), wobei auch die Anzahl der Vollzeit- bzw. vollzeitnahen Beschäftigungsverhältnisse gestiegen ist (ebd., 12–13). Im Zeitraum 2015 bis 2017 stiegen zudem sowohl die Zahl der Stammbesuchenden (von 753.182 auf 881.219) als auch die der erfassten offenen Angebote (von 19.339 auf 22.430) um 17 % bzw. 16 % (Mühlmann & Pothmann 2019, 1, eigene Berechnungen).

> »Dass inzwischen für 38 % der offenen Angebote angegeben wird, dass diese nur maximal 3 Stunden pro Woche genutzt werden können, macht deutlich, dass das Bild eines ›klassischen‹ Jugendzentrums, das ständig zur offenen Nutzung bereitsteht, in vielen der hier einbezogenen Fälle nicht zutrifft. Offensichtlich sind offene Angebote, auch in einrichtungsbezogenen Formen, häufig nur ein kleiner Teil« (ebd., 5).

2.3 Adressat*innen der offenen Kinder- und Jugendarbeit

Die Angebote der OKJA richten sich auch auf Basis des gesetzlichen Auftrags nach SGB VIII an alle Kinder und Jugendlichen »unabhängig von (…) Milieuzugehörigkeit oder (…) weltanschaulichen Vorstellungen« (Seckinger u. a. 2016, 25) etwa ab dem Grundschulalter. Wie hoch der Anteil derjenigen ist, die tatsächlich die Angebote nutzen, ist ein vielfach untersuchtes Thema. Die Ergebnisse hängen vom regionalen Angebot ebenso wie von der Definition des Besuchs und der jeweiligen Alterseingrenzung ab (Schmidt 2011). Ebenso beeinflusst die konzeptionelle Ausrichtung und Schwerpunktsetzung, welche Kinder und Jugendlichen angesprochen werden und die Angebote der OKJA nutzen (Seckinger u. a. 2016, 25).

Aus den Ergebnissen von regionalen Studien der letzten 15 Jahre wird geschlossen, »dass etwa acht bis zehn Prozent der Jugendlichen im Teenageralter mindestens einmal wöchentlich ein Jugendzentrum besuchen, während es weitere 20 % in diesem Alter gibt, die zumindest gelegentlich ein Jugendzentrum besuchen« (BMFSFJ 2017, 382). Anlass für gelegentliche Besuche sind in der Regel Einzelveranstaltungen unterschiedlicher Art. Auf vergleichbare Ergebnisse kommt eine Befragung von 11- bis 16-jährigen Schüler*innen in NRW, die ergab, dass 7 % häufig eine Jugendeinrichtung besuchen und 16 % ab und zu dort hingehen (Deinet, Icking, Nüsken & Schmidt 2017, 149).

Untersuchungen zur Altersstruktur der OKJA zeigen deutliche Verschiebungen in Richtung der Verjüngung der Besucher*innen. Schmidt stellt fest, dass »die Offene Kinder- und Jugendarbeit derzeit im Kern von 12- bis 17-jährigen Kindern und Jugendlichen besucht wird, ältere Jugendliche und junge Erwachsene weitgehend nicht mehr von ihr angesprochen werden« (Schmidt 2011, 39). Die (fach-)öffentlichen Debatten in den letzten Jahren haben sich vor allem mit Kindern als Hauptzielgruppe beschäftigt, sodass sich die Kinder- und Jugendhilfe insgesamt systematisch zu Kindern hingewendet hat (Seckinger u. a. 2016, 20). Der Anteil an Jugendzentren, die ausschließlich Jugendlichen zur Verfügung stehen, beläuft sich daher nur auf 11 % (ebd., 21). Auf der anderen Seite geben 20 % der Einrichtungen an, dass auch unter Sechsjährige zu den Besucher*innen zählen und 62 % der Einrichtungen werden von Kindern im Alter von sechs bis neun Jahren besucht (ebd., 156). Durchgängig lässt sich dabei feststellen, dass die OKJA mehr Besucher als Besucherinnen verzeichnet. 2011 lag der Anteil weiblicher Besucher*innen bundesweit bei 39 % (ebd., 158).

Im Hinblick auf Schulzugehörigkeit und gesellschaftlichen Status zeigen die Untersuchungen, dass der Anteil der Gymnasiast*innen und Realschüler*innen im Bereich der OKJA relativ gering ist, sie spricht eher bildungsferne Jugendliche an (Schmidt 2011, 42), größtenteils aus dem »sozialen Nahbereich« der Einrichtungen (BMFSFJ 2020, 400). Auch dadurch unterscheidet sie sich von der eher mittelschichtsorientierten Jugendverbandsarbeit. Die Funktion der OKJA als ›Rückzugsraum‹ für marginalisierte Kinder und Jugendliche ist zwiespältig zu diskutieren. Einerseits betont dies ihre inklusive Funktion, andererseits erscheint eine Isolierung einzelner Zielgruppen auch problematisch.

2.4 Angebote

Auf der Grundlage des SGB VIII ist die OKJA eine Aufgabe, die in erster Linie auf der kommunalen Ebene angesiedelt ist. Entsprechend sind auch die Kommunen für die Finanzierung der OKJA zuständig, nur wenige Bundesländer fördern die Einrichtungen und Träger direkt. Träger der Einrichtungen der OKJA können dabei sowohl die kommunalen Jugendämter als öffentliche Träger als auch die freien Träger aus Jugend- und Wohlfahrtsverbänden und Kirchengemeinden sein (▶ Kap. 1), aber auch örtliche Initiativen und Vereine, die über eine Anerkennung als Jugendhilfeträger verfügen. Bundesweit werden rund 40 % der OKJA in öffentlicher Trägerschaft geführt, entsprechend 60 % in freier Trägerschaft (Seckinger et a. 2016, 42).

Zunehmende Bedeutung für die Finanzierung hat die zeitlich befristete Projektförderung etwa durch Bundes- und Landesprogramme und Stiftungen. Ein nach wie vor beklagtes Problem der Finanzierung besteht in der mangelnden gesetzlichen Absicherung der Kinder- und Jugendarbeit insgesamt, die zwar als Pflichtleistung nach § 11 SGB VIII definiert, aber im Leistungsumfang nicht bestimmt ist. In Folge dessen kann die OKJA vor Ort auch deutlichen Kürzungen unterworfen werden.

Zu den Einrichtungsformen der OKJA gehören heute große und kleine Jugendhäuser, Jugendtreffs im ländlichen Raum, Mädchentreffs, Jugendclubs, Jugendkulturzentren, Abenteuerspielplätze, Spielmobile und selbstverwaltete Jugendzentren und seit einiger Zeit auch Einrichtungen für »LSBTTI«-Jugendlichen (LSBTTI: Lesben, Schwule, Bisexuelle, Transsexuelle, Transgender und Intersexuelle).

Die flächendeckende Einführung der Ganztagsschule in den Bundesländern verändert die Nutzung der OKJA, weil immer mehr Kinder und Jugendliche nachmittags in der Schule sind und nicht die Einrichtungen besuchen können. Daher sind Kooperationen der Kinder- und Jugendarbeit mit Schulen längst »kein Randphänomen mehr, sondern (…) zumindest angesichts der quantitativen Größenordnungen nicht mehr wegzudenken« (Mühlmann & Pothmann 2019, 6).

Die Ausdifferenzierungen der Einrichtungen der Kinder- und Jugendarbeit stellen sich sozialräumlich, also bezogen auf die jeweiligen Bedarfe und Strukturen in den Stadtteilen etc., sehr unterschiedlich dar:

- Weite Verbreitung hat eine intensive Kooperation zwischen Einrichtungen der OKJA mit Schulen (oft ermöglicht durch räumliche Nähe), mit sehr unterschiedlichen Konzepten im Primarbereich und im Sekundar-I-Bereich (s. u.); im Rahmen der Diskussion um lokale Bildungslandschaften wird der Beitrag der Offenen Jugendarbeit als Bildungsort diskutiert (Deinet u. a. 2010).
- Entwicklung der Jugendeinrichtungen in Großstädten zu Stadtteilzentren; sie sind dort oft Motoren sozialräumlicher Kooperation und Vernetzung zwischen verschiedenen Institutionen, sie bilden den Mittelpunkt eines Netzwerkes, bis hin dazu, dass die Fachkräfte auch Aufgaben eines Quartiermanagements übernehmen (wie das Quartiermanagement im Bundesprogramm »Soziale Stadt«).
- Entwicklung von Jugendeinrichtungen zu Kinder-, Jugend- und Familieneinrichtungen, d. h., die Einrichtungen arbeiten intergenerativ, machen Angebote für Familien (vergleichbar mit Familienzentren) und arbeiten intensiver mit den Hilfen zur Erziehung zusammen.
- Große Verbreitung von kleinen Einrichtungen mit starken Elementen von Selbstorganisation der Jugendlichen im ländlichen Raum und in kleinen Kommunen.
- Stärkere Verbindung von »stationären« und mobilen Angeboten sowie die Entwicklung »herausreichender«, d. h. von Einrichtungen ausgehenden Angeboten, mit dem Ziel der Unterstützung von Jugendlichen im Sozialraum usw. als Ausdruck einer stärkeren sozialräumlichen Orientierung.

2.5 Geflüchtete Kinder und Jugendliche in der Offenen Kinder- und Jugendarbeit

Im Zuge der gestiegenen Anzahl von geflüchteten Menschen seit dem Jahr 2014 kamen insbesondere jüngere Personen ohne und mit Familie nach Deutschland, und es ist davon auszugehen, dass auch zukünftig Menschen aufgrund von internationalen Krisen und Kriegen in Deutschland Schutz und Unterstützung suchen (vgl. Fritsche & Schreier 2017, 55ff.). Bei der Aufgabe, Kinder, Jugendliche und junge Erwachsene mit Fluchterfahrung gesellschaftlich zu integrieren, waren und sind in besonderem Maße auch Bereiche der Kinder- und Jugendarbeit gefordert. Neben der Konzeption von kurz- und langfristigen Strategien und Projekten, die auf die besonderen Bedarfe und Bedürfnisse der Zielgruppe ausgerichtet sind, standen und stehen Praktiker*innen vor Ort in den öffentlichen und privaten Einrichtungen vor neuen Aufgaben. Dabei entwickelten sich in der OKJA auch neue konzeptionelle Ansätze wie Hol- und Bring-Dienste für die Geflüchteten, eine intensive Elternarbeit usw. Insgesamt zeigt sich, dass die OKJA einer der gesellschaftlichen und sozialpolitischen Bereiche ist, die aufgrund ihrer Rahmenbedingungen und Strukturprinzipien in der Lage ist, entgrenzte Zielgruppen wie Kinder und Jugendliche mit Fluchthintergrund zu erreichen. Sie wurde dabei allerdings auch an ihre Grenzen geführt: Sichtbar wurde dies etwa in der Arbeit mit älteren männlichen Jugendlichen, denen eine berufliche Perspektive fehlt, die so in der OKJA nicht hergestellt werden kann.

2.6 Jugend und Jugendarbeit in der Corona-Krise

Einrichtungen der OKJA waren durch das abrupte Schließen aller öffentlichen Einrichtungen in Folge der ersten Welle der Corona-Pandemie Mitte März 2020 ebenfalls stark betroffen. Dennoch waren auch in der Schließung Aktivitäten zu erkennen, vor allem über Soziale Netzwerke und digitale Kommunikationsplattformen. Dabei stand im Mittelpunkt, die Beziehungen zu den Stammbesucher*innen aufrechtzuerhalten. Es entwickelten sich interessante Aktivitäten der OKJA in virtuellen Räumen, in sozialen und in allen möglichen digitalen Medien mit dem Versuch, Kontakt zu Jugendlichen herzustellen und digitale Begegnungen auch zwischen den Jugendlichen zu ermöglichen. Fachkräfte der OKJA wurden aber auch in andere Bereiche von Stadtverwaltungen abgeordnet, um z. B. die Gesundheitsämter oder Kitas zu unterstützen. Fachkräfte waren zudem in ihren Stadtteilen unterwegs, um Jugendliche zu treffen und sie zu unterstützen, z. B. bei der Bearbeitung schulischer Ansprüche.

Die Situation nach dem Lockdown ist für die Einrichtungen völlig neu und wird auch neue pädagogische Handlungsstrategien mit sich bringen: Wie kann es gelingen, Angebote der OKJA unter den Bedingungen des Gesundheitsschutzes zu realisieren? Wie steht es um Niedrigschwelligkeit, Freiwilligkeit und die Beteiligung der Jugendlichen? Es stellt sich auch die Frage, wie Fachkräfte diese Anforderungen professionell bewältigen.

Im Winter 2020, als dieser Beitrag verfasst wurde, waren Einrichtungen der OKJA teilweise wieder geöffnet und konnten aber nur mit kleinen »Bezugsgruppen« arbeiten. Der offene Bereich ist in dieser Zeit nicht ohne größere Einschränkungen durchführbar. Die Anforderung, Kontakte zu den Jugendlichen über digitale Medien zu halten, ist dagegen gestiegen. Die Lebenssituation der Kinder und Jugendlichen ist z. T. außerordentlich problematisch; die für die Sozialisation zentralen Kontakte zu Gleichaltrigen sind eingeschränkt und pädagogische Bildungssettings jenseits von Schule sind nicht mehr in der Breite nutzbar. Die Zukunft wird zeigen, inwieweit die Corona-Krise die OKJA verändert und wie der Arbeitsbereich sich insgesamt weiterentwickeln wird.

Weiterführende Literatur

Deinet, U., Sturzenhecker, B., Schwanenflügel, L. & Schwerthelm, M. (Hrsg.) (2021) Handbuch Offene Kinder- und Jugendarbeit (5., völlig erneuerte u. erw. Aufl.). Wiesbaden: Springer VS.
Deinet, U., Icking, M., Leifheit, E. & Dummann, J. (2010): Jugendarbeit zeigt Profil in der Kooperation mit Schule. Reihe »Soziale Arbeit und Sozialer Raum« (Hrsg. Ulrich Deinet). Bd. 2. Opladen: Budrich.
Sturzenhecker, B. (2015) Gesellschaftliches Engagement von Benachteiligten fördern. Bd. 1: Konzeptionelle Grundlagen für die Offene Kinder- und Jugendarbeit. Verlag Bertelsmann Stiftung (Gütersloh) 2015 sowie weitere Bände, z. B.: »Methodische Anregungen und Praxisbeispiele für die Offene Kinder- und Jugendarbeit« (3. Aufl. 2020).

Internetquellen

Bertelsmann-Stiftung: https://www.bertelsmann-stiftung.de/de/unsere-projekte/jungbewegt/ausserschulische-jugendarbeit/gesellschaftliches-engagement-von-benachteiligten-jugendlichen
Bundesarbeitsgemeinschaft Offene Kinder- und Jugendeinrichtungen e. V.: https://www.offene-jugendarbeit.net/
Online Journal: https://www.sozialraum.de
Bundesjugendkuratorium: https://www.bundesjugendkuratorium.de/
DOJ – Dachverband offene Kinder- und Jugendarbeit Schweiz: https://doj.ch/
bOJA – Bundesweites Netzwerk Offene Jugendarbeit in Österreich: https://www.boja.at/boja-bundesweites-netzwerk-offene-jugendarbeit

Literatur

Arbeitsgemeinschaft für Kinder- und Jugendhilfe (AGJ) (2018): Dem wachsenden Fachkräftebedarf richtig begegnen. https://www.agj.de/fileadmin/files/positionen/2018/Dem_wachsenden_Fachkr%C3%A4ftebedarf_richtig_begegnen.pdf, **Aufruf:17.11.2020.**

Bundesministerium für Familie, Senioren, Frauen und Jugend (Hrsg.) (2020): 16. Kinder- und Jugendbericht – Förderung demokratischer Bildung im Kindes- und Jugendalter. Drucksache 19/24200. Berlin: PIEREG Druckcenter Berlin GmbH.

Deinet, U., Icking, M., Nüsken, D. & Schmidt, H. (2017). Potentiale der Offenen Kinder- und Jugendarbeit. Innen- und Außensichten. Weinheim/Basel: Beltz Juventa.

Fritsche, M. & Schreier, M. (2017): »… und es kommen Menschen!« Eine Orientierungshilfe für die Unterstützung geflüchteter Menschen. Bonn: Bundeszentrale für politische Bildung.

Mühlmann, N. & Pothmann, J. (2019): Statistik der Kinder- und Jugendarbeit – Potenziale noch nicht ausgeschöpft. In: Rauschenbach, T. (Hrsg.): Kommentierte Daten der Kinder- und Jugendhilfe (KOMDAT), 22. Jg., H. 1, 1–8.

Pothmann, J. (2020): Empirie in der Personalstruktur in der (Offenen) Kinder- und Jugendarbeit. In: BAG OKJE e. V. (Hrsg.) (2020): Offene Jugendarbeit, H. 1, 12–16.

Pothmann, J. (2019): Kinder- und Jugendhilfeausgaben 2018: Entschleunigung des Anstiegs, aber 50 Mrd.- Marke genommen. In: Rauschenbach, T. (Hrsg.) (2019): Kommentierte Daten der Kinder- und Jugendhilfe (KOMDAT), 22. Jg., H. 3, 5–8.

Schmidt, H. (2011): Empirie der Offenen Kinder- und Jugendarbeit, Wiesbaden: Springer VS.

Seckinger, M., Pluto, L., Peucker, C. & Santen, E. van (2016): Einrichtungen der offenen Kinder- und Jugendarbeit. Eine empirische Bestandsaufnahme. Weinheim: Beltz Juventa.

3 Schulsozialarbeit

Johannes Kloha, Kathrin Aghamiri & Anja Reinecke-Terner

Die Schule stellt neben der Familie die wichtigste Sozialisationsinstanz dar, mit der sich alle Kinder in Deutschland auseinandersetzen müssen. Hier kommen Menschen aus unterschiedlichsten Lebenswelten und mit je eigenen biografischen Erfahrungen mit zentralen gesellschaftlichen Erwartungen in Berührung und manchmal auch in Konflikt. In der Schule werden zum einen Schwierigkeiten der Kinder, Jugendlichen oder ihrer Familien erst sichtbar, zum anderen produziert die Schule vor dem Hintergrund ihrer Allokations- und Selektionsmechanismen mitunter selbst soziale Probleme für Einzelne oder Gruppen.

3.1 Soziale Arbeit am Ort Schule oder: Doing Schulsozialarbeit

Mit einer 50-jährigen Geschichte in Deutschland entwickelt sich das Handlungsfeld Schulsozialarbeit stetig fort. Grundsätzlich werden der Schulsozialarbeit folgende Kernaufgaben zugeschrieben: Unterstützung und Beratung von einzelnen Schüler*innen am Ort Schule selbst, soziale Gruppenarbeit mit unterschiedlichen Schwerpunkten, Konfliktbearbeitung, Projekte außerunterrichtlichen Lernens, Netzwerkarbeit durch inner- und außerschulische Kooperation (vgl. Speck 2014; Stüwe u. a. 2017). Schulsozialarbeit verfolgt vor allem Handlungsansätze und Begründungsmuster, die Kinder und Jugendliche in der Bewältigung ihrer Rolle als Schüler*innen unterstützen und stärken sollen (Speck 2014, 52ff.). Darüber hinaus wirkt sie auf institutionelle Strukturen und Handlungsoptionen, indem sie Lehrkräfte berät oder in Gremien und Modellprojekten Schulentwicklung betreibt. Sie bearbeitet Fälle (Kloha 2018), gestaltet Subjektbildungsprozesse in Form von sozialpädagogischer Gruppenarbeit (Aghamiri 2016) oder eröffnet entformalisierte und erweiterte Kommunikationsstrukturen (u. a. Reinecke-Terner 2017).

Fachlich wird die Schulsozialarbeit der Jugendhilfe zugeordnet – insbesondere entlang der §§ 1, 11 und 13 SGB VIII –, allerdings findet sich im SGB VIII keine Norm, die Schulsozialarbeit ausdrücklich benennt. Das, was Schulsozialarbeit von anderen Handlungsfeldern der Kinder- und Jugendhilfe unterscheidet, ist, dass sie sich im praktischen Handeln umfassend und ständig mit Schule als Sozialisationsinstanz auseinandersetzen muss. Schule als Institution hat eine zentrale gesellschaftliche Funktion in Bezug auf Qualifikation und Integration (Vorbereitung auf Arbeitswelt und Erwachsenenleben) sowie die damit einhergehende Allokation (Aufteilung der Schüler*innen entlang spezifischer Abschlüsse auf die entsprechenden Ausbildungen), einschließlich die damit verbundene Selektion und Bewertung (Fend 2006). Dabei ist Schule auf eine ausreichende Abstimmung der Organisationsmitglieder untereinander angewiesen, um ihre Organisationsziele (z. B. Schulabschlüsse, Einhaltung der Regeln) zu erreichen.

Aus diesem starken Institutionenbezug folgt, dass sich Schulsozialarbeiter*innen mit ihren Handlungsmöglichkeiten immer auf Schule beziehen, ob beabsichtigt oder nicht: Ihr Auftrag, ihre Ziele und Operationalisierungen werden jeweils von der schulischen Ordnung gerahmt. Ein Angebot zum Sozialen Lernen mit körper- und interaktionsorientierten Übungen zur gelingenderen Zusammenarbeit der Kinder und Jugendlichen erscheint in einem Jugendzentrum z. B. als vergleichsweise stark strukturiert, in der Schule mit ihren getakteten Zeiten, festgelegten Angeboten und disziplinierenden Orten kommt ein solches Setting sozialpädagogischer Gruppenarbeit dagegen als Freiraum und außeralltägliches Ereignis, als eine Art »Spektakel« (Aghamiri 2016) daher; schon deshalb, weil es eine Entlastung vom Unterricht darstellt. Sowohl die tägliche Auseinandersetzung mit Schüler*innen, Lehrer*innen und Eltern in ihren jeweiligen Rollen als auch mit vorhandenen Ordnungen wie Unterricht, Stundenplänen, Klassenräumen, Pausen usw. bedingen das Handeln und den Auftrag, die Möglichkeiten und Spielräume der Schulsozialarbeit.

In diesem Sinne betrachten wir das Handlungsfeld mit dem Fokus darauf, welche Themen und Herausforderungen in konkreten Praxissituationen als zentrale, wiederkehrende Problemstellungen und Handlungsmuster auftauchen. Damit Schulsozialarbeiter*innen eine Orientierung für ihr professionelles Handeln haben, ist eine normative Ausrichtung im Sinne der Theorien Sozialer Arbeit zwar unbedingt notwendig. Um aber die Praxis im Feld auch verstehen und somit reflektieren zu können, ist es wichtig zu ergründen, wie Schulsozialarbeit als gemeinsame Produktionsleistung von Sozialarbeiter*innen, Schüler*innen, Lehrkräften und institutionellen Rahmenbedingungen überhaupt hergestellt wird.

Wir knüpfen damit an das Konzept des »Doing Social Work« an (Aghamiri u. a. 2018), das eine sensibilisierende Sicht auf die *Verfasstheit* Sozialer Arbeit zur Verfügung stellt. Hierbei geht es weniger darum, wie Schulsozialarbeit sein *sollte*, als darum, wie sie sich in der jeweils konkreten Praxis *ereignet*. Soziale Arbeit stellt, wie soziale Wirklichkeit generell, eine interaktive Konstruktionsleistung aller beteiligten Akteur*innen dar (ebd., 8f.). Das bedeutet, dass sie von den Vorstellungen bestimmt wird, die die Beteiligten von Sozialer Arbeit haben – was diese kann, soll und was sie ausmacht.

Kinder und Jugendliche werden in der Schule vor allem als Schüler*innen angesprochen und müssen sich den Erfordernissen des Unterrichts anpassen. Das Wissen über und um Schule bestimmt ihre Vorstellung und ihre Handlungsmöglichkeiten, auch in Bezug auf andere Interessen und Bedürfnisse. Wenn Sozialarbeiter*innen z. B. in eine Klasse kommen und dort Übungen zur Stärkung der Klassengemeinschaft machen, greifen die Schüler*innen auf ihr besonderes Institutionenwissen zurück. Was darf man dort tun? Gelten die Unterrichtsregeln noch? Wer sind die ›neuen‹ Erwachsenen (vgl. Aghamiri 2016, 140ff.)? Und auch die Schulsozialarbeiter*innen knüpfen an die Möglichkeiten an, die Pädagog*innen in der Schule haben: Sie nutzen Gespräche und Gruppenaktionen, aber eben auch Elemente der schulischen Ordnung.

3.2 Schulsozialarbeit als Handeln auf der Zwischenbühne

Eine Theorie, die das Arbeitsfeld konsequent aus der Praxis heraus konzeptualisiert, ist die Denkfigur von Schulsozialarbeit als *Zwischenbühne* (Reinecke-Terner 2017). Im Anschluss an Goffman (2011) und Zinnecker (1978) ereignet sich Schulsozialarbeit zwischen der sog. »Vorderbühne« des Unterrichts bzw. den schulischen Anforderungen und den »Hinterbühnen« der lebensweltlichen Interessen und Rückzugsorte vom Schulgeschehen der Schüler*innen (vgl. Reinecke-Terner 2017). Die Bühnenmetapher spielt auf das Vorhandensein und die Möglichkeiten von besonderen Rollen in Institutionen an (s. o.): Mit Übernahme der Schüler*innenrolle lernen Kinder, ihr Handeln funktional zu kontrollieren und ›schulfähig‹ zu werden. Schulsozialarbeiter*innen fragen danach, wie Jugendliche die geforderten Rollenübernahmen in der Schule bewältigen und nehmen so das »Schüler*innen*sein*« (Böhnisch & Lenz 2014, 38ff.) in den Blick. Sie unterstützen Kinder und Jugendliche dabei, ihre ganz persönlichen Interessen oder auch Konflikte, die in Familie und Peergroup entstehen, mit den Anforderungen des schulischen Alltags in Balance zu bringen. Dabei bewegen sie sich ständig *zwischen* der Bedeutungssphäre der Schüler*innen, derjenigen der Schule und den Anforderungen der eigenen Profession hin und her.

Die »Zwischenbühne« (Reinecke-Terner 2017) nimmt in den Blick, wie sich Sozialarbeitende im Kontext Schule bewegen:

- zwischen den Zeiten von Unterricht und spontanen Ereignissen wie z. B. Beratung zwischen Tür und Angel;
- zwischen den Orten von Klassenraum und eigenem Büro als Entspannungsort für die Schüler*innen;
- zwischen den Ordnungen von Unterricht und partizipativen Angeboten.

Ständig versuchen sie Themen miteinander zu verbinden, auszutarieren und Position zu beziehen. Dabei wird deutlich, dass das Handeln der Schulsozialarbeit immer wieder an Grenzen stößt oder in der Auseinandersetzung mit den Handlungsmöglichkeiten der Institution Schule diffus wird. In der Kooperation mit Zielen und Funktionen der Schule verstrickt sie sich vielfach in Ambivalenzen. Dies impliziert, dass Schulsozialarbeiter*innen ihr Handeln immer wieder mit Bezug auf den eigenen Auftrag abwägen und legitimieren müssen (ebd., 15ff.).

Sichtbar wird dies am Beispiel des folgenden ethnografischen Gesprächsprotokolls (hier in einer Zusammenfassung; vgl. ausführlicher Reinecke-Terner 2017, 233).

> **Beispiel**
>
> Der Schulsozialarbeiter positioniert sich in der abgebildeten Situation im sog. »Trainingsraum«. Dieses Verfahren hat den Zweck, Schüler*innen zur Reflexion über Fehlverhalten im Unterricht aufzufordern. Der Raum sollte regulär von Lehrkräften selbst betreut werden, das Konzept ist in der Praxis der Schulsozialarbeit jedoch ebenfalls verbreitet. In diesem Fall verwandelt sich das ansonsten freiwillig aufzusuchende Büro des Schulsozialarbeiters für (selbstbestimmte) Hinterbühnenanliegen der Kinder und Jugendlichen während der Unterrichtszeit in den ›Trainingsraum‹ für (fremdbestimmte) Vorderbühnenanliegen der Lehrkräfte. In der Schule steht auch ein Trainingsraumbüro zur Verfügung, das er aber im Moment der Beobachtung nicht nutzt, um weiterhin für alle erreichbar zu sein. Der Schulsozialarbeiter fordert also die zu ihm geschickte Schülerin auf, ein Trainingsraumprotokoll ausfüllen und ihre Unterrichtssituation zu reflektieren. Um diesen unfreiwilligen Charakter etwas aufzulockern, geht der ›beforschte‹ Schulsozialarbeiter in persönliche Gespräche über und versucht dadurch parallel eine Beziehung aufzubauen, ohne in die Tiefe zu gehen. Auf Nachfrage im ethnografischen Gespräch bewertet der Sozialarbeiter die Situation wie folgt: »Sicher könne er sich denken, dass sie wegen ihres persönlichen Stresses so auffällig im Unterricht war, aber er wollte das nicht thematisieren. Er wisse, dass (...) außerdem Frau Mohn [seine Schulsozialarbeitskollegin] Kontakt zu ihr habe. Allein deswegen, sagt er, solle sich das nicht vermischen. Als ich frage, was gewesen wäre, wenn gerade kein Trainingsraum-Gespräch stattgefunden hätte, sagt er: ›Dann hätte ich ihr besser zugehört.‹« (vgl. Reinecke-Terner 2017, 233).
>
> Das Absurde an der Situation scheint der Schulsozialarbeiter durch seine Verstrickung in die auftragsbedingten Ambivalenzen nicht zu erkennen. Gegenüber der Beobachterin versucht er sein Handeln als professionell richtig zu legitimieren. Er pendelt zwischen den Verfahren und Rollen hin und her, nutzt seinen Raum mal als offenes Büro, mal als schulisches Sanktionssetting, zeigt sich als diffuser Rollenträger, der einerseits die Anliegen der Schule vertritt mit seiner Persönlichkeit, die eine Beziehung anbietet oder eben nicht, da es zum Setting des Trainingsraums letztlich nicht passt (vgl. detailliert analysiert: ebd. S. 233ff.). Zugleich werden hier auch Machtverhältnisse deutlich, denn der Schulsozialarbeiter entscheidet hier, wie weit er sich öffnet und in welchem Setting die Bedürfnisse der Schülerin eine Rolle spielen.

Das Konzept der Zwischenbühne verdeutlicht, dass Schulsozialarbeit mit verschiedenen Personen wie Schüler*innen, Lehrkräften und Erziehungsberechtigten zu bestimmten Anlässen, die eine jeweils spezifische Struktur aufweisen und von vielfältigen Interessen geprägt sind, agiert. Zwischen den Dimensionen Raum und Zeit wendet sie, je nach Anliegen (während der Unterrichtszeit oder in den Pausen) und räumlichen Möglichkeiten (eigenes Büro, Klassenräume, Freizeitbereiche) verschiedene Verfahren (Soziales Lernen, Einzelfallbearbeitung, Projekte) an. Zugleich ist ihr Handeln bei der Bearbeitung dieser Anlässe durch das strukturelle Gefüge Schule geprägt, was sie zur Annahme unterschiedlicher Rollen führt, wodurch sie sich in Ambivalenzen verstrickt. Um all diesen Anforderungen gerecht zu werden, bewegt sie sich zudem zwischen verschiedenen Kommunikationsformen (vgl. ebd. S. 261).

Um dies noch einmal konkreter zu machen, greifen wir eine Tätigkeit auf, die in der Schulsozialarbeit eine wichtige Rolle spielt: die Fallarbeit als zentrale Handlungsform.

3.3 Fallarbeit in schulischen Strukturen

Betrachtet man Prozesse der Fallarbeit von Schulsozialarbeiter*innen, so konkretisiert sich, wie deren Handeln in hohem Maße abhängig ist von den sie umgebenden schulischen Strukturen. Dies bedeutet zunächst, dass Schulsozialarbeiter*innen in ihrem Handeln in besonderer Weise auf die Bereitschaft zur Zusammenarbeit von Lehrkräften angewiesen sind. Für die konkrete Fallarbeit stellen sich damit zwei Herausforderungen: Zunächst muss die Sicherung eines ausreichenden Beziehungsnetzes zu Lehrkräften als elementare, wiederkehrende Aufgabe verstanden werden. Lehrkräfte müssen »ins Boot geholt werden« (Kloha 2018, 286ff.). Aber auch wenn Lehrkräfte und Schulsozialarbeiter*innen in konkreten Fallsituationen zusammenarbeiten, bilden sich häufig professionsspezifisch sehr unterschiedliche Perspektiven auf die Situation von Schüler*innen. Damit diese Vielfalt der Blickwinkel für die Fallarbeit fruchtbar werden kann, ist ein regelmäßiger Austausch notwendig. Dieser Austausch wird immer wieder erschwert, u. a. durch unterschiedliche Zeitstrukturen. So nehmen Schulsozialarbeiter*innen es z. T. als schwierig war, dass Lehrkräfte unmittelbar nach dem Unterricht die Schule verlassen und einen großen Teil ihrer Arbeit von zu Hause aus erledigen.

Diese skizzierte Komplexität des schulischen Kontexts hat auch Auswirkungen auf die Beziehung zwischen Schulsozialarbeiter*innen und Schüler*innen bzw. Familien im Verlauf der Fallarbeit. Es entstehen spezifische Kernprobleme als Folge sich widersprechender Rollenzuschreibungen an die Schulsozialarbeit und der Komplexität schulischer Strukturen. Zwei zentrale Problemstellungen sollen hier kurz verdeutlicht werden.

Zum einen ist dies das Verhältnis von Schulsozialarbeiter*innen zu schulischen Sanktionspraktiken (ebd., 277ff.). Hier wird eine Ambivalenz deutlich. Auf der einen Seite ist Schulsozialarbeit eingebunden in schulische Abläufe. Dazu gehören auch Sanktionierungs- und Disziplinierungspraktiken, wie die oben geschilderte Beteiligung von Schulsozialarbeiter*innen an »Trainingsräumen« verdeutlicht. Auf der anderen Seite entsteht das Risiko, dass sie von Schüler*innen dadurch verstärkt als »verlängerter Arm der Lehrkräfte« (Reinecke-Terner 2017, S. 124ff.) wahrgenommen werden. Das für Angebote der Jugendhilfe zentrale Prinzip der Freiwilligkeit wird damit in Frage gestellt und die notwendige Ausbildung einer Vertrauensgrundlage zu Schüler*innen kann so erschwert bzw. unmöglich gemacht werden.

Zum zweiten ist dies der Umgang mit Vertraulichkeit. Schule stellt einen sozialräumlichen Rahmen dar, der von vielfältigen alltäglichen Begegnungen geprägt ist. Dies kann auf der einen Seite einen schnellen, unkomplizierten Austausch zwischen Schüler*innen, Lehrkräften und Schulsozialarbeiter*innen ermöglichen. Auf der anderen Seite liegt darin aber das Risiko, dass man zum Gegenstand von »Gerede« wird. Für Schulsozialarbeiter*innen sind damit zwei gegenläufige Herausforderungen verbunden (vgl. Kloha 2018, S. 269ff.). Zunächst ist es für eine ausreichende Vertrauensgrundlage wichtig, Schüler*innen bei Strategien zur Wahrung der Vertraulichkeit zu unterstützen. Dies kann etwa dadurch geschehen, dass gemeinsame Besprechungstermine am Nachmittag stattfinden. Gleichzeitig kann es gerade vor dem Hintergrund aber auch notwendig werden, die gewährte Vertraulichkeit zu begrenzen und andere Akteur*innen (etwa Lehrkräfte, aber auch den ASD des Jugendamts) mit in die Fallarbeit einzubeziehen. Hier stellt sich die Herausforderung, diese Öffnungsschritte so zu gestalten, dass die Identität des*der Schüler*in nicht beschädigt wird.

3.4 Zusammenfassung: Eine reflexive Perspektive auf Schulsozialarbeit einnehmen

Betrachtet man zusammenfassend die institutionellen Rahmenbedingungen, die komplexen Kooperationsbezüge mit Lehrkräften und anderen Einrichtungen wie Kitas, Wohngruppen oder Offener Jugendarbeit und Vereinen sowie die angesprochenen, schulspezifischen Herausforderungen im Verhältnis zu den Schüler*innen, wird deutlich, dass die Frage danach, was sich als »Fall« in der Arbeit von Schulsozialarbeiter*innen herauskristallisiert und wie dieser bearbeitet wird, höchst anspruchsvoll ist.

Das Konzept der Zwischenbühne und des Doing Social Work als verstehende Grundhaltung bieten Studierenden und Praktiker*innen eine sensibilisierende Perspektive auf Schulsozialarbeit ergänzend zu ethisch-normativ intendierten Analysen: Soziale Arbeit an Schulen ist ein interaktiver Aushandlungsprozess, in dem die Bedingungen der Institution Schule in besonderer Weise als Rahmen deutlich werden, der für Schulsozialarbeit Handlungsspielräume eröffnet, diese aber auch in ganz spezifischer Weise begrenzt. Schaut man sich also Aushandlungsprozesse genau an, kann eine rekonstruktive Perspektive zur Reflexion von komplexen Situationen und den damit verbundenen sozialpädagogischen ›Fallstricken‹ und Fehlerquellen genutzt werden.

Weiterführende Literatur

Aghamiri, K. (2016), Kloha, J. (2018), Reinecke-Terner, A. (2017), Stüwe, G., Ermel, N. & Haupt, St. (2017) (s. u.)

Internetquellen

Netzwerk für rekonstruktive Soziale Arbeit: http://www.nwrsa.de/
Kooperationsverbund Schulsozialarbeit: http://www.kv-schulsozialarbeit.de/

Literatur

Aghamiri, K. (2016): Das Sozialpädagogische als Spektakel. Eine Fallstudie sozialpädagogischer Gruppenarbeit in der Grundschule. Opladen u. a.: Budrich.
Aghamiri, K., Reinecker-Terner, A., Streck, R. & Unterkofler, U. (2018) (Hrsg.): Doing Social Work. Ethnografische Forschung als Theoriebildung. Opladen u. a.: Budrich.
Böhnisch, L. & Lenz, K. (2014): Studienbuch Pädagogik und Soziologie. Bad Heilbrunn, Stuttgart: Klinkhardt/UTB.
Fend, H. (2006): Neue Theorie der Schule. Einführung in das Verstehen von Bildungssystemen. Wiesbaden: Springer VS.
Goffman, E. (2011/1969): Wir alle spielen Theater. Die Selbstdarstellung im Alltag. (Original 1959). München/Zürich: Piper.
Kloha, J. (2018): Die fallorientierte Praxis in der Schulsozialarbeit. Rekonstruktionen zentraler Prozesse und Problemstellungen. Wiesbaden: Springer VS.
Reinecke-Terner, A. (2017): Schulsozialarbeit als Zwischenbühne. Eine ethnografische Analyse und theoretische Bestimmung. Dissertation. Wiesbaden: Springer VS.
Speck, K. (2014): Schulsozialarbeit. Eine Einführung (3. Aufl.). München: Reinhardt.
Stüwe, G., Ermel, N. & Haupt, St. (2017): Lehrbuch Schulsozialarbeit (2. Aufl.). Weinheim/Basel: Beltz Juventa.
Zinnecker, J. (1978): Die Schule als Hinterbühne oder Nachrichten aus dem Unterleben der Schüler. In: Zinnecker, J. & Reinert, G.B.: Schüler im Schulbetrieb. Berichte und Bilder vom Lernalltag, von Lernpausen und vom Lernen in den Pausen. Reinbek bei Hamburg: Rowohlt 29–121

4 Sportsozialarbeit

Heiko Löwenstein, Birgit Steffens & Julie Kunsmann

4.1 Gegenstand

Mit dem Begriff »Sport« lassen sich spezifische, wenngleich unterschiedliche Bewegungsformen bezeichnen – z. B. Leichtathletik, Ballspiele, Skateboarding, Tanz. Als *Medium Sozialer Arbeit* wird Sport handlungsfeldübergreifend praktiziert: als erfahrungsorientierter, spielerischer und ggf. auch nonverbaler Zugang. Darüber hinaus wird Soziale Arbeit vermehrt auch *für den* Sport, d. h. in Sportverbänden und deren Jugendorganisationen sowie in Nachwuchsleistungszentren oder in Fanprojekten, angeboten. Körperliche Aktivität, Leistungs-/Wettkampforientierung und die binäre Sieg-/Niederlage-Codierung markieren den organisierten Sport als eigenes gesellschaftliches Teilsystem (Bette 2010, 596–598) und neuartiges Handlungsfeld Sozialer Arbeit.

In (regionaler) Vernetzung und interdisziplinärer Zusammenarbeit werden zunehmend sportorientierte sozialpädagogische Angebote entwickelt, die auch strukturelle Benachteiligungen der Adressat*innen ausgleichen sollen. In Auseinandersetzung mit der gesellschaftlichen Bedeutung des organisierten Sports rücken zudem gesellschaftliche Themen stärker in den Vordergrund – z. B. Inklusion, Diskriminierung oder Gesundheitsförderung. Durch deren Bearbeitung bilden sich Schnittstellen zum Bildungssystem und zum Wohlfahrtssystem als Domänen der Sozialen Arbeit aus.

Neben dieser gesellschaftlichen Verantwortung konstituiert der organisierte Sport bestimmte kulturelle Praktiken und Lebenswelten, die auf den Zustand der Gesellschaft verweisen. Fußball z. B. hat sich zu einem globalen kulturellen Ereignis entwickelt, das auf der einen Seite mit seinem ritualisierten Inszenierungscharakter stark gemeinschaftskonstituierend und identitätsstiftend wirkt und in seiner Eigengesetzlichkeit eine Flucht aus dem Alltag ermöglichen kann, auf der anderen Seite aber soziale Normen wie z. B. Geschlechterklischees reproduzieren kann. Sport ist demnach nicht nur als Sporttreiben, sondern auch als kulturelles Phänomen zu betrachten, als »Ensemble symbolischer Ordnungen und materieller Praktiken« (Böhme 2007, 37), die normativ geprägt sind. Sport als Kultur berührt Themen, die für die Soziale Arbeit eine hohe Relevanz besitzen und konzeptionell, z. B. in der anti-diskriminierenden Arbeit der Fanprojekte, angegangen werden (u. a. Schwenzer 2002, 87ff.).

Soziale Arbeit *mittels* Sport und Soziale Arbeit *für den* Sport kann unterschiedlichste Zielsetzungen verfolgen (▶ Abb. 4.1). Diese Vielfalt ist Ausdruck der Heterogenität der Handlungsfelder, durch die jeweils verschiedene Problemlagen akzentuiert werden (▶ Kap. 4.3). Doch letztlich sind sie alle als Konkretisierungen des Gegenstandsbereichs der Sozialen Arbeit im Allgemeinen zu verstehen, der am Schnittpunkt von Individuum und Gesellschaft zu verorten ist, »wo Menschen mit ihrer Umwelt in Interaktion treten« (DBSH 2014, 4).

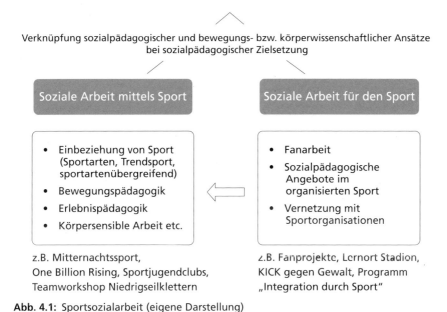

Abb. 4.1: Sportsozialarbeit (eigene Darstellung)

Das Potenzial des Sports für die Bildungsarbeit wird folglich *sozial*pädagogisch als »Frage nach der Sozialisation ›in‹ und ›durch‹ den Sport« (Gabler 2015, 1678) behandelt. Gesundheitsförderung vollzieht sich in der Sozialen Arbeit unter besonderer Beachtung des Zusammenhangs von sozialer und gesundheitlicher Ungleichheit und mit Aufmerksamkeit für die unterschiedlichen Zugänge und Möglichkeiten zu gesundheitsförderlichen Sport- und Bewegungsformen (Löwenstein, Steffens & Kunsmann 2020, 136). Gesundheitsprobleme werden damit explizit als *soziale* Probleme konturiert. Umgekehrt lässt sich im Kontext von Sport und Bewegung die körperliche Komponente mancher sozialer Probleme besser verstehen – z. B. sexuelle Diskriminierung. Und Probleme des Sports wie z. B. Fangewalt, Doping oder sexualisierte Gewalt lassen sich als gesamtgesellschaftliche Probleme einordnen, die sich im Sport auf spezifische Weise zeigen. Sportsozialarbeit im engeren Sinne hat als »handlungsorientierter Beitrag zur Emanzipation menschlichen Verhaltens und zur Bearbeitung von sozialen Problemen« (ebd., 139) ebendiese grundsätzliche Bestimmung des Gegenstandsbereichs mit jeglicher Sozialer Arbeit gemein und erweitert diese Relationalität von Individuum und Gesellschaft zudem explizit um den Körper und seine Bewegung.

Damit werden soziale Probleme dann auch mittels gezielter Bewegungen bearbeitbar, wie sie im Sport kultiviert sind. Einem weiten Verständnis folgend, werden Methoden weniger als voneinander zu unterscheidende Werkzeuge verstanden, die sich nur für ganz bestimmte Zwecke eignen. Als methodisches Handeln in Form »›professionell gestalteter‹ Collagen« (von Spiegel 2013, 117) sind Interventionen situationsangemessen, vielfältig, komplex und kreativ zu entwickeln. Zugänge mittels Sport und Bewegung haben sich an den Adressat*innen zu orientieren und an dem, was für sie lebensweltlich sinnvoll ist. So ähneln sich z. B. Cricket und Baseball in der Durchführung zwar, sind gesellschaftlich und kulturell aber mit unterschiedlichem Sinn versehen. In Orientierung an den Strukturen und Routinen des Alltags sollen Hilfearrangements normalisiert, verselbständigt und verstetigt werden können. Dabei können Vereine als Begegnungsräume verschiedener Milieus und als katalysierende Strukturen für soziale Teilhabe einbezogen werden.

4.2 Historische Entstehung

Sport und Bewegung werden seit der Entstehung Sozialer Arbeit zu Beginn der Moderne eingesetzt, bereits im 1889 gegründeten Chicagoer Settlement Hull House wurde sportliche Aktivität gefördert (Reynolds, 2017). Dem Einsatz von Sport und Bewegung zur Förderung von Empowerment, Sozialem Lernen etc. wird auch heute international Bedeutung zugemessen (u. a. Ekholm 2016).

In Deutschland wurden seit den 1980er Jahren zahlreiche bewegungsbasierte Projekte sowohl in den Sozialen Diensten als auch in den Sportorganisationen erprobt und verstetigt. Flankiert wurde diese Entwicklung durch die Förderung des Breitensports mit Initiativen wie z. B. der durch den Europarat unterstützten »Sport für alle«-Bewegung (1975) oder der Trimm-dich-Bewegung des Deutschen Sportbunds in den 1970er Jahren. Im Jahr 1991 verabschiedeten Kinder- und Jugendhilfegesetz wurde der Sport in § 11 SGB VIII als ein Schwerpunkt der Jugendarbeit zur Persönlichkeitsentwicklung explizit benannt und gesetzlich verankert. Die vom BMFSFJ unterstützte Kampagne der »Sozialen Offensive im Jugendsport« (1999) förderte sportbetonte Projekte zur Überwindung sozialen Ausschlusses und die Öffnung der Sportvereine für alle Kinder und Jugendlichen. In diesem Kontext wurden auch stärker die Berücksichtigung der heterogenen Lebenswelten junger Menschen und die dafür nicht ausreichende Qualifizierung der Trainer*innen thematisiert. Die Notwendigkeit eines pädagogischen Settings und einer spezifischen Inszenierung des Sports wurde herausgestellt (u. a. Michels 2007). Dies hatte auf der einen Seite einen sozialpädagogischen Boom im organisierten Sport zur Folge, auf der anderen Seite wurde sowohl seitens des Sports als auch der Sozialen Arbeit der Bedarf nach mehr Austausch deutlich (Michels 2007, 14). Mit der »Bad Boller Erklärung« von 1997 erklärten sich im Rahmen eines Werkstattgesprächs beide Seiten zu einer verstärkten interdisziplinären Zusammenarbeit bereit (Seibel 2007).

An den Hochschulen nahmen im Fachbereich Sozialwesen die Qualifizierung der Studierenden, oft in Form von Zusatzqualifikationen und Übungsleiter*innenlizenzen, und die Formulierung fachlicher Standards zu. Durch die Würdigung in den Kinder- und Jugendberichten (u. a. BMFSFJ 2002), verschiedene Bundesprogramme wie z. B. das seit 1989 bestehende Programm zur interkulturellen Öffnung von Sportvereinen (»Integration durch Sport«), die Aufnahme in das Handbuch Soziale Arbeit (Krüger 2001), die Einführung der Kinder- und Jugendsportberichte (u. a. Schmidt, Breuer & Josten 2020) sowie insgesamt gesellschaftliche Bemühungen der Gesundheitsförderung und nachhaltigen Entwicklung wurde das Thema befördert (UN 2015). Die Arbeit der im Jahr 2019 gegründeten DGSA-Fachgruppe *Bewegung, Sport und Körper* trägt zu einer Professionalisierung der Sportsozialarbeit bei.

4.3 Aufbau und Angebotsstruktur

Aufgabe der Sportsozialarbeit ist sowohl die ressourcenorientierte Unterstützung Einzelner in ihrer Lebensbewältigung, die aktive Vernetzung mit lokalen Akteur*innen wie auch die Kritik an ungerechten Verhältnissen und die Bewusstmachung und Bearbeitung von Diskriminierungen einzelner Gruppen. Derzeit überwiegen *verhaltenspräventive* (z. B. gewaltpräventive Boxangebote) gegenüber *verhältnispräventiven* Maßnahmen (z. B. Kampagnen wie One Billion Rising; Löwenstein, Steffens & Kunsmann 2020). Angebote der Sportsozialarbeit sind bislang vor allem für die Gruppe der Heranwachsenden konzeptionell ausgearbeitet, nicht immer sind sie mit sozialpädagogischen Konzepten verwoben (ebd.).

Die einzelnen Angebote lassen sich den relevanten Praxisfeldern Sozialer Arbeit, Gesundheit, Bildung und Soziales und ihren Handlungsfeldern, in deren spezifische Strukturen sie eingebettet sind, zuordnen (ebd.). Sport und Bewegung finden vielfältige Einsatzmöglichkeiten, u. a. in der frühkindlichen Bewegungserziehung, hier z. B. in der Psychomotorik, in der Jugendarbeit in Form von Sportjugendclubs, Mädchensportzentren oder Sport- und Spielemobilen und der Jugendsozialarbeit mit gewaltpräventiven Zielsetzungen oder dem Mitternachtssport und Ähnliches. Aber auch in der Arbeit mit Erwachsenen und älteren Menschen werden Sport und Bewegung zunehmend u. a. im Präventions- und Rehasport oder zur Ergänzung pädagogisch-therapeutischer Interventionen z. B. in der Suchthilfe eingesetzt. Schließlich finden Sport und Bewegung bei der Konzipierung diversitäts- und diskriminierungssensibler Angebote Berücksichtigung. Exemplarisch sind hier gendersensible Angebote, Projekte gegen Rassismus und Rechtsextremismus wie z. B. »Sport mit Courage« oder die Implementierung des Themas Inklusion in den Strukturen der Deutschen Sportjugend zu nennen. Die Fanarbeit, die sich in den 1980er Jahren entwickelt hat, ist gesondert hervorzuheben, da sie sich als eigenes Handlungsfeld Sozialer Arbeit etabliert hat.

Die konzeptionelle Entwicklung, Planung und Ausführung wird mehrheitlich von Trägern der Sozialen Arbeit umgesetzt (▶ Kap. 1). Darüber hinaus finden sich eigenständige Programme der Sportsozialarbeit in den Strukturen des organisierten Sports, hier vor allem in Form von Angeboten für Kinder und Jugendliche, die in den Sportverbänden und -vereinen angesiedelt sind. Eine Übersicht liefert die Projektdatenbank der Deutschen Sportjugend »Jugendprojekte im Sport« (www.jugendprojekte-im-sport.de).

Wegen der Vielfalt der Handlungsfelder und Träger ist eine einheitliche Beschreibung von Aufbau und Angebotsstruktur der Sportsozialarbeit erschwert. Daher werden diese anhand der sportbetonten offenen Kinder- und Jugendarbeit (OKJA) exemplarisch dargelegt. Kinder- und Jugendarbeit versteht sich als präventives, auf soziale Bildung ausgerichtetes Angebot. Spielen Sport und Bewegung in Angeboten und Einrichtungen zwar eine bedeutende Rolle, so fehlt es laut dem Dritten Kinder- und Jugendsportbericht bislang an einem systematischen Überblick und einer Quantifizierung der Angebotsformen (Derecik & Züchner 2015). In § 11 SGB VIII wird Sport neben Spiel und Geselligkeit als ein Schwerpunkt genannt und in der OKJA in Sportjugendclubs, mobiler und aufsuchender Arbeit mehrheitlich von Trägern der freien Jugendhilfe wie z. B. der GSJ gGmbH (Berlin) oder der Rheinflanke gGmbH (Köln) umgesetzt. Die Finanzierung der OKJA wird vor allem durch kommunale Zuwendungen und Landesmittel, darüber hinaus durch Eigenmittel (Mitgliedsbeiträge, Spenden) sowie durch Sponsoring und Projektförderung durch Stiftungen ergänzt (Deinet 2018).

4.4 Perspektiven

In der Sportsozialarbeit werden Fachkräfte der Sozialen Arbeit benötigt, die über Fachkenntnisse und über sportpraktische Kompetenzen verfügen. Die Vermittlung sport- und bewegungsorientierter Konzepte erfolgt meist in Form von Zusatzqualifikationen, die an Hochschulen im Fachbereich Sozialwesen in Kooperation mit dem organisierten Sport realisiert werden. Unabdingbar ist eine Verknüpfung von Theorie und Praxiswissen unter Berücksichtigung der Lebenslagen und -welten der Adressat*innen sowie der gesellschaftlichen und institutionellen Rahmenbedingungen.

Methodisches Handeln, gerade wenn es weder in Manualen standardisiert noch beliebig werden soll, bedarf unweigerlich der Konzeptualisierung mittels fachwissenschaftlicher Theorie. Sportbezogene Soziale Arbeit ist hier traditionell durch starke Bezugnahmen auf die Lebensweltorientierung nach Thiersch gekennzeichnet. Um flexibel auf unterschiedliche Problemlagen und verschiedene Gruppen von Adressat*innen mit Passung reagieren zu können, ist es unabdingbar, weitere Fachkonzepte Sozialer Arbeit sportspezifisch auszuwerten und zu diskutieren (s. dazu Löwenstein, Steffens & Kunsmann 2020).

Weiterführende Literatur

Löwenstein, H., Steffens, B. & Kunsmann, J. (2020); Schmidt, W., Breuer, C. & Josten, C. (2020) (s. u.)

Internetquellen

Jugendprojekte im Sport: www.jugendprojekte-im-sport.de

Literatur

Bette, K.-H. (2010): Sportsoziologie. In: Kneer, G. & Schroer, M. (Hrsg.): Handbuch Spezielle Soziologien. Wiesbaden: Springer VS, 587–604.
BMFSFJ (2002): 11. Kinder- und Jugendbericht: Bericht über die Lebenssituation junger Menschen und die Leistungen der Kinder- und Jugendhilfe in Deutschland.
Böhme, H. (2007): Aufgaben und Perspektiven der Kulturwissenschaft. In: Därmann, I. & Jamme, C. (Hrsg.): Kulturwissenschaften. Konzepte, Theorien, Autoren. München: Fink, 35–52.
DBSH – Deutscher Berufsverband für Soziale Arbeit (2014): Deutsche Übersetzung: Kommentar zur Definition Sozialer Arbeit (2014). https://www.dbsh.de/media/dbsh-www/downloads/2014_DBSH_Dt_%C3%9Cbersetzung_Kommentar_Def_SozArbeit_02.Pdf, Abruf: 13.11.2020.
Deinet, U. (2018): Offene Kinder- und Jugendarbeit. In: Bieker, R. & Floerecke, P. (Hrsg.): Träger, Arbeitsfelder und Zielgruppen der Sozialen Arbeit. Stuttgart: Kohlhammer, 57–69.
Derecik, A. & Züchner, I. (2015): Kinder- und Jugendhilfe. In: Schmidt, W.; Neuber, N.; Rauschenbach, T. u. a. (Hrsg.): Dritter Deutscher Kinder- und Jugendsportbericht. Kinder- und Jugendsport im Umbruch. Schorndorf: Hofmann, 217–236.
Ekholm, David (2016): Sport as a Means of Responding to Social Problems Rationales of Government, Welfare and Social Change. Linköping University.
Gabler, H. (2015): Sport aus Sozialpädagogischer Perspektive. In: Otto, H. U. & Thiersch, H. (Hrsg.): Handbuch Soziale Arbeit. Grundlagen der Sozialarbeit und Sozialpädagogik. München/Basel: Reinhardt, 1678–1685.
Krüger, M. (2001): Sport und Soziale Arbeit. In: Otto, H.- U. & Thiersch, H. (Hrsg.): Handbuch Sozialarbeit – Sozialpädagogik. München: Luchterhand, 1813–1827.
Löwenstein, H., Steffens, B. & Kunsmann, J. (2020): Sportsozialarbeit. Konzepte, Strukturen, Praxis. Stuttgart: Kohlhammer.
Michels, H. (2007): Hauptsache Sport: Impulsgeber für die Soziale Arbeit. Sozial Extra 9/10, 13–16.
Reynolds, J. F. (2017): Jane Addams' Forgotten Legacy: Recreation and Sport. Journal of Issues in Intercollegiate Athletics, 11–18.
Schmidt, W., Breuer, C. & Josten, C. (2020): Vierter Deutscher Kinder- und Jugendsportbericht. Schorndorf: Hofmann.
Schwenzer, V. (2002): Fußball als kulturelles Ereignis: Eine ethnologische Untersuchung am Beispiel des 1. FC Union Berlin. In: Zentrum für Europa- und Nordamerika-Studien

(Hrsg.): Fußballwelten. Zum Verhältnis von Sport, Politik, Ökonomie und Gesellschaft. Wiesbaden: Springer VS, 87–115.

Seibel, B. (2007): Sport und Soziale Arbeit: Ein Modellprojekt der Evangelischen Fachhochschule Freiburg, der Südbadischen Sportschule Steinbach und der Badischen Sportjugend Freiburg. Münster: Lit.

Spiegel, H. von (2013): Methodisches Handeln in der Sozialen Arbeit: Grundlagen und Arbeitshilfen für die Praxis. München/Basel: Reinhardt.

UN (2015): Transformation unserer Welt: Die Agenda 2030 für nachhaltige Entwicklung. https://www.un.org/Depts/german/gv-70/band1/ar70001.pdf, **Abruf: 29.09.2020.**

5 ASD und Schutzauftrag bei Kindeswohlgefährdung

Reinhold Schone

Oberstes Ziel aller Kinder- und Jugendhilfeaktivitäten (von der Kindertagesbetreuung über die Jugendarbeit bis hin zu den Hilfen zur Erziehung) ist es, junge Menschen in ihrer individuellen und sozialen Entwicklung zu fördern sowie Kinder und Jugendliche vor Gefahren für ihr Wohl zu schützen, damit sie ihr Recht auf eine »Erziehung zu einer eigenverantwortlichen und gemeinschaftsfähigen Persönlichkeit« (§ 1 Abs. 1 SGB VIII) einlösen können. Damit konstituiert sich ein Handlungsfeld, in dem die Fachkräfte der Jugendhilfe gleichermaßen sowohl zur Gestaltung sozialpädagogischer Dienstleistungen gegenüber Eltern und Kindern als auch – wenn dies zum Schutz von Kindern vor Gefahren für ihr Wohl erforderlich ist – zur Initiierung hoheitlicher Eingriffe in das Elternrecht im Rahmen des staatlichen *Wächteramts* verpflichtet sind. Dieses Spannungsfeld ist grundsätzlich unauflösbar.

5.1 Die Aufgaben des ASD als Teil des Jugendamts

Die Jugendhilfe hat überall dort aktiv zu werden, wo die Ansprüche von Kindern und Jugendlichen auf Förderung ihrer Entwicklung in Familien nicht hinreichend umgesetzt werden oder wo deren Rechte durch die Nicht-Einlösung ihrer elementaren Lebensbedürfnisse (Vernachlässigung) oder durch aktive Zufügung von Gewalt (Misshandlung) verletzt werden. In solchen Situationen sind die Allgemeinen Sozialdienste (ASD) der Jugendämter gefragt. Sie werden tätig, wenn Hilfe notwendig ist, weil eine dem Wohl des Kindes oder Jugendlichen entsprechende Erziehung nicht gewährleistet ist (§ 27 SGB VIII), oder greifen ein, wenn das Wohl von Kindern oder Jugendlichen gefährdet ist (§ 8a SGB VIII).

Der bezirklich organisierte ASD ist einerseits die zentrale Instanz zur Bewilligung kommunaler sozialpädagogischer Leistungen für Familien mit Kindern nach dem Kinder- und Jugendhilfegesetz. Solche Leistungen sind für die Bürger*innen freiwillig; sie können selbst entscheiden, ob sie sie annehmen wollen oder nicht. Andererseits ist der ASD im Rahmen seines gesetzlichen Auftrags aber auch verpflichtet, hoheitliche Aufgaben zum Schutz von Kindern wahrzunehmen. Bei einer das Wohl von Kindern gefährdenden Misshandlung und/oder Vernachlässigung hat er – ggf. auch gegen den Willen der Eltern – geeignete Maßnahmen zur Abwehr dieser Gefahr zu ergreifen. Dies bedeutet, dass sich Entscheidungskompetenzen sowohl für die Gewährleistung von Hilfen als auch zum Schutz von Kindern und Jugendlichen beim ASD bündeln. Er wird damit zu einer Schlüsselinstanz für einen problemangemessenen Zugang zu und Umgang mit Familien und Kindern in unterschiedlichsten Problemsituationen (vgl. Schone 2015; 2019a).

5.2 Kindeswohlgefährdung – Was ist das?

Eine grundsätzliche Schwierigkeit bei der Wahrnehmung des Schutzauftrags durch den ASD ist dabei, dass es sich beim Begriff der »Kindeswohlgefährdung« um einen *unbestimmten Rechtsbegriff* handelt. Wo schlägt überstrenges Erziehungsverhalten in körperliche und seelische Misshandlung um, wo wird eine sehr ärmliche Versorgung in materieller und emotionaler Hinsicht zur Vernachlässigung und wo wird dann die Schwelle zur Kindeswohlgefährdung überschritten, die ein unbedingtes Einschreiten auch gegen den Willen der Eltern erlaubt bzw. erfordert?

Die Rechtsprechung versteht unter Gefährdung »eine gegenwärtige in einem solchen Maße vorhandene Gefahr, dass sich bei der weiteren Entwicklung eine erhebliche Schädigung mit ziemlicher Sicherheit voraussehen lässt« (BGH FamRZ 1956, 350 = NJW 1956, 1434). Als gefährdet im Sinne von § 1666 Abs. 1 BGB ist das Kindeswohl also dann anzusehen, wenn sich bei Fortdauer einer identifizierbaren Gefahrensituation zukünftig eine erhebliche körperliche, geistige oder seelische Schädigung des Kindes mit hoher Wahrscheinlichkeit annehmen und begründen lässt (vgl. Schone & Struck 2015).

Die Feststellung einer Kindeswohlgefährdung ist damit keine Tatsachenbeschreibung, sondern eine zwangsläufig hypothetische (Risiko-)Einschätzung über die Wahrscheinlichkeit (Prognose) des Auftretens von erheblichen Schädigungen für das Kind/den*die Jugendliche*n. Bei der Einschätzung einer »Gefährdung des Kindeswohls« (§§ 8a SGB VIII, § 1666 BGB) geht es also um die fachlich geleitete Bewertung beobachtbarer, für das Leben und die Entwicklung von Kindern und Jugendlichen relevanter Sachverhalte und Lebensumstände bezüglich

- der möglichen Schädigungen, die die Kinder in ihrer weiteren Entwicklung aufgrund dieser Lebensumstände erfahren können;
- der Erheblichkeit der Gefährdungsmomente (Intensität, Häufigkeit und Dauer des schädigenden Einflusses) bzw. der Erheblichkeit des erwarteten Schadens;
- des Grades der Wahrscheinlichkeit (Prognose) eines Schadenseintritts (Beurteilung zukünftiger Einflüsse, vor denen das Kind zu schützen ist) (vgl. Schone 2019b).

Die gesetzliche Unbestimmtheit und Normativität des rechtlichen Begriffs der »Kindeswohlgefährdung« hat zur Folge, dass die zur Sicherung des Kindeswohls beauftragten Personen (Sozialarbeiter*innen, Richter*innen etc.) immer auch ihre eigenen, wesentlich durch gesellschaftliche Norm- und Wertvorstellungen geprägten weltanschaulichen, alltagstheoretischen und schichtspezifischen Vorstellungen von Familie, Erziehung und Kindeswohl als Maßstab ihres Handelns heranziehen (vgl. Hensen & Schone 2011, 22ff.). Damit wird der Begriff der Kindeswohlgefährdung – wie übrigens auch der Begriff des Kindeswohls selbst – zu einem rechtlichen und normativen Konstrukt, bei dem Sachverhalte (Lebenssituationen von Kindern) von dafür berufenen Fachkräften hinsichtlich o. g. Kriterien bewertet werden. Die Zuschreibung der Kindeswohlgefährdung geschieht erst in diesem ›Konstruktionsprozess‹.

Die Hilfeangebote der Jugendhilfe haben sich dann (als Mindestanforderung) darauf auszurichten, durch Abwendung der angenommenen Gefährdungssituation dazu beizutragen, dass negative Prognosen (hohe Wahrscheinlichkeit erheblicher Schädigungen) nicht eintreten. Darüber hinaus sind natürlich weitere entwicklungsfördernde Angebote in der Regel angeraten und notwendig.

5.3 Beurteilung von Gefährdungsrisiken als professionelle Aufgabe des ASD

Situationen der Kindeswohlgefährdung sind prinzipiell eher komplexe Situationen (multifaktorielle Verursachungs- und Kontextbedingungen), die stets aktuell gesehen und beurteilt werden müssen. Sie entziehen sich fast immer linearen Erklärungsmöglichkeiten, weil eindeutige Ursache-Wirkungs-Beziehungen in den realen Lebensverhältnissen zumeist nicht existieren. Sozialpädagogische Interventionen basieren immer nur auf mehr oder weniger stichhaltigen Hypothesen zu solchen familiären Problemlagen (vgl. Schrapper 2005, 127ff.).

Der ASD muss mit diesen Situationen umgehen und geeignete Strategien und Methoden einsetzen, um die mit einer Gefährdungseinschätzung einhergehende Ungewissheit angemessen zu bewältigen. Das SGB VIII sieht für den Umgang mit solch herausfordernden Situationen vor allem zwei zentrale Elemente der fachlichen Kontrolle und Korrektur für das Handeln des ASD vor (vgl. hierzu Schone 2019b).

Zusammenwirken mehrerer Fachkräfte: Die Einschätzung von Gefährdungsrisiken ist eine der komplexesten und folgenreichsten Entscheidungsaufgaben im ASD. Da die zu treffenden Entscheidungen auf Hypothesen basieren und – in der einen oder anderen Richtung – gravierende Folgen für die Adressat*innen haben können, ist es nur konsequent, dass der Gesetzgeber in § 8a SGB VIII (Schutzauftrag) ebenso wie früher schon in § 36 SGB VIII (Hilfeplanung) das »Zusammenwirken mehrerer Fachkräfte« auch für den Prozess der Gefährdungseinschätzung zwingend vorschreibt.

Aufgrund der vielfältigen Wechselwirkungen zwischen den Familienmitgliedern sowie zwischen diesen und den ASD-Fachkräften ist hier in besonderer

Weise die Notwendigkeit gegeben, die jeweilige Lebenslage der Kinder bzw. Jugendlichen unter Berücksichtigung unterschiedlicher Perspektiven einzuschätzen. Diese Perspektivenvielfalt wird durch kollegiale Beratung und Kontrolle hergestellt. Es geht dabei nicht um Herstellung von Objektivität, sondern darum, durch fachlich untermauerte, kritische *Intersubjektivität* bezüglich der notwendigen Einschätzungen und Entscheidungen ein höheres Maß an Rationalität und Problemangemessenheit der vorgenommenen Einschätzungen herzustellen (vgl. Schone 2019b).

Beteiligung von Eltern und Kindern/Jugendlichen an der Einschätzung von Gefährdungssituationen: Neben der Verpflichtung zum Zusammenwirken mehrerer Fachkräfte legt der Gesetzgeber als Verfahrensanforderung zudem fest, dass zunächst die Eltern an der Gefährdungseinschätzung zu beteiligen sind. Dabei geht es darum, sich mit den Eltern über die Tragfähigkeit/Richtigkeit der fachlichen Einschätzung bezüglich der relevanten Sachverhalte zu verständigen und in einem zweiten Schritt sie als potenzielle Partner*innen oder Koproduzent*innen von Hilfe- und Schutzmaßnahmen zu gewinnen. Insofern sind Eltern immer im Rahmen einer »gemeinsamen Problemkonstruktion« (Kinderschutz-Zentrum Berlin 2009) einzubeziehen.

Oft vergessen, aber ebenso wichtig ist auch der Einbezug von Kindern/Jugendlichen in die Risikoeinschätzung – nicht nur, weil der Gesetzgeber dies in § 8a Abs. 1 SGB VIII ebenfalls vorsieht. Gespräche mit den Kindern/Jugendlichen sind schon deshalb wichtig, weil bestimmte von außen als problematisch erachtete Lebenslagen von diesen je nach Alter, Entwicklungsstand und ggf. Geschlecht ganz unterschiedlich wahrgenommen und verarbeitet werden. So sollte auch für ein Kind oder eine*n Jugendliche*n selbst nachvollziehbar sein, warum man die jeweilige Situation als potenziell gefährdend interpretiert; das Kind oder der*die Jugendliche muss Einfluss auf diese Interpretation nehmen können. Dies ist auch aus dem Grund erforderlich, damit Kinder und Jugendliche durch das Handeln des ASD nicht mehr als ggf. nötig belastet werden und eventuell notwendige Kinderschutzmaßnahmen (z. B. Inobhutnahmen, Fremdunterbringungen) nicht zusätzliche Traumatisierungen auslösen. Außerdem darf man die Fähigkeit von Kindern und Jugendlichen – als Expert*innen ihrer eigenen Lebenssituation – nicht unterschätzen, eigene Wege zur Beendigung der Gefährdung oder eigene Auswege aus der Situation zu benennen (vgl. Ackermann & Robin 2018, 190ff.).

5.4 Handlungsoptionen des ASD bei Kindeswohlgefährdung

Wenn bei einem Kind/Jugendlichen die Gefahr einer Schädigung gesehen wird (Kindeswohlgefährdung), gilt es zunächst, Eltern von der Inanspruchnahme von ambulanten oder stationären Hilfen (zur Erziehung) zu überzeugen, die zur Abwendung der Gefahr beitragen können (▶ Kap. 6). Wenn dies nicht fruchtet und die Gefahr anhält, ist das Familiengericht anzurufen (§ 8a Abs. 2 SGB VIII), das im Rahmen des § 1666 BGB ggf. Eingriffe in die elterliche Sorge vornehmen kann (Gebote, Verbote, Auflagen und im Extremfall Sorgerechtsentzüge). Wird eine Situation als so gefährlich für das Kind/den*die Jugendliche*n eingeschätzt, dass man eine Entscheidung des Gerichtes nicht abwarten kann, hat der ASD das Recht und die Pflicht, das Kind unmittelbar in Obhut zu nehmen, um die Situation dann in einem geschützten Rahmen analysieren und Perspektiven entwickeln zu können (§ 8a Abs. 2 und § 42 SGB VIII).

5.5 Kompetenzanforderungen an den ASD

Gerade, weil es im intervenierenden Kinderschutz um eine Form des präventiven Handelns (zur Vermeidung von möglichen Schädigungen) geht und alle Handlungen in besonderer Weise aus der Interpretation von Sachverhalten (Hypothesen) abgeleitet werden, sind an die daraus zu ziehenden Schlussfolgerungen hohe Reflexionsanforderungen zu stellen. Hierzu bedarf es spezifischen Wissens und spezifischer Kompetenzen auf Seiten der ASD-Fachkräfte, u. a.:

- Kenntnisse über den gesetzlichen Handlungsauftrag im Spannungsfeld zwischen Elternrecht, Kindeswohl und *staatlichem Wächteramt*;
- Kenntnisse zu den Entstehungshintergründen und Entwicklungsdynamiken von Vernachlässigung oder von Gewalt gegen Kinder und Jugendliche in Familien;
- Fähigkeit und Bereitschaft, mit den Eltern und altersentsprechend mit den Kindern/Jugendlichen die wahrgenommene Gefährdung zu thematisieren, die eigenen Gefährdungshypothesen zu plausibilisieren und diese auch von den Betroffenen in Frage stellen zu lassen;
- Fähigkeit und Bereitschaft, möglichst mit den Eltern (und altersgemäß mit den Kindern/Jugendlichen) gemeinsam Strategien der Gefährdungsabwehr (Hilfe- und Schutzkonzepte) zu entwickeln und umzusetzen und dort, wo dies nicht gelingt, auch gegen den Willen der Eltern den Schutz der Kinder/Jugendlichen konsequent durchzusetzen, d. h. diese bei unmittelbarer Gefahr (oder auf eigenen Wunsch) in Obhut zu nehmen und ggf. familienrichterliche Entscheidungen herbeizuführen;
- Fähigkeit und Bereitschaft, mehrdeutige oder widerstreitende Informationen und Eindrücke wahrzunehmen und auszuhalten, ohne sie vorschnell in eine Richtung aufzulösen (*Ambiguitätstoleranz*). Zeitdruck bei fundamentalen Entscheidungen entsteht selten aus der Situation heraus, sondern zumeist aus der mangelnden Fähigkeit von Fachkräften, Unsicherheiten zu ertragen (vgl. Ackermann & Robin 2018, 195ff.; Hansbauer, Merchel & Schone 2020, 272ff.)

5.6 Fazit – Handeln im Spannungsfeld

Der Handlungsauftrag des ASD bewegt sich bei Kindeswohlgefährdung immer zwischen Leistungserbringung und Eingriffsoption. Die Fachkräfte der Jugendhilfe haben dabei zunächst alle Möglichkeiten auszuschöpfen, das Wohl von Kindern/Jugendlichen im Rahmen von Hilfeangeboten zu sichern bzw. Gefährdungen durch entsprechende Hilfen zu beenden. Die Eingriffsoption (Gang zum Gericht oder Inobhutnahme) stehen immer erst am Ende erfolglosen Bemühens. Erst wenn die Jugendhilfe auf hohem professionellem Niveau ihre Möglichkeiten ausgeschöpft hat, steht eine Intervention in das verfassungsmäßig geschützte Elternrecht zur Disposition. Gerade im Grenzbereich zwischen latenten und akuten Gefahren bewegen sich die Handlungsoptionen des ASD zwischen stetem offensivem Werben um die Mitarbeit der Eltern und entschlossenem Handeln zum Schutz der Kinder. Das über den Fachkräften kreisende von Goldstein u. a. beschriebene Dilemma zwischen »zu früh, zu spät, zu viel oder zu wenig« (Goldstein, Freud & Solnit 1982, 115ff.) ist damit ein ständiger Begleiter des Handelns in Kinderschutzfällen. Die Ambivalenz von Freiwilligkeit und Zwang, von Vertrauen und Misstrauen, von Macht und Ohnmacht (vgl. Biesel & Urban-Stahl 2018, 172f.) ist im Kontext der Wahrnehmung des Schutzauftrags eine stete Begleiterin fachlichen Handelns.

Weiterführende Literatur

Hansbauer, P., Merchel, J. & Schone, R. (2020): Kinder- und Jugendhilfe. Grundlagen, Handlungsfelder, professionelle Anforderungen. Stuttgart: Kohlhammer.
Merchel, J. (Hrsg.) (2029): Handbuch Allgemeiner Sozialer Dienst. München/Basel: Reinhardt.
Münder, J. (Hrsg.) (2017): Kindeswohl zwischen Jugendhilfe und Justiz – Zur Entwicklung von Entscheidungsgrundlagen und Verfahren zur Sicherung des Kindeswohls zwischen Jugendämtern und Familiengerichten. Weinheim/Basel: Beltz Juventa.
Schone, R. & Tenhaken, W. (Hrsg.) (2015): Kinderschutz in Einrichtungen und Diensten der Jugendhilfe (2., überarb. u. erw. Aufl.). Weinheim/Basel: Beltz Juventa.

Literatur

Ackermann, T. & Robin, P. (2018): Partizipation, Akteure und Entscheidungen im Kinderschutz – Wie lassen sich hilfreiche Prozesse zwischen allen Beteiligten gestalten? In: Böwer, M. & Kotthaus, J. (Hrsg.): Praxisbuch Kinderschutz. Professionelle Herausforderungen bewältigen. Weinheim/Basel: Beltz Juventa, 189–206.
Biesel, K. & Urban-Stahl, U. (2018): Lehrbuch Kinderschutz. Weinheim/Basel: Beltz Juventa.
Goldstein, J., Freud, A. & Solnit, A. J. (1982): Diesseits des Kindeswohls. Frankfurt a. M.: Suhrkamp.

Hansbauer, P., Merchel, J. & Schone, R. (2020): Kinder- und Jugendhilfe. Grundlagen, Handlungsfelder, professionelle Anforderungen. Stuttgart: Kohlhammer.

Hensen, G. & Schone, R. (2011): Der Begriff der Kindeswohlgefährdung zwischen Recht und Praxis. In: Körner, W. & Deegener, G. (Hrsg.): Erfassung von Kindeswohlgefährdung in Theorie und Praxis (13–28). Lengerich: Pabst.

Kinderschutz-Zentrum Berlin (2009): Kindeswohlgefährdung – Erkennen und Helfen. Berlin: Eigenverlag.

Schone, R. & Struck, N. (2015): Kinderschutz. In: Otto, H.-U. & Thiersch, H. (Hrsg.): Handbuch Soziale Arbeit (5., erw. Aufl.). S. 791–814. München/Basel: Reinhardt.

Schone, R. (2015): Kindeswohlgefährdung – Was ist das? In: Schone, R. & Tenhaken, W. (Hrsg.): Kinderschutz in Einrichtungen und Diensten der Jugendhilfe (2., überarb. u. erw. Aufl.). Weinheim/Basel: Beltz Juventa, 13–53.

Schone, R. (2019a): Zwischen Hilfe und Kontrolle – der ASD im Spannungsfeld zwischen Dienstleistung und Schutzauftrag bei Kindeswohlgefährdung. In: Merchel, J. (Hrsg.): Handbuch Allgemeiner Sozialer Dienst. München/Basel: Reinhardt, 146–158

Schone, R. (2019b): Einschätzung von Gefährdungsrisiken im Kontext möglicher Kindeswohlgefährdung. In: Merchel, J. (Hrsg.): Handbuch Allgemeiner Sozialer Dienst. München/Basel: Reinhardt, 281–289.

Schrapper, Ch. (2005): Konzept und Bausteine einer Sozialpädagogischen Diagnostik. In: Verein für Kommunalwissenschaften (Hrsg.): Diagnostik in der Kinder- und Jugendhilfe. Vom Fallverstehen zur richtigen Hilfe. Berlin: Eigenverlag, 127–139.

6 Hilfen zur Erziehung

Sabrina Schmidt

Oberstes Ziel der Kinder- und Jugendhilfe ist es, junge Menschen bei der Verwirklichung ihres Rechts auf Förderung der Entwicklung und auf Erziehung zu einer eigenverantwortlichen und gemeinschaftsfähigen Persönlichkeit zu unterstützen (vgl. § 1 SGB VIII). Die dafür vorgesehenen Aufgaben lassen sich auf der Grundlage von SGB VIII in »Leistungen der Jugendhilfe« (§ 2 Abs. 2 SGB VIII) und in »Andere Aufgaben der Jugendhilfe« (§ 2 Abs. 3 SGB VIII) unterteilen. Der Unterschied liegt – vereinfachend zusammengefasst – darin, dass es sich bei dem erstgenannten Bereich vorrangig um Angebote und Hilfen für junge Menschen und ihre Familien handelt, während im letztgenannten Bereich eher hoheitlich geprägte Aufsichts- und Kontrollaufgaben im Mittelpunkt stehen. Die in diesem Beitrag interessierenden Hilfen zur Erziehung gehören zu den »Leistungen der Jugendhilfe«, ebenso wie bspw. die Frühen Hilfen, die Kindertagesbetreuung, die Jugendarbeit und die Jugendsozialarbeit, und finden sich im Vierten Abschnitt des zweiten Kapitels im SGB VIII. Sie stellen damit ein *zentrales Handlungsfeld* der Kinder- und Jugendhilfe dar und bieten ein vielfältiges Angebot an sozialpädagogischen Hilfeformen bei einer dem Wohl des Kindes bzw. Jugendlichen nicht entsprechenden familialen Erziehung. Hilfen zur Erziehung sind demnach die Leistungen, die die »Verantwortung gerade für diejenigen jungen Menschen und Familien wahr[nehmen], deren Lebenssituation durch prekäre Lebensbedingungen beeinflusst ist« (Böllert 2018, 5).

6.1 Arbeitsfeld »Hilfen zur Erziehung«

Hilfen zur Erziehung umfassen ein breites Spektrum sozialpädagogischer Leistungen für junge Menschen und ihre Familien und können zur Sortierung in Erziehungsberatung (§ 28 SGB VIII), ambulante Leistungen (§§ 29-31 SGB VIII), teilstationäre Angebote (§ 32 SGB VIII) und stationäre Fremdunterbringungen (§§ 33-34 SGB VIII) unterschieden werden. Zudem sind die intensive sozialpädagogische Einzelbetreuung (§ 35 SGB VIII) sowie sonstige flexible Erziehungshilfen (§ 27 Abs. 2 SGB VIII), die sog. ›27,2er-Hilfen‹, zu nennen. Beide können sowohl ambulant als auch stationär erbracht werden. Nachstehend werden die verschiedenen Hilfeformen in ihren Grundzügen portraitiert.

6.1.1 Kurzvorstellung der einzelnen Hilfeformen

Flexible Erziehungshilfen (§ 27 Abs. 2 SGB VIII): Die in den §§ 28 bis 35 SGB VIII explizierten Hilfen zur Erziehung sind als beispielhafte pädagogische Settings zu verstehen und stellen keine abschließende Aufzählung dar. Darüber hinaus sind somit auch andere Formen der Erziehungshilfe denkbar und werden zunehmend realisiert. Mit diesen flexiblen, integrierten Hilfeformen ist der Anspruch verbunden, die Hilfe auf die Adressat*innen individuell abzustimmen, »ohne eine Selektion und Klassifikation von Problemen vorzunehmen, die lediglich eine Zuordnung zu bereits bestehenden Angeboten bedeutet« (Richter 2018, 828).

Erziehungsberatung (§ 28 SGB VIII): Erziehungsberatung findet vorwiegend in einem komm-strukturierten Setting, in der Regel in einer multidisziplinär besetzten Erziehungs- und Familienberatungsstelle, statt. Die beratenden Fachkräfte sollen »Kinder, Jugendliche, Eltern und andere Erziehungsberechtigte bei der Klärung und Bewältigung individueller und familienbezogener Probleme und der zugrundeliegenden Faktoren (…) unterstützen« (§ 28 SGB VIII). Mit Blick auf den Interventionsgrad stellt die Erziehungsberatung die niederschwelligste erzieherische Hilfe dar und kann ohne vorherige Antragstellung beim Jugendamt in Anspruch genommen werden.

Soziale Gruppenarbeit (§ 29 SGB VIII): Soziale Gruppenarbeit hebt ausgehend von einem gruppenpädagogischen Konzept darauf ab, »älteren Kindern und Jugendlichen bei der Überwindung von Entwicklungsschwierigkeiten und Verhaltensproblemen [zu] helfen« (§ 29 SGB VIII). Vermittelt durch Gruppenerlebnisse, -gespräche und -aufgaben soll ihnen Soziales Lernen ermöglicht werden. Dabei kann es sich sowohl um zeitlich befristete Angebote für eine bestimmte Zielgruppe handeln als auch um fortlaufende Angebote für eine heterogene Gruppe junger Menschen. Der zeitliche Umfang einer sozialen Gruppenarbeit ist häufig vergleichsweise gering.

*Erziehungsbeistandschaft, Betreuungshelfer*innen (§ 30 SGB VIII)*: Erziehungsbeistände sollen gemäß § 30 SGB VIII junge Menschen »bei der Bewältigung von Entwicklungsproblemen« unterstützen und ihre »Verselbständigung fördern«. Diese Hilfe ist demnach stark auf das Kind oder den Jugendlichen zugeschnitten, wenngleich möglichst unter Einbeziehung des sozialen Umfelds. Neben der Stabilisierung der familiären Situation geht es um die Bewältigung sozialer, finanzieller sowie schulischer bzw. beruflicher Aufgaben.

Sozialpädagogische Familienhilfe (§ 31 SGB VIII): Die Sozialpädagogische Familienhilfe ist als eine aufsuchende Form der Erziehungshilfe für die gesamte Familie konzipiert und soll diese »in ihren Erziehungsaufgaben, bei der Bewältigung von Alltagsproblemen, der Lösung von Konflikten und Krisen sowie im Kontakt mit Ämtern und Institutionen unterstützen und Hilfe zur Selbsthilfe geben« (§ 31 SGB VIII). Die hierin zum Ausdruck kommende Verbindung zwischen pädagogischen und alltagspraktischen Aufgaben und die Tatsache, dass der Arbeitsplatz der pädagogischen Fachkräfte das häusliche Umfeld der Familie ist, prägen diese Hilfeform.

Tagesgruppen (§ 32 SGB VIII): Tagesgruppen haben ihren Standort zwischen ambulanten Hilfen einerseits sowie Fremdunterbringungen andererseits und stellen als teilstationäre Hilfe für die jungen Menschen einen weiteren Lebensort neben Schule und Familie dar. Nach § 32 SGB VIII soll Erziehungshilfe in Tagesgruppen »die Entwicklung des Kindes oder des Jugendlichen durch Soziales Lernen in der Gruppe, Begleitung der schulischen Förderung und Elternarbeit unterstützen und dadurch den Verbleib des Kindes oder des Jugendlichen in seiner Familie sichern«.

Vollzeitpflege (§ 33 SGB VIII): Vollzeitpflege ist die Unterbringung eines Kindes bzw. (seltener) eines Jugendlichen in einer »anderen Familie« (§ 33 SGB VIII), einer Pflegefamilie. Die Formen der Hilfe variieren maßgeblich mit der zeitlichen Perspektive und der damit verbundenen Zielsetzung. In § 33 SGB VIII wird auf diese entscheidende Differenzierung hingewiesen: Vollzeitpflege kann »eine zeitlich befristete Erziehungshilfe oder eine auf Dauer angelegte Lebensform bieten«. Nach Dauer und Zielsetzung lassen sich vor allem folgende Formen unterscheiden, deren Grenzen jedoch fließend sein können: Kurzzeit- bzw. Bereitschaftspflege, Übergangspflege, Dauerpflege, Verwandtschaftspflege und Adoptionspflege (vgl. Jordan u. a. 2015, 273–274).

Heimerziehung, sonstige betreute Wohnform (§ 34 SGB VIII): Bei der Erziehungshilfe gemäß § 34 SGB VIII handelt es sich um eine Fremdunterbringung eines jungen Menschen in einer Einrichtung über Tag und Nacht oder in einer sonstigen betreuten Wohnform. Dabei verweist das heutige Spektrum von möglichen Betreuungsformen auf eine Gleichzeitigkeit in der Heimerziehungslandschaft, die sich in der Etablierung individualorientierter oder familienanaloger Settings auf der einen und in der konzeptionellen Belebung geschlossener Unterbringung (▶ Kap. 7) auf der anderen Seite widerspiegelt. Vieles spricht also dafür, Winklers bereits dreißig Jahre altem Plädoyer zu folgen und von »Heimerziehungen« (1988, 2) zu sprechen.

Intensive Sozialpädagogische Einzelbetreuung (§ 35 SGB VIII): Die Intensive Sozialpädagogische Einzelbetreuung soll Jugendlichen gewährt werden, »die einer intensiven Unterstützung zur sozialen Integration und zu einer eigenverantwortlichen Lebensführung bedürfen« (§ 35 SGB VIII). Sie richtet sich an besonders gefährdete oder belastete Heranwachsende und stellt ein flexibel angelegtes und stark individualisiertes Angebot dar, das ambulant, stationär oder auch im Wechsel geleistet werden kann. Eine besondere Form dieser Hilfe besteht in erlebnispädagogischen Maßnahmen, die mit einzelnen Jugendlichen oder in Gruppen durchgeführt werden können.

Eingliederungshilfe für seelisch behinderte Kinder und Jugendliche (§ 35a SGB VIII): 1993 erfuhr das SGB VIII eine wesentliche Erweiterung. So wurde der vierte Leistungsabschnitt der Kinder- und Jugendhilfe um das Aufgabengebiet der Eingliederungshilfe für seelisch behinderte Kinder und Jugendliche ergänzt. Diese Neuregelung zielte auf die Beendigung der Aufteilung von Zuständigkeiten für junge Menschen mit Behinderungen auf unterschiedliche Hilfesysteme (vgl. Rätz u. a. 2014, 153). Damit stellt die Eingliederungshilfe rechtssystematisch keine Hilfe zur Erziehung dar, wird aber in ambulanter oder in (teil-)stationärer Form vergleichbar den erzieherischen Hilfen erbracht und soll einer beeinträchtigten gesellschaftlichen Teilhabe entgegenwirken.

Hilfe für junge Volljährige, Nachbetreuung (§ 41 SGB VIII): Auch zwischen der Hilfe für junge Volljährige und den Hilfen zur Erziehung wird rechtssystematisch unterschieden. Wird jedoch eine Hilfe für junge Volljährige in Anspruch genommen, so kann diese in einer der Formen der §§ 28 bis 30 sowie 33 bis 35 SGB VIII erbracht werden. Damit kommen Hilfen zur Erziehung in Frage, die der weiteren Verselbständigung des jungen Menschen dienen (vgl. Münder & Trenczek 2015, 186). Das zentrale Ziel dieser Hilfe besteht darin, Hilfeprozesse mit der Volljährigkeit nicht abbrechen zu müssen, wenn und solange aufgrund der individuellen Situation ein Bedarf an Unterstützung zur »Persönlichkeitsentwicklung und zu einer eigenverantwortlichen Lebensführung« (§ 41 Abs. 1 SGB VIII) besteht.

Gemeinsame Wohnformen für Mütter/Väter und Kinder (§ 19 SGB VIII): Die Gemeinsame Wohnform ist Teil des Leistungsbereichs »Förderung der Erziehung in der Familie« und findet sich in § 19 SGB VIII. Dieser zweite Leistungsbereich umfasst sehr unterschiedliche Unterstützungssettings – von präventiven Angeboten zur Förderung der elterlichen Erziehungskompetenz über Beratungsleistungen in konkreten Belastungssituationen bis hin zu stationären Hilfen in spezifischen Lebenssituationen. Die gemeinsame Wohnform zählt zu den stationären Hilfen. Adressat*innen dieser Hilfe sind alleinerziehende Mütter und Väter, die »für mindestens ein Kind – dabei darf das jüngste Kind das sechste Lebensjahr noch nicht vollendet haben – sorgen und zu einer eigenverantwortlichen, selbständigen Lebensführung gemeinsam mit einem Kind/mit Kindern noch nicht in der Lage sind« (Buschhorn 2018, 792).

Hilfen zur Erziehung und deren angrenzenden Leistungsbereiche zeichnen sich damit durch ein ausdifferenziertes Spektrum an beratenden, erziehenden und betreuenden Unterstützungsleistungen aus, die in Anschluss an Winkler so zu konstruieren sind, »dass sie der individuellen Normalität des Subjekts gerecht werden und ihm erlauben, sich durch eigenes, biografisch bedeutsames Handeln der eigenen Identität zu versichern, ohne in dieser zu erstarren« (2001, 269).

6.1.2 Methodische Orientierungen und zentrale Zielsetzungen

Zwischen den aufgeführten Hilfeformen besteht keine Rangfolge, sie sind grundsätzlich gleichwertig. Jede Hilfeform hat ihr eigenes fachliches Profil und wird mit unterschiedlichen pädagogischen Intensitäten, Zielsetzungen sowie Methoden, Verfahren und Techniken durchgeführt (Jordan u. a. 2015, 219, 231). Daher werden an dieser Stelle die grundsätzliche methodische Ausrichtung, die (Haupt-)Zielgruppe und die (Haupt-)Zielsetzung pointiert dargestellt, wohlwissend, dass es in der Praxis zu Überschneidungen kommt. Zunächst die beratenden, ambulanten und teilstationären Hilfen (▶ Tab. 6.1).

Auch die stationären Hilfen sind unterschiedlich methodisch orientiert und verweisen auf eine große Bandbreite pädagogischer Settings außerhalb der Herkunftsfamilie (▶ Tab. 6.2).

Tab. 6.1: Beratende, ambulante und teilstationäre Hilfen zur Erziehung

Methodische Orientierung	Hilfeform	Hauptzielgruppen	(Haupt-)Zielsetzung der Hilfe
Familienorientierte Hilfen	Erziehungsberatung (§ 28 SGB VIII)	Eltern mit Kindern aller Altersgruppen	Stärkung oder Wiederherstellung der Erziehungsfähigkeit in der Familie
	Sozialpädagogische Familienhilfe (§ 31 SGB VIII)	Familien mit jüngeren Kindern	
Gruppenorientierte Hilfen	Tagesgruppe (§ 32 SGB VIII)	(Schul-)Kinder bis 14 Jahre	
	Soziale Gruppenarbeit (§ 29 SGB VIII)	Ältere Kinder und Jugendliche	Unterstützung älterer Kinder, Jugendlicher und junger Erwachsener bei der Bewältigung von Problemen (Verselbständigung)
Einzelfallorientierte Hilfen	Erziehungsbeistände, Betreuungshelfer (§ 30 SGB VIII)	Ältere Kinder und Jugendliche	
	Intensivpädagogische Einzelbetreuung (§ 35 SGB VIII)	Jugendliche	

Eigene Darstellung

Tab. 6.2: Stationäre Hilfen zur Erziehung (eigene Darstellung in Anlehnung an Gintzel u. a. 1997)

Familienorientierte Hilfen	Gruppenorientierte Hilfen	Einzelfallorientierte Hilfen
Vollzeitpflegestellen in Pflegefamilien (§ 33 SGB VIII) ↳ Pflegefamilien ↳ Verwandtenpflege	Heimerziehung und sonstige betreute Wohnform (§34 SGB VIII) ○ 5-Tagesgruppen ○ Regelgruppen ○ Intensivgruppen	Intensivpädagogische Einzelbetreuung (§35 SGB VIII) ↳ Flexible Formen der Einzelgruppen
Erziehungsstellen		Betreutes Einzelwohnen
Kinderdorffamilien		Betreutes Jugendwohnen
	Kleinstheime	Erlebnispädagogische Projekte

Die Zielsetzungen der außerfamiliären Unterbringung variieren je nach Alter und Entwicklungsstand des jungen Menschen sowie den Möglichkeiten der Verbesserung der Erziehungsbedingungen in der Herkunftsfamilie. In Abhängigkeit von diesen Faktoren sieht der Gesetzgeber für die Heimerziehung und sonstige betreute Wohnform drei mögliche Optionen vor: zum einen die Förderung der Rückkehr in die eigene Familie, zum anderen die Vorbereitung der Erziehung in einer anderen Familie oder zum dritten die

Durchführung einer auf längere Zeit angelegte Lebensform, die auf ein selbständiges Leben vorbereiten soll (vgl. § 34 SGB VIII).

Die Ausgestaltung aller Hilfeformen berücksichtigt nachfolgende Elemente, die auf der Rezeption unterschiedlicher theoretischer Ansätze basieren (vgl. Rätz u. a. 2014, 156).

- *Ressourcenorientiertes Arbeiten*: die Einbeziehung von hilfreichen und integrierbaren individuellen und netzwerkbedingten Stärken und positiven Faktoren der Adressat*innen in deren Lebenswelt;
- *Empowermentorientiertes Arbeiten*: die Bestärkung der Adressat*innen, positive Lösungsansätze für Bewältigungsprobleme aus eigenen Kräften entwickeln zu können;
- *Selbsthilfeorientiertes Arbeiten*: die Förderung der Kompetenzen von Adressat*innen, um positive Bewältigungsstrategien selbstverantwortet und ohne die Hilfe von Fachkräften realisieren zu können;
- *Beteiligungsorientiertes Arbeiten*: die Gewährleistung einer höchst möglichen altersentsprechenden Beteiligung der Adressat*innen an allen sie betreffenden Angelegenheiten;
- *Bildungsorientiertes Arbeiten*: die Gestaltung und die Eröffnung von sozialen Lern- und Bildungschancen für die Adressat*innen.

6.2 Rechtliche und organisatorische Rahmenbedingungen

Hilfen zur Erziehung sind rechtlich als Leistungen für junge Menschen und ihre Familie definiert, auf die ein individueller und einklagbarer Rechtsanspruch der Personensorgeberechtigten dann besteht, wenn »eine dem Wohl des Kindes oder des Jugendlichen entsprechende Erziehung nicht gewährleistet ist und die Hilfe für seine Entwicklung geeignet und notwendig ist« (§ 27 Abs. 1 SGB VIII). Demnach werden Leistungsansprüche mit dem jeweiligen erzieherischen Bedarf einer Familie begründet und vorrangig aus der Perspektive der Personensorgeberechtigten begriffen. Die jungen Menschen haben gegenwärtig kein Recht, einen eigenen Antrag auf erzieherische Hilfen zu stellen. Ausnahme stellen hier die Hilfe für junge Volljährige (§ 41 SGB VIII) und die Eingliederungshilfe (§ 35a SGB VIII) dar. Der Rechtsanspruch der Anspruchsberechtigten richtet sich an den öffentlichen Träger, das Jugendamt. Erbracht werden die erzieherischen Hilfen entweder von freien Trägern oder vom Jugendamt selbst als Träger der öffentlichen Jugendhilfe (▶ Kap. 1). Damit sind die Hilfen zur Erziehung durch ein Dreiecksverhältnis von Leistungsberechtigten, Leistungsträger und Leistungserbringer geprägt, das im sog. Hilfeplanverfahren seinen Ausdruck findet.

Sind die Leistungsvoraussetzungen gegeben, wird eine dem Bedarf entsprechende Hilfe gesucht. § 36 SGB VIII formuliert in den Regelungen zur Hilfeplanung rechtliche Anforderungen an das Verfahren. So wird in Absatz 1 darauf verwiesen, dass sowohl die Personensorgeberechtigten als auch das Kind oder der Jugendliche vor ihrer Entscheidung für eine Hilfe zur Erziehung umfassend zu beraten sind (vgl. Krause & Steinbacher 2014, 70). Absatz 2 benennt zunächst die fachliche Absicherung von Entscheidungen: Immer dann, wenn Hilfe voraussichtlich über einen längeren Zeitraum zu leisten ist, soll die Entscheidung über die geeignete und notwendige Hilfeart im Zusammenwirken mehrerer Fachkräfte entwickelt und getroffen werden (vgl. ebd., 71). Neben der umfassenden Information der Adressat*innen sowie der kollegialen Beratung der Fachkräfte normiert Absatz 2 auch das dritte wesentliche Verfahrenselement: die gemeinsame Aufstellung und fortwährende Überprüfung eines sog. Hilfeplans. So soll das Jugendamt zusammen mit den Eltern und dem Kind bzw. dem*der Jugendlichen sowie den zuständigen Mitarbeiter*innen der leistungserbringenden Einrichtung regelmäßig überprüfen, ob die gewählte Hilfeart einerseits geeignet und andererseits noch notwendig ist (vgl. ebd., 72–73).

6.3 Historische Entstehung des Arbeitsfelds

Eine Darstellung der geschichtlichen Entwicklungslinien öffentlicher Erziehungshilfen steht vor einem erheblichen Definitionsproblem:

> »Sie muss ihren historischen Untersuchungsgegenstand rückblickend erst zusammensetzen, denn ›Erziehungshilfen‹ oder ›Hilfen zur Erziehung‹ sind durch aktuelle Rechtsetzung geprägte Begriffe, die sowohl systematisch wie historisch eine Vielzahl von Arbeitsfeldern und Institutionen öffentlicher Erziehung zusammenfassen« (Kuhlmann & Schrapper 2001, 283).

Demnach gibt es für die heutigen Erziehungshilfen unterschiedliche geschichtliche Anknüpfungspunkte, die neben der Tradition der früheren Kinder- bzw. Jugendfürsorge auch in den Bereich der Armenpflege hineinragen. Kennzeichnend für die gesellschaftlichen Bemühungen in diesen Bereichen war ein deutlicher Eingriffscharakter. Mit dem Inkrafttreten des SGB VIII am 3. Oktober 1990 in den neuen Bundesländern und am 1. Januar 1991 in den alten Bundesländern dokumentiert sich eine Hinwendung zu einem Leistungsgesetz, das u. a. den Rechtsanspruch auf die verschiedenen, im Gesetz neu formulierten Hilfen zur Erziehung begründet.

Trotz des Charakters eines Leistungsgesetzes und dem damit verbundenen Paradigmenwechsel von der Eingriffs- zur Alltags- und Lebensweltorientierung hat sich das SGB VIII nicht völlig von seinen historischen Wurzeln gelöst. So ist für das heutige Verständnis, die dem Handlungsfeld seit je her inhärente Spannung zwischen Hilfe und Kontrolle, zentral. Jegliches Handeln im Bereich der Hilfen zur Erziehung steht

> »in besonderer Weise im Spannungsfeld von Koproduktionslogik, dem Wunsch- und Wahlrecht und dem Aushandlungsgedanken einerseits und dem unfreiwilligen Eingriff

in die Lebenspraxis von Familien und jungen Menschen, dem Kinderschutzgedanken und dem staatlichen Wächteramt andererseits« (Polutta 2014, 87).

6.4 Inanspruchnahme der Hilfen zur Erziehung

Die rechtliche Kodifizierung der verschiedenen Hilfen zur Erziehung ist Teil der zentralen Neuerungen des SGB VIII Anfang der 1990er Jahre. In der Folge haben diese eine unvergleichbare Entwicklungsdynamik erfahren und die Zahlen ihrer Inanspruchnahme sind bis heute stetig gestiegen. So erhielten im Jahr 2018 über eine Million junger Menschen und ihre Familien Leistungen zur Unterstützung der familialen Erziehung (vgl. akj^{stat}2020, o. S.). Die aktuellen Entwicklungen verzeichnen mit Blick auf die einzelnen Leistungssegmente Unterschiede: So bleiben die Erziehungsberatungen nahezu unverändert, nehmen ambulante Hilfen zu und gehen Fremdunterbringungen zurück (vgl. ebd.). Begründet wird die Expansion der Erziehungshilfen mit verbesserten Voraussetzungen einer Inanspruchnahme, aber auch mit einer zunehmenden Prekarisierung familialer Lebenslagen und einer gestiegenen öffentlichen Aufmerksamkeit für das Kindeswohl (vgl. Richter 2018, 826; ▶ Kap. 5).

Die Inanspruchnahme teilt sich sehr unterschiedlich auf die vorhandenen Hilfeformen auf (vgl. akj^{stat} 2020, o. S.): Die am häufigsten in Anspruch genommene Hilfe ist mit einem Anteil von 40,7 % (466 038 Fälle) die Erziehungsberatung. Ambulante Hilfen (§ 27 Abs. 2, §§ 29 bis 32 und § 35 SGB VIII) machen einen Anteil von 38,3 % aus, wobei der Sozialpädagogischen Familienhilfe ein herausragendes Gewicht zukommt. Die Fremdunterbringungen liegen zusammengerechnet bei 21 %, die sich mit 0,5 % auf die stationären »27,2er-Hilfen« (s. o.), mit 8 % auf Vollzeitpflege und mit 12,5 % auf die Heimerziehung aufteilen. Die enorme dynamische Entwicklung drückt sich aber auch in den personellen Ressourcen und damit dem Ausgabenvolumen aus. Der Blick auf die finanziellen Aufwendungen zeigt, dass im Jahr 2018 10,73 Milliarden Euro für die Hilfen zur Erziehung aufgewendet wurden (vgl. ebd.). Dies entspricht einem Anteil von 21 % am Gesamtetat der öffentlichen Gebietskörperschaften für Strukturen und Leistungen der Kinder- und Jugendhilfe (vgl. ebd.). Im Jahr 2000 lagen die Ausgaben hingegen noch bei 4,72 Milliarden Euro – was einer Zunahme von rund 127 % entspricht.

6.4.1 Inanspruchnahme – welche Gründe gibt es?

Die Gründe dafür, dass eine Familie erzieherische Hilfen in Anspruch nimmt, sind vielfältig. Im Rahmen der amtlichen Kinder- und Jugendhilfestatistik können bis zu drei Gründe für die Hilfegewährung nach Gewichtung sortiert genannt werden. Zur Auswahl stehen den fallbearbeitenden Fachkräften des zuständigen Jugendamts neun Merkmalsausprägungen, die sich wiederum zu drei

Gruppen zusammenfassen lassen: unzureichende Förderung/Betreuung/Versorgung des jungen Menschen, familiäre Problemlagen sowie individuelle Probleme. Differenziert man zwischen der Erziehungsberatung, den ambulanten und den stationären Hilfen, zeichnen sich deutliche Unterschiede ab: So wird Erziehungsberatung hauptsächlich aufgrund von Belastungen des jungen Menschen durch familiäre Konflikte eingeleitet. Bei ambulanten Hilfen wird hingegen eine eingeschränkte Erziehungskompetenz als Hauptgrund benannt, während die Unversorgtheit des jungen Menschen die größte Rolle bei der Unterbringung außerhalb der eigenen Familie spielt (vgl. Statistisches Bundesamt 2019, 45).

6.4.2 Inanspruchnahme – eine Frage von Alter und Geschlecht?

Das Durchschnittsalter der jungen Menschen liegt bei Hilfebeginn statistisch gesehen bei zehn Jahren. Hauptadressat*innen sind also Familien mit Kindern, die vor der Herausforderung stehen, die Statuspassage zwischen Grund- und weiterführender Schule zu bewältigen (vgl. Autorengruppe Kinder- und Jugendhilfestatistik 2019, 68). Betrachtet man die altersspezifischen Besonderheiten der einzelnen Hilfearten, zeigen sich einerseits große Unterschiede bei der Altersverteilung und andererseits ein über die letzten Jahre konstantes »Inanspruchnahmemuster«: So werden ambulante Leistungen häufiger von (jüngeren) Kindern und ihren Familien in Anspruch genommen, während in stationären Hilfen erheblich mehr Jugendliche als Kinder zu finden sind (vgl. akj^{stat} 2020, o. S.). Auch die Differenzkategorie Geschlecht spielt eine wesentliche Rolle. Jungen und junge Männer nehmen Erziehungshilfen absolut und relativ mehr in Anspruch als Mädchen und junge Frauen. Wenngleich die Geschlechterverteilung in einzelnen Hilfearten durchaus unterschiedlich ist, überwiegt der Anteil der männlichen Adressaten in allen Hilfen. Das Ungleichgewicht ist besonders bei der Sozialen Gruppenarbeit (70 %), dem Erziehungsbeistand (69 %), der Tagesgruppe (74 %) und der Intensiven Sozialpädagogischen Einzelbetreuung (69 %) stark ausgeprägt (vgl. ebd.).

6.4.3 Inanspruchnahme – eine Reaktion auf bestimmte Lebenslagen?

Die Lebenslagen von Familien haben einen wesentlichen Einfluss auf das Aufwachsen von Kindern und Jugendlichen. Mit Blick auf die Kinder- und Jugendhilfestatistik lässt sich für das hier interessierende Arbeitsfeld festhalten, dass Hilfen zur Erziehung eher von Familien in prekären Lebenslagen in Anspruch genommen werden, vor allem bei Bezug von Transferleistungen, bei alleinerziehenden Personen und bei Familien mit Migrationshintergrund (vgl. Autorengruppe Kinder- und Jugendhilfestatistik 2019, 69–72). So liegt bei Beginn einer erzieherischen Hilfe der Anteil der alleinerziehenden Eltern bei 40,5 %, der Anteil der Transferleistungen beziehenden Familien bei 30,9 % und der Anteil der jungen Menschen in Familien, in denen zu Hause nicht Deutsch gesprochen wird, bei 17,5 % (vgl. akj^{stat} 2020, o. S.). Vergleicht man diese Anteile mit denjenigen in der Gesamtbevölkerung, so wird die überproportionale Repräsentanz deutlich. Differenziert nach einzelnen Hilfearten zeichnet sich ein unterschiedliches Bild ab: So fallen die Anteile in den über das Jugendamt organisierten ambulanten und stationären Hilfen durchweg höher aus als bei der Erziehungsberatung (vgl. ebd.).

6.5 Herausforderungen und Spannungsfelder

Die zu beobachtende erhebliche Zunahme der Fallzahlen, aber auch der finanziellen Aufwendungen und personellen Ressourcen erfolgte weder kontinuierlich noch bundesweit einheitlich, sondern vollzog sich eher in Etappen und im Kontext zunehmender regionaler Unterschiede (vgl. Fendrich u. a. 2014, 14). Zudem hat das Arbeitsfeld der Hilfen zur Erziehung in den letzten Jahren und Jahrzehnten nicht nur eine immer größere Bedeutung erlangt sowie eine Ausweitung und Diversifizierung erfahren, sondern steht auch immer wieder in der Kritik. Exemplarisch dafür steht etwa die politische Debatte um Steuerungsdefizite und die fachliche Diskussion um konzeptionellen Weiterentwicklungsbedarf. Letzteres resultiert insbesondere aus der durch (Aus-)Differenzierung entstandenen Versäulung (Erstarrung) des Leistungsspektrums, die einer vorrangig am individuellen Bedarf orientierten Hilfegewährung oftmals entgegensteht. So stellt die individuelle und partizipative Ausgestaltung der Hilfe im Einzelfall zwar ein Merkmal der heutigen Erziehungshilfe dar und spiegelt sich auch in der Verpflichtung zu einer fallbezogenen Hilfeplanung nach § 36 SGB VIII wider (vgl. Albus 2012, 479), allerdings verweisen Studien auf eine erhebliche Diskrepanz zwischen Anspruch und Wirklichkeit (vgl. u. a. Pluto 2007).

Neben dem Ausmaß der Individualisierung und Partizipation stellt aber auch die – in Disziplin und Profession umstrittene – Diskussion um Wirkungen und die damit verbundenen Fragen nach einer Operationalisierung (Messbarmachung) pädagogischer Ziele und Arbeitsweisen eine zentrale Herausforderung dar. Mitarbeiter*innen wie auch Einrichtungen der Erziehungshilfe sind somit sowohl fachlich als auch organisatorisch gefordert und müssen sich handlungs-, entwicklungs- und veränderungsfähig zeigen – vor dem Hintergrund eines sich immer deutlicher abzeichnenden Fachkräftemangels. So gilt für die Hilfen zur Erziehung,

> »dass die Betreuung von Kindern und Jugendlichen mit immer komplexeren Problemlagen zunehmend unter ökonomischem Druck erfolgt, mit immer kürzerer Verweildauer und entsprechend hoher Fluktuation. Dem gegenüber stehen Teams, in denen ein großer Anteil über 30 Jahre alt und nach langjähriger Arbeit im Schicht-, Wochenend- und Nachtdienst zunehmend vom Burnout bedroht ist« (Böllert 2018, 38-39).

Die Erhebungen von Averbeck (2019) für die Kinder- und Jugendhilfe im Allgemeinen und von Nüsken (2020) für die Erziehungshilfen im Speziellen legen die Belastungen der Fachkräfte eindrücklich dar. Daraus resultieren als weitere Herausforderungen, der Belastung als auch der Befürchtung, »dass der Verteilungskampf um pädagogisches Personal zu Lasten der Hilfen zur Erziehung gehen könnte« (Böllert 2018, 39), mit gezielten Maßnahmen entgegenzutreten.

Weiterführende Literatur

Krause, H.-U. & Peters, F. (Hrsg.) (2014): Grundwissen Erzieherische Hilfen. Ausgangsfragen, Schlüsselthemen, Herausforderungen (4. Aufl.). Weinheim: Beltz Juventa.
Macsenaere, M., Esser, K., Knab, E. & Hiller, S. (Hrsg.) (2014): Handbuch der Hilfen zur Erziehung. Freiburg im Breisgau: Lambertus.
Schröer, W., Struck, N. & Wolff, M. (Hrsg.) (2016): Handbuch Kinder- und Jugendhilfe (2., überarbeitete Aufl.). Weinheim: Beltz Juventa.

Internetquellen

Arbeitsstelle Kinder- und Jugendhilfestatistik (akj^{stat}) zum HzE-Monitor: http://www.hze-monitor.akjstat.tu-dortmund.de

Literatur

akj^{stat} (2020): Monitor Hilfen zur Erziehung 2020. Datenbasis 2018. http://www.hzemonitor.akjstat.tu-dortmund.de, Aufruf: 22.10.2020.
Albus, S. (2012): Die Erzieherischen Hilfen. In: W. Thole (Hrsg.): Grundriss Soziale Arbeit. Ein einführendes Handbuch (4. Aufl.). Wiesbaden: Springer VS, 477–482.
Averbeck, L. (2019): Herausgeforderte Fachlichkeit. Arbeitsverhältnisse und Beschäftigungsbedingungen in der Kinder- und Jugendhilfe. Weinheim: Beltz Juventa.
Böllert, K. (2018): Einleitung: Kinder- und Jugendhilfe – Entwicklungen und Herausforderungen einer unübersichtlichen sozialen Infrastruktur. In: K. Böllert (Hrsg.): Kompendium Kinder- und Jugendhilfe. Wiesbaden: Springer VS, 3–62.
Buschhorn, C. (2018): Förderung der Erziehung in der Familie und Frühe Hilfen. In: K. Böllert (Hrsg.): Kompendium Kinder- und Jugendhilfe. Wiesbaden: Springer VS, 783–804.
Fendrich, S., Pothmann, J. & Tabel, A. (2014): Monitor Hilfen zur Erziehung 2014. Dortmund: Eigenverlag Forschungsverbund DJI/TU Dortmund.
Gintzel, U., Jordan, E., Schone, R., Schulz, H. & Struck, N. (1997): Kinder- und Jugendhilfe in Deutschland. Rahmenbedingungen, Strukturen, Aufgaben und Ziele, Ausblick. Münster: Votum.
Jordan, E., Maykus, S. & Stuckstätte, E. C. (2015): Kinder- und Jugendhilfe. Einführung in Geschichte und Handlungsfelder, Organisationsformen und gesellschaftliche Problemlagen (4., überarb. Aufl.). Weinheim: Beltz Juventa.
Krause, H.-U. & Steinbacher, E. (2014): Vom Fall zur Hilfe: Hilfeplanung nach § 36 SGB VIII (KJHG). In: H.-U. Krause & F. Peters (Hrsg.): Grundwissen Erzieherische Hilfen. Ausgangsfragen, Schlüsselthemen, Herausforderungen (4. Aufl.). Weinheim: Beltz Juventa, 69–92.
Kuhlmann, C. & Schrapper, C. (2001): Zur Geschichte der Erziehungshilfen von der Armenpflege bis zu den Hilfen zur Erziehung. In: V. Birtsch, K. Münstermann & W. Trede

(Hrsg.): Handbuch Erziehungshilfen. Leitfaden für Ausbildung, Praxis und Forschung. Münster: Votum, 282–328.

Münder, J. & Trenczek, T. (2015): Kinder- und Jugendhilferecht. Eine sozialwissenschaftlich orientierte Darstellung (8., überarb. u. akt. Aufl.). Baden-Baden: UTB.

Nüsken, D. (2020): Erziehungshilfen als Beruf. Einblicke in die Belastungen und Entlastungen eines Arbeitsfeldes. Wiesbaden: Springer VS.

Pluto, L. (2007): Partizipation in den Hilfen zur Erziehung. Eine empirische Studie. München: Deutsches Jugendinstitut.

Polutta, A. (2014): Wirkungsorientierte Transformation der Jugendhilfe. Ein neuer Modus der Professionalisierung Sozialer Arbeit? Wiesbaden: Springer VS.

Rätz, R., Schröer, W. & Wolff, M. (2014): Lehrbuch Kinder- und Jugendhilfe. Grundlagen, Handlungsfelder, Strukturen und Perspektiven (2., überarb. Aufl.). Weinheim: Beltz Juventa.

Richter, M. (2018): Handlungsfeld Hilfen zur Erziehung. In: K. Böllert (Hrsg.): Kompendium Kinder- und Jugendhilfe. Wiesbaden: Springer VS, 825–840.

Statistisches Bundesamt (2019): Statistiken der Kinder- und Jugendhilfe. Erzieherische Hilfe, Eingliederungshilfe für seelisch behinderte junge Menschen, Hilfe für junge Volljährige. https://www.destatis.de/DE/Themen/Gesellschaft-Umwelt/Soziales/Kinderhilfe-Jugendhilfe/Publikationen/Downloads-Kinder-und-Jugendhilfe/erzieherische-hilfe-5225112187004.pdf, Aufruf: 22.10.2020.

Winkler, M. (1988): Alternativen sind nötig und möglich! Plädoyer für eine neue Heimkampagne. In: Neue Praxis 18 (1), 1–11.

Winkler, M. (2001): Auf dem Weg zu einer Theorie der Erziehungshilfen. In: V. Birtsch, K. Münstermann & W. Trede (Hrsg.): Handbuch Erziehungshilfen. Leitfaden für Ausbildung, Praxis und Forschung. Münster: Votum, 247–281.

7 Kinder- und Jugendhilfe in geschlossenen Einrichtungen

Nina Oelkers

Geschlossene Einrichtungen oder freiheitsentziehende Maßnahmen (FM) für junge Menschen sind ein Tätigkeitsfeld sowie ein stationäres Angebot (in der Regel als Wohngruppe) im Arbeitsfeld der Hilfen zur Erziehung (▶ Kap. 6) und stellen eine Intensivmaßnahme der Kinder- und Jugendhilfe (KJH) dar. Intensivmaßnahmen zeichnen sich durch einen hohen Grad an Strukturierung aus, indem jungen Menschen eine Tagesstruktur, feste Regeln und Kontaktmöglichkeiten vorgegeben werden. Die Gemeinsamkeit unterschiedlicher Intensivmaßnahmen (von der Unterbringung in geschlossenen Einrichtungen bis zur Auslandsmaßnahme) liegt darin, dass sie eine (kleine) Gruppe junger Menschen adressieren, die durch die Regelangebote der KJH nicht (mehr) angemessen erreicht oder von diesen sogar ausgeschlossen werden. Geschlossene Einrichtungen oder FM in der KJH sind also eine seltene Sonderform stationärer Hilfen, auf die lediglich in besonderen Einzelfällen zurückgegriffen wird.

7.1 Gegenstand des Tätigkeitsfelds, Adressat*innen, Aufgaben, Ziele

Mit Blick auf dieses spezifische Tätigkeitsfeld sollen zunächst die unterschiedlichen Bezeichnungen genauer betrachtet werden. Die Begriffe »geschlossene Unterbringung oder Einrichtung« und »freiheitsentziehende Maßnahmen« werden im Fachdiskurs häufig synonym verwendet, aber während »geschlossene Unterbringung oder Einrichtung« einen vollständigen Freiheitsentzug ohne Öffnungsoption meint, beinhalten »freiheitsentziehende Maßnahmen« die Option zur Öffnung (vgl. auch Oelkers & Gaßmöller 2021, 116). Da der Entzug der Freiheit in diesem Kontext nicht der Strafe dienen soll, sondern ein Mittel zum Zweck pädagogischer Interventionen darstellt, ist die Bezeichnung *freiheitsentziehende Maßnahmen* zutreffender. Freiheitsentziehende Maßnahmen der KJH folgen vorrangig der Idee eines individuellen Freiheitsentzugs (auch fakultative Geschlossenheit) (vgl. Hoops 2016, 369f.). FM sind »letztlich das Durchsetzen einer Aufenthaltsbestimmung durch Anwendung von Zwangsmitteln« (Hoffmann 2009, 121). Wolffersdorff und Sprau-Kuhlen (1990, 20) kennzeichnen freiheitsentziehende Maßnahmen dadurch, »dass besondere Eingrenzungs- und Abschließvorrichtungen oder andere Sicherungsmaßnahmen vorhanden sind, um ein Entweichen, also ein unerlaubtes Verlassen des abgeschlossenen oder gesicherten Bereichs zu erschweren oder zu verhindern und die Anwesenheit des Jugendlichen für die notwendige pädagogisch-therapeutische Arbeit mit ihm sicherzustellen«. Der Freiheitsentzug besteht für die Kinder oder Jugendlichen folglich darin, dass sich ihr Aufenthalt (in der Regel gegen ihren Willen) auf einen bestimmten, überwachten Raum beschränkt und die Kontaktaufnahme zu anderen Personen außerhalb des Raumes durch Sicherungsmaßnahmen verhindert wird.

FM adressieren jene jungen Menschen, die aufgrund ihrer als sehr herausfordernd beschriebenen Verhaltensweisen in anderen Einrichtungen (z. B. der KJH oder der Kinder- und Jugendpsychiatrie) als nicht (mehr) tragbar angesehen werden. Zu diesen Verhaltensweisen gehören z. B. aggressives, delinquentes Verhalten, Suchtmittelmissbrauch, Trebegang, Schulabsentismus und/oder Prostitution (vgl. Hoops & Permien 2006, 37). Allerdings ist es kaum möglich, eine klare Zielgruppe oder Indikatoren für FM zu benennen, sodass lediglich fallübergreifend festgestellt werden kann, dass die Interventionsanlässe unterschiedliche Formen devianten Verhaltens der jungen Menschen sind, die über die Klausel ›Gefährdung des Kindeswohls‹ legitimiert werden. Es geht also um junge Menschen, denen aufgrund ihrer Verhaltensweisen unterstellt wird, sich selbst und andere Personen massiv zu gefährden. Neben den problematisierten Verhaltensweisen ist für die Zielgruppe jedoch gleichermaßen herauszustellen, dass ihre Lebensbedingungen als prekär zu bezeichnen sind. Die jungen Menschen wachsen in schwierigen Lebensverhältnissen auf, die häufig durch Unsicherheiten und Beziehungsabbrüche gekennzeichnet sind (vgl. Schrapper 2002, 17f.; Lindenberg 2010, 562).

Mit Blick auf die Fallverläufe, die schließlich in einer FM münden, wird deutlich, dass die regulären Angebote der KJH häufig mehrfach gescheitert sind (vgl. Oelkers Feldhaus & Gaßmöller 2016). In diesem Zusammenhang etabliert sich aktuell im Fachdiskurs zunehmend der Begriff des*der Systemsprenger*in, auch wenn dieser nicht deckungsgleich mit der Gruppe derjenigen jungen Menschen ist, die geschlossen untergebracht werden. Die Platzzahlen für freiheitsentziehende Maßnahmen sind in den bundesdeutschen Einrichtungen der KJH eher gering und die Nachfrage von Jugendämtern übersteigt regelmäßig das Platzangebot. Für 2019 nennt Hoops 326 Einrichtungen, die mit Freiheitsentzug arbeiten (vgl. Hoops 2019, o. S.).

7.2 Historische Entstehung des Arbeitsfelds

In historischer Perspektive war die freiheitsentziehende Unterbringung junger Menschen in geschlossenen Einrichtungen verhaltensunabhängig der Regelfall. Im Kontext einer stark repressiv ausgerichteten Jugendfürsorge zählten Formen von unverhältnismäßiger Gewalt- und Machtausübung, Demütigung und Zwang über lange Zeit zu den bestimmenden Elementen von Heimerziehung (vgl. Feldhaus, Gaßmöller & Oelkers 2013). Erst Ende der 1960er Jahre erfolgte eine Neuausrichtung der KJH sowie der Heimerziehung als eine moderne Erziehungshilfe und damit einhergehend eine Abkehr von den gewaltförmigen Praktiken. Dieser Prozess mündet schließlich in die Einführung des Kinder- und Jugendhilfegesetzes (KJHG/SGB VIII), mit dem der Fokus von einem kontrollierenden und disziplinierenden Zugang zu einer Ausrichtung auf Sozialisation, Erziehung und Bildung verschoben wurde. Dieser Perspektivwechsel der KJH und die zunehmende Dienstleistungsorientierung spiegeln sich auf der Angebotsebene der FM wider. Entgegen der zuvor konstatierten (faktisch) freiheitsentziehenden Unterbringung junger Menschen als Regelfall bis in die 1960er Jahre etablieren sich in den folgenden Jahrzehnten zunehmend dezentralisierte familienanaloge Wohnformen, die jungen Menschen die gleichen Teilhabemöglichkeiten eröffnen sollen wie denjenigen in ihren Herkunftsfamilien. Die verbleibenden FM sind in der fachlichen Diskussion hochumstritten (ausführlich zur Diskussion um freiheitsentziehende Maßnahmen vgl. Oelkers, Feldhaus & Gaßmöller 2013; Lindenberg & Lutz 2021).

7.3 Rechtliche und organisatorische Rahmenbedingungen

Die Veranlassung von FM erfolgt in der Regel durch das Jugendamt und familienrichterlichen Beschluss, sodass die jungen Menschen nicht freiwillig in einer freiheitsentziehenden Maßnahme sind. Die Adressat*innen von freiheitsentziehenden Maßnahmen innerhalb der KJH sind in der Regel Minderjährige bzw. strafunmündige junge Menschen (unter 14-Jährige, die nach dem Gesetz strafunmündig und schuldunfähig sind: § 19 StGB) mit Anspruch auf Hilfen zur Erziehung (HzE). Die Verhängung FM unterliegt für diese Personengruppe besonderen Voraussetzungen, um nicht gegen verfassungsmäßige Rechte der jungen Menschen zu verstoßen. So geht mit dem Entzug der Freiheit von strafunmündigen jungen Menschen eine massive Einschränkung derer Grundrechte einher, die sich vordergründig nur schwer mit dem Schutz des Kindeswohls vereinbaren lässt. Gleichwohl ist die Gefährdung des Kindeswohls gemäß § 1631b BGB im Sinne eines Schutzes vor Selbst- und/oder Fremdgefährdung die gesetzliche Voraussetzung für eine FM innerhalb der KJH. Nur wenn diese gegeben ist, kann über einen richterlichen Beschluss die Freiheit entzogen/eingeschränkt werden (vgl. genauer Oelkers & Gaßmöller 2021).

Nach richterlichem Beschluss, gemäß § 1631b BGB, wird einer Institution (Klinik oder Einrichtung der Jugendhilfe) gestattet, FM durchzuführen. Ohne die Genehmigung ist die Unterbringung nur zulässig, wenn mit dem Aufschub eine Gefahr für Leib und Leben verbunden ist. Die richterliche Genehmigung ist dann unverzüglich nachzuholen. Darüber hinaus bedarf diese Genehmigung einer regelmäßigen Überprüfung durch das Familiengericht. Der*die Minderjährige muss sich auf richterlichen Beschluss an dem zugewiesenen Ort aufhalten und sich in weiten Teilen seines*ihres Lebens den Vorgaben der Institution unterordnen.

7.4 Handlungskonzepte und erforderliche Kompetenzen der Fachkräfte

Intensivmaßnahmen (so auch FM) kommen z. B. im Rahmen von Hilfeplanung ins Gespräch, »wenn Problemlagen von Kindern und Jugendlichen von Anfang an so dramatisch eingeschätzt werden, dass reguläre Erziehungshilfen damit überfordert wären oder diese ein solches Kind zwar aufgenommen, aber bald aufgegeben haben bzw. ein Abbruch kurz bevorsteht« (Schwabe 2020, 7). Folglich werden FM in geschlossenen Einrichtungen meist dann eingesetzt, wenn weniger intensive Hilfen als nicht mehr erfolgreich eingeschätzt werden und/oder nicht mehr zur Verfügung stehen. FM sind gleichzeitig keine auf Dauer angelegte Hilfeform, sondern dienen eher als kurz- bis mittelfristige Intervention von bis zu einem Jahr. Über die (fakultative) Geschlossenheit und die intensivpädagogischen Konzepte besteht eine hohe Eingriffsintensität und Repressivität (vgl. Baumann 2015, 9f.), die sich z. B. in der Herausnahme aus dem gewohnten Lebensumfeld (oft einhergehend mit der Trennung von Bezugspersonen und Freundeskreis) widerspiegelt.

Aus (sozial-)pädagogischer Perspektive dient der Freiheitsentzug einerseits der Abwendung von Gefährdungen und soll andererseits die Möglichkeit erzieherischer Einflussnahme eröffnen (vgl. Hoops 2016, 369). Bei intensivpädagogischen Einrichtungskonzepten wird ein individuelles und intensives Eingehen auf die Problemlagen junger Menschen hervorgehoben, sodass die Hilfen in der Regel über einen hohen Personalschlüssel verfügen und entsprechend kostenintensiv sind. Wie in anderen stationären Erziehungshilfen auch, wird über ein Bezugsbetreuer*innensystem der Aufbau pädagogischer Beziehungen zum zentralen, konzeptionellen Element neben der (fakultativen) Geschlossenheit. In den Einrichtungskonzepten finden sich häufig pädagogisch initiierte (punktuelle oder situative) Aufhebungen des Freiheitsentzugs, sodass die jungen Menschen den Umgang mit Freiheit erproben können. Zumeist arbeiten die Einrichtungen dazu mit strukturierten Orientierungs- bzw. Verstärkersystemen (z. B. Stufen- oder Phasenmodellen), bei dem die jungen Menschen sich in unterschiedlichen Aufstiegs- und Öffnungsoptionen bewähren können (vgl. Gaßmöller 2019). Über strukturierende Elemente soll ein einheitlicher und regelmäßiger Tages- und Wochenablauf gewährleistet werden, der z. B. auch vorgegebene Freizeitbeschäftigung beinhaltet.

Aus der Gemengelage aus fehlender Freiwilligkeit und eingeschränkter Privatheit der jungen Menschen sowie dem Machtungleichgewicht zwischen Fachkräften und jungen Menschen lassen sich besondere Anforderungen an die Professionalität der Fachkräfte ableiten, die sich z. B. auf den professionellen Beziehungsaufbau (auch Vertrauensaufbau) sowie den professionellen, grenzachtenden Umgang mit (affektiver) Nähe und Rollendistanz beziehen, die als Voraussetzung für sozialpädagogische Unterstützungsprozesse gelten (vgl. Oelkers & Sundermann 2021). Konkrete Beispiele für eine professionelle Gestaltung pädagogischer Beziehungen sind z. B. die nachvollziehbare, transparente und partizipative Gestaltung von Regeln im Einrichtungsalltag (auch im Kontext von Verstärkersystemen), eine ebensolche Gestaltung des Unterstützungsprozesses sowie die Schaffung von Partizipationsmöglichkeiten für die jungen Menschen, die so aktiv zur Alltagsgestaltung beitragen können.

7.5 Besondere Herausforderungen und aktuelle Entwicklungstendenzen

Professionelles Handeln in der stationären KJH und auch besonders in den freiheitsentziehenden Maßnahmen bedeutet (wie in der Sozialen Arbeit insgesamt) Handeln unter Unsicherheitsbedingungen. Die fehlende Möglichkeit einer Standardisierung sozialpädagogischer Unterstützungsprozesse oder das sog. Technologiedefizit erfordern ein am *Einzelfall* orientiertes Handeln, dessen Verlauf und Ergebnis sich nicht mit Sicherheit vorhersagen lässt (vgl. Oelkers & Gaßmöller 2021, 128ff.). Bezogen auf FM kann aus empirischer Perspektive darauf hingewiesen werden, dass sich bisher in der Forschung keine grundsätzlich negativen wie auch positiven Befunde bei der Betrachtung der Betreuungsverläufe in FM feststellen lassen (vgl. Permien 2010; Oelkers, Feldhaus & Gaßmöller 2016). Vielmehr gestalten sich die Betreuungsverläufe einzelfallbezogen ähnlich divers wie bereits die Indikationen für die Maßnahme. Die untersuchten Fallverläufe legen die Vermutung nahe, dass in einigen Fällen (retrospektiv betrachtet), auch mit anderen pädagogischen Maßnahmen und ggf. milderen Mitteln das Erziehungsziel hätte erreicht werden können.

Gleichzeitig verweisen die Forschungsergebnisse auf einen Bedarf an individuellen/passgenauen Hilfen und flexiblen Unterstützungsformen, die bislang in der Jugendhilfelandschaft nicht angeboten werden. Andere intensivpädagogische Maßnahmen (wie spezialisierte Wohngruppen, individualpädagogische Maßnahmen, erlebnispädagogische Aktivitäten oder Standprojekten im Ausland etc., vgl. Schwabe 2020) sind allerdings nicht in jedem Fall eine passende Alternative. Zusammenfassend und abschließend lässt sich festhalten, dass FM sicherlich nicht die einzige und bestimmt auch nicht die beste Möglichkeit sind, um Kinder und Jugendliche in besonders schwierigen Lebenslagen sozialpädagogisch zu erreichen. Besonders vor dem Hintergrund, dass ein nachhaltiger Erfolg ungewiss ist. Gleichzeitig ist es aber ebenfalls schwierig, wenn ohne FM die Möglichkeiten des Kinder- und Jugendhilfesystems als ausgereizt gelten und die Verantwortung der KJH für den Schutz vor Selbst- und/oder Fremdgefährdung (in einer kleinen Anzahl von Fällen) an die Psychiatrie oder (ab der Strafmündigkeit) auch an die Jugendgerichte abgegeben wird.

Weiterführende Literatur

Lindenberg, M. & Lutz, T. (2021): Zwang in der Sozialen Arbeit. Stuttgart: Kohlhammer.
Kuhlmann, C. (2008): »So erzieht man keinen Menschen!« Lebens- und Berufserinnerungen aus der Heimerziehung der 50er und 60er Jahre. Wiesbaden: Springer VS.
Sozialmagazin »Intensivmaßnahmen«, Heft 11/12 2020.

Internetquellen

DJI – Arbeitsstelle Kinder- und Jugendkriminalitätsprävention: www.dji.de/jugendkriminalitaet

Literatur

Baumann, M. (2015): »Intensiv« heißt die Antwort – Wie war noch mal die Frage? Vom Streit um das richtige Setting zur passgenauen Hilfe. In: M. Baumann (Hrsg.): Neue Impulse in der Intensivpädagogik. EREV Schriftenreihe Theorie und Praxis der Jugendhilfe (11) 1, 8–26.
Feldhaus, N., Gaßmöller, A. & Oelkers, N. (2013): Zwischen Aushalten und Festhalten. Die neue Härte in der Kinder- und Jugendhilfe? In: FORUM Jugendhilfe 3, 5–11.
Gaßmöller, A. (2019): Volle Punktzahl für gutes Benehmen?! Verstärkersysteme in stationären Maßnahmen der Kinder- und Jugendhilfe. In: M. Köttig & D. Röh (Hrsg.): Soziale Arbeit in der Demokratie – Demokratieförderung in der Sozialen Arbeit. Theoretische Analysen, gesellschaftliche Herausforderungen und Reflexionen zur Demokratieförderung und Partizipation. Opladen/Farmington Hills: Budrich, 289–300.
Hoffmann, B. (2009): Freiheitsentziehende Unterbringung von Kindern und Jugendlichen – Rechtslage nach Neufassung des § 1631b BGB und Inkrafttreten des FamFG. In: R & P 27, 121–129.
Hoops, S. (2016): Dauerthema »Geschlossene Unterbringung«: Erziehung zur Freiheit durch Freiheitsentzug? In: E. Marks & W. Steffen (Hrsg.): Prävention und Freiheit. Zur Notwendigkeit eines Ethik-Diskurses. Ausgewählte Beiträge des 21. Deutschen Präventionstages 6. und 7. Juni 2016 in Magdeburg. Forum Verlag Godesberg, 363–378.
Hoops, S. (2019): Übersicht der Einrichtungen der Kinder- und Jugendhilfe mit der Möglichkeit der freiheitsentziehenden Unterbringung in Verbindung mit § 1631b BGB (Plätze). https://www.dji.de, Aufruf: 26.08.2019.
Hoops, S. & Permien, H. (2006): »Mildere Maßnahmen sind nicht möglich!« – Freiheitsentziehende Maßnahmen nach §1631b BGB in Jugendhilfe und Jugendpsychiatrie. München: Deutsches Jugendinstitut. http://www.dji.de/freiheitsentzug/forschung_0906_1_FM _bericht.pdf, Aufruf: 20.03.2015.
Lindenberg, M. (2010): Geschlossene Unterbringung in der Kinder- und Jugendhilfe. Darstellung, Kritik, politischer Zusammenhang. In: B. Dollinger & H. Schmidt-Semisch

(Hrsg.): Handbuch Jugendkriminalität. Kriminologie und Sozialpädagogik im Dialog. Wiesbaden: Springer VS, 557–572.
Oelkers, N., Feldhaus, N. & Gaßmöller, A. (2013): Soziale Arbeit und geschlossene Unterbringung – Erziehungsmaßnahmen in der Krise? In: K. Böllert, N. Alfert & M. Humme (Hrsg.): Soziale Arbeit in der Krise. Wiesbaden: Springer VS, 159–182.
Oelkers, N., Feldhaus, N. & Gaßmöller, A. (2016). Zusammenfassende Ergebnispräsentation aus dem Projekt »Geschlossene Unterbringung strafunmündiger Kinder und Jugendlicher in Maßnahmen der Kinder- und Jugendhilfe am Beispiel der Geschlossenen intensivtherapeutischen Wohngruppe für Kinder und Jugendliche in Trägerschaft des Caritas-Sozialwerks St. Elisabeth. Vechta«: VVSWF Vechtaer Verlag für Studium, Wissenschaft und Forschung. www.uni-vechta.de/fileadmin/user_upload/Soziale_Arbeit/Dokumenten/Schriftreihen_zur_Sozialen_Arbeit/Geschlossene_Unterbringung_in_der_Kinder-_und_Jugendhilfe.pdf, Aufruf: 14.02.2018.
Oelkers, N. & Gaßmöller, A. (2021): Vermessen?! Freiheitsentziehende Maßnahmen in der Kinder- und Jugendhilfe. In: T. Franzheld & A. Walther (Hrsg.): »Vermessung« der Kinder- und Jugendhilfe. Theoretische Positionen und empirische Erkundungen. Weinheim/Basel: Beltz Juventa, 115–134.
Oelkers, N. & Sundermann, I. (2021): Kinder- und Jugendhilfe. In: M. K.W. Schweer (Hrsg.): Facetten des Vertrauens und Misstrauens - Herausforderungen für das soziale Miteinander. Wiesbaden: Springer VS.
Permien, H. (2010): Erziehung zur Freiheit durch Freiheitsentzug? Zentrale Ergebnisse der DJI-Studie »Effekte freiheitsentziehender Maßnahmen in der Jugendhilfe«. München: DJI.
Schrapper, C. (2002): Über »schwierige Kinder«. Erfahrungen, Fragestellungen und Ansatzpunkte sozialpädagogischer Arbeit in der Kinder- und Jugendhilfe. In: J. Henkel, M. Schnapka & C. Schrapper (Hrsg.): Was tun mit schwierigen Kindern? Sozialpädagogisches Verstehen und Handeln in der Jugendhilfe. Münster: Votum, 12–26.
Schwabe, M. (2020): Intensivmaßnahmen: Angebote zur Begriffsklärung und Systematisierung. In: Sozialmagazin, Heft 11/12, 6–13.
Wolffersdorff, C. v. & Sprau-Kuhlen, V. (1990). Geschlossene Unterbringung in Heimen. Kapitulation der Jugendhilfe? München: DJI-Verlag.

Handlungsbereich »Existenzielle Problemlagen«

Kurzbeschreibung

Es geht um die Bearbeitung von Problemen der materiellen Lebenslage unter Einschluss von Leistungen, die solchen Problemlagen vorbeugen sollen. Typische Probleme sind die ungesicherte, fehlende oder unzureichende Teilhabe am Arbeitsleben (Arbeitslosigkeit, unstete/prekäre Beschäftigung), die mangelhafte Versorgung mit Wohnraum, Überschuldung.

Adressat*innen

Junge Menschen
Erwachsene im Erwerbsalter
Menschen in prekären finanziellen Verhältnissen

Wichtige Arbeitsfelder/-orte

Arbeitsfelder, die in diesem Band vorgestellt werden:
Jugendberufshilfe (▶ Kap. 8); berufliche Inklusion von Menschen mit Behinderung: Werkstätten für behinderte Menschen/Integrationsfachdienste/Begleitung im Arbeitsleben/Unterstützte Beschäftigung (▶ Kap. 9); Hilfe bei Wohnungslosigkeit (▶ Kap. 10), soziale Schuldenberatung (▶ Kap. 11).

Weitere Arbeitsfelder (Beispiele):
Beratung von Arbeitslosen in Arbeitslosenzentren; Fallmanagement in Jobcentern.

8 Jugendberufshilfe – Soziale Arbeit im Übergang Schule-Beruf

Ruth Enggruber

8.1 Einführung

In Deutschland ist *Erwerbsarbeit* das zentrale Medium zur sozialen Integration sowie ökonomischen Existenzsicherung der Menschen. In dem weitgehend über das Berufsprinzip organisierten Arbeitsmarkt beeinflusst dabei ein anerkannter Berufsabschluss maßgeblich den Zugang zu und den Verbleib in Erwerbsarbeit. So sind Menschen ohne Berufsabschluss von Arbeitslosigkeit besonders betroffen; 2018 machten sie gut die Hälfte aller Arbeitslosen aus (Röttger, Weber & Weber 2019, 2).

Erwerbsarbeit hatte schon in der Weimarer Republik diesen besonderen Stellenwert, und so gab es aufgrund der damals herrschenden Arbeitslosigkeit nach dem Ersten Weltkrieg erste Projekte für arbeitslose junge Menschen (Hermanns 2001). Ebenso war die Nachkriegszeit in den 1950er Jahren durch hohe Arbeitslosigkeit gekennzeichnet, sodass zahlreiche Angebote für arbeitslose Jugendliche entstanden. Sie wurden jedoch während des Wirtschaftsbooms in den 1960er bis Anfang der 1970er Jahre wieder reduziert, weil Arbeitskräfte in der Wirtschaft dringend gebraucht wurden (van Rießen 2018, 70f.). Doch nach dem dann einsetzenden wirtschaftlichen Abschwung nahmen Jugendarbeits- und auch -ausbildungslosigkeit immer mehr zu, sodass 1980 die Bildungs- und Sozialpolitik darauf reagierten und das sog. Benachteiligtenprogramm als »sozialpädagogisch orientierte Berufsausbildung« (BMBW 1992) starteten (van Rießen 2018, 71f.). Seitdem hat sich bis heute ein regelrechter ›Förderdschungel‹ unterschiedlicher Maßnahmen entwickelt, die als benachteiligt oder behindert geltende junge Menschen bei ihrem Übergang von der Schule in eine Berufsausbildung oder Erwerbsarbeit und während ihrer Ausbildung unterstützen sollen. In diesen sozialpädagogisch begleiteten Angeboten, die auch zusammengefasst als *Jugendberufshilfe* bezeichnet werden (Enggruber & Fehlau 2018), sind Fachkräfte Sozialer Arbeit zusammen mit Lehrer*innen und/oder Ausbilder*innen tätig. Im Folgenden wird ein Überblick zu diesem – aufgrund seiner Bezüge zu Erwerbsarbeit und zum Arbeitsmarkt – durchaus widerspruchsvollen Tätigkeitsfeld Sozialer Arbeit gegeben.

8.2 Angebotsvielfalt der Jugendberufshilfe

Nach den verschiedenen Phasen des Übergangsprozesses von der allgemeinbildenden Schule in eine Berufsausbildung und Berufstätigkeit bzw. Erwerbsarbeit können folgende Angebotstypen unterschieden werden (ausführlicher dazu die Beiträge in Enggruber & Fehlau 2018):

1. In der *Berufsorientierung* erhalten Schüler*innen ab der 8. Klasse in allen allgemeinbildenden Schulen erste Vorbereitungen auf ihren Übergang in eine Berufsausbildung oder Studium und Erwerbsarbeit. Dort sollen sie ihre Kompetenzen und Berufswahlinteressen kennenlernen und Einblicke in den Arbeitsmarkt gewinnen.
2. Die *Berufseinstiegsbegleitung*, die in der Regel bereits im vorletzten Schulbesuchsjahr beginnt und bis in das erste Ausbildungshalbjahr dauert, richtet sich an Jugendliche, die aufgrund ihres absehbaren fehlenden oder schlechten Hauptabschlusses besondere Schwierigkeiten bei ihrer Ausbildungsplatzsuche und ihrem Einstieg in eine Berufsausbildung erwarten lassen.
3. *Niedrigschwellige bzw. aufsuchende Angebote* gelten jungen Menschen, die institutionell schwer erreichbar sind und denen – neben ganzheitlichen Lebensperspektiven – auch solche auf eine Berufsausbildung oder Erwerbsarbeit eröffnet werden sollen.
4. Angebote zur *Berufsvorbereitung* sollen junge Menschen im Laufe von zumeist einem Jahr vor allem auf eine Berufsausbildung, ggf. auch nur auf Erwerbsarbeit vorbereiten. Neben einzelnen beruflichen Qualifikationen können sie dort zumeist auch einen besseren Schulabschluss erwerben. Ansonsten sind die Maßnahmen nur teilqualifizierend, d. h. ein *Berufsabschluss* kann dort nicht erzielt werden. Sie finden sowohl *außerschulisch in Bildungseinrichtungen* von Trägern Sozialer Arbeit (für junge Menschen mit Behinderungen teilweise in Berufsbildungswerken, BBW) als auch *schulisch in berufsbildenden Schulen* (auch in Sonderberufsschulen für junge Menschen mit Behinderungen) statt, wobei in Schulen die *Schulsozialarbeit* (▶ Kap. 3) zuständig ist.
5. Eine *außerbetriebliche Berufsausbildung* absolvieren junge Menschen, die keinen betrieblichen Ausbildungsplatz gefunden haben oder für die aufgrund von Lernbeeinträchtigungen oder sozialen Benachteiligungen Schwierigkeiten diagnostiziert werden, eine betriebliche Berufsausbildung erfolgreich zu absolvieren. Sie wird entweder ausschließlich in Bildungseinrichtungen von Trägern Sozialer Arbeit (für junge Menschen mit Behinderungen auch in BBW) oder in Kooperation zwischen Trägern und Betrieben durchgeführt.
6. *Ausbildungsbegleitende Hilfen (abH)* und die *Assistierte Ausbildung (AsA)* richten sich an junge Menschen, die eine betriebliche Berufsausbildung absolvieren (*abH, AsA*) oder für die dies geplant ist (*AsA*), bei denen ein erfolgreicher Ausbildungsverlauf bzw. -abschluss jedoch zu scheitern droht.

8.3 Adressat*innen der Jugendberufshilfe

Obwohl zu den einzelnen Angebotstypen die jeweiligen Adressat*innengruppen bereits kurz erwähnt sind, ist herauszustellen, dass sich lediglich die *Berufsorientierung* an *alle* Schüler*innen in allgemeinbildenden Schulen ab der 8. Klasse richtet. Die anderen Maßnahmen der Jugendberufshilfe gelten hingegen jungen Menschen, denen mindestens eines der folgenden Defizite zugeschrieben wird:

- Sie entsprechen nicht den Einstellungsvoraussetzungen der Ausbildungsbetriebe, wozu insbesondere ein zu schlechter oder gar kein Schulabschluss sowie ein Migrationshintergrund gehören. Denn aufgrund des marktgesteuerten Zugangs zu einer Berufsausbildung entscheiden die Betriebe, wie viele und welche Auszubildenden sie einstellen. Formale Voraussetzungen bestehen für eine duale bzw. betriebliche Berufsausbildung nicht.
- Sie haben gar keinen oder einen zu schlechten Schulabschluss, gemessen an den formalen Zugangsvoraussetzungen zu der von ihnen gewünschten Schulberufsausbildung.
- Sie haben eine (Schwer-)Behinderung, Lernbeeinträchtigungen oder chronische, auch psychische Erkrankungen.
- Sie weisen soziale Benachteiligungen wie Armut-, Sucht- oder Gewalterfahrungen in ihrer Familie oder Straffälligkeit auf.
- Ihre bereits begonnene betriebliche Berufsausbildung droht zu scheitern.

Im Rückblick auf die hier einführend skizzierte *Geschichte der Jugendberufshilfe* ist kritisch festzustellen, dass diese Liste die Situation am Ausbildungs- bzw. Arbeitsmarkt nicht enthält, obwohl sich diese in der Historie stets als einflussreich für den Aus- und Abbau der Angebote erwiesen hat. Dass die *regionalen Ausbildungs- bzw. Arbeitsmärkte* immer noch wirkmächtig dafür sind, ob Ausbildungsinteressierte z. B. trotz ihres schlechten Hauptschulabschlusses unmittelbar nach der allgemeinbildenden Schule eine Berufsausbildung beginnen können oder in eine nur teilqualifizierende Maßnahme der Berufsvorbereitung münden, zeigen vorliegende Studien (z. B. Enggruber & Ulrich 2014). Diese belegen zudem, dass die weiteren Bildungswege der jungen Menschen maßgeblich davon geprägt werden, ob ihnen der unmittelbare Übergang in eine Berufsausbildung oder zunächst nur in eine Berufsvorbereitung gelungen ist. Denn die Wege der jungen Menschen mit raschem Ausbildungsbeginn verliefen deutlicher günstiger, gemessen an weniger Ausbildungsabbrüchen, dem erfolgreichen Ausbildungsabschluss, Einstieg in Erwerbsarbeit und geringerer Arbeitslosigkeit (ebd., 45).

Dennoch wird in Bildungs- und Sozialpolitik nur selten problematisiert, dass zumeist fehlende betriebliche Ausbildungsplätze der Grund dafür sind, dass Ausbildungsinteressierten Defizite zugeschrieben werden, um sie in Maßnahmen der Jugendberufshilfe verweisen zu können, anstatt ihren Wunsch nach einer Berufsausbildung zu erfüllen (Fehlau & van Rießen 2018). Dieser kritische Hinweis gilt auch in der aktuellen Situation an den Ausbildungsmärkten, in der sogar betriebliche Ausbildungsplätze unbesetzt bleiben, weil die Betriebe nicht die Jugendlichen finden, die ihren Einstellungsvoraussetzungen entsprechen. Außerdem bieten viele von ihnen Ausbildungsberufe an, die bei jungen Menschen nicht auf Interesse stoßen und nicht mit ihrer Berufswahl übereinstimmen. Insgesamt gesehen ist somit der marktgesteuerte Zugang zu einer dualen Berufsausbildung das zentrale Problem, und es sind nicht vermeintliche Defizite oder die ›unpassende‹ Berufswahl der Jugendlichen. Deshalb wird auch von einer *Individualisierung struktureller Probleme* gesprochen. Damit einher gehen widerspruchsvolle Aufgaben für die in der Jugendberufshilfe tätigen Fachkräfte. Denn sie sollen die Teilnehmer*innen für eine Berufsausbildung oder Erwerbsarbeit fit machen, obwohl entsprechende Ausbildungs- bzw. Arbeitsplätze fehlen mit der Konsequenz, dass sie deren Berufswünsche den regionalen Bedingungen entsprechend anpassen müssen.

8.4 Rechtliche und organisatorische Rahmenbedingungen

Da, wie einführend herausgestellt, ein anerkannter Berufsabschluss innerhalb des erwerbsarbeitszentrierten Gesellschaftsmodells in Deutschland als zentral für die soziale Integration gilt, beschäftigen sich mehrere Politikressorts, vor allem die Sozial- bzw. Arbeitsmarkt- und Jugendpolitik, mit Strategien zur Vermeidung von Jugendausbildungs- und -arbeitslosigkeit. Dementsprechend sind die oben skizzierten Angebote in mehreren SGB geregelt, d. h. im

- SGB II (Grundsicherung für Arbeitsuchende),
- SGB III (Arbeitsförderung),
- SGB VIII (Kinder- und Jugendhilfe) und
- SGB IX (Rehabilitation und Teilhabe von Menschen mit Behinderungen).

Hinzu kommen diverse Bundes- und Landesprogramme, in denen ebenfalls Maßnahmen der Jugendberufshilfe gefördert werden. Ferner sind für die schulische Berufsvorbereitung und die Schulsozialarbeit die einzelnen Bundesländer zuständig.

Somit ist seit 1980, wie oben erwähnt, ein ›Förderschungel‹ entstanden, der auch deshalb nicht durchschaubar ist, weil die einzelnen Gesetze unterschiedliche Zielgruppen adressieren und verschiedene Ziele verfolgen. Inzwischen werden die meisten Angebote aus dem SGB III, teilweise in Verbindung mit dem SGB II, finanziert, sodass die arbeitsmarktpolitischen Maßnahmen zahlenmäßig überwiegen, während jene der Jugendhilfe reduziert worden sind. Aus sozialpädagogischer Sicht ist dies zu betonen, weil im SGB VIII – ganz im Sinne der Fachlichkeit Sozialer Arbeit – die *ganzheitliche* Förderung der jungen Menschen in der Jugendberufshilfe im Vordergrund steht. Dies bedeutet, die Jugendlichen in ihrer selbstbestimmten, »eigenverantwortlichen und gemeinschaftsfähigen« (§ 1

Abs. 1 SGB VIII) Lebensgestaltung zu bestärken und sie entsprechend zu befähigen. Hingegen geht es in Angeboten nach SGB III, teilweise mit SGB II, vor allem um die Vermittlung in eine Berufsausbildung oder Erwerbsarbeit, sodass die dort tätigen Fachkräfte die widerspruchsvollen Bedingungen zwischen dieser Arbeitsmarktorientierung und ihrer sozialpädagogischen Fachlichkeit aushalten und gestalten müssen.

Erschwerend kommt noch hinzu, dass den nach SGB II geförderten jungen Menschen Sanktionen drohen, wenn sie sich nicht maßnahmenkonform verhalten. Mithin nehmen einige von ihnen gezwungenermaßen teil, was ebenfalls aus fachlicher Sicht Sozialer Arbeit fragwürdig ist. Zudem werden die Maßnahmen nach SGB III, teilweise mit SGB II, von der Arbeitsverwaltung in einem wettbewerblich organisierten Ausschreibungsverfahren an die Träger Sozialer Arbeit vergeben. Im Ergebnis erhält dann die Bildungseinrichtung den Auftrag, deren Angebot die beste Preis-Leistungs-Relation aufweist. Dabei wird die *Leistung* vor allem an den Vermittlungsquoten in eine Berufsausbildung oder Erwerbsarbeit gemessen, die in vorherigen Maßnahmen erzielt wurden. Mithin haben die Fachkräfte wie auch alle anderen Beteiligten ein großes Interesse daran, hohe Vermittlungserfolge zu erzielen, auch um ihre Arbeitsplätze in der Bildungseinrichtung zu sichern.

Diese widerspruchsvollen Arbeitsbedingungen zwischen der Fachlichkeit Sozialer Arbeit im Sinne ganzheitlicher Förderung und verständigungsorientierter Zusammenarbeit mit den jungen Menschen auf der einen und Arbeitsmarktorientierung, für nach SGB II Geförderte auch noch verbunden mit Zwang, auf der anderen Seite beeinflussen auch maßgeblich das Handeln der Fachkräfte.

8.5 Handlungsmethoden und erforderliche Kompetenzen der Fachkräfte

In den meisten der o. g. Angebote arbeiten Fachkräfte Sozialer Arbeit, wie schon erwähnt, in multiprofessionellen Teams mit Lehrer*innen und/oder Ausbilder*innen zusammen. In diesem Orchester unterschiedlicher berufs-, schul- und ggf. auch behindertenpädagogischer Fachlichkeit werden ihnen konzeptionell zwei zentrale Aufgabenbereiche zugeordnet.

1. *Pädagogische Aufgaben*: An den Lernorten, also in allgemein- oder berufsbildenden Schulen, Betrieben oder Bildungseinrichtungen, sollen die Fachkräfte die jungen Menschen im Rahmen von Einzelfallhilfe und Gruppenarbeit ganzheitlich in ihrer psychosozialen Entwicklung unterstützen und ihre Lebensführungskompetenzen stärken. Im Einzelnen gehören dazu Beratungsgespräche, Begleitung bei Behördengängen (auch Jobcenter, Arbeitsagentur, Ausländeramt), Unterstützung bei der Wohnungssuche, Vermittlung an Beratungsstellen

(z. B. Drogen-, Schulden- oder Erziehungsberatung), Gruppenangebote zu ausgewählten Themen (z. B. Bewerbungstraining, Umgang mit Konflikten, berufskundliche Exkursionen), erlebnis- und sonstige freizeitpädagogische Angebote sowie ggf. Elternarbeit. Ferner sollen sie die Teilnehmer*innen bei ihrer Suche eines betrieblichen Praktikums-, Ausbildungs- oder Arbeitsplatzes unterstützen.

2. *Strukturbildende Aufgaben*: In diesem zweiten, in der Bildungspraxis erfahrungsgemäß vernachlässigten Aufgabenbereich sollen die Fachkräfte sozialpädagogische Handlungsweisen in alle Bildungsprozesse einbringen. Dazu sollen sie die anderen Berufsgruppen an den jeweiligen Lernorten für eine stärker ganzheitliche Förderung und ein breiteres Verständnis für die Lebenswelten der jungen Menschen sensibilisieren. Des Weiteren sind sie auch für die Gewinnung von betrieblichen Praktikums-, Ausbildungs- oder Arbeitsplätzen (mit-)zuständig, sodass sie gefordert sind, Betriebe davon zu überzeugen, als benachteiligt oder behindert geltende junge Menschen auszubilden. Darüber hinaus sollen sie Netzwerke zu anderen sozialen Einrichtungen und beruflichen Schulen in der Region knüpfen, um die jungen Menschen ihren individuellen Berufswünschen und sonstigen (Förder-)Bedarfen entsprechend z. B. in einen Bildungsgang einer beruflichen Schule oder eine Drogen- oder Schuldenberatungsstelle weitervermitteln zu können.

In der Praxis stoßen die Fachkräfte insbesondere bezogen auf ihre strukturbildenden Aufgaben immer wieder an Grenzen: Zum einen stehen die von der Arbeitsverwaltung erwarteten hohen Vermittlungsquoten in eine Berufsausbildung oder Erwerbsarbeit immer wieder im Widerspruch zu ihrem fachlichen Selbstverständnis Sozialer Arbeit. Zum anderen wird von ihnen ein breites Verständnis für die anderen, in der Jugendberufshilfe beteiligten Berufsgruppen verlangt, ohne dabei ihre eigene Fachlichkeit verständigungsorientierter und ganzheitlicher Unterstützung der jungen Menschen aus dem Blick zu verlieren.

Weiterführende Literatur

Enggruber, R. & Fehlau, M. (Hrsg.) (2018) – s. u.

Internetquellen

Fachstelle Übergänge in Ausbildung und Beruf (überaus) des Bundesinstituts für Berufsbildung (BIBB): https://www.bibb.de/de/62992.php
Kooperationsverbund Jugendsozialarbeit: https://jugendsozialarbeit.de/

Literatur

BMBW (1992): Bundesministerium für Bildung und Wissenschaft (Hrsg.): Sozialpädagogisch orientierte Berufsausbildung. Bonn: BMBW.

Enggruber, R. & Fehlau, M. (Hrsg.) (2018): Jugendberufshilfe. Eine Einführung. Stuttgart: Kohlhammer.

Enggruber, R. & Ulrich, J.-G. (2014): Schwacher Schulabschluss – und dennoch rascher Übergang in Berufsausbildung? Einflussfaktoren auf die Übergangsprozesse von Hauptschulabsolventen/-absolventinnen mit Konsequenzen für deren weitere Bildungswege. Wissenschaftliches Diskussionspapier. Bonn: Bundesinstitut für Berufsbildung (BIBB).

Fehlau, M. & van Rießen, A. (2018): Die Perspektive der Nutzer*innen auf Angebote der Jugendberufshilfe: Ein eigenständiges Qualitätsurteil ›von unten‹. In: R. Enggruber & M. Fehlau (Hrsg.): Jugendberufshilfe. Eine Einführung. Stuttgart: Kohlhammer, 23–36.

Hermanns, M. (2001): Ursprünge der Jugendsozialarbeit in der Weimarer Republik. In: P. Fülbier & R. Münchmeier (Hrsg.): Handbuch Jugendsozialarbeit. Geschichte, Grundlagen, Konzepte, Handlungsfelder, Organisation. Münster: Votum. 20–37.

Röttger, C., Weber, B. & Weber, E. (2019): Aktuelle Daten und Indikatoren. Qualifikationsspezifische Arbeitslosenquoten. Nürnberg: Institut für Arbeitsmarkt- und Berufsforschung (IAB).

van Rießen, A. (2018): Die historische Entwicklung der Jugendberufshilfe vom Nachkriegsdeutschland bis heute in ihrem spezifischen gesellschaftlichen Kontext. In: R. Enggruber & M. Fehlau (Hrsg.): Jugendberufshilfe. Eine Einführung. Stuttgart: Kohlhammer, 69–77.

9 Berufliche Rehabilitation – Teilhabe am Arbeitsleben für Menschen mit Förder- und Unterstützungsbedarf

Ernst von Kardorff

»Der Beruf ist das Rückgrat des Lebens«
(Friedrich Nietzsche, 1878)

9.1 Teilhabe am Arbeitsleben im Zeichen von Inklusion

Die Teilhabe am Arbeitsleben bildet für fast alle Menschen die zentrale Grundlage einer eigenständigen materiellen Existenzsicherung und damit die Voraussetzung und den Handlungsspielraum für eine selbstbestimmte, von staatlichen Transferleistungen unabhängige Lebensführung. Arbeit sichert sozialen Status, Anerkennung und soziale Einbindung, strukturiert das Alltagsleben und vermittelt ein Zugehörigkeitsgefühl. Psychologisch trägt sie zu Identitätsbildung, Selbstbewusstsein, Selbstwirksamkeit und zum Stolz auf das eigene Können bei und gibt – im besten Falle – dem Lebensentwurf Sinn und Richtung (von Kardorff & Ohlbrecht 2015). Wie sehr eine fehlende Teilhabe am Arbeitsleben oder ein Verlust des Arbeitsplatzes sozialen Status, soziale Integration, Beziehungen und Familienleben, Gesundheit und Lebensqualität bedrohen, ist in der umfangreichen Arbeitslosenforschung seit langem gut belegt (Jahoda, Lazarsfeld & Zeisel 1932/1975; Hollederer 2002). Neben jungen Menschen ohne Ausbildung und/oder aus benachteiligten Sozialmilieus und älteren Erwerbslosen bilden Menschen mit gesundheitlichen Beeinträchtigungen und Behinderungen eine *besonders gefährdete Gruppe* beim Zugang zum Arbeitsmarkt, der Beschäftigungssicherung und der beruflichen Wiedereingliederung.

Die berufliche Rehabilitation (bR) ruht auf den beiden Säulen der sozialrechtlich normierten Ansprüche auf Leistungen zur Teilhabe am Arbeitsleben (LTA) und den normativen und gesetzlichen Vorgaben zur Sicherung von Menschen- und Bürger*innenrechten für Menschen mit Behinderung (MmB). Um die mit fehlender Teilhabe am Arbeitsleben (Arbeitslosigkeit, Arbeitsunfähigkeit, Erwerbsminderungsrente) einhergehenden Kosten zu verringern, aber auch um der sozialstaatlichen Verantwortung zur Gewährleistung gleichwertiger Lebenschancen gerecht zu werden, wurden für den Einstieg junger MmB in das Arbeitsleben und für den Wiedereinstieg Erwachsener in Arbeit seit Mitte der 1960er Jahre eine Vielzahl sozial- und arbeitsmarktpolitischer Förderinstrumente entwickelt und neue Einrichtungen geschaffen. Zusammengefasst finden sie sich in den einschlägigen SGB (vgl. Stascheit 2020/21) und übergreifend im Jahr 2016 durch das *Bundesteilhabegesetz* (BTHG) novellierte SGB IX (*Rehabilitation und Teilhabe von Menschen mit Behinderungen*).

Für den Anspruch auf gleichberechtigte Teilhabe und die Wahrung von Würde und Selbstbestimmung haben angesichts fortbestehender Benachteiligung, Stigmatisierung und Diskriminierung im Arbeitsleben (von Kardorff 2012; 2017) das 1994 im Grundgesetz verankerte *Benachteiligungsverbot* (Art. 3, Satz 2), das *Behindertengleichstellungsgesetz* und das *Allgemeine Gleichbehandlungsgesetz* den Schutz und die Rechte von MmB verbessert. Letzteres soll den Schutz vor Benachteiligung im Arbeitsleben gewährleisten sowie den barrierefreien Zugang zu Dienstleistungen sichern. Ein Meilenstein auf dem Weg zur *Inklusion*, verstanden als Sicherung eines diskriminierungsfreien Zugangs zu und der Teilhabe an allen gesellschaftlichen Bereichen von Anfang an, stellt die 2009 vollzogene Ratifizierung der UN-BRK (*UN-Behindertenrechtskonvention*) durch die Bundesregierung dar. Sie liefert eine *normative* und *strategische* Leitlinie für eine an Selbstbestimmung und Partizipation ausgerichtete berufliche Erst- und Wiedereingliederung; für bR sind hier vor allem Artikel 26 und 27 relevant.

9.2 Menschen mit Behinderungen und gesundheitlichen Beeinträchtigungen auf dem Arbeitsmarkt

Die gesetzliche Definition von Behinderung bildet die Anspruchsgrundlage für sozialstaatliche Rehabilitations- und sonstige finanzielle, institutionelle und personelle Leistungen zur Teilhabe. In fachlicher Orientierung an der *Internationalen Klassifikation der Funktionsfähigkeit, Behinderung und Gesundheit* ICF sind Menschen mit Behinderungen »Menschen, die körperliche, seelische, geistige oder Sinnesbeeinträchtigungen haben, die sie in Wechselwirkung mit einstellungs- und umweltbedingten Barrieren an der gleichberechtigten Teilhabe an der Gesellschaft mit hoher Wahrscheinlichkeit länger als sechs Monate hindern können« (§ 2 I SGB IX). Beeinträchtigung wird dabei definiert als Gesundheitszustand, der »von dem für das Lebensalter typischen Zustand abweicht« (ebd.).

Maßnahmen der bR richten sich an behinderte oder von Behinderung bedrohte *Erwerbspersonen*, d. h. Erwerbstätige, Arbeitslose und Arbeitssuchende im Alter zwischen 15 und unter 65 Jahren. Die Gesamtzahl aller Menschen mit einer Beeinträchtigung wird aufgrund des Mikrozensus auf einen Bevölkerungsanteil von 15,8 % (12,7 Millionen) bei annähernd gleicher Geschlechterverteilung geschätzt; rund 6,2 Millionen Menschen (BMAS 2016) sind Erwerbspersonen, darunter 3,1 Millionen Schwerbehinderte. Deren *Erwerbstätigenquote* liegt mit nur 46,9 % deutlich unter der der Gesamtbevölkerung mit 75,2 % (BA 2019, 7) und ihr Anteil an allen *Erwerbslosen* ist mit 11,2 % immer noch fast *doppelt so hoch* wie die allgemeine Arbeitslosenquote. Diese über die Zeit relativ stabile Situation – trotz seit Mitte der 2000er Jahre allgemein verbesserter Arbeitsmarktlage – verweist nicht nur auf das Ausmaß der *Benachteiligung* von MmB bei Arbeitsmarktintegration und Beschäftigungssicherung, sondern stellt auch die Frage nach Zielgenauigkeit und Wirksamkeit der Maßnahmen zur beruflichen (Wieder-)Eingliederung. Nach wie vor gilt, dass »fortgeschrittenes Lebensalter, niedrige Bildung und die Gesundheit« (Rauch & Wuppinger 2020, 42) ein hohes Risiko für die berufliche Integration darstellen.

9.3 Angebote und Einrichtungen der beruflichen Rehabilitation

9.3.1 Das System der beruflichen Rehabilitation

Bemühungen zur Arbeitsförderung von MmB haben eine lange Tradition: In dem von F. v. Bodelschwingh im Geist der protestantischen Ethik formulierten Motto »Arbeit statt Almosen« für eine der ersten beschützenden Werkstätten Anfang des 20. Jahrhunderts ist eine moralische Botschaft enthalten, die sich sozialpolitisch in das »Primat der funktionalen Normalisierung« (Bösl 2009, 243) als Dispositiv der beruflichen Rehabilitation transformiert hat. Dies ist heute erweitert um aktivierende Förderung von Selbständigkeit, Unterstützung bei der Behinderungs- und Krankheitsverarbeitung und einer selbstbestimmten Lebensführung. Trotz erster Ansätze einer Arbeitstherapie und Unterstützung in beschützenden Werkstätten in der Weimarer Republik kann man von einem »System« der beruflichen Rehabilitation in Deutschland erst seit Beginn der 1970er Jahre mit der Verabschiedung des Schwerbehindertengesetzes und des Rehabilitationsangleichungsgesetzes sprechen (ausführlich: Bösl 2009). Mit dem nicht zuletzt auf Druck von Behindertenorganisationen vollzogenen Abschied vom Fürsorgeparadigma und einer nur auf Kompensation gerichteten Perspektive erhält die Idee der Qualifizierung von MmB Gewicht: Berufsbildungs- und -förderungswerke, Werkstätten für behinderte Menschen (WfbM) sowie Qualifizierungsmaßnahmen der Bundesagentur für Arbeit (BA) werden zu Regelangeboten beruflicher (Wieder-)Eingliederung.

Hinzu tritt der Gedanke der Prävention, der seither im betrieblichen Arbeits- und Gesundheitsschutz, dem Betrieblichen Eingliederungsmanagement und im Präventionsgesetz (2015) verfolgt wird. Darin zeigt sich, dass die Politik bR zunehmend als *Gestaltungsaufgabe* sieht. Die Integrationskonzepte antworten auf eine rasant gewandelte Arbeitswelt, auf neue, teils von der Behindertenbewegung angestoßene, teils durch internationale Entwicklungen forcierte Forderungen von MmB, auf gesellschaftliche Erwartungen an Teilhabe und Inklusion wie auch auf wissenschaftliche Ergebnisse und Erfahrungen der Fachpraxis mit einem differenzierten und umfangreichen Angebot. Eine Folge dieser Differenzierung sind verteilte Zuständigkeiten und unterschiedliche Kostenträger wie Arbeitsagentur und Rentenversicherung. Trotz des Versuchs einer Harmonisierung des Systems und der einschlägigen Regelungen in den Sozialgesetzbüchern durch das SGB IX und das BTHG bleiben in der Praxis eine Vielzahl von Schnittstellen bei den Übergängen von der Schule in eine (Berufs-)Ausbildung, von dort in den Arbeitsmarkt oder beim Wiedereinstieg aus Arbeitslosigkeit oder medizinischer Rehabilitation in Arbeit bestehen.

Konzeptionell existiert in der bR ein nur begrenzt auflösbares Spannungsverhältnis zwischen den unterschiedlichen Perspektiven und Eigenlogiken der Welt der Arbeit, dem Rehabilitationssystem und den unterschiedlichen Lebensperspektiven behinderter und chronisch kranker Menschen. Veränderte Qualifikationsanforderungen in Folge technischer und organisatorischer Innovationen und neue Erwartungen an Flexibilität, Selbständigkeit, Anpassungs- und Leistungsbereitschaft, Stresstoleranz, Multitasking, IT-Kompetenz, Kommunikations- und Konfliktfähigkeit charakterisieren die »schöne neue Arbeitswelt« (Beck 2000). Sie folgt einem ableistischen Dispositiv, das von Leistungsfähigkeit und Nichtbehinderung als Norm ausgeht, die von vielen MmB nicht erfüllt werden kann. Besonders für als »geistig«, »lernbehindert« oder »verhaltensgestört« diagnostizierte Menschen wird es unter diesen Bedingungen zunehmend schwerer, Arbeitsplätze zu finden.

9.3.2 Berufliche Ersteingliederung von Menschen mit Behinderung

Für junge MmB stellt sich die Entscheidung für eine (Berufs-)Ausbildung als kritischer Übergang in eine neue Lebensphase dar. Sie ist von eigenen Wünschen aber auch von Unsicherheit, von den Erwartungen der Eltern und dem Gruppendruck von Peers beeinflusst. Mit Blick auf ausbildungsrelevante Beeinträchtigungen und andere damit oft verbundene (»intersektionale«) Benachteiligungen (z. B. Geschlecht, Milieu, Bildungshintergrund des Elternhauses, Migrationsgeschichte, fehlender Schulabschluss) spielen pädagogische Empfehlungen, ärztliche und berufspsychologische Gutachten eine wichtige Rolle beim Übergang in eine (unterstützte) Ausbildung im dualen System, in Fachschulen oder beim Zugang zu überbetrieblicher Ausbildung wie etwa einem Berufsbildungswerk (BBW) oder in berufsvorbereitende Bildungsmaßnahmen (vgl. Biermann 2015).

Von der Schule in die Berufsausbildung: über die ›erste Schwelle‹

In den letzten Schuljahren werden im Rahmen der *Berufsorientierung* Betriebsbesichtigungen und -praktika durchgeführt. Handwerks- und Handelskammern, Innungen, Arbeitgeber*innen und Gewerkschaften stellen Berufsbilder vor. Die Berufsberatung der BA und das Reha-Team informieren über Wege in die Ausbildung und einschlägige Anforderungsprofile. Beim Besuch in regionalen *Berufsinformationszentren* (BIZ: www.planet-beruf.de) können sich Schüler*innen ausführlich über Berufsmöglichkeiten und sog. theoriereduzierte Ausbildungen etwa zu »Fachpraktikern« (BBiG § 66 oder HwO § 42) informieren (berufenet.arbeitsagentur.de). An einigen (Förder-)Schulen haben sich *Schülerfirmen* gegründet, die nicht nur einen ersten Einblick in Betriebsabläufe und Grundlagen des Wirtschaftens bieten, sondern Eigeninitiative, Verantwortungsübernahme und Kooperation schulen; dort werden einfache Dienstleistungen wie Catering zur Pausenversorgung oder Produkte wie Holzspielzeug angeboten. Beim Übergang in eine Ausbildung kommt der *Berufsberatung* bzw. dem *Reha-Team der Arbeitsagentur* eine Schlüsselstellung zu. Auf Basis von Gesprächen und Tests werden Empfehlungen zur Berufswahl nach *Neigung, Eignung* und *Leistungsfähigkeit* sowie *Beschäftigungsmöglichkeiten* entwickelt (§ 31 Abs. 1 SGB III). Auf Grundlage von § 19 Abs. 1 SGB III wird über die Bewilligung ergänzender ausbildungsbegleitender Hilfen, Maßnahmen des *Übergangssystems* (für Jugendliche ohne Schulabschluss, mit Verhaltensproblemen oder mit »mangelnder Ausbildungsreife«), einer überbetrieblichen Ausbildung in einem Berufsbildungswerk (BBW) oder die Aufnahme in eine WfbM entschieden.

Berufsvorbereitung und -ausbildung: über die ›zweite Schwelle‹ auf dem Weg in den Arbeitsmarkt

Das Übergangssystem

Im sog. »Übergangssystem« (Bojanowki & Eckert 2012) finden sich fast 250.000 benachteiligte und/oder behinderte Jugendliche ohne Ausbildungsplatz. Hier gibt es länderspezifische berufsschulische Angebote wie das *Berufsvorbereitungsjahr*, das Basis- und Schlüsselqualifikationen nachholen und festigen soll, und das *Berufsbildungsgrundjahr*, das die erste Qualifizierungsstufe für jeweils verwandte Berufsbilder vermittelt. Von der BA finanzierte private Bildungsträger bieten *Berufsvorbereitende Bildungsmaßnahmen* (BvB) nach § 51 SGB III an, die zur Ausbildungs- bzw. Berufsreife führen sollen. Zusätzlich gibt es eine Vielzahl nur schwer überblickbarer Hilfen wie *Berufseinstiegsbegleitung* oder *Ausbildungslotsen*. Zur Wirkung dieser Maßnahmen existieren bislang kaum belastbare und widersprüchliche Ergebnisse (Solga & Weiß 2015). Übergreifend wird das Übergangssystem als Warteschleife kritisiert, in der viele Betroffene verloren gehen. Als zielführender erweist sich die *Einstiegsqualifizierung* – ein zwischen sechs und zwölf Monaten dauerndes Praktikum –, mit der eine betriebliche Ausbildung angestrebt wird. Sie wird von der BA auch mit einem Arbeitgeberzuschuss finanziert. *Berufsbegleitend* haben sich die *Ausbildungsbegleitenden Hilfen* (AbH) bewährt, die lernbehinderte und sozial benachteiligte Jugendliche während der berufsschulischen und betrieblichen Ausbildung fördern sollen.

Berufsbildungswerke (BBW)

Das Netz von 52 überregionalen BBW mit ca. 14.000 Plätzen und einem Angebot von über 200 Berufen bietet behinderten Jugendlichen die Möglichkeit einer dreijährigen überbetrieblichen Ausbildung mit anerkannten Abschlüssen nach Berufsbildungsgesetz und Handwerksordnung. Hierzu gehören die theoriereduzierten *Fachwerkerausbildungen*. Alle Prüfungen werden vor der Industrie- und Handelskammer (IHK) abgelegt. Einige BBW konzentrieren sich auf spezielle Behinderungen wie Sinnesbehinderungen oder psychische Krankheit.

Den Zugang empfiehlt die Arbeitsagentur auf Basis eines Teilhabeplans. Über die Aufnahme entscheidet das BBW nach *Arbeitserprobung* und *Assessment* und der Kostenzusage seitens der BA. Die BBW bieten Kurse zur Berufsfindung und führen berufsvorbereitende Bildungsmaßnahmen durch. Theoretische und praktische Ausbildung erfolgen integriert in eigenen Werkstätten und Übungsfirmen. In begleiteten Betriebspraktika als verpflichtendem Bestandteil der Ausbildung können sich Rehabilitand*innen in der Betriebswirklichkeit erproben. Darüber hinaus bieten einige BBW in Kooperation mit Betrieben eine *Verzahnte Ausbildung* an: 18 Monate der Ausbildung erfolgen direkt im Betrieb, begleitet von Fachkräften des BBW und mit Arbeitsabläufen, die auf die behinderungs- und krankheitsbedingten Bedürfnisse abgestimmt sind. In BBW und ihren angeschlossenen Internaten gibt es eine multiprofessionelle ärztliche, psychologische, sozial- und berufspädagogische Betreuung, die selbständige Lebensführung, den Erwerb allgemeiner Kulturtechniken und Persönlichkeitsentwicklung unterstützt sowie Hilfe bei individuellen Entwicklungsproblemen anbietet.

9.3.3 Berufliche (Wieder-)Eingliederung von Menschen mit Behinderung

Berufsförderungswerke (BFW)

In ihrem Aufbau ähneln die 28 BFW mit insgesamt 90 regionalen Standorten den BBW. Sie bieten 16.000 Plätze mit einer breiten Qualifizierungspalette. Die Zielgruppe sind Erwachsene mit einem abgeschlossenen Ausbildungsberuf, den sie aus gesundheitlichen Gründen (z. B. Allergien, Muskel- und Skeletterkrankungen, psychische Erkrankung) oder wegen einer erworbenen Behinderung (Amputation, Sehverlust) nicht mehr ausüben können, und für die eine betriebsinterne Umsetzung nicht möglich war. Die Zuweisung zum BFW erfolgt durch die Arbeitsagentur, die Rentenversicherung oder die Berufsgenossenschaft.

Neben Assessments, Berufsfindung, Fort- und Weiterbildung bietet das BFW Anpassungsqualifizierungen (bis zu einem Jahr) bis hin zu den auf zwei Jahre verkürzten Umschulungen mit IHK-Abschluss in gewerblich-technischen (z. B. Mechatroniker), kaufmännischen (z. B. Großhandelskaufleute) oder IT-Berufen (z. B. Fachinformatiker) an. Wie im BBW gibt es auch im BFW theoriereduzierte Ausbildungen wie zum IT-Fachwerker. Die Qualifizierungsmaßnahmen werden durch Betriebspraktika begleitet, flankiert von Angeboten zu Stressbewältigung und Gesundheitsbildung, um mit Arbeitsaufgaben oder Krankheitsfolgen besser zurechtzukommen.

Berufliche Trainingszentren (BTZ)

Die *BTZ* (§ 51 SGB IX) sind ambulante Rehabilitationseinrichtungen für Personen mit schweren psychischen Beeinträchtigungen (mit Ausnahme Suchtkranke), die – teils wegen geringer Qualifikation vor allem bei den Jüngeren, teils wegen langer Erwerbslosigkeit und Krankengeldbezug bei den Älteren – zu den ›Problemgruppen‹ des Arbeitsmarkts zählen, deren Unterstützungsbedarf hoch, vor allem aber sehr differenziert und variabel ist. Die 31 über die Bundesländer verteilten regionalen Standorte der BTZ mit ihren acht Außenstellen bieten neben Assessments, der halbjährigen *Erweiterten Berufsfindung und Arbeitserprobung* (EBA), Vorbereitungsmaßnahmen, begleitete Probebeschäftigung, Vermittlung von Schlüsselqualifikationen und Beratung beim Umgang mit der Krankheit und persönlichen Problemen an. Darüber hinaus begleiten sie Rehabilitand*innen auch direkt beim Einstieg in die Arbeitswelt. Dafür steht ein Team aus Ergotherapeut*innen, Psycholog*innen, Sozial- und Berufspädagog*innen zur Verfügung. Die BTZ erfüllen eine *schnittstellenübergreifende Scharnierfunktion* zwischen der ambulanten Sozialpsychiatrie und weitergehenden beruflichen Qualifizierungen.

Rehabilitationseinrichtungen für psychisch Kranke (RPK)

Diese Komplexeinrichtungen der medizinischen und beruflichen Rehabilitation führen Menschen mit schweren, meist chronischen psychischen Beeinträchtigungen/Krankheiten über Berufsfindung, Assessments, berufliche Trainingsmaßnahmen und Bildungsbegleitung an eine Ausbildung oder an den Arbeitsmarkt heran. Die 57 Einrichtungen bieten medizinische, psychologische, ergotherapeutische, berufspädagogische und berufspraktische Hilfen ergänzt um sozialpädagogische Begleitung an. Diese intensiven Maßnahmen mit einer maximalen Dauer von zwei Jahren werden für kleine Gruppen von sechs bis zehn Teilnehmer*innen angeboten.

Werkstätten für behinderte Menschen (WfbM)

Die ca. 725 WfbM (§ 214 SGB IX) mit insgesamt über 320.000 Plätzen (2018) wurden 1974 mit dem Schwerbehindertengesetz als Rehabilitationseinrichtungen für MmB verankert, die nicht oder noch nicht wieder auf dem Allgemeinen Arbeitsmarkt arbeiten können, aber ein Mindestmaß an wirtschaftlich verwertbarer Arbeitsleistung erbringen. Diese Einstufung, wie auch die Vermittlung in eine WfbM, nimmt die Arbeitsagentur vor, die Kostenträgerschaft liegt insbesondere bei der Eingliederungshilfe (§ 63 III SGB IX). Der über die Jahre annähernd gleich hohe Anteil von MmB mit einer Diagnose »geistige Behinderung« (75 %

aller Werkstattbeschäftigten, Jahresbericht 2019 der BAG-WfbM) belegt, dass nach wie vor ein großer Teil von Jugendlichen aus dem Förderbereich »geistige Entwicklung« direkt nach der Schule in eine WfbM verwiesen und Alternativen bislang nur wenig angeboten und genutzt werden. Kritisch ist auch der seit etwa zehn Jahren steigende Anteil an Menschen mit psychiatrischen Diagnosen, was viele Fachleute und Betroffenenorganisationen als Fehlplatzierung bewerten (Schreiner 2017).

Die Beschäftigten in der WfbM sind sozialversicherungspflichtig beschäftigt, erhalten aber keinen Lohn, sondern ein (leistungsgestaffeltes) Entgelt, das gegenwärtig durchschnittlich 180 Euro monatlich bei 35 bis 40 Stunden Wochenarbeitszeit beträgt. Nach der Zuweisung zur WfbM findet zunächst ein drei Monate dauerndes *Eingangsverfahren statt*, in dem die MmB sich in verschiedenen Werkstattbereichen orientieren und ihr Interesse entwickeln können. Vom multiprofessionellen Team wird die Eignung und Leistungsfähigkeit und ärztlicherseits die Belastbarkeit überprüft und schließlich ein Eingliederungsplan zusammen mit dem Betroffenen erstellt. Daran schließt sich der zweijährige Berufsbildungsbereich an, der einer individuellen beruflichen Qualifizierung (IN-BEQ) dient und mit einer Bescheinigung zertifiziert wird. Danach erfolgt der Übergang in den Arbeitsbereich (derzeit ca. 270.000 Personen). Etwa 20.000 besonders schwer- und mehrfachbehinderte Menschen erhalten Unterstützung im sog. Förderbereich, der u. a. mit Hilfe tagesstrukturierender Maßnahmen auf eine Arbeitsaufnahme vorbereiten soll. Bei allen Maßnahmen der WfbM soll durch Gespräche, Gruppenaktivitäten und Begleitung die Entwicklung der Persönlichkeit, Selbständigkeit und Selbstbestimmung unterstützt werden. Um die Selbständigkeit zu fördern und Arbeitsmarktnähe herzustellen, haben viele WfbM externe Arbeitsplätze wie Bioläden oder Bäckereien geschaffen und teils als gGmbHs ausgegründet.

Das Konstrukt der WfbM steht grundsätzlich in der Kritik (vgl. die Staatenberichte zur Umsetzung der UN-BRK): Die Übergangsquote auf den allgemeinen Arbeitsmarkt liegt konstant bei ca. 1 %; vor allem aber läuft ihre segregative Struktur der Inklusionsforderung der UN-BRK zuwider. Angesichts der etablierten Institutionalisierung und regionalen Verankerung der ca. 70.000 hauptamtlich beschäftigten Fachkräfte scheint eine mittelfristige Auflösung trotz bestehender Alternativen unwahrscheinlich. Die WfbM versuchen der Kritik mit stärker bildungszentrierten Angeboten, einer größeren Nähe zum Allgemeinen Arbeitsmarkt und einer stärkeren Einbeziehung der MmB entgegenzutreten. Und sie verweisen auf positive Bewertungen der MmB, die das soziale Miteinander, die Betreuungsqualität und die Anerkennung ihrer Leistungen hervorheben.

Innovative Instrumente der Inklusion

Mit dem *Budget für Arbeit* (§ 61 SGB IX) und dem *Budget für Ausbildung* (§ 61a SGB IX) liegen mittlerweile innovative Instrumente vor, die den schrittweisen Übergang von einer WfbM in einen Inklusionsbetrieb oder einen Betrieb auf dem Allgemeinen Arbeitsmarkt unterstützen.

9.3.4 Einrichtungen und Leistungen zur Teilhabe am Arbeitsleben für Schwerbehinderte

Integrations-/Inklusionsämter

Nachteilsausgleiche im Beruf können Betroffene erhalten, wenn sie auf Grundlage der *Versorgungsmedizinischen Verordnung* von der zuständigen Hauptfürsorgestelle einen Grad der Behinderung (GdB) von 50 zuerkannt bekommen und damit als *schwerbehindert* gelten.

Die 17 in Trägerschaft der Bundesländer oder Kommunen organisierten Integrations- bzw. Inklusionsämter (IA) sind für finanzielle, beratende und begleitende sowie rechtsschutzwahrende Leistungen für Schwerbehinderte zuständig. Zudem sind sie mit der Erhebung und Verwendung der *Ausgleichsabgabe* betraut, die bei Nichterfüllung der Pflichtquote von 5 % Schwerbehindertenarbeitsplätzen von Betrieben mit mehr als 20 Mitarbeiter*innen zu entrichten ist. Diese Mittel stehen u. a. für folgende Aufgaben zur Verfügung:

1. Überwachung des *Kündigungsschutzes* Schwerbehinderter und Mitwirkung bei Kündigungsverfahren;
2. Vermittlung *begleitender Hilfen im Arbeitsleben* in enger Abstimmung mit den Betrieben durch Integrationsfachdienste, psychosoziale Beratungsstellen, usw.;
3. *Finanzielle Leistungen an Betroffene* (z. B. technische Arbeitshilfen, *Arbeitsassistenz*) und an *Arbeitgeber* (z. B. Zuschüsse zur Ausstattung behindertengerechter Arbeitsplätze; *Beschäftigungssicherungszuschüsse*);
4. Beratung von Arbeitgebern und ihren Verbänden, Fortbildung von Schwerbehindertenvertretungen, usw.

Eine besondere Leistung ist die *Arbeitsassistenz*, eine vom IA erbrachte Leistung bspw. für Menschen mit Sinnesbeeinträchtigungen oder mit schweren körperlichen Beeinträchtigungen, die zur Erfüllung ihrer Arbeitsaufgaben *dauerhaft* auf Assistenz angewiesen sind.

Bei der aus den USA stammenden *Unterstützten Beschäftigung (UB)* können Schwerbehinderte eine individuelle betriebliche Qualifizierung oder eine Berufsbegleitung am Arbeitsplatz bis zur Dauer von zwei Jahren durch Integrationsfachdienste erhalten (§ 55 SGB IX). Die Grundidee ist, dass eine Qualifizierung direkt in der Praxis nach dem Prinzip »Place and Train« erfolgt und keine Bildungsmaßnahme vorgeschaltet wird. Die Maßnahme kann auch als Budget für Arbeit (s. o.) erbracht werden. Kritisch zu sehen ist, dass diese Leistung bislang auf schwerbehinderte Menschen beschränkt ist, obwohl ihre Wirksamkeit auch für andere Menschen mit Beeinträchtigungen international gut belegt ist.

Integrationsfachdienste (IFD)

Die gegenwärtig 198 von IA und anderen Reha-Trägern beauftragten ambulanten *IFD begleiten* schwerbehinderte oder davon bedrohte Menschen bei der Beschäftigung und Integration auf den Arbeitsmarkt oder in ein Ausbildungsverhältnis in enger Kooperation mit den Betrieben. 2018 waren dies fast 69.000 Personen. Ihre zentrale Aufgabe besteht in der Beratung, Begleitung und Unterstützung von MmB bei der Wiedereingliederung; in diesen Rahmen fallen auch Beratung und Organisation von *Unterstützter Beschäftigung, Arbeitsassistenz* und *Budget für Arbeit* sowie die Begleitung von MmB in *WfbM beim Übergang auf den Arbeitsmarkt*. Dabei nehmen Sozial- und Reha-Pädagog*innen die Aufgabe der schnittstellen- und trägerübergreifenden Vermittlung, der Mediation zwischen Kostenträger, Arbeitgeber und der jeweils betroffenen Person wahr. Methodisch orientieren sie sich am Case Management. Einige IFD haben sich auf spezielle Zielgruppen (z. B. Schwerhörige/Gehörlose) konzentriert.

Inklusionsbetriebe

Inklusionsbetriebe (§ 215 SGB IX) sind privatwirtschaftliche Unternehmen, die zwischen 30 und maximal 50 % schwerbehinderte Arbeitnehmer*innen sozialversicherungspflichtig mit Tariflöhnen beschäftigen. Inklusionsbetriebe oder -abteilungen in großen Unternehmen sind eine Alternative zur WfbM; seit 2016 können auch langzeitarbeitslose schwerbehinderte und psychisch kranke Menschen ohne anerkannte Schwerbehinderung aufgenommen werden. Für die MmB erhalten die Betriebe vom IA einen nach individueller Leistungsfähigkeit gestaffelten *Beschäftigungszuschuss*. 2018 gab es 919 Inklusionsbetriebe mit ca. 13.000 MmB, davon 28 % mit einer seelischen Behinderung (BIH-Jahresbericht 2019/20).

9.3.5 Betriebliche Integrationsmaßnahmen

Unter präventiven wie rehabilitativen Aspekten kommt den Betrieben eine Schlüsselrolle zu. Gelingende Berufsausbildung, Beschäftigungssicherung und nachhaltige (Wieder-)Eingliederung von MmB sind der Test auf die Effektivität der beruflichen Rehabilitation – und auf die Bereitschaft der Unternehmen MmB auszubilden und zu beschäftigen. Mit den Aktivitäten des *Unternehmensforums Inklusion* (www.unternehmensforum.org) und dem *Inklusionspreis für die Wirtschaft* (www.inklusionspreis.de) werden Motivationsanreize für Betriebe gesetzt. Gesetzlich ist seit 2004 für alle Betriebe mit mehr als 20 Mitarbeiter*innen das *Betriebliche Eingliederungsmanagement (BEM)* vorgeschrieben. Sekundärpräventiv zielt es auf den Erhalt des Beschäftigungsverhältnisses trotz bedingter Gesundheit, sei es durch technische Hilfen (z. B. barrierefreie PC-Arbeitsplätze für Sehbehinderte), organisatorische Umstellungen (z. B. Anpassung von Pausen und Arbeitszeiten; innerbetriebliche Umsetzung) oder die Motivation zur Inanspruchnahme medizinischer Reha-Leistungen (z. B. Entwöhnungsbehandlung). Das für Betroffene freiwillige BEM-Gespräch muss allen Beschäftigten angeboten werden, die innerhalb eines Jahres mehr als sechs Wochen arbeitsunfähig waren.

9.4 Die Rolle der Sozialen Arbeit in der beruflichen Rehabilitation

Für die Soziale Arbeit bietet die bR ein weites und vielfältiges Arbeitsfeld, das fachlich von Reha-Beratung, Berufswegeplanung, partizipativer Entwicklung »personenzentrierter« Teilhabepläne und Case Management über Begleitung bei der Aus- und Weiterbildung bis zur Vermittlung, Platzierung und Begleitung Betroffener auf dem Arbeitsmarkt reicht. Es umfasst ein breites Spektrum von Einrichtungen von der Jugendberufshilfe (▶ Kap. 8), über Berufsbildungs- und -förderungswerke, Integrationsfachdienste, Inklusionsbetriebe und WfbM bis zur Reha-Fachberatung. Dies erfordert ein breites sozialrechtliches und berufsfachliches Wissen, die Kenntnis der vielfältigen Angebote, Zugangswege und Weiterverweisungsmöglichkeiten sowie der administrativen Zuständigkeiten und einer sich rasch ändernden Gesetzgebung. Darüber hinaus bedarf es eines Überblicks über berufsrelevante Beeinträchtigungen bei einzelnen Behinderungen und chronischen Krankheiten, vor allem aber sind Kenntnisse über und Sensitivität für heterogene biografische Verläufe und Entwicklungen nötig und das Bewusstsein, dass Erwerbsarbeit nur ein Teil der Lebenswelt ist, zu der Familie, Care-Arbeit, die Pflege sozialer Beziehungen und Freizeit dazugehören. BR ist ein multiprofessionelles Arbeitsfeld, in dem eine enge Kooperation mit verschiedenen Berufsgruppen und unterschiedlichen Verwaltungen eine Voraussetzung für das Gelingen beruflicher (Wieder-)Eingliederung bildet. Zentral ist ein Verständnis für die Belange und die Lebenssituation von MmB und Wissen um diagnoseabhängige Beeinträchtigungen, vor allem aber eine Haltung, die die Expertise von MmB in eigener Sache und ihr Selbstbestimmungsrecht anerkennt.

Weiterführende Literatur

Rauch, Angela & Tophoven, Silke (Hrsg.) (2020): Integration in den Arbeitsmarkt. Teilhabe von Menschen mit Förder- und Unterstützungsbedarf. Stuttgart: Kohlhammer.
Storck, Joachim & Plößl, Irmgard (Hrsg.) (2015): Handbuch Arbeit. Wie psychisch erkrankte Menschen in Arbeit kommen und bleiben. Köln: Psychiatrie Verlag.
Bundesarbeitsgemeinschaft der Integrationsämter und Hauptfürsorgestellen (BIH) (Hrsg.) (2018): ABC – Fachlexikon. Beschäftigung schwerbehinderter Menschen. Köln: Universum-Verlag.

Internetquellen

REHADAT – Vademecum für die berufliche Eingliederung und Rehabilitation von Menschen mit Behinderungen: https://www.rehadat.de/

Literatur

Beck, U. (Hrsg.) (2000): Schöne neue Arbeitswelt. Frankfurt a. M.: Campus.
Biermann, H. (2015): Inklusion im Beruf. Stuttgart: Kohlhammer.
BIH – Bundesarbeitsgemeinschaft der Integrationsämter und Hauptfürsorgestellen (2019): Jahresbericht. 2018–2019. Die Arbeit der Integrationsämter und Hauptfürsorgestellen. Köln.
BMAS (Hrsg.) (2016): Zweiter Teilhabebericht der Bundesregierung über die Lebenslagen von Menschen mit Beeinträchtigungen: Teilhabe – Beeinträchtigung – Behinderung. https://www.bmas.de/SharedDocs/Downloads/DE/Publikationen/a125-16-teilhabebericht. pdf;jsessionid=66DCF20E113456820520D0B4F1648F64.delivery2-replication?__blob=pub licationFile&v=1, Aufruf: 04.02.2021.
Bojanowski, A. & Eckert, M. (Hrsg.) (2012): Black Box Übergangssystem. Münster: Waxmann.
Bösl, E. (2009): Politiken der Normalisierung. Zur Geschichte der Behindertenpolitik in der Bundesrepublik Deutschland. Bielefeld: transcript.
Bundesagentur für Arbeit (2019): Situation schwerbehinderter Menschen. Nürnberg: BA.
Destatis (2020): www.destatis.de/DE/Presse/Pressemitteilungen/2020/06/PD20_230_227.html, Aufruf: 29.01.2021.
Hollederer, A. (2002): Arbeitslosigkeit und Gesundheit. Ein Überblick über empirische Befunde und die Arbeitslosen- und Krankenkassenstatistik. Mitt. Arbeitsmarkt- u. Berufsforschung, 35 (3), 411–428.
ICF – Internationale Klassifikation der Funktionsfähigkeit, Behinderung und Gesundheit. www.dimdi.de/dynamic/de/klassifikationen/icf/, Aufruf: 29.01.2021.
Jahoda, M., Lazarsfeld, P. F. & Zeisel, H. (1975): Die Arbeitslosen von Marienthal. Eine soziographische Studie. Frankfurt a. M.: Suhrkamp.
Rauch, A. & Wuppinger, J. (2020): Menschen mit Behinderung im Arbeitsleben. In: Rauch, A. & Tophoven, S. (Hrsg.): Integration in den Arbeitsmarkt. Teilhabe von Menschen mit Förder- und Unterstützungsbedarf (36–44). Stuttgart: Kohlhammer.
Schreiner, M. (2017): Teilhabe am Arbeitsleben. Die Werkstatt für behinderte Menschen aus Sicht der Beschäftigten. Wiesbaden: Springer VS.
Solga, H. & Weiß, R. (Hrsg.) (2015): Wirkung von Fördermaßnahmen im Übergangssystem. Forschungsstand, Kritik, Desiderata. Bonn: Bundesinstitut für Berufsbildung.
Stascheit, U. (Hrsg.) (2020/21): Gesetze für Sozialberufe 2020/21.Die Gesetzessammlung für Studium und Praxis. Frankfurt a. M.: Fachhochschulverlag.
von Kardorff, E. (2012): Stigmatisierung, Diskriminierung und Exklusion von Menschen mit Behinderungen. In: Horster, D. & Moser, V. (Hrsg.): Ethik in der Behindertenpädagogik. Menschenrechte, Menschenwürde, Behinderung. Eine Grundlegung (118–129). Stuttgart: Kohlhammer.
von Kardorff, E. (2017): Diskriminierung von seelisch Beeinträchtigten. In: Scherr, A. u. a. (Hrsg.): Handbuch Diskriminierung (565–592). Wiesbaden: Springer VS.
von Kardorff, E. & Ohlbrecht, H. (2015): Erwerbsarbeit für psychisch kranke Menschen im gesellschaftlichen Wandel. In: Storck, J. & Plößl, I. (Hrsg.): Handbuch Arbeit. Wie psychisch erkrankte Menschen in Arbeit kommen und bleiben (73–86). Köln: Psychiatrie Verlag.

10 Hilfen im Wohnungsnotfall

Nora Sellner

Die Wohnungsnotfallhilfe verfügt über eine differenzierte Hilfeangebotsstruktur, die sich in den letzten Jahrzehnten entwickelte, wobei es bundesweit quantitative und qualitative Unterschiede gibt. Zudem werden die Angebote der Wohnungsnotfallhilfe im Kontext der Herausforderungen einer sich wandelnden Gesellschaft weiterentwickelt.

10.1 Die Heterogenität der Adressat*innen in der Wohnungsnotfallhilfe

»Wohnungslosigkeit hat viele Gesichter. Jedes Gesicht steht für eine individuelle Biografie, Lebenssituation und eigensinnige Wünsche und Träume« (Steckelberg 2018, 37). In die Lebenssituation eines Wohnungsnotfalls kann jeder Mensch geraten. Zu Adressat*innen der Sozialen Arbeit werden diese Menschen jedoch erst, wenn sie nicht aus eigenen Kräften ihren (drohenden) Wohnungsnotfall überwinden können und/oder zusätzlich noch weitere soziale Schwierigkeiten im Kontext von bspw. wirtschaftlicher Situation, Gesundheit, sozialer und kultureller Teilhabe bestehen. Diese sog. besonderen Lebensverhältnisse stellen Mangelsituationen und Ausschlüsse, bezogen auf ein gesellschaftliches Verständnis von einem guten *normalen* Leben, dar (vgl. Lutz, Simon & Sartorius 2017, 103; Specht 2017, 30). Roscher definiert den Hilfeanlass im Kontext der Hilfen gemäß §§ 67ff. SGB XII daher als »die Verbindung zwischen der Abweichung von gesellschaftlicher Normalität im sozialen Leben einer Person (besondere Lebensverhältnisse) und der eingeschränkten/fehlenden Fähigkeit, in der Person/Umwelt-Beziehung das eigene Leben selbst zu gestalten (soziale Schwierigkeiten)« (2019, 33).

Die Bundesarbeitsgemeinschaft Wohnungslosenhilfe e. V. (BAG W) hat 2010 eine differenzierte Definition der Erscheinungsformen von Wohnungsnotfällen für Deutschland vorgenommen. In dieser wird nicht mehr nur von (akut) Wohnungs- und Obdachlosen gesprochen, sondern auch diejenigen werden in den Fokus der Hilfen gestellt, die gefährdet sind, ihre Wohnung zu verlieren (vgl. BAG W 2010, o. S.). Die BAG W (2011) differenziert folgende drei Erscheinungsformen eines Wohnungsnotfalls:

1. *Wohnungslos* sind Menschen, die über keinen eigenen, durch einen Mietvertrag abgesicherten Wohnraum oder kein Wohneigentum verfügen. Darunter werden Personen verstanden, die auf der Straße ohne Unterkunft, in sog. Behelfsunterkünften, zeitweise bei Bekannten, der Familie oder Freund*innen leben oder für kurze Zeit in einem Hostel oder Ähnlichem unterkommen. Des Weiteren sind diejenigen wohnungslos, die ordnungsbehördlich oder in Notunterkünften sozialer Einrichtungen untergebracht werden und/oder sich dort kurz- oder längerfristig aufhalten (diese Gruppe wohnungsloser Menschen wird auch als Obdachlose definiert).
2. *Von Wohnungslosigkeit bedroht* sind Menschen, deren Wohnungsverlust zeitnah eintreten wird, weil ihr Mietvertrag gekündigt wird/wurde, eine Räumungsklage oder Zwangsräumung bevorsteht oder andere soziale Gründe oder kritische Lebensumstände (häusliche Gewalt, Konflikte, Entlassung aus der Psychiatrie oder Haft etc.) einen Wohnungsverlust unvermeidbar werden lassen.
3. In *unzumutbaren Wohnverhältnissen* befinden sich Menschen, die u. a. in Wohnungen leben, die keine Sicherung der Grundbedürfnisse zulassen und die Gesundheit gefährden, oder in Wohnungen leben, die im Verhältnis zur Personenanzahl im Haushalt zu klein sind. Neben diesen beschreibt die BAG W noch zwei weitere Gruppen, die den Wohnungsnotfällen zugeordnet werden und Adressat*innen der Wohnungsnotfallhilfe sind:
4. Menschen, die als *Zuwanderer/Zuwanderinnen in Not- und Übergangsunterkünften* untergebracht sind (Menschen mit Fluchthintergrund, die über einen Aufenthaltsstatus verfügen, der über ein Jahr hinausgeht);
5. Menschen, die aufgrund *früherer Wohnungslosigkeit* gefährdet sind, erneut ihre Wohnung zu verlieren, und daher Angebote zur Unterstützung und Prävention eines weiteren Wohnungsverlustes erhalten.

Neben der Wohnungsnotfalldefinition der BAG W stellt die *Europäische Typologie für Wohnungslosigkeit (ETHOS)* ein geeignetes Instrument dar, um die Diversität der Adressat*innen im Bereich der Wohnungsnotfallhilfe zu systematisieren (s. dazu FEANTSA 2017).

Die Definitionen der Erscheinungsformen von Wohnungsnotfällen und damit auch der Begriff des Wohnungsnotfalls ermöglichen eine weniger stigmatisierende und nicht auf individuelle persönliche Merkmale der betreffenden Personen gerichtete Konkretisierung eines sozial-strukturellen Problems (vgl. Specht 2013, 7). So wird Wohnungslosigkeit als ein soziales Problem verstanden, das aus »sozialstrukturell verankerter Ungleichheit entsteht und weitreichende, vielfach existenziell bedrohliche Folgen für die Betreffenden mit sich bringt« (Steckelberg 2018, 37). Gillich und Nagel verstehen Wohnungslosigkeit daher auch als eine »individuell sich ausprägende Folge struktureller Armut und Unterversorgung« (2018, 8). Diese individuellen Ausprägungen können sich in unterschiedlicher Gestalt, in Form »sozialer Exklusion« (Kronauer 2010, 235) in verschiedenen Lebensbereichen zeigen und dabei mit mehr oder weniger sozialen Schwierigkeiten in besonderen Lebensverhältnissen einhergehen. Trotz dieser Heterogenität wird die Lebenssituation der Wohnungslosigkeit vielfach durch »extreme Armut, soziale Ausgrenzung und Benachteiligung, Stigmatisierung und Kriminalisierung sowie massive somatische und psychische gesundheitliche Beeinträchtigungen« (Ansen 2017, 7)geprägt. Der fehlende Wohnraum bedeutet darüber hinaus, keinen privaten, ruhigen und geschützten Ort aufsuchen zu können. Im Gegenteil: Vor allem obdachlose Menschen sind stets dem öffentlichen Raum ausgesetzt oder suchen vorübergehend Schutz bei Bekannten, Freund*innen oder der Familie, müssen in Notunterkünften mit anderen nächtigen, haben keinen Platz für ihre Habseligkeiten, körperliche Erkrankungen und psychische Belastungen können nicht auskuriert werden, (hygienische) Grundbedürfnisse sind nur unter erschwerten Bedingungen zu befriedigen und sie sind der Gefahr ausgesetzt, im öffentlichen Raum vertrieben oder Opfer von Gewalt, Diskriminierung und Stigmatisierung zu werden (vgl. Steckelberg 2018, 37; Ruder 2019, 61).

10.2 Die Hilfeangebote der Wohnungsnotfallhilfe

Die Versorgungs- und Hilfeangebote der Wohnungsnotfallhilfe richten sich an wohnungs- und obdachlose Menschen und orientieren sich am individuellen Bedarf der Adressat*innen und an den jeweiligen Zuständigkeiten.

10.2.1 Präventive Hilfen bei drohendem Wohnungsverlust

Der Deutsche Städtetag verwies schon 1987 darauf, dass die Vermeidung von Wohnungs- und Obdachlosigkeit nicht nur aus humanitärer, sondern auch aus finanzwirtschaftlicher Perspektive einen besonders hohen Stellenwert einnimmt (vgl. Deutscher Städtetag 1987, 22). Die mögliche Kostenübernahme ausgefallener Mieten sind gegenüber den Kosten bei Wohnungs- und Obdachlosigkeit als geringer zu bewerten. Außerdem wird in der Praxis stets davor gewarnt, dass eine verlorene Wohnung nicht nur für die betreffende Person eine längerfristige existenzielle Krise verursacht, sondern meistens, besonders im städtischen Umfeld, auch eine verlorene Wohnung für Menschen mit geringerem Einkommen bedeutet. Dies gründet darauf, dass die verlorene, zuvor bezahlbare Wohnung anschließend höherpreisig vermarktet wird. Miet- und Energieschulden stellen laut der vergangenen Statistikberichte der BAG W und dem aktuellen für das Jahr 2018 mit 18,5 % (2017: 17,7 %) den häufigsten Auslöser für einen Wohnungsverlust dar und stehen daher im Fokus der Maßnahmen zur Wohnungsverlustvermeidung (vgl. Neupert & Lotties 2018, 11; Neupert 2017, 8). Entsprechend sind Prävention und damit Maßnahmen zur Wohnungsverlustvermeidung von besonderer Relevanz in der Wohnungsnotfallhilfe.

10.2.2 Humanitäre Hilfen bei Obdachlosigkeit

Die Polizei- und Ordnungsbehörden als sog. *Gefahrenabwehrbehörden* haben dafür Sorge zu tragen, dass Obdachlosigkeit vermieden und behoben wird. Diese Aufgabe ergibt sich zum einen daraus, dass es sich bei einer nicht freiwilligen Obdachlosigkeit aus juristischer Perspektive um (vgl. Ruder 2019, 61f.) »eine Gefahr für das polizeiliche Schutzgut der öffentlichen Sicherheit« (ebd., 61) handelt. Zum anderen bedeutet unfreiwillige Obdachlosigkeit für die betreffende Person u. a. eine Gefahr für Leib und Leben und die Verletzung der Menschenwürde, die als Individualrechtsgüter zu schützen sind (ebd., 61). Obdachlose Menschen haben einen Unterbringungsanspruch und erhalten eine Zuweisung zur Unterbringung, wenn sie nicht selbst die Obdachlosigkeit beseitigen können (ebd., 71). Die kommunale Ordnungsbehörde hat demnach die Aufgabe der Gefahrenabwehr durch eine befristete Unterbringung in Wohnungen, Hotels oder Notunterkünften zur Befriedigung der Grundbedürfnisse. Die Notunterbringung obdachloser Menschen dient zum einen der kurzfristigen Beseitigung der existenziellen Notsituation, zum anderen ermöglicht sie den ersten niedrigschwelligen Kontakt mit der Sozialen Arbeit und weiterführende Unterstützungsangebote in der Wohnungsnotfallhilfe. In der Praxis zeigt sich jedoch, dass die vorgesehene Akuthilfe in Form einer kurzfristigen Notunterbringung häufig über längere Zeiträume bis hin zu Jahren erfolgen kann (vgl. Lutz & Simon 2012, 94).

10.2.3 Hilfen bei (drohender) Wohnungslosigkeit nach §§ 67ff. SGB XII

Die Grundlagen für die Hilfeangebote zur Überwindung besonderer Lebensverhältnisse in Verbindung mit sozialen Schwierigkeiten finden sich im Sozialrecht gem. §§ 67ff. SGB XII. Das Leistungsspektrum nach § 68 SGB XII umfasst »alle Maßnahmen, die notwendig sind, um die Schwierigkeiten abzuwenden, zu beseitigen, zu mildern oder ihre Verschlimmerung zu verhüten«. In dieser Formulierung werden die sich daraus ergebenden Ansätze und Konzepte der Wohnungsnotfallhilfe deutlich:

- Prävention (abwenden),
- Intervention (beseitigen und mildern) und
- belassende und akzeptierende Angebote (Verschlimmerung verhüten).

Der Gesetzgeber versteht darunter sozialarbeiterische Angebote in Form von »Beratung und persönliche[r] Betreuung für die Leistungsberechtigten und ihre Angehörigen, Hilfen zur Ausbildung, Erlangung und Sicherung eines Arbeitsplatzes sowie Maßnahmen bei der Erhaltung und Beschaffung einer Wohnung«. Die sozialarbeiterischen Angebote werden in Form ambulanter und (teil-)stationärer Hilfen realisiert. Im Sinne eines Gesamtplans und zur Konkretisierung der Hilfen gem. §§ 67ff. SGB XII werden auf der Grundlage der §§ 75–80 SGB XII zwischen den Leistungsträgern und den Leistungserbringern Leistungsvereinbarungen definiert, wie die Angebote der Wohnungsnotfallhilfe konkret auszusehen haben. Hierfür werden Leistungstypen formuliert, die einem bestimmten Raster folgen: Beschreibung der Zielgruppe, Hilfeziele, Art und Umfang der Leistung, Qualitätsmerkmale, personelle Ausstattung, räumliche und sächliche Ausstattungserfordernisse und Differenzierung der Hilfebedarfsgruppen. Aufbauend auf dieser Struktur werden die Leistungstypen formuliert, wodurch dem ausdifferenzierten Unterstützungsbedarf wohnungsloser Menschen begegnet werden kann.

Besonders im Vergleich zu anderen Leistungen im Sozialrecht wird deutlich, dass bereits im Gesetz der niedrigschwellige Zugang und die Heterogenität der Adressat*innen erkennbar werden, indem in den erforderlichen Fällen die Leistungen ohne die Berücksichtigung des Einkommens und/oder Vermögens erfolgen und keine weiteren (hochschwelligen) Hürden den Zugang zur Hilfe erschweren.

10.3 Strukturelle Herausforderungen und Entwicklungstendenzen

Die Wohnungsnotfallproblematik und das Thema (bezahlbarer) Wohnraum werden in den letzten Jahren zunehmend von Politik und Gesellschaft ernstgenommen. Dies wird nicht nur in Initiativen und Projekten einzelner Bundesländer und Kommunen deutlich (in NRW z. B. das Landesförderprogramm *Hilfen in Wohnungsnotfällen* sowie die Landesinitiative gegen Wohnungslosigkeit *Endlich ein Zuhause*), sondern auch darin, dass die Politik der langjährigen Forderung nach einer amtlichen bundesweiten Wohnungsnotfallstatistik nachkommt. Zum 01.04.2020 ist das Wohnungslosenberichterstattungsgesetz (WoBerichtsG) in Kraft getreten, wodurch am 31.01.2022 das erste Mal eine Stichtagserhebung vorgenommen wird (jährlicher Turnus). Mit dem WoBerichtsG verfolgt der Gesetzgeber nach § 1 Abs. 1 zum einen das Ziel, die Armuts- und Reichtumsberichterstattung des Bundes zu verbessern, zum anderen soll die Statistik als Informationsgrundlage für zukünftige politische Entscheidungen dienen.

Eine weitere Entwicklungstendenz zeigt sich in der nun schon seit mehreren Jahren anhaltenden Diskussion zum US-amerikanischen Housing-First-Ansatz (vgl. Tsemberis 2010; Padgett u. a. 2016). In Deutschland werden zunehmend Projekte unter dem Ansatz Housing First ins Leben gerufen (u. a. Berlin und Düsseldorf), durch die, wenn die Adressat*innen es wünschen, die Wohnraumvermittlung schnellstmöglich zu realisieren ist (Berücksichtigung des uneingeschränkten Rechts auf Wohnen als eines der verbrieften Menschenrechte in Art. 25 der UN-Charta). In Theorie und Praxis findet gegenwärtig ein Diskurs darüber statt, ob und inwiefern der Ansatz das bestehende Hilfesystem in Deutschland gewinnbringend ergänzen kann.

Des Weiteren steht die Wohnungsnotfallhilfe (europaweit) vor der Herausforderung steigender Zahlen wohnungsloser Menschen und einer zunehmenden EU-Binnenzuwanderung, die vor allem das Bild der Straßenobdachlosigkeit prägen. So waren in Deutschland laut Schätzungen der BAG W im Laufe des Jahres 2018 ca. 678.000 Menschen wohnungslos, wovon zwei Drittel anerkannte geflüchtete Menschen waren (vgl. BAG W 2019, 2). Auch diejenigen sind wohnungslos und mit Wohnraum zu versorgen, die aufgrund von Flucht längerfristig in Deutschland leben und sich zunächst in ordnungsrechtlichen Unterbringungsmöglichkeiten befinden. Der Zuwachs an Personen aus dem europäischen Ausland und aus Drittstaaten fordert die Wohnungsnotfallhilfe als Leistungserbringer heraus, Konzepte zu entwickeln und Leistungsansprüche mit den Leistungsträgern auszuhandeln, um die Menschen bedarfsgerecht versorgen und unterstützen zu können (zu den Begriffen Leistungserbringer und Leistungsträger ▶ Kap. 1).

Die Aufgaben Sozialer Arbeit im Feld der Wohnungsnotfallhilfe sind vielfältig: Neben der Realisierung der Hilfeangebote und individueller Rechtsansprüche, die vor allem die Soziale Arbeit als Beziehungsprofession mit einer auf den Menschenrechten basierenden Haltung fordert, ergeben sich gesellschaftliche, sozialpolitische und -rechtliche Aufgaben und Herausforderungen, denen im Sinne einer Adressatenorientierung und eines gesellschaftlichen Miteinanders partizipativ mit den betreffenden Personen begegnet wird.

Weiterführende Literatur

Lutz, R., Simon, T. & Sartorius, W. (2017): Lehrbuch der Wohnungslosenhilfe. Eine Einführung in Praxis, Positionen und Perspektiven (3., überarb. Aufl.). Weinheim/Basel: Beltz Juventa.
Bundesarbeitsgemeinschaft Wohnungslosenhilfe (BAG W) e. V. (Hrsg.) (2017): Handbuch der Hilfen in Wohnungsnotfällen. Entwicklung lokaler Hilfesysteme und lebenslagenbezogener Hilfeansätze. Berlin: BAG W: Eigenverlag.
Gillich, S., Keicher, R. & Kirsch, S. (Hrsg.) (2019): Alternativen zu Entrechtung und Ausgrenzung. Freiburg im Breisgau: Lambertus.
Fachzeitschrift: Bundesarbeitsgemeinschaft Wohnungslosenhilfe (BAG W) e. V. (Hrsg.): wohnungslos. Aktuelles aus Theorie und Praxis zur Armut und Wohnungslosigkeit. Berlin: Eigenverlag.

Internetquellen

Bundesarbeitsgemeinschaft Wohnungslosenhilfe e. V.: www.bagw.de
Gesellschaft für innovative Sozialforschung und Sozialplanung e. V.: www.giss-ev.de

Literatur

Ansen, H. (2017): Eine Form extremer Armut. Wohnungsnotfall und Wohnungslosigkeit. FORUM Sozialarbeit + Gesundheit (2), 6–9.
BAG W e. V. (2010): Wohnungsnotfälle. Berlin. http://bagw.de/de/themen/zahl_der_wohnungslosen/wohnungsnotfall_def.html, Aufruf: 20.03.2018.
BAG W e. V. (2011): Wohnungsnotfalldefinition der Bundesarbeitsgemeinschaft Wohnungslosenhilfe. Bielefeld. https://www.bagw.de/de/themen/zahl_der_wohnungslosen/wohnungsnotfall_def.html, Aufruf: 26.03.2020.
BAG W e. V. (2019): Zahlen und Grafiken. Berlin. https://www.bagw.de/de/themen/zahl_der_wohnungslosen/, zuletzt aktualisiert am 11.11.2019, Aufruf: 10.04.2020.
Deutscher Städtetag (1987): Sicherung der Wohnungsversorgung in Wohnungsnotfällen und Verbesserung der Lebensbedingungen in sozialen Brennpunkten. Empfehlungen u. Hinweise. Köln: Dt. Städtetag (Deutscher Städtetag Reihe D, 21).
FEANTSA (2017): ETHOS Europäische Typologie für Wohnungslosigkeit. http://www.feantsa.org/download/ethos_de_2404538142298165012.pdf, Aufruf: 15.09.2020.
Gillich, S. & Nagel, S. (Hrsg.) (2010): Von der Armenhilfe zur Wohnungslosenhilfe – und zurück? Gründau-Rothenbergen: TRIGA.
Kronauer, M. (2010): Exklusion. Die Gefährdung des Sozialen im hoch entwickelten Kapitalismus (2., aktualisierte und erweiterte Aufl.). Frankfurt a. M., New York: Campus.
Lutz, R. & Simon, T. (2012): Lehrbuch der Wohnungslosenhilfe. Eine Einführung in Praxis, Positionen und Perspektiven (2., überarb. Aufl.) Weinheim: Beltz Juventa.
Lutz, R., Simon, T. & Sartorius, W. (2017): Lehrbuch der Wohnungslosenhilfe. Eine Einführung in Praxis, Positionen und Perspektiven (3., überarbeitete Aufl.). Weinheim/Basel: Beltz Juventa.
Neupert, P. (2017): Statistikbericht 2017. Zur Lebenssituation von Menschen in den Einrichtungen und Diensten der Hilfen in Wohnungsnotfällen in Deutschland. Hrsg. v. BAG W e. V. Berlin. https://www.bagw.de/de/themen/statistik_und_dokumentation/statistikberichte/index.html, Aufruf: 10.11.2020.
Neupert, P. & Lotties, S. (2018): Statistikbericht 2018. Zur Lebenssituation von Menschen in den Einrichtungen und Diensten der Hilfen in Wohnungsnotfällen in Deutschland. Hrsg. v. BAG W e. V. Berlin. https://www.bagw.de/de/themen/statistik_und_dokumentation/statistikberichte/, Aufruf: 10.11.2020.
Padgett, D. K., Henwood, B. F. & Tsemberis, S. J. (2016): Housing first. Ending homelessness, transforming systems, and changing lives. Oxford, New York: Oxford University Press.
Roscher, F. (2019): Eingliederungshilfe nach neuem Recht – ein Problem für die Wohnungslosenhilfe? In: Gillich, S., Keicher R. & Kirsch, S. (Hrsg.): Alternativen zu Entrechtung und Ausgrenzung (29–59). Freiburg im Breisgau: Lambertus.
Ruder, K.-H. (2019): Obdachlosenpolizeirecht. Der Anspruch auf Zuweisung einer Unterkunft und seine praktische Umsetzung. In: Gillich, S., Keicher R. & Kirsch, S. (Hrsg.): Alternativen zu Entrechtung und Ausgrenzung (61–84). Freiburg im Breisgau: Lambertus.
Specht, T. (2013): Von der Wohnungslosenhilfe zu Hilfen zur sozialen Inklusion für Wohnungsnotfälle. Archiv für Wissenschaft und Praxis der sozialen Arbeit 44 (1), 4–21.
Specht, T. (2017): Grundlagen, Selbstverständnis und Funktion der Hilfen in Wohnungsnotfällen. In: BAG W e. V. (Hrsg.): Handbuch der Hilfen in Wohnungsnotfällen. Entwicklung lokaler Hilfesysteme und lebenslagenbezogener Hilfeansätze (23–36). Berlin: BAG W-Verlag der Bundesarbeitsgemeinschaft Wohnungslosenhilfe e. V.
Steckelberg, C. (2018): Wohnungslosigkeit als heterogenes Phänomen. Soziale Arbeit und ihre Adressat_innen. Aus Politik und Zeitgeschichte. Wohnungslosigkeit 68, 37–41.
Tsemberis, S. (2010): Housing First. The Pathways Model to End Homelessness for people with Mental Health and Substance Use Disorders. Minnesota: Hazelden Publishing.

11 Soziale Schuldenberatung

Harald Ansen

11.1 Einleitung

Die Aufgaben, Ziele und Probleme bzw. Herausforderungen der Sozialen Arbeit im Arbeitsfeld Soziale Schuldenberatung sind vielfältig. Prekäre Verschuldung und vor allem Überschuldung als Gegenstand der Sozialen Schuldenberatung erfordern neben der Sozialen Arbeit insbesondere rechts- und wirtschaftswissenschaftliche Zugänge. Daraus resultiert der Bedarf an einer multiprofessionellen Kooperation in der Praxis. Die wissenschaftlichen und methodischen Grundlagen der Sozialen Schuldenberatung gelten noch immer als nicht in allen Punkten ausreichend entwickelt. Ausgehend vom aktuellen Selbstverständnis der Sozialen Schuldenberatung lohnt an dieser Stelle eine stärkere Verzahnung mit dem Beratungsdiskurs, dem weiterführende Impulse entnommen werden können. Zugleich kommt es darauf an, die politischen und gesellschaftlichen Rahmenbedingungen der Sozialen Schuldenberatung in den Blick zu nehmen, sie erfordern eine ständige Weiterentwicklung des Arbeitsfelds hinsichtlich seiner inhaltlichen Ausgestaltung und seiner wissenschaftlichen sowie methodischen Ausrichtung.

11.2 Gegenstand der Sozialen Schuldenberatung

Die Soziale Schuldenberatung richtet ihr Angebot an Personen und Haushalte, die von einer *prekären Verschuldung* (hohe Verschuldung an der Schwelle zur Überschuldung) oder einer *Überschuldung* betroffen sind. Bei Schulden handelt es sich um Zahlungsverpflichtungen gegenüber ganz unterschiedlichen Gläubiger*innen, vor allem Banken, Autohäusern, dem Versandhandel oder Behörden wie der Unterhaltsvorschusskasse oder dem Finanzamt. Solange die Ratenverpflichtungen durch die Schuldner*innen eingehalten werden, ist die Verschuldung aus der Sicht der Sozialen Schuldenberatung unproblematisch. Anders verhält es sich, wenn Schuldner*innen längerfristig nicht mehr in der Lage sind, eingegangene Zahlungsverpflichtungen termingerecht zu bedienen. In solchen Fällen spricht man von einer Überschuldung.

Nach § 17 Abs. 2 Insolvenzordnung liegt formal eine *Überschuldung* vor, wenn Schuldner*innen zahlungsunfähig sind, d. h. sie ihre Zahlungsverpflichtungen nicht mehr erfüllen können. Diese Situation stellt einen Eröffnungsgrund für das Privatinsolvenzverfahren dar.

> **Privatinsolvenz**
>
> Die Privatinsolvenz führt nach einem gescheiterten außergerichtlichen Einigungsversuch mit den Gläubiger*innen, die von einer geeigneten Stelle zu bescheinigen ist, zum gerichtlichen Privatinsolvenzverfahren. Scheitert auch ein gerichtlicher Einigungsversuch, wird, wenn die sonstigen Voraussetzungen erfüllt sind, das Insolvenzverfahren eröffnet, an dessen Ende (früher nach fünf bis sechs Jahren, seit dem Jahr 2021 nach drei Jahren) nach Erfüllung der sog. Obliegenheiten die Restschuldbefreiung steht.

Ein ähnliches Überschuldungsverständnis wird auch im SchuldnerAtlas verwendet. Danach können Zahlungsverpflichtungen mit hoher Wahrscheinlichkeit über einen längeren Zeitraum nicht mehr beglichen werden, wobei ergänzend darauf hingewiesen wird, dass für die Deckung der Kosten des Lebensunterhalts weder Vermögen noch eine Kreditoption zur Verfügung stehen (vgl. Creditreform Wirtschaftsforschung 2020, 12). Unterschieden werden eine geringe Überschuldungsintensität, die bei einer nachhaltigen Zahlungsstörung bei mindestens zwei vergeblichen Mahnungen mehrerer Gläubiger*innen vorliegt, von einer hohen Überschuldungsintensität, bei der bereits juristische Sachverhalte wie die Abgabe einer Vermögensauskunft, unstrittige Inkassofälle oder die Eröffnung eines Privatinsolvenzverfahrens verzeichnet werden (vgl. ebd.).

Statistisch verlässliche Angaben über das Ausmaß der Überschuldung in Deutschland sind nicht möglich, denn das aus dem Jahr 2012 stammende Überschuldungsstatistikgesetz sieht nur eine freiwillige Teilnahme der Schuldenberatungsstellen an den jährlichen Erhebungen vor. Nach Schätzungen sind gegenwärtig ca. 6,85 Millionen Personen über 18 Jahre in rund 3,4 Millionen Haushalten überschuldet. Dies entspricht einer Überschuldungsquote von knapp 9,9 %, gemessen an der Bevölkerung über 18 Jahren (vgl. ebd., 5). Zu den zentralen Verschuldungsgründen bzw. Verschuldungsursachen zählen Erwerbslosigkeit mit 20 %, Einkommensarmut mit 12,4 %, Krankheit mit 10,6 %, Trennung und Scheidung mit 10 %, gescheiterte Selbständigkeit mit 9,4 % und vermeidbares Verhalten wie Konsumausgaben, fehlende finanzielle Allgemeinbildung, unwirtschaftliches Handeln oder Straffälligkeit mit 18,4 % (vgl. Peters & Größl 2020, 6).

Wie die zentralen Verschuldungsgründe und Verschuldungsursachen zeigen, geht es um weit mehr als ein rein monetäres Problem, mit dem die Soziale Schuldenberatung befasst ist. Eine in der Regel lange verlaufende »Überschuldungskarriere«, in der Betroffene zunächst versuchen, mit unterschiedlichen Bewältigungsstrategien ohne professionelle Unterstützung über die Runden zu kommen, geht vielfach mit sozialen, gesundheitlichen, rechtlichen und psychischen Belastungen einher. Der Alltag der betroffenen Personen und Haushalte wird zunehmend von den Schulden überlagert, eine voranschreitende Verlustspirale führt zu immer weiteren Ressourceneinbußen, die zu einer Eskalation der prekären Lebensumstände führen (vgl. Ansen 2018, 16f.). Im Beratungsprozess ist es unerlässlich, die vielfältigen Implikationen einer Überschuldung aufzugreifen, auch um Ratsuchende nicht zu überfordern und damit einen vermeidbaren Abbruch der Beratung herbeizuführen. Die Themenvielfalt in der Sozialen Schuldenberatung prädestiniert die inter- und transdisziplinär angelegte Soziale Arbeit ganz besonders für dieses Arbeitsfeld.

11.3 Konzept der Sozialen Schuldenberatung

Die Schuldenberatung hat eine lange Vorgeschichte, die bis in die Antike zurückreicht, in der bereits Regelungen zum Schuldenerlass dokumentiert sind. In ihrer heutigen Gestalt gibt es Schuldenberatungsangebote seit Mitte der 1970er Jahre, zunächst nur als Modellprojekte (vgl. Schwarze 2019, 17f.). Gegenwärtig existieren bundesweit ca. 1.450 Schuldenberatungsstellen (vgl. Statistisches Bundesamt 2020, 3). Die Soziale Schuldenberatung ist insbesondere aus der Praxis der Bewährungshilfe (▶ Kap. 25) und der Wohnungslosenhilfe (▶ Kap. 10) hervorgegangen, erst im Verlauf des allmählichen Ausbaus wurden konzeptionelle und wissenschaftliche Überlegungen zur Profilierung des auch sozialpolitisch bedeutsamen Beratungsansatzes vorgelegt.

Folgt man dem professionspolitisch relevanten Konzept Soziale Schuldenberatung der Arbeitsgemeinschaft Schuldnerberatung der Verbände (AG SBV) aus dem Jahr 2018, wird der Stellenwert der Sozialen Arbeit deutlich. »Soziale Schuldnerberatung versteht sich als Beratungsangebot der Sozialen Arbeit und der Verbraucherberatung, die überschuldeten Klient*innen Hilfestellung gibt, um eine wirtschaftliche Sanierung und psychosoziale Stabilität bei den Hilfesuchenden zu erreichen« (AG SBV 2018, 8). In den Detailausführungen wird der Beratungsprozess erläutert, wobei neben Ansätzen der Gesprächsführung für die unmittelbare Arbeit mit Ratsuchenden auch strukturbezogene Vorgehensweisen einschließlich der stellvertretenden Interessenvertretung aufgegriffen werden, deren Umsetzung beratungsmethodisches Wissen und Arbeitsfeldwissen unter besonderer Beachtung sozial-, verwaltungs- und zivilrechtlicher Kenntnisse erfordert (vgl. ebd., 10f.). In der Sozialen Schuldenberatung spielen naturgemäß rechtliche und ökonomische Fragestellungen eine wichtige Rolle, um Forderungen zu überprüfen, die Existenzgrundlagen mittels des Pfändungsschutzes zu sichern, Verhandlungen mit Gläubigern über Sanierungsalternativen zu führen und bei Bedarf den Weg in das Privatinsolvenzverfahren zu bahnen.

Die Kunst besteht darin, das komplexe Arbeitsfeldwissen beraterisch zu erschließen und in einem kooperativen Prozess mit Ratsuchenden, die auf ganz unterschiedliche Lebensgeschichten und Hintergründe zurückblicken, nutzbar zu machen. Die Soziale Schuldenberatung als eine Variante von Beratung folgt einem allgemeinen Beratungsverständnis. Danach handelt es sich bei der Beratung um eine Interaktion zwischen einer ratsuchenden Person und einem*einer Berater*in, in der die ratsuchende Person mit einer konkreten Frage bzw. einem drängenden Problem alleine überfordert ist. Für die Lösung oder zumindest Linderung ihrer Schwierigkeiten sind Ratsuchende auf die Vermittlung von Wissen, Orientierung und/oder Lösungskompetenzen angewiesen. Hierbei werden Ratsuchende je nach dem Beratungsanlass kognitiv, emotional und/oder praktisch darin unterstützt, alltägliche Anforderungen, komplexe Probleme und Krisen durch die Abwägung von Wahlmöglichkeiten, die Förderung von Zukunftsüberlegungen und Plänen sowie deren Umsetzung zu bewältigen (vgl. Nestmann & Sickendiek 2018, 110f.).

Übertragen auf die Soziale Schuldenberatung sind facettenreiche *Kompetenzen der Gesprächsführung* gefordert, die dazu beitragen, eine tragfähige Arbeitsbeziehung aufzubauen, die Schuldensituation in einer explorativen Gesprächsführung zu erfassen, Ratsuchende für den häufig langen Weg einer Schuldensanierung zu motivieren, umfängliches Wissen über in Frage kommende Handlungsalternativen zu vermitteln und der Reflexion zugänglich zu machen sowie Konflikte und Krisen zu bewältigen und die Interessen der Ratsuchenden gegenüber Dritten dann zu vertreten, wenn sie dazu vorübergehend oder dauerhaft nicht selbst in der Lage sind (vgl. Ansen 2018, 93f.). In der Sozialen Schuldenberatung ist mithin ein gesprächsführungseklektisches Vorgehen indiziert, will man den Ratsuchenden mit ihren ganz unterschiedlichen Belastungen und Schuldenbiografien gerecht werden. Gesprächsführungseklektisch meint in diesem Zusammenhang, dass auf unterschiedliche Methoden wie die personenzentrierte, die motivierende oder die wissensvermittelnde Gesprächsführung situativ und fallbezogen in der Beratungspraxis zurückgegriffen wird.

Obgleich allgemein eingeführt und mittlerweile auch vielfach bekannt, ist der *Terminus Soziale Schuldenberatung* nicht unumstritten. Mit dem Rückgriff auf Schuldenberatung ist die Gefahr verbunden, das Überschuldungsproblem zu individualisieren und die Verhältnisse im Wirtschafts- und Sozialsystem, die ganz maßgeblich zur Überschuldung beitragen, konzeptionell zu vernachlässigen. Aus diesem Grund wird teilweise angeregt, auf den allgemeineren Begriff der Schuldenhilfe zurückzugreifen (vgl. Schwarze 2019, 133). Die Intention dieser begriffspolitischen und konzeptionellen Erwägung ist nachvollziehbar, damit die Lebensumstände der von Überschuldung betroffenen Personen und Haushalte keinesfalls in der Erfassung der Gründe und der Entwicklung von Lösungen vernachlässigt werden. Ob es klug ist, auf den wissenschaftlich und professionell verankerten Beratungsbegriff zu verzichten, ist allerdings fraglich. Ein Ausweg könnte darin bestehen, von Sozialer Schuldenberatung und Unterstützung zu sprechen, um den strukturellen Bedingungen der Überschuldung auch explizit Rechnung zu tragen.

11.4 Aktuelle Herausforderungen

Angesichts der hohen Überschuldungsquote in Deutschland, die nach übereinstimmenden Expert*innenaussagen in den kommenden Jahren bedingt durch die mit der Pandemie verbundenen Einkommensverluste vor allem benachteiligter Bevölkerungsgruppen (vgl. stellvertretend Butterwegge 2020, 283f.) weiter ansteigen wird, steht die Soziale Schuldenberatung vor großen Herausforderungen. Die bestehenden Angebote reichen schon heute nicht aus, um Ratsuchenden flächendeckend ein zeitnah erreichbares Beratungsangebot zu unterbreiten. Ein Ausbau der Schuldenberatung ist (sozial-)politisch unerlässlich, sowohl für die Unterstützung der darauf angewiesenen Menschen als auch für die Kohäsion der Gesellschaft, die heute schon mehr als gefährdet ist.

Eine weitere Herausforderung des Arbeitsfelds resultiert aus der Digitalisierung und den damit verbundenen weiteren *Schließungen von Bankfilialen*, besonders in ländlichen und strukturschwachen Räumen. Bestimmte Bevölkerungsgruppen, vor allem solche mit Sprachbarrieren, Bildungslücken und unzureichenden Lese- und Rechenkompetenzen, werden dadurch besonders belastet. Für die Soziale Schuldenberatung ergibt sich daraus der Auftrag, ihre präventiven Beratungsangebote auszubauen und Ratsuchende in Geld-, Kredit- und Versicherungsfragen zu beraten. Die Soziale Schuldenberatung würde damit ihrem Auftrag des *sozialen Verbraucherschutzes* gerecht (vgl. AG SBV 2018, 17). Eine derartige Ausgestaltung der Sozialen Schuldenberatung trüge dazu bei, Überschuldungsprobleme nicht zu individualisieren, sondern sie in den Kontext des Wirtschaftssystems mit seinen sozial unfairen Kreditbedingungen zu stellen und dabei auf Niedriglöhne, Arbeitslosigkeit, Armut und ungleich verteilte Lebenschancen zu reagieren (vgl. Buschkamp 2019, 157).

Die Soziale Schuldenberatung ist für die ihr bisher zugewiesenen Aufgaben und die neuen Herausforderungen auf eine auskömmliche Finanzierung angewiesen, die in dem heute bestehenden Flickenteppich mit unterschiedlichen Zuständigkeiten von Kommunen für die Schuldenberatung und Ländern für die Insolvenzberatung nicht gewährleistet ist. Die Mittel reichen weder für ein flächendeckend ausreichendes Angebot noch für die angemessene Aus- und Weiterbildung der Fachkräfte für dieses dynamische Arbeitsfeld mit seinen komplexen Anforderungen (vgl. Moers 2020, 2f.).

Weiterführende Literatur

Ansen 2018, Peters & Größl 2020, Schwarze, Buschkamp & Elbers 2019 – s. u.

Internetquellen

Bundesarbeitsgemeinschaft Schuldnerberatung (BAG-SB) e. V.: https://www.bag-sb.de/

Literatur

Ansen, H. (2018): Soziale Schuldnerberatung. Stuttgart: Kohlhammer

AG SBV – Arbeitsgemeinschaft Schuldnerberatung der Verbände (2018): Konzept Soziale Schuldnerberatung.

Buschkamp, H. W. (2019): Schuldnerberatung – die Entwicklung eines sozialberuflichen Arbeitsfelds in Deutschland. In: Schwarze, Buschkamp, Elbers 2019, 148–259.

Butterwegge, C. (2020): Mehr soziale Ungleichheit als zuvor. Auswirkungen und Folgen der Covid-19-Pandemie. In: Neue Praxis 4, 283–298.

Creditreform Wirtschaftsforschung (2020): SchuldnerAtlas Deutschland 2020. Überschuldung von Verbrauchern. Neuss: Eigenverlag.

Moers, I. (2020): Private Verschuldung in der Corona-Krise. Wie kann die Schuldner- und Insolvenzberatung gestärkt werden? In: Friedrich-Ebert-Stiftung Wirtschafts- und Sozialpolitik 12, 1–5.

Nestmann, F. & Sickendiek, U. (2018): Beratung. In: Otto, et. al. (Hrsg.), 110–120.

Otto, H.-U., Thiersch, H., Treptow, R. & Ziegler, H. (Hrsg.) (2018): Handbuch Soziale Arbeit. München: Reinhardt.

Peters, S. & Größl, I. (2020): iff-Überschuldungsreport 2020: Überschuldung in Deutschland. Hamburg: Eigenverlag.

Schwarze, U. (2019): Die Geschichte der Schuldnerhilfe in Deutschland – Von den frühen Ursprüngen bis zum Ende des 20. Jahrhunderts. In: Schwarze, Buschkamp, Elbers 2019, 17–147.

Schwarze, U., Buschkamp, H. W. &Elbers, A. (2019): Geschichte der Schuldnerhilfe in Deutschland. Varianten und Entwicklungspfade aus der Perspektive der Sozialen Arbeit. Weinheim/Basel: Beltz Juventa.

Statistisches Bundesamt (Destatis) (2020): Statistik zur Überschuldung privater Personen. Fachserie 15, Reihe 5. Wiesbaden. https://www.destatis.de/DE/Themen/Gesellschaft-Umwelt/Einkommen-Konsum-Lebensbedingungen/Vermoegen-Schulden/Publikationen/Downloads-Vermoegen-Schulden/ueberschuldung-2150500197004.html.

Handlungsbereich »Soziale Beziehungen und Konfliktsituationen«

Kurzbeschreibung

Der Handlungsbereich bündelt Arbeitsfelder, in denen es um Beziehungen und Konflikte geht zwischen einzelnen Menschen, zwischen Gruppen oder zwischen Gruppen und ›der Gesellschaft‹.

Adressat*innen

Bewohner*innen eines Wohnquartiers
zugewanderte Menschen, Geflüchtete
Frauen in besonderen Lebenslagen

Wichtige Arbeitsfelder/-orte

Arbeitsfelder, die in diesem Band vorgestellt werden:
Gemeinwesen- und sozialraumorientierte Arbeit (▶ Kap. 12); Arbeit mit Familien, die eine Migrationsgeschichte haben (▶ Kap. 13) ; Arbeit in Übergangseinrichtungen für Geflüchtete/Asylsuchende (▶ Kap. 14); Arbeit in einem Frauenhaus oder einer Frauenberatungsstelle (▶ Kap. 15); Hilfen für Frauen beim Ausstieg aus sexuellen Ausbeutungsverhältnissen (▶ Kap. 16); Bildungsarbeit mit diskriminierenden und demokratiefeindlichen jungen Menschen (▶ Kap. 17).

Weitere Arbeitsfelder (Beispiele):
Gleichstellungsarbeit zugunsten von LBTQ+; Ehe-/Lebensberatung; Schwangerschaftskonfliktberatung.

12 Gemeinwesen- und sozialraumorientierte Soziale Arbeit

Heike Herrmann

Die Gemeinwesenarbeit (kurz: GWA) ist ein Konzept, eine Methode und ein Arbeitsfeld der Sozialen Arbeit, das seit den 1990er Jahren in einer engen Verknüpfung mit der sozialraumorientierten Sozialen Arbeit (kurz: SRA) zu sehen ist. Beide Konzepte werden im theoretischen Diskurs unterschiedlich eingegrenzt, in der Praxis in Teilen jedoch als gleich betrachtet (zu den unterschiedlichen Bedeutungen von Sozialraum und Gemeinwesen vgl. Herrmann 2019, 32ff.; Barta 2017). Im Hinblick auf den Auftrag und die Finanzierung der SRA sind zudem zwei weitere Formen zu unterscheiden: die über Budgets finanzierte Soziale Arbeit im Sozialraum und die das sozialräumliche Arbeiten einbeziehende Kinder- und Jugendhilfe. Gemeinsames Ziel der Ansätze ist es, u. a. über Methoden des Empowerments die Lebensqualität von Menschen in ihrem Lebensraum zu verbessern. Aufgrund der engen Verknüpfung wird im Folgenden auf alle drei genannten Formen sozialräumlicher Sozialer Arbeit eingegangen.

12.1 Zur Entwicklung der Arbeitsfelder

Die ersten Ansätze der GWA lassen sich bereits im 19. Jahrhundert in den USA und in England in Form der *Settlement-Bewegung* und im Rahmen des durch die spätere Friedensnobelpreisträgerin Jane Adams 1889 in Chicago gegründeten *Hull House* finden. Hier wurden Prozesse des *Empowerment* (Ermächtigung zur Verbesserung der eigenen Lebensverhältnisse) sowohl auf der lebensweltlichen wie auf der politischen Ebene initiiert (z. B. in Bezug auf das Frauenwahlrecht). Ebenfalls ein früher Ansatz der GWA ist der in den 1930er Jahren von Saul Alinsky entwickelte Ansatz des *Community Organizing*. Eine durch die Organisation der Interessen gewonnene stärkere (Durchsetzungs-)Macht und die kompromisslose Parteilichkeit für die Benachteiligten (vgl. Peil 2012, 175) sind zwei Grundpfeiler dieser Bewegung. In Deutschland prägten daneben vor allem Dieter Oelschlägel (GWA als Arbeitsprinzip) und Wolfgang Hinte (Fachkonzept Sozialraumorientierung) die GWA/SRA.

Die 1990er Jahre brachten mit einer *sozialen Stadtentwicklung* weitere auf den Sozialraum bezogene Ansätze einer SRA hervor, die sich in der Praxis oft nur schwer und manchmal gar nicht von der GWA abgrenzen lassen. Zwei zunächst parallel verlaufende Entwicklungen lassen sich dabei unterscheiden: Über im

Städtebau angesiedelte Programme des Bundes und der Länder, die unter dem Stichwort »Soziale Stadt« firmierten (ab 2020: »Sozialer Zusammenhalt – Zusammenleben im Quartier gemeinsam gestalten«), wurden in Kooperation mit den Kommunen Maßnahmen der städtebaulichen, aktivierenden und vernetzenden Stadt-(Teil-)Entwicklung auf den Weg gebracht. Mit dem Beruf des Quartiersmanagements (vgl. Herrmann 2008) entstand ein neues Arbeitsfeld der Sozialen Arbeit. In den 2000er Jahren lässt sich der hiermit staatlicherseits propagierte Aufbau von Kooperationsstrukturen zwischen Institutionen, Einrichtungen, Bürger*innen und politisch-administrativem System auch in anderen Bereichen wie z. B. im Zusammenhang mit dem Aufbau von *Bildungslandschaften* finden. Gleichzeitig konkretisierte sich ab den 1990er Jahren die Reform der Kinder- und Jugendhilfe mit einer stärkeren sozialräumlichen *Kontextualisierung des Falles*, Elementen der Dezentralisierung und Beteiligung, verbunden mit der territorialen Abgrenzung von Zuständigkeiten. Aus Sicht der steuernden Kommunen, die in der Vergangenheit mit einer z. T. radikal parteilich vorgehenden GWA eher Berührungsängste hatten (vgl. Hinte 2019), ist die mit diesen beiden Strängen beschriebene Sozialraumorientierung als Möglichkeit der Förderung der lokalen Demokratie, zur Aktivierung von Ressourcen und als ordnungspolitisches Instrument zu einer gängigen Alternative geworden.

12.2 Spezifika und rechtliche Grundlagen

Die Besonderheit der GWA/SRA liegt in der Tatsache, dass es sich um *ein Zielgruppen übergreifendes Arbeitsfeld* handelt. Die GWA/SRA richtet sich an Junge wie Ältere, an Menschen verschiedenster Herkunft und Orientierung. Es geht nicht allein um die Perspektive Einzelner, sondern – im Idealfall – um eine Verbesserung von Lebensqualität im Zusammenspiel von sozialräumlicher Umwelt respektive *Sozialraum* und Individuen. Ein wesentlicher Unterschied zwischen der GWA und SRA ist die sozial- bzw. lokalpolitische Ausrichtung der GWA, die mit einem starken *Verständnis der Anwaltschaft* einhergeht. Ein durch alle Ansätze vertretenes Kennzeichen der Arbeit ist die starke Lebensweltorientierung, verknüpft mit der Aktivierung der Beteiligten zur Gestaltung der eigenen Lebensverhältnisse. Aufgrund dieses Ziels richtet sich die Arbeit häufig an artikulations- und durchsetzungsschwache Gruppen. Es sind ihre spezifischen Problemlagen (wie mangelnde gesellschaftliche Teilhabe, aber auch konkrete Probleme der Lebensbewältigung), mit denen sich GWA/SRA beschäftigt. Vor allem zielgruppenübergreifende und raumbezogene Themen stehen im Fokus. Beispielsweise Nutzungskonflikte um konkrete Räume, wie Grünflächen (Spielplatz oder Treffpunkt der Alkoholiker-Szene?), die durch die Soziale Arbeit unterstützte Aushandlungsprozesse erfordern.

Soziale Arbeit ist darüber hinaus mit gesamtstädtisch oder auch regional zu betrachtenden Themen wie der Verteilung und dem Angebot von niedrigpreisigem Wohnraum oder dem Thema Mobilität, insbesondere im ländlichen Raum, befasst. Es geht um lokale Wohnungs- und Eigentümermärkte, die Auswirkungen sozial- und arbeitsmarktpolitischer Entscheidungen – kurz: um alle Bereiche der Lebenswelten. Viele Themen sind entsprechend im politisch-administrativen System nur Handlungsfeld übergreifend zu behandeln. Hinzu kommt, dass manche Ursachen der lokalen Problemlagen auf der überlokalen Ebene zu finden sind. Themen können durch die Soziale Arbeit auf der lokalen Ebene artikuliert, Widersprüche, Zusammenhänge und Konflikte sichtbar gemacht werden, den komplexen Wirkungszusammenhängen entsprechende Lösungswege müssen jedoch zusätzlich auf anderen Ebenen gesucht werden.

So vielfältig wie die Themen sind auch die Finanzierungsformen. Während über das SGB VIII geleistete SRA über den Leistungsanspruch finanziell abgesichert ist, zählen andere Formen der SRA und auch die GWA nicht zu den im Sozialrecht abgesicherten staatlichen Leistungen. Eine Folge dieser Tatsache ist, dass die Arbeit häufig Projektcharakter hat, d. h. die Durchführung und Finanzierung nicht kontinuierlich gewährleistet ist. Die Mittelakquise und -absicherung nimmt damit oft einen unverhältnismäßig breiten Raum ein. Inhalte der sozialräumlichen Arbeit wie Aktivierung oder Netzwerkbildung sind neben anderen Tätigkeiten wie der Flüchtlingssozialarbeit in breit gefassten Budgets enthalten. Ein weiteres Kennzeichen der Finanzierung ist, dass sie sehr unterschiedliche Quellen haben kann. Regionale, lokale oder trägerspezifische Fördertöpfe kommen ebenso vor, wie der Einsatz von Stiftungsgeldern oder eine durch die Wohnungsgesellschaften getragene GWA. SRA wurde und wird vor allem als Quartiers- bzw. Stadtteilmanagement, Regionalmanagement oder Sozialraumkoordination finanziert. Die Finanzierung geschieht hier meist über spezifische Programme oder wird von den Kommunen innerhalb von Verträgen mit Leistungsanbietern (kommunal unterschiedlich) geregelt.

Im Gegensatz zu dieser finanziellen Ausstattung lassen sich in vielen Verordnungen und Gesetzesvorhaben der letzten Jahre sozialräumliche Bezüge finden, so im Altenbericht (BMFSFJ, 2016), Bundesteilhabegesetz (BMAS, 2016) (▶ Kap. 22) oder eben bei der Neuausgestaltung der Kinder- und Jugendhilfe im SGB VIII, die als »Große Lösung« (vgl. Hünersdorf 2019) diskutiert wird. Auch viele der neueren Sozialleistungsgesetze verweisen auf den Sozialraum, so z. B. § 94 Abs. 3 SGB IX:

> »Die Länder haben auf flächendeckende, bedarfsdeckende, am Sozialraum orientierte und inklusiv ausgerichtete Angebote von Leistungsanbietern hinzuwirken und unterstützen die Träger der Eingliederungshilfe bei der Umsetzung ihres Sicherstellungsauftrages.«

12.3 Zentrale Methoden sowie die erforderlichen Kompetenzen der Fachkräfte

Entsprechend der Vielfältigkeit der sozialräumlichen Bedingungen vor Ort, der Heterogenität der Gruppen/Milieus im Sozialraum und dem mit den Konzepten verbundenen Anspruch, explizit an die sozialräumlichen Gegebenheiten anzuknüpfen, werden in der GWA/SRA eine Vielzahl von Methoden eingesetzt. Eine Pionierin der GWA, Herta Kraus, nannte 1951 drei Punkte, die in Bezug auf die Methode zentral seien: Ein erstes sich mit dem Gemeinwesen vertraut machen, Schwachstellen erkennen und schließlich Menschen zusammenbringen, »die bereit sind Zeit und Energie zu investieren, um etwas zu verändern« (Peil 2012, 175). Ergänzt um die Ressourcenorientierung sind dies auch heute noch die zentralen Zielsetzungen der Methoden.

> **Ressourcenorientierung**
>
> Die Ressourcenorientierung nimmt im Gegensatz zur Defizitorientierung die Ressourcen (eines Individuums, einer Gruppe, eines Sozialraums) als Ausgangspunkt des professionellen Handelns. Der systematische Einsatz von Ressourcen für einen gelingenderen Alltag (im Sinne Thierschs) und der Verbesserung von Lebensverhältnissen im Sozialraum ist dabei Element der professionellen Haltung. Eine Methode der Identifizierung von Ressourcen ist die Ressourcenkarte in Form einer Collage, ein anderes Beispiel ist die Durchführung eines interkulturellen Frühstücks, zu dem ›eigene‹ Dinge mitgebracht werden.

Grundlage der Arbeit ist eine *Sozialraum- oder Stärken-Schwächen-Analyse*, die bereits aktivierende Elemente enthalten kann. Die *aktivierende Befragung* (ob als Expert*innenbefragung, Zukunftswerkstatt, Focus-Interviews oder in Form von Nebenbei-Gesprächen) ist dabei die Methode »erster Wahl« (vgl. Hinte 2019, 92). Jedoch ist zu bedenken, dass häufig zahlreiche Versuche und der Weg über Schlüsselpersonen/Gatekeeper notwendig sind, »denn in der Regel warten die Leute nicht darauf, dass endlich irgendwelche dafür bezahlten Menschen auftauchen und sie ›aktivieren‹« (ebd.).

Eine weitere zentrale Methode ist die *Netzwerkarbeit*; über den Aufbau von Beziehungen kann soziales und lokales Kapital (vgl. Herrmann 2000) gewonnen werden. Ergänzt werden diese Methoden durch eine sich an die Stadtteil- und kommunale Öffentlichkeit wendende Soziale Arbeit, die eine positive Identifizierung mit dem Gebiet stärken kann. In Stadtteil- oder Nachbarschaftszentren wird darüber hinaus eine niedrigschwellige Beratung sowie Bildungs- und Kulturarbeit geleistet, finden Bürger*innenversammlungen und nicht zuletzt die Moderation von Aushandlungsprozessen und Konflikten statt. Auch ist die Arbeit in Projekten von großer Bedeutung, die auf spezifische Gruppen oder Räume des Gebiets zugeschnitten sind. Der Kreativität – auch der Fachkraft – sind im Hinblick auf die Gestaltung der sozialen/physischen Räume lediglich finanzielle Grenzen gesetzt.

Da unterschiedliche Kompetenzen und Zugänge gefragt sind (z. B. zu einzelnen Zuwander*innengruppen, Akteur*innen der lokalen Ökonomie oder auch Sprecher*innen von Eigentümer*innen/Investor*innen) empfiehlt sich der Einsatz von interdisziplinären Teams. Erforderliche Kompetenzen ergeben sich zudem aus den Handlungsprinzipien der Ressourcenorientierung, der Vermittlungsfunktion und der Öffentlichkeitsarbeit. Vor allem jedoch braucht es Offenheit gegenüber Neuem und eines Gespürs für die Gegebenheiten vor Ort.

12.4 Wie kann es weitergehen?

Die von Seiten des politisch-administrativen Systems immer wieder geäußerte Hoffnung, über die Sozialraumorientierung die Finanzhaushalte zu entlasten (kritisiert als »neoliberale Aushöhlung des Sozialstaatsprinzips«; Fehren & Kalter 2019, 33), d. h. z. B. die Fallzahlen in der Jugendhilfe zu senken oder auch Stadtteile mit Hilfe von Konfliktmanagement und Partizipationsprozessen zu befrieden, hat sich nur z. T. erfüllt. Ein Grund sind gesellschaftliche Entwicklungen wie die wachsende soziale Ungleichheit, verbunden mit z. B. wachsender Kinderarmut. Auch kommen die Komplexität der Zusammenhänge vor Ort berücksichtigende Wirkungsanalysen kaum zum Tragen. Ein weiteres Hindernis ist eine politisch-administrative Handlungslogik, nach der nach wie vor überwiegend ressortbezogen finanziert wird. So ist es eine Aufgabe der Sozialen Arbeit, fachlich begründete Überzeugungsarbeit dahingehend zu leisten, dass die Soziale Arbeit zur Entwicklung des Gemeinwesens (GWA), zur Stärkung einer sozialräumlichen Infrastruktur und zur Entwicklung der sozialräumlichen Dimension der Einzelfallarbeit sich nicht gegenseitig ersetzen, sondern ergänzen kann. Dies bedarf allerdings einer fachlichen Ausarbeitung, die unterschiedliche Perspektiven und Ansätze einbezieht und Klarheit schafft. Zur Orientierung für eine die Komplexität berücksichtigende Praxis reicht es nicht, *Sozialraum* als »Trendmetapher« (Drilling u. a. 2015, 21) oder »Catch-All-Begriff« (Kessl & Reutlinger 2018, 1076) zu führen. Der Sozialraum ist als Lebens- und damit Beziehungs- und Aneignungsraum konzeptionell, mehr als bisher geschehen, in das Handeln der Sozialen Arbeit einzubeziehen und seine begriffliche Verwendung innerhalb der Sozialen Arbeit wie darüber hinaus explizit und transparent zu kommunizieren.

Weiterführende Literatur

Herrmann, Heike (2019) (s. u.).
Kessl, Fabian & Reutlinger, Christian (Hrsg.) (2019): Handbuch Sozialraum. Grundlagen für den Bildungs- und Sozialbereich (2. Aufl.). Wiesbaden: Springer VS.

Internetquellen

https://www.sozialraum.de
https://www.socialnet.de

Literatur

Barta, Sarah (2017): »Gemeinwesen« – ein Leitbegriff der Sozialen Arbeit? Eine kritische Auseinandersetzung von der staatsphilosophischen bis zur gesellschaftskritischen Perspektive. In: soziales_kapital Bd. 17. http://www.soziales-kapital.at/index.php/sozialeskapital/article/viewFile/507/913.pdf, Aufruf: 27.01.2021.

BMAS (2016): Teilhabebericht der Bundesregierung über die Lebenslagen von Menschen mit Beeinträchtigungen. ISG Institut für Sozialforschung und Gesellschaftspolitik GmbH im Auftrag des Bundesministeriums für Arbeit und Soziales. http://www.bmas.de/SharedDocs/Downloads/DE/PDF-Publikationen/a125-16-teilhabebericht.pdf?__blob=publicationFile&v=7, Aufruf: 27.01.2021.

BMFSFJ (2016): Siebter Bericht zur Lage der älteren Generation in der Bundesrepublik Deutschland Sorge und Mitverantwortung in der Kommune – Aufbau und Sicherung zukunftsfähiger Gemeinschaften und Stellungnahme der Bundesregierung. Drucksache 18/10210.

Drilling, M., Oehler, P. & Schnur, O. (2015): Über den emanzipatorischen-utopischen Gehalt von Sozialraumorientierung. In: Widersprüche e. V. (Hrsg.): Sozialraum ist die Antwort. Was war nochmals die Frage? Zeitschrift für sozialistische Politik im Bildungs-, Gesundheits- und Sozialbereich, Band 135. Münster: Westfälisches Dampfboot, 21–39.

Fehren, O. & Kalter, B. (2019): Zur Debatte um Sozialraumorientierung in Theorie- und Forschungsdiskursen. In: Fürst, Roland & Hinte, Wolfgang (Hrsg.): Sozialraumorientierung. Ein Studienbuch zu fachlichen, institutionellen und finanziellen Aspekten (3., akt. Aufl.). Stuttgart: UTB, 33–47.

Herrmann, H. (2000): Sozialraum Quartier: Konfliktfelder und Perspektiven in Großstadtregionen. In: Journal für Konflikt- und Gewaltforschung. Heft 2. Bielefeld: Univ. Bielefeld, 207–223.

Herrmann, H. (2008): Gesichter und Facetten des Managements im Sozialen Raum. In: Alisch, M. & May, M. (Hrsg.): Kompetenzen im Sozialraum – Sozialraumentwicklung und -organisation als transdisziplinäres Projekt. Opladen: Budrich, 197–216.

Herrmann, H. (2019): Soziale Arbeit im Sozialraum. Stadtsoziologische Zugänge. Reihe »Grundwissen Soziale Arbeit«. Stuttgart: Kohlhammer.

Hinte, W. (2019): Von der Gemeinwesenarbeit zum sozialräumlichen Handeln. In: Kreft, D. & Müller, W. (Hrsg.): Methodenlehre in der Sozialen Arbeit (3., überarb. Aufl.). München: Reinhardt, 89–99.

Hünersdorf, B. (2019): Im fachpolitischen »Niemandsland«: Eine Positionierung zur abgebrochenen und anstehenden SGB VIII-Reform. In: Soziale Passagen, 177–196. https://doi.org/10.1007/s12592-018-0303-8, Aufruf: 05.09.2019.

Kessl, F. & Reutlinger, C. (2010): Einleitung: Die Rede vom Raum und die Ordnung des Räumlichen. In: Kessl, F., Reutlinger, C. & Deinet, U. (Hrsg.): Sozialraum. Eine Einführung (2., durchges. Aufl.). Lehrbuch, Bd. 4. Wiesbaden: Springer VS, 7–20.

Kessl, F. & Reutlinger, C. (2018): Sozialraumorientierung. In: Böllert, K. (Hrsg.): Kompendium Kinder- und Jugendhilfe. Wiesbaden: Springer VS, 1067–1094.

Peil, S. (2012): Zur Geschichte der Gemeinwesenarbeit. In: Blandow, R., Kanbe, J. & Ottersbach, M. (Hrsg.): Die Zukunft der Gemeinwesenarbeit. Von der Revolte zur Steuerung und zurück? Wiesbaden: Springer VS, 173–182.

13 Familien mit Migrationsgeschichte

Hiltrud Stöcker-Zafari

Von den acht Millionen Familien mit Kindern unter 18 Jahren hat in Deutschland jede dritte Familie eine Migrationsgeschichte (BMFSFJ 2020, 6). Ein Teil dieser Familien hat Fragen, Anliegen oder Probleme oder benötigt Unterstützung in schwierigen Lebenslagen. Auch wenn migrationsspezifische Themen und Bedarfe vorliegen können, müssen nicht alle Schwierigkeiten mit der Migrationsgeschichte im Zusammenhang stehen.

13.1 Wer sind Familien mit Migrationsgeschichte?

Ein Migrationshintergrund wird Menschen zugeschrieben, die selbst oder bei denen mindestens ein Elternteil nicht mit deutscher Staatsangehörigkeit geboren wurden (Statistisches Bundesamt 2020, 4). Der Mikrozensus 2019 wies eine Einwohner*innenzahl von 81,8 Millionen auf, davon hatten 26 % einen Migrationshintergrund. Bei den Kindern unter fünf Jahren lag der Anteil sogar bei 40,4 % (Statistisches Bundesamt 2020; bpb 2020). Gut ein Drittel aller Personen mit Migrationshintergrund ist in Deutschland geboren (35,6 %).

Der Begriff Migrationshintergrund suggeriert eine Homogenität der Personengruppe, die real nicht existiert. Familien mit Migrationsgeschichte leben in verschiedenen Familienformen, ob mit oder ohne Kinder bzw. in Ein-Eltern-Familien. Sie unterscheiden sich nach Alter und Geschlecht, nationaler und regionaler Herkunft, sozialer und wirtschaftlicher Lebenslage, Bildungsabschlüssen und Erwerbstätigkeit, Aufenthaltsdauer im Bundesgebiet und religiöser Verbundenheit. Ebenso unterschiedlich können die Gründe zur Migration sein (politische Verfolgung, sozioökonomische oder berufliche Gründe, Wunsch nach Zusammenleben mit Angehörigen). Die Migrationsmotive sind nicht unerheblich für den Grad der Offenheit und Bereitschaft, sich auf Neues einzustellen und einzulassen und dabei Bekanntes und Gewohntes hinter sich zu lassen.

Familien mit Migrationsgeschichte unterscheiden sich weiterhin voneinander bezüglich ihrer rechtlichen Stellung in Deutschland und damit ihrer Möglichkeiten der gesellschaftlichen Teilhabe. Hierunter befinden sich Menschen, die in den 1950er und 1960er Jahren als Arbeitsmigrant*innen angeworben wurden, ebenso wie Unionsbürger*innen mit ihren Familienangehörigen, die von ihrem Recht auf Freizügigkeit Gebrauch machen, binationale Familien mit deutscher

Beteiligung oder Spätaussiedler*innen, Flüchtlinge aus den Krisengebieten dieser Welt, Ehepartner*innen aus allen Ländern dieser Welt, die über den Weg der Familienzusammenführung nach Deutschland gekommen sind und nicht zuletzt Familien ohne regulären Status, die statistisch allerdings nicht erfasst sind.

Weitere Differenzierungen tun sich auf, wenn die innerfamiliale Situation betrachtet wird. Allein hinsichtlich des Zugangs nach Deutschland, der Dauer des Aufenthalts und damit verbunden der Erfahrungen im Migrationsprozess können innerhalb einer Familie große Unterschiede bestehen. Familien kommen nicht immer als Einheit nach Deutschland, ein Ehegatte reist zu einem früheren Zeitpunkt ein und holt später die Angehörigen nach. Kinder werden im Bundesgebiet geboren und wachsen folglich unter anderen Rahmenbedingungen (räumlich und zeitlich) auf als die Geschwister, die mit den Eltern gemeinsam nach Deutschland kamen.

13.2 Lebenswirklichkeiten von Familien mit Migrationsgeschichte

Es wäre unangemessen, nach der soeben dargestellten Heterogenität den Familien mit Migrationsgeschichte eine gemeinsame soziale Wirklichkeit unterstellen zu wollen. Zu vielfältig sind die Lebensauffassungen und Lebensweisen, wie auch die Sinus- Migrantenmilieus-Studie zeigt. Unterscheidungen innerhalb der migrantischen Population erfolgen weniger nach ethnischer Herkunft als nach ihren Wertvorstellungen und Lebensstilen. Mehrheitlich verstehen sich die Menschen mit Migrationsgeschichte als selbstverständliches Mitglied dieser Gesellschaft und nicht als Migrant*innen. Allerdings fühlen sich 26 % der Menschen ausgegrenzt, nicht zugehörig und heimatlos (Sinus Markt- und Sozialforschung 2018).

Familien mit Migrationsgeschichte erwirtschaften ihren Lebensunterhalt zum größten Teil aus eigener Erwerbstätigkeit (81 %), sind aber häufiger auf soziale Unterstützung (15 %) angewiesen als Familien ohne Migrationsgeschichte (5 %) (BMFSFJ 2020, 31). Die Familien leben im Durchschnitt mit einem deutlich geringeren monatlichen Nettoeinkommen und sind stärker armutsgefährdet als Familien ohne Migrationsgeschichte (ebd., 32). Viele Migrant*innen verrichten Tätigkeiten unterhalb ihrer erworbenen beruflichen Qualifikation. Erst seit 2012 können ausländische Berufsqualifikationen auf ihre Gleichwertigkeit mit einem deutschen Referenzberuf überprüft und anerkannt werden (58 % der Anträge wurden in 2018 anerkannt, ebd., 26).

13.2.1 Rechtliche Rahmenbedingungen

Ein Großteil der Menschen mit Migrationsgeschichte kommt aus einem Staat der Europäischen Union und genießt Freizügigkeit, in 2019 machten sie 51,1 %

der Zugezogenen aus (BAMF o. J.). Für Menschen aus Drittstaaten, d. h. aus Ländern außerhalb der Europäischen Union, bestehen dagegen restriktive ausländerrechtliche Regelungen (▶ Kap. 14). Diese erzeugen nicht selten Angst vor Aufenthaltsverlust, selbst wenn dieser real nicht zu befürchten ist. Insbesondere wenn eine Familie staatliche Transferleistungen benötigt, kann diese Angst bestehen, auch wenn sie einen sicheren Aufenthaltsstatus hat oder bereits eingebürgert wurde.

Bei familienrechtlichen Themen wie Trennung und Scheidung können vermehrt Ängste und Verunsicherungen durch tatsächliche oder vermutete Auswirkungen ausländischen Rechts ausgelöst werden. So befürchten Frauen z. B. nach einer Trennung, das Sorgerecht für ihre Kinder zu verlieren, ebenso den Anspruch auf Unterhaltszahlungen, vor allem wenn ein Bezug zu einem Land des islamischen Rechtskreises besteht.

13.2.2 Strukturelle Rahmenbedingungen

Regelmäßig kommt es zu Benachteiligungen beim Zugang zum Arbeitsmarkt. Allein der Name oder das Bewerbungsfoto stellen vielfach ein Ausschlusskriterium dar, zu einem Bewerbungsgespräch geladen zu werden (Antidiskriminierungsstelle des Bundes). Mit ungleichen Chancen haben Kinder und Jugendliche aus Familien mit Migrationsgeschichte auch im deutschen Bildungssystem zu kämpfen, obgleich drei Viertel von ihnen (73 %) bereits in der zweiten oder dritten Generation in Deutschland leben (dji 2020, V). Durch seine Gliederung und frühe Auslese verfestigt das Schulsystem die aus der sozialen Herkunft resultierende Benachteiligung der Kinder. Sprachbarrieren und teilweise geringe Kenntnisse des hiesigen Schul- und Ausbildungssystems stellen für Familien Hürden dar (ebd.). Den Familien fehlt z. B. das Wissen über die Bedeutung des Zusammenwirkens von Eltern, Kind und Schule.

Weitere Benachteiligungen können sich im sozialen Umfeld ergeben, am Arbeitsplatz, bei der Wohnungssuche, beim Einkaufen, in der Nachbarschaft oder in der Schule. Wo kommst du her? ist eine Standardfrage, mit der Migrant*innen beständig ›fremd‹ gemacht werden.

Familien mit Migrationsgeschichte müssen sich immer wieder mit Zuschreibungen auseinandersetzen wie rückständig, patriarchalisch, frauenunterdrückend und fundamentalistisch zu sein. Das Erleben von Benachteiligung oder gar offenen Rassismus in der Gesellschaft, in der Verwaltung und bei Behörden erschwert die Entwicklung von Vertrauen und Offenheit im Hilfekontext.

13.2.3 Diversitätssensible Aspekte

Werte, Verhaltensnormen, Kommunikationsformen, Religionszugehörigkeit entwickeln Menschen im Kontext ihrer jeweiligen Umgebung, in der Regel im Kontext der Herkunftskultur, der Ethnie, der Familie. Das Aufeinandertreffen unterschiedlicher Wert- und Normensysteme, die notwendigen Aushandlungs- und Anpassungsprozesse können auf der individuellen Ebene, innerhalb der Familie sowie auf der gesellschaftlichen Ebene zu Konflikten und Krisen führen. Sollen dann Hilfestrukturen in Anspruch genommen werden, stellt sich bei Familien mit Migrationsgeschichte oft die Frage des Vertrauens in die Strukturen. Wie gut kennen und erfassen sie Hilfestrukturen und können diese dann auch nutzen?

13.3 Anspruch auf Teilhabe

Im Verhältnis zum Bevölkerungsanteil sind Familien mit Migrationsgeschichte in Beratungsstellen und in präventiv anzusetzenden Hilfe- oder Bildungsangeboten unterrepräsentiert. Ein wesentlicher Grund dafür ist, dass Angebote nicht auf die speziellen Bedürfnisse und Erfordernisse dieser Zielgruppe zugeschnitten sind. Die seit vielen Jahren geführte Diskussion zur interkulturellen Öffnung der Regelversorgung hat zwar ein größeres Bewusstsein für die Belange von Familien mit Migrationsgeschichte geschaffen, flächendeckend ist dies in den Regeleinrichtungen aber nicht geschehen. Allerdings haben einzelne Einrichtungen spezielle Angebote entwickelt oder sich migrations- und diversitätssensibel ausgerichtet, z. B. durch mehrsprachige Beratungsmöglichkeiten oder divers zusammengesetzte Teams. Dadurch wurden verstärkt Familien mit Migrationsgeschichte erreicht (Gaitanidis 2019, 111). Neben den Fachdiensten für Migration der Wohlfahrtsverbände sind die Familien vorzugsweise bei spezialisierten Beratungsstellen anzutreffen, die aus der Selbstorganisation kultureller oder nationaler Gruppen entstanden sind. Zum Teil stehen sie im Kontakt zu eigens für diese Familien ausgerichteten Einrichtungen wie z. B. internationalen Familienzentren oder interkulturellen Initiativen, die u. a. berufliche Perspektiven für Migrant*innen fokussieren oder auch spezielle gemeinwesenorientierte Angebote für Frauen und Kinder bereithalten (siehe z. B. agisra in Köln, berami in Frankfurt a. M. oder die in der BAGIV zusammengeschlossenen Initiativen und Elternvereine).

13.4 Migrations- und diskriminierungssensible Perspektiven in der Sozialen Arbeit

Zur Ausgestaltung von Angeboten für Familien mit Migrationsgeschichte bedarf es der Entscheidung und Steuerung auf institutioneller/struktureller Ebene. Die Einrichtungen müssen auch für potenzielle Klientel eine sichtbare migrationssensible Ausrichtung haben. Ansatzpunkte sind mehrsprachiges Informationsmaterial, divers aufgestellte Teams, mehrsprachige Kommunikations- und Beratungsmöglichkeiten, Einbeziehung von Dolmetscher*innen oder Sprachmittler*innen, eine gezielte Förderung diversitäts- und migrationsbezogener Kompetenz aller Mitarbeitenden der Einrichtung durch Fortbildung und Supervision. Angebote sollten wohnortnah und sozialraumorientiert sein mit flexiblen Öffnungszeiten, geringen Teilnahmegebühren, um keine Barrieren für wirtschaftlich benachteiligte Familien zu errichten. Entgegen der üblichen »Komm-Struktur« erleichtert eine Verlagerung der Angebote an Orte, an denen Migrant*innen ohnehin anzutreffen sind wie Kindereinrichtungen, Schulen, Arztpraxen, zusätzlich den Zugang auch für alle anderen nicht privilegierten Familien.

Die Mitarbeitenden stehen angesichts der vielfältigen Lebensweisen und Haltungen der Zielgruppen oft vor hohen Anforderungen. Sie müssen hierauf vorbereitet werden. Das Konzept der interkulturellen bzw. diskriminierungssensiblen Kompetenz bietet eine Möglichkeit, sich vielfältig aufzustellen. Einzig das Wissen über andere Kulturen hilft dabei nicht weiter, um den Handlungsspielraum für die alltägliche Praxis in der Sozialen Arbeit zu erweitern. Kultur darf keineswegs mit Nationalität oder ethnischer Zugehörigkeit gleichgesetzt werden. Kultur ist nicht statisch und gilt nicht für jeden Menschen in gleichem Maße. Das heißt die Menschen, denen eine bestimmte Kultur zugeschrieben wird, leben diese sehr unterschiedlich und fühlen sich dieser unterschiedlich stark verbunden. Die Beurteilung einer Situation allein aufgrund einer (vermeintlichen) kulturellen Prägung oder Verbundenheit birgt damit die große Gefahr einer unangemessenen Kulturalisierung und Ethnisierung. Menschen sind nicht nur kulturell geprägt, sondern weisen vielfältige Zugehörigkeiten auf, hinsichtlich Herkunft, Geschlecht oder sozialer Lebenslage. Es bestehen Wechselwirkungen zwischen diesen Dimensionen, sie verschränken und überschneiden sich. Es ist notwendig, sich mit den überkreuzenden Benachteiligungen oder Diskriminierungen in der Sozialen Arbeit auseinanderzusetzen. Zum Beispiel männlich – arbeitslos – libanesischer Herkunft beinhaltet mehrere Dimensionen sozialer Benachteiligung oder auch weiblich – schwarz – lesbisch. Dieser intersektionale Ansatz beugt vor, Menschen auf eine einzige Dimension hin zu klassifizieren, und trägt dazu bei, sie in ihrer Ganzheitlichkeit wahrzunehmen. Mitarbeitende der Sozialen Arbeit sind dabei angehalten, eigene Bilder und Wahrnehmungsstrukturen, die diesen Vorgang behindern (können), kritisch zu reflektieren.

Vor diesem Hintergrund bedeutet Soziale Arbeit mit Familien mit Migrationsgeschichte: in Kommunikation mit den Menschen treten, Differenz aushalten, Unterschiede sehen – sie anerkennen und wertschätzen, Unbekanntem und Neuem mit Respekt begegnen und nicht zuletzt die eigene Verunsicherung und Irritation als Chance für neue Einsichten und Entdeckungen begreifen. Dabei kommt dem Blick auf die Ressourcen in den Familien eine wesentliche Bedeutung zu. Zum Beispiel sind viele Migrant*innen mehrsprachig. Sie können sich sehr flexibel auf unterschiedliche Situationen und in verschiedenen Kontexten bewegen. Sie haben folglich Stärken, die zu aktivieren sind. Ähnlich lassen sich die eigenen ethnischen Netzwerke als Potentiale nutzen. Wie diese unterstützen könnten, darüber wissen die Migrant*innen am besten Bescheid. Oftmals ist dies heraus zu finden, indem Personen gefragt werden, was sie denn tun würden, wenn sie dieses ›Problem‹ in ihrem Herkunftsland oder in ihrer Familie hätten. Ein solcher Perspektivenwechsel erleichtert oftmals den Zugang. Dies setzt allerdings voraus, dass Familien mit Migrationsgeschichte als handelnde Subjekte wahrgenommen werden und nicht allein als Hilfebedürftige mit Defiziten ausgestattete Objekte.

Da allen inhaltlichen Anforderungen bei der Komplexität der Lebenslagen in der oftmals geforderten Tiefe kaum nachzukommen ist, erfordert die Arbeit mit Familien mit Migrationsgeschichte ein vernetztes Arbeiten. Fachkreise, aber auch Migrant*innenorganisationen bieten sich z. B. an zum fachlichen Austausch, zur Inanspruchnahme kollegialer Unterstützung bei spezifischen Fragestellungen oder auch wenn Migrant*innen Opfer von Rassismus oder Diskriminierung geworden sind. Ebenso unabdingbar ist eine vertrauensvolle Zusammenarbeit mit Anwält*innen, die in der Thematik versiert sind und sich entsprechend fachlich ausgerichtet haben.

13.5 Streiflicht: Integrationspolitik

Mit dem Zuwanderungsgesetz 2005, dem »Gesetz zur Steuerung und Begrenzung der Zuwanderung«, wurde Integration erstmalig als staatliche Aufgabe festgeschrieben. Das Kernstück der gesetzlichen Maßnahmen bilden Integrationskurse mit 600 Stunden Deutsch-Sprachkurs und einem 100-stündigen Orientierungskurs, der Kenntnisse über die Geschichte und die gesellschaftspolitische Struktur Deutschlands vermitteln soll. Der Integrationsprozess soll flankierend durch eine professionelle Einzelfallberatung (Case Management) von der Migrationsberatung für Erwachsene (MBE) initiiert, gesteuert und begleitet werden. Die Angebote werden überwiegend staatlich finanziert und wohnortnah angeboten, mittlerweile als mbeon auch online über eine App. Zusätzlich soll die Integration von zugewanderten Menschen durch Projekte gefördert werden, z. B. gemeinwesenorientierte Projekte, Projekte im Sportbereich oder spezifische Angebote für Mädchen und Frauen (BMI 2020a).

Dennoch ist die aktuelle Politik nicht von einer Offenheit für Zuwanderung bestimmt. Das Ziel der Migrationspolitik wird in den Aussagen des BMI deutlich: Sie »dient der Steuerung, Kontrolle und Begrenzung des Zuzugs von Ausländern in unser Land. Dabei sind die Aufnahme- und Integrationsfähigkeit unserer Gesellschaft sowie unsere wirtschaftlichen und arbeitsmarktpolitischen Interessen zu berücksichtigen« (BMI 2020b).

13.6 Auswirkungen auf Soziale Arbeit

Die Integrationsangebote in Form von Deutschkursen sind ein wichtiger Baustein auch für die Soziale Arbeit, ebenso die Migrationsberatung für Erwachsene. Letztere wurde erweitert um eine Lern- und Sozialbegleitung mit dem Ziel, lernungewohnte Teilnehmende zu unterstützen (Beauftragte 2019, 106). Entsprechend der Koppelung von Migration und Integration mit wirtschaftlicher Nützlichkeit, sind diese Programme für Teilnehmende vorgesehen, die sich rechtmäßig im Bundesgebiet aufhalten und eine Daueraufenthaltsperspektive haben (ebd., 104). Die Maßnahmen zielen in erster Linie auf Menschen ab, die noch nicht so lange im Bundesgebiet sind und sich folglich orientieren müssen. Auch die o. g. Integrationsprojekte sollen den Austausch zwischen Zugewanderten und Aufnahmegesellschaft fördern und die wechselseitige Akzeptanz unterstützen (BMI 2020a). Für einen begrenzten Zeitraum können diese zielführend sein im Sinn einer individuellen oder familiären Unterstützung. Sie sind aber nicht geeignet, notwendige Strukturen oder die Etablierung wichtiger Angebote in der Sozialen Arbeit zu sichern.

Je nach Lebenssituation muss die Soziale Arbeit mit unterschiedlichen Folgen und Begleitumständen der Migration umgehen wie mit Neuorientierung, Erwerb bzw. Optimierung deutscher Sprachkenntnisse, ausländerrechtlicher Einschränkungen, mangelnde Diversität in Behörden und Verwaltung sowie Diskriminierung und Rassismus. Neben niedrigschwelligen lebenswelt- und sozialraumorientierten Angeboten, die partizipativ und diversitätssensibel vorzuhalten sind, sind Forderungen nach diskriminierungssensiblen Zugängen zu den Bereichen der Regelversorgung, zu Behörden und Verwaltung zu erheben. Als Interessenwalterin muss die Soziale Arbeit politische, rechtliche und strukturelle Änderungen einfordern, um eine gleichberechtigte Teilhabe von Migrant*innen bzw. von Familien mit Migrationsgeschichte zu erzielen.

13.7 Ausblick

Die Themen Migration und Integration sind wichtige Politikfelder geworden. Gleichzeitig fehlt ein Bekenntnis dazu, dass Migration ein bedeutender Motor für gesellschaftliche Entwicklung ist und Migrant*innen mit ihrem Wissen, ihren Erfahrungen, Sprachen und Perspektiven Gesellschaft mitgestalten und verändern. Erforderliche Interventionen und Förderungen müssen bedarfsorientiert erfolgen. Oft ist die soziale Lebenslage ausschlaggebend für bestehende Nachteile und weniger die nationale oder kulturelle Herkunft der Familien. Bestimmte Familien haben neben sozialen Problemen auch belastende Momente der Migration und Integration zu verarbeiten. Noch ist Migration nicht selbstverständlich im Blick aller Einrichtungen und Organisationen. Solange dies so ist, sind besondere zielgruppenorientierte Angebote erforderlich.

Weiterführende Literatur

Blank, B., Gögercin, S., Sauer, K. & Schramkowski, B. (Hrsg.) (2018): Soziale Arbeit in der Migrationsgesellschaft. Grundlagen-Konzepte-Handlungsfelder. Wiesbaden: Springer VS.
El-Mafaalani, A. (2018): Das Integrationsparadox. Köln: Kiepenheuer & Witsch.
Frings, D., Janda, C., Keßler, S. & Steffen, E. (2017): Sozialrecht für Zuwanderer. Baden-Baden: Nomos.

Internetquellen

Mediendienst Integration: https://mediendienst-integration.de
IDA – Informations- und Dokumentationszentrum für Antirassismusarbeit e.V.: www.IDAeV.de
MIGazin – online Newsletter: www.migazin.de
Verband binationaler Familien und Partnerschaften, iaf e.V. – Newsletter: www.verband-binationaler.de

Literatur

Antidiskriminierungsstelle des Bundes (o. J.): Anonymisierte Bewerbungen. https://www.antidiskriminierungsstelle.de/DE/ThemenUndForschung/Projekte/anonymisierte_bewerbungen/anonymisierte_bewerbungen_node.html, Aufruf: 12.12.2020.
Die Beauftragte der Bundesregierung für Migration, Flüchtlinge und Integration (2019): Deutschland kann Integration: Potenziale fördern, Integration fordern, Zusammenhalt stärken. 12. Integrationsbericht. https://www.integrationsbeauftragte.de/ib-de/service/daten-und-fakten/fakten/12-lagebericht, Aufruf 10.12.2020.
Bundesamt für Migration und Flüchtlinge (o. J.): Migrationsbericht 2019. https://www.bamf.de/SharedDocs/Anlagen/DE/Forschung/Migrationsberichte/migrationsbericht-2019-zentraleergebnisse.html;jsessionid=7FB577DCD131FBDF9B95806C86FCA987.internet551, Aufruf: 08.12.2020.
Bundesministerium des Innern für Bau und Heimat (2020a): Integration – In Gemeinschaft zusammenleben. https://www.bmi.bund.de/DE/themen/heimat-integration/integration/integration-node.html, Aufruf: 13.12.2020.
Bundesministerium des Innern für Bau und Heimat (2020b): Migration. https://www.bmi.bund.de/DE/themen/migration/migration-node.html, Aufruf: 13.12.2020.
Bundesministerium für Familie, Senioren, Frauen und Jugend (Hrsg.) (2020): Gelebte Vielfalt: Familien mit Migrationshintergrund in Deutschland. https://www.bmfsfj.de/blob/116880/a75bd78c678436499c1afa0e718c1719/gelebte-vielfalt–familien-mit-migrationshintergrund-in-deutschland-data.pdf, Aufruf: 14.12.2020.
Bundeszentrale für politische Bildung (2020): Bevölkerung mit Migrationshintergrund I. https://www.bpb.de/nachschlagen/zahlen-und-fakten/soziale-situation-in-deutschland/61646/migrationshintergrund-i, Aufruf: 08.12.2020.
DJI – Deutsches Jugendinstitut (2020): DJI-Kinder- und Jugendmigrationsreport 2020. https://www.dji.de/fileadmin/user_upload/dasdji/news/2020/DJI_Migrationsreport_2020.pdf, Aufruf: 10.12.2020.

Gaitanidis, S. (2019): Lebensweltorientierung der Sozialen Arbeit in der Migrationsgesellschaft. In: LebensWelt gGmbH Berlin (Hrsg.): Festschrift »Zwanzig Jahre 1999–2019«, 106–115. https://www.lebenswelt-berlin.de/veroeffentlichungen, Aufruf: 15.12.2020.

Sinus Markt- und Sozialforschung GmbH (2018): Sinus Migrantenmilieus 2018: Studie zeigt große Vielfalt an Lebensstilen unter Migranten. https://www.sinus-institut.de/veroeffentlichungen/meldungen/detail/news/sinus-migrantenmilieus-2018-studie-zeigt-grosse-vielfalt-an-lebensstilen-unter-migranten/news-a/show/news-c/NewsItem/, Aufruf: 10.12.2020.

Statistisches Bundesamt (2020): Bevölkerung und Erwerbstätigkeit. Bevölkerung mit Migrationshintergrund – Ergebnisse des Mikrozensus 2019. Fachserie 1 Reihe 2.2. Pressemitteilung vom 28.07.2020; https://www.destatis.de/DE/Presse/Pressemitteilungen/2020/07/PD20_279_12511.html; Aufruf: 08.12.2020).

14 Soziale Arbeit mit Geflüchteten und Asylsuchenden

Donja Amirpur

Mit der Fluchtmigration in 2015 wurde zuweilen der Eindruck erweckt, bei der Unterstützung von geflüchteten Menschen habe sich ein neues Arbeitsfeld für die Soziale Arbeit aufgetan. Ignoriert wurde dabei allerdings, dass die Soziale Arbeit und ihre Akteur*innen schon lange im Arbeitsfeld *Flucht* tätig sind (vgl. Kunz 2017, 38) und – das zeigen die Ausführungen im Folgenden – über eine große Expertise verfügen.

14.1 Lebensbedingungen von Geflüchteten

Zahlen zu Menschen auf der Flucht weltweit (vgl. UNHCR 2019) deuten auf eine besorgniserregende Entwicklung hin. »Besorgniserregend« insofern, weil Flucht schließlich eine erzwungene, unfreiwillige Migration bezeichnet (vgl. Seukwa 2016, 196).

Wenn in Deutschland von sog. Flüchtlingen die Rede ist, sind meist Asylsuchende gemeint, die beim Bundesamt für Migration und Flüchtlinge (BAMF 2019) einen Antrag auf Asyl gestellt haben und über den die Behörde noch nicht entschieden hat. Asylsuchende bzw. geflüchtete Menschen stellen von ihrem Rechtstatus eine besondere Gruppe von Migrant*innen dar. Ist ihr Fluchtgrund (noch) nicht anerkannt, sind sie von ihrem Rechtsstatus her und aus vielen weiteren Gründen einer Reihe von Restriktionen unterworfen. Dazu zählen neben anderen keine freie Wahl des Wohnorts, keinen oder eingeschränkten Zugang zum Arbeitsmarkt oder zum Bildungssystem.

Empirische Studien dokumentieren ausführlich die prekären Lebenslagen von Geflüchteten in Deutschland (etwa Seukwa 2006 und 2013; Gag & Voges 2014): Sie erleben mit der Flucht eine extreme Umstellung ihres Lebens, die meist einhergeht mit einer sozioökonomischen Abstufung, Unsicherheit im Hinblick auf die Bleibeperspektiven und einer Fremdheit im Umgang mit Behörden und Institutionen. Hinzu kommen möglicherweise Traumatisierungen, die mit den Erlebnissen im Herkunftsland und mit der Flucht im Zusammenhang stehen können. Dazu erleben sie im Aufnahmeland häufig Rassismus und Diskriminierung, verbunden mit der Angst vor gewalttätigen Übergriffen auf ihre Unterkunft, auf sich und ihre Familien. Die Rassismuserfahrungen sind erhebliche Stressoren (vgl. Melter 2006). In den Gemeinschaftsunterkünften findet das Leben unter schwierigen Bedingungen statt. Viele Eltern plagt ein schlechtes Gewissen, dass sie ihren Kindern eine Flucht zugemutet haben (vgl. Amirpur 2016). Geflüchtete Menschen leben isoliert und segregiert in Gemeinschaftsunterkünften, der häufige Wohnortwechsel verhindert das Knüpfen von Kontakten und einen Beziehungsaufbau. Exkludierende Bedingungen erschweren den Zugang zu Bildung (vgl. Massumi 2019) und das Modell der sog. Willkommensklassen fördert die Segregation von geflüchteten Schüler*innen (vgl. Karakayalı u. a. 2017).

14.2 Rechtliche Rahmenbedingungen

Die Genfer Flüchtlingskonvention (GFK) von 1951 legt fest, wer rechtlich als Flüchtling gilt, und welchen Schutz, welche Hilfe und welche Rechte die Person erhalten soll. Artikel 1 GFK definiert Geflüchtete als Personen, die sich aus der begründeten Furcht vor Verfolgung wegen ihrer »Rasse« (sic!), Religion, Nationalität, Zugehörigkeit zu einer bestimmten sozialen Gruppe oder wegen ihrer politischen Überzeugung außerhalb des Landes befinden, dessen Staatsangehörigkeit sie besitzen oder in dem sie ihren ständigen Wohnsitz haben. Eine geflüchtete Person kann den Schutz ihres Landes nicht in Anspruch nehmen oder aus Furcht vor Verfolgung nicht dorthin zurückkehren. Die Konvention verpflichtet die Vertragsparteien, die Menschenrechte von geflüchteten Menschen zu wahren und niemanden in ein Land zurückzuschicken, in dem er*sie von Verfolgung bedroht ist. Insgesamt haben 148 von 193 Mitgliedsstaaten der Vereinten Nationen – unter ihnen auch Deutschland – die Konvention unterzeichnet (vgl. UNHCR 2015).

In Deutschland haben politisch Verfolgte einen Anspruch auf Anerkennung als asylberechtigte Person nach Art. 16a Abs. 1 GG der Bundesrepublik Deutschland.

Asylsuchende Menschen müssen einen Asylantrag stellen und können unter bestimmten Bedingungen als asylberechtigt nach dem Grundgesetz oder als Geflüchtete im Sinne der Genfer Flüchtlingskonvention anerkannt werden (ausführlich zum Ablauf des Verfahrens: Würdinger 2018). Damit erhalten sie in Deutschland zunächst eine befristete Aufenthaltserlaubnis. Zudem ist eine befristete Aufenthaltserlaubnis im Rahmen eines subsidiären Schutzes möglich, der greift, wenn weder der Flüchtlingsschutz noch die Asylberechtigung gewährt werden, im Herkunftsland aber ein ernsthafter Schaden droht. Dafür müssen stichhaltige Gründe dafür vorgebracht werden, dass im Herkunftsland ein »ernsthafter Schaden« droht.

Für die unterschiedlichen Formen der Anerkennung gibt es verschiedene Auswirkungen im Hinblick auf den Aufenthalt, den Zugang zum Arbeitsmarkt und die Möglichkeiten zur Familienzusammenführung.

Asylantragstellende werden in einer Sammelunterkunft untergebracht, für Familien gilt hier (in der Theorie) eine Höchstdauer des Aufenthalts von sechs Monaten, für alle anderen kann das Leben in der Sammelunterkunft länger dauern. In dem Bundesland, in dem Asylantragstellende wohnen, wird ihr Asylantrag entgegengenommen, sie werden registriert und überprüft. Eine Anerkennung als Schutzberechtigte*r beinhaltet zunächst eine bis zu dreijährige Aufenthaltserlaubnis, die ggf. verlängert werden kann und frühestens nach fünf Jahren in eine unbefristete Niederlassungserlaubnis umgewandelt werden kann.

Die materielle Existenzsicherung wird über ein eigenes Gesetz für geflüchtete Menschen geregelt, dessen Abschaffung schon seit einiger Zeit von Wohlfahrtsverbänden und Nichtregierungsorganisationen (NROs) gefordert wird: das Asylbewerberleistungsgesetz (AsylbLG) (vgl. Classen 2008). Zu seinen Besonderheiten gehört eine Gesundheitsversorgung, die nur eine Grundversorgung sichert, und Leistungen, die vorwiegend in Form von Sachleistungen ausgezahlt werden können.

14.3 Tätigkeitsfelder und organisatorische Rahmenbedingungen

Zur Sozialen Arbeit mit Geflüchteten gehört ein vielfältiger Aufgabenbereich: Sozialarbeiter*innen kümmern sich um die Schaffung eines Zugangs zum Bildungssystem für Kinder und Jugendliche, zur beruflichen/hochschulischen Bildung von Jugendlichen und jungen Erwachsenen, sie bemühen sich um die Vermittlung von Erwachsenen auf dem Arbeitsmarkt, begleiten traumatisierte Geflüchtete, beraten besonders vulnerable Gruppen, unterstützen bei Antragstellungen und beim Erwerb der deutschen Sprache. Haupt- und ehrenamtlich Tätige bieten Freizeit- und kulturelle Angebote sowie schulische Unterstützung, koordinieren die Arbeit der Ehrenamtlichen und machen die dringend notwendige Lobby- und Öffentlichkeitsarbeit.

Eine starke Säule in der Sozialen Arbeit im Kontext von Flucht bildet die Tätigkeit der Wohlfahrtsverbände und weiterer freien Träger, die unabhängig von Förderprogrammen des Landes oder Bundes stattfindet. Diese Arbeit wird aus Eigenmitteln oder Projekten finanziert.

Daneben gibt es Institutionen, die im Rahmen von Förderprogrammen des Bundes und der Länder finanziert werden. Dazu zählen die Migrationsberatung und Migrations-(Fach-)Dienste. Diese sind Teil eines bundesweiten Integrationsprogramms, das vom Bundesamt für Migration und Flüchtlinge (BAMF) durchgeführt und vom Bund finanziert wird. Ziel der Migrationsberatung ist die sog. Integration von Migrant*innen, die mit einer Steuerung, Initiierung und Begleitung des Integrationsprozesses erreicht werden soll. Die Beratung wird – zeitlich befristet – denjenigen zuteil, die ein Aufenthaltsrecht oder die Aussicht auf eine Aufenthaltserlaubnis haben. So ist eine zentrale Aufgabe der Migrationsberatung, für Ratsuchende einen passenden Integrationskurs zu finden und bei der Durchführung (bspw. bei Fragen zur Lernunterstützung und Kinderbetreuung) begleitend zur Seite zu stehen. Die Migrationsberatung arbeitet in der Regel nach dem Case Management (vgl. Schirilla 2016, 148). Neben der Einzelfallbegleitung gehört zum Aufgabenfeld aber auch eine aktive Mitarbeit in kommunalen ›Netzwerken für Integration‹ sowie die Vernetzungsarbeit der Regeldienste mit der Migrationsberatung. Diese ist von großer Bedeutung, da sich die Migrationsberatung vornehmlich mit migrationsspezifischen Themen und Fragen auskennt, gleichzeitig aber nicht davon ausgegangen werden kann, dass sich die Themen der Ratsuchenden ausschließlich in diesem Feld bewegen. So wird z. B. seit einiger Zeit problematisiert, dass intersektionale Perspektiven in der Migrationsberatung nicht zu finden sind und die Versäulung der Regeldienste zu wenig aufgebrochen wird – z. B. für die Schnittstelle von Behinderung und Migration.

Die *Jugendmigrationsdienste (JMD)* werden vom Bundesministerium für Familie, Senioren, Frauen und Jugend (BMFSFJ) gefördert und agieren ähnlich der Migrationsberatung. Die Zielgruppe sind Kinder, Jugendliche und junge Erwachsene im Alter von 12 bis 27 Jahren sowie deren Eltern bzw. Erziehungsberechtigte und Familien.

Noch nicht in Deutschland anerkannte oder nur geduldete Menschen werden in der Kommune von einem sog. *Flüchtlingssozialdienst* betreut, der von der betreffenden Kommune oder einem Wohlfahrtsverband betrieben wird. Allerdings gibt es hier weder eine verbindliche Verpflichtung noch einen bundesweiten Standard für die Umsetzung der Beratung und Begleitung. Im Flüchtlingssozialdienst Tätige arbeiten in der Regel in Unterkünften für Geflüchtete. Sie bieten Sprechstunden vor Ort an und sind die erste Kontaktperson von geflüchteten Menschen. Die schlechten Rahmenbedingungen insbesondere in Bezug auf den mangelhaften Personalschlüssel im Flüchtlingssozialdienst werden immer wieder problematisiert.

Eine besondere Gruppe bilden *unbegleitete minderjährige Geflüchtete*. Für sie ist das Jugendamt zuständig. Nach einer Bestätigung der Minderjährigkeit durch das zuständige Jugendamt erhalten die Jugendlichen Leistungen der Jugendhilfe und werden in stationären Einrichtungen der Jugendhilfe untergebracht: in einer Heimeinrichtung oder in einer betreuten Wohngemeinschaft bzw. Wohnung.

Als besonders vulnerabel gelten *illegalisierte Menschen*. Das sind Menschen, die sich ohne einen Aufenthaltsstatus (auch ohne Duldung) in einem Land aufhalten. Für die Arbeit mit ihnen gibt es keine gesetzliche Grundlage. Illegalisierte Menschen können sich aber an Wohlfahrtsverbände wenden. Diese beraten unabhängig vom Aufenthaltsstatus der Ratsuchenden. Bildungseinrichtungen und Schulen sind von der Pflicht, Illegalisierte den Behörden zu melden, ausgenommen, ebenfalls bei Notfällen die Krankenhäuser und Sozialämter.

14.4 Dilemmata des Arbeitsfelds

Die Zerrissenheit der Sozialarbeiter*innen (häufig beschrieben unter dem Begriff des Doppel- bzw. ›Tripelmandats‹) wird vor dem Hintergrund von Fluchtmigration noch einmal besonders augenfällig. So steht der Anspruch der Sozialen Arbeit, gemeinsam mit ihren Adressat*innen emanzipatorische Lebensperspektiven zu entwerfen und sich solidarisch zu zeigen, den Rahmenbedingungen und Anforderungen entgegen, mit der die Soziale Arbeit im Kontext von Flucht konfrontiert ist. Es sind strukturelle Vorgaben, die sich mit den Aufträgen und Ansprüchen der Sozialen Arbeit als Menschenrechtsprofession kaum vereinbaren lassen. Restriktive Bestimmungen im Kontext von Flucht und Asyl schränken die Partizipationsmöglichkeiten geflüchteter Menschen und die Handlungsräume der Sozialarbeiter*innen ein. Ordnungsbehörden erwarten von Sozialarbeiter*innen, dass diese geflüchteten Menschen die geringen Chancen einer Asylgewährung verdeutlichen und Beratungen über Rückkehrmöglichkeiten durchführen (vgl. Gögercin 2018, 554). Bisweilen kommt es zu Androhungen, Fördermittel zu entziehen, sollten Asylsuchende umfassend über ihre Rechte beraten werden, z. B. welche Möglichkeiten existieren, gegen eine drohende Abschiebung vorzugehen. In Unterkünften für Geflüchtete sollen Sozialarbeiter*innen »ordnen, kontrollieren und sanktionieren« (ebd.). Von ihnen wird eine Mitwirkung bei der Umsetzung von Handlungsvorgaben im Umgang mit unbegleitet minderjährigen Geflüchteten verlangt, sei es in Bezug auf die Residenzpflicht oder umstrittene Maßnahmen zur Identitäts- und Altersfeststellung.

Die anwaltschaftliche Funktion von Sozialarbeiter*innen solle so unterbunden werden, die Sozialarbeiter*innen sollen sich »ordnungspolitischen Zwecken unterordnen und die Politik der Entrechtung nicht nur passiv dulden, sondern aktiv fortsetzen« (Spindler 2018, 577).

14.5 Perspektiven für eine Soziale Arbeit mit Geflüchteten

Oben genannte Beispiele zeigen, dass ein Handeln in der Sozialen Arbeit im Kontext von Flucht ausschließlich in Orientierung an den politischen und rechtlichen Vorgaben nicht mit den ethischen Grundsätzen der Sozialen Arbeit vereinbar ist (vgl. Scherr 2018). Aus dieser Erkenntnis heraus hat sich in der Sozialen Arbeit eine rassismus- und diskriminierungskritische Perspektive entwickelt, die kritische Rückfragen stellt und politische Positionierungen einfordert (ausführlich z. B. Prasad 2018; Attia 2013). Ihre Vertreter*innen fordern rassismus- und diskriminierungskritische Bündnisse (vgl. Melter 2018), in denen z. B. aufenthalts- und asylrechtliche Barrieren sowie systematische Diskriminierungs- und

Rassismuserfahrungen von Geflüchteten in den Fokus gerückt werden. Diese Bündnisse werden von der Überzeugung getragen, »dass es sinnvoll ist, sich nicht ›dermaßen‹ von rassistischen Handlungs-, Erfahrungs- und Denkformen regieren zu lassen« (vgl. Scharathow u. a. 2011, 10).

Die Rassismus- und diskriminierungskritische Soziale Arbeit fordert eine Auseinandersetzung mit der eigenen persönlichen und professionellen Verantwortlichkeit und eine kritische Reflektion der Rolle der Sozialarbeiter*innen. Sie zeigt anhand empirischer Studien auf, wie Soziale Arbeit an der Konstruktion von ›Wir und die Anderen‹ beteiligt ist und diese ihrem sozialpädagogischen Handeln zugrunde legt. Sie setzt sich kritisch mit ›klassischen‹ Ansätzen der Sozialen Arbeit zur Lebensweltorientierung (Thiersch 2017) oder Lebensbewältigung (Böhnisch 2012) auseinander, weil diese häufig mit einer Adressierung von Geflüchteten als tendenziell defizitär oder aber als ›handlungsunfähig‹ einhergehen (ausführlich dazu Melter 2018). Sie legt ihrer Arbeit Studien zugrunde, die sich mit den Ressourcen von geflüchteten Menschen befassen und die aufzeigen, dass Geflüchtete durch ihre Sozialisation in unterschiedlichen Kontexten und aufgrund ihrer transnationalen Biografien mit vielfältigen, in formellen, non-formalen und informellen Bildungsbereichen erworbenen Kompetenzen ausgestattet sind (vgl. Niedrig & Seukwa 2010). Die rassismus- und diskriminierungskritische Soziale Arbeit berücksichtigt einerseits die o. g. besonderen Belastungen und die prekären Bedingungen im Kontext von Flucht in ihrer Arbeit und vergegenwärtigt sich gleichzeitig die Ressourcen, um den häufig im Kontext der Sozialen Arbeit aufkommenden Reflex der paternalistischen Intervention zu verhindern und die tendenziell defizitären Ansätze für die Gestaltung von Bildungsprozessen zu verringern (vgl. Seukwa 2016, 202). Dabei orientiert sie sich an Ansätzen des Empowerments und Powersharings (vgl. Jagusch & Chehata 2020).

Weiterführende Literatur

Blank, B., Gögercin, S., Sauer, K.E. & Schramkowski, B. (Hrsg.): Soziale Arbeit in der Migrationsgesellschaft. Grundlagen – Konzepte – Handlungsfelder. Wiesbaden: Springer VS, 575–583.
Jagusch, B. & Chehata, Y. (Hrsg.) (2020), Prasad, N. (Hrsg.) (2018) (s. u.)
Küpper, B. & Krewer, A. M. (Hrsg.) (2019): Arbeit mit geflüchteten und neuzugewanderten Personen. Eine Handreichung für die Praxis. Opladen: Budrich.

Internetquellen

Agisra e. V., Informations- und Beratungsstelle für Migrantinnen und geflüchtete Frauen: https://agisra.org/.
Flüchtlingsrat NRW e. V., Landesweite Vertretung von Organisationen von und für Geflüchtete, Veranstaltung des asylpolitischen Forums, Förderung von Ehrenamt, Bereitstellung von Informationen: https://www.frnrw.de/aktuell.html.
IDA e. V. – Informations- und Dokumentationszentrum für Antirassismusarbeit e. V.: https://www.idaev.de/startseite.
Verband der Beratungsstellen für Betroffene rechter, rassistischer und antisemitischer Gewalt e. V.: https://verband-brg.de/.

Literatur

Amirpur, D. (2016): Migrationsbedingt behindert? Familien im Hilfesystem : Eine intersektionale Perspektive. Bielefeld: transcript Verlag. library.oapen.org/bitstream/id/d7677a2f-8d99-4b65-8e96-54b654752b99/624897.pdf, Aufruf: 06.12. 2020.

Attia, I. (2013): Perspektivenwechsel durch Dekonstruktion. Islamdiskurs und (rassismus-)kritische Soziale Arbeit. In: Hünersdorf, B. & Hartmann, J. (Hrsg.): Was ist und wozu betreiben wir Kritik in der Sozialen Arbeit. Wiesbaden: Springer VS, 333–350.

BAMF (14.11.2019): Asylberechtigung. www.bamf.de/DE/Themen/AsylFluechtlingsschutz/AblaufAsylverfahrens/Schutzformen/Asylberechtigung/asylberechtigung-node.html, Aufruf: 05.12. 2020.

Böhnisch, L. (2012): Lebensbewältigung. Ein sozialpolitisch inspiriertes Paradigma für die Soziale Arbeit. In: Thole, W. (Hrsg.): Grundriss Soziale Arbeit. Ein einführendes Handbuch (4. Aufl.). Wiesbaden: Springer VS, 219–233.

Classen, G. (Hrsg.) (2008): Sozialleistungen für MigrantInnen und Flüchtlinge. Handbuch für die Praxis. Karlsruhe: von Loeper.

Diakonie Deutschland (05.12.2020): Unbegleitete minderjährige Flüchtlinge. www.diakonie.de/unbegleitete-minderjaehrige-fluechtlinge/#03, Aufruf: 05.12. 2020.

Gag, M. & Voges, F. (Hrsg.) (2014): Inklusion auf Raten. Zur Teilhabe von Flüchtlingen an Ausbildung und Arbeit. Münster/New York: Waxmann.

Gögercin, S. (2018): Soziale Arbeit mit geflüchteten Menschen. Spannungsfelder und Herausforderungen. In: Blank, B., Gögercin, S., Sauer, K. E. & Schramkowski, B. (Hrsg.): Soziale Arbeit in der Migrationsgesellschaft. Grundlagen – Konzepte – Handlungsfelder. Wiesbaden: Springer VS, 551–562.

Jagusch, B. & Chehata, Y. (Hrsg.) (2020): Empowerment und Powersharing. Ankerpunkt – Positionierungen – Arenen. Weinheim/Basel: Beltz Juventa.

Karakayalı, J. u. a. (2017): Die Kontinuität der Separation. Vorbereitungsklassen für neu zugewanderte Kinder und Jugendliche im Kontext historischer Formen separierter Beschulung. In: DDS – Die Deutsche Schule, Zeitschrift für Erziehungswissenschaft, Bildungspolitik und pädagogische Praxis, Jg. 109/3, 223–235.

Kunz, T. (2017): Geflüchtete – »neue« Zielgruppe der Sozialen Arbeit? Kontinuitäten und Brüche von Inanspruchnahme und Zuständigkeit Sozialer Arbeit angesichts der aktuellen Debatte. In: Kunz, T. & Ottersbach, M. (Hrsg.): Flucht und Asyl als Herausforderung und Chance der Sozialen Arbeit. Weinheim/Basel: Beltz Juventa, 35–42.

Massumi, M. (2019): Migration im Schulalter. Systemische Effekte der deutschen Schule und Bewältigungsprozesse migrierter Jugendlicher. Berlin: Peter Lang.

Melter, C. (2006): Rassismuserfahrungen in der Jugendhilfe. Eine empirische Studie zu Kommunikationspraxen in der Sozialen Arbeit. Münster: Waxmann.

Melter, C. (2018): Soziale Arbeit zwischen zuschreibenden Kulturalisierungen und einer diskriminierungs- und rassismuskritischen Migrationspädagogik sowie der Orientierung an der Integrität jedes Menschen. In: Prasad, N. (Hrsg.): Soziale Arbeit mit Geflüchteten. Rassismuskritisch, professionell, menschenrechtsorientiert. Opladen/Toronto: Budrich, 221–246.

Metzner, M. (2017): Asylgrundrecht | bpb. In: Bundeszentrale für politische Bildung/bpb (Hrsg.): Grundrechte. Bonn, 54–57. www.bpb.de/izpb/256669/asylgru, Aufruf: 05.12. 2020.

Niedrig, H. & Seukwa, H. (2010): Die Ordnung des Diskurses in der Flüchtlingskonstruktion: eine postkoloniale Re-Lektüre. In: Diskurs Kindheits- und Jugendforschung/Discourse. Journal of Childhood and Adolescence Research. 5, Heft 2, 181–193.

Prasad, N. (Hrsg.) (2018): Soziale Arbeit mit Geflüchteten. Rassismuskritisch, professionell, menschenrechtsorientiert. Opladen: UTB.

Scherr, A. (2018): Flüchtlinge, nationaler Wohlfahrtsstaat und die Aufgaben Sozialer Arbeit. In: Bröse, J., Faas, S. & Stauber, B. (Hrsg.): Flucht. Herausforderungen für Soziale Arbeit. Wiesbaden: Springer Fachmedien Wiesbaden, 37–59. nobordernoproblem.org/wp-content/uploads/2019/04/Flu%CC%88chtlinge-nationaler-Wohlfahrtsstaat-und-die-Aufgaben-Sozialer-Arbeit-Albert-Scherr-.pdf, Aufruf: 06.12. 2020.

Schirilla, N. (2016): Migration und Flucht. Orientierungswissen für die Soziale Arbeit. Stuttgart: Kohlhammer.

Seukwa, L. H. (2006): Der Habitus der Überlebenskunst. Zum Verhältnis von Kompetenz und Migration im Spiegel von Flüchtlingsbiographien. Münster: Universität.

Seukwa, L. H. (Hrsg.) (2013): Integration of Refugees into the European Education and Labour Market. Requirements for a Target Group Oriented Approach. Frankfurt a. M: Peter Lang.

Seukwa, L. H. (2016): Flucht. In: Mecheril, P. (Hrsg.): Handbuch Migrationspädagogik. Weinheim/Basel: Beltz, 196–210.

Spindler, S. (2018): Von Begrenzungen und Bewegungen. Konfliktfelder Sozialer Arbeit im Kontext Flucht. In: Blank, B., Gögercin, S., Sauer, K. E. & Schramkowski, B. (Hrsg.): Soziale Arbeit in der Migrationsgesellschaft. Grundlagen – Konzepte – Handlungsfelder. Wiesbaden: Springer VS, 575–583.

UNHCR (2015): Abkommen über die Rechtsstellung der Flüchtlinge vom 28. Juli 1951. Berlin. www.unhcr.org/dach/wp-content/uploads/sites/27/2017/03/GFK_Pocket_2015_RZ_final_ansicht.pdf, Aufruf: 06.12. 2020.

UNHCR (2019): Statistiken – UNHCR Deutschland. www.unhcr.org/dach/de/services/statistiken#:, Aufruf: 06.12. 2020.

Würdinger, A. (2018): Leben im Rahmen des Asylverfahrens. In: Prasad, N. (Hrsg.): Soziale Arbeit mit Geflüchteten. Rassismuskritisch, professionell, menschenrechtsorientiert. Opladen/Toronto: Budrich, 33–62.

15 Gewalt gegen Frauen – Häusliche Gewalt

Birgit Meyer

Gewalt gegen Frauen ist eine schwere Menschenrechtsverletzung. Sie wurzelt in ungleichen Machtverhältnissen zwischen Männern und Frauen und schreibt diese fort. Gesellschaftliche Strukturen begünstigen sie bis zu einem Punkt, wo sie als selbstverständlich gilt und nicht als Unrecht wahrgenommen wird und sich das Opfer schämt für das, was ihm angetan wurde.

Gewalt gegen Frauen ist tägliche Realität, sie umfasst viele Themen und Facetten, die für die Soziale Arbeit bedeutsam sind: Häusliche Gewalt, Vergewaltigung, Nötigung, sexueller Missbrauch, sexualisierte Belästigung, Stalking, Zwangsprostitution, Menschenhandel, Klitoris-Verstümmelung, Zwangsverheiratung und neuerdings in digitaler Form: Cybermobbing – um nur die wichtigsten zu nennen.

Gewalt gegen Frauen gilt als ein »Schlüsselthema der Frauenbewegung« (Hagemann-White 2014), das sowohl die individuelle Gewaltausübung kritisiert als auch das strukturelle Macht- und Ohnmachtsgefälle zwischen den Geschlechtern, die Gewalt gegen Frauen erst ermöglicht.

Der Beitrag konzentriert sich auf »Häusliche Gewalt gegen Frauen« (englisch: »domestic violence«), weil diese in der langjährigen theoretischen Auseinandersetzung und der praktischen Etablierung als Handlungsfeld der Sozialen Arbeit eine zentrale Rolle spielt.

15.1 Zur Geschichte des Arbeitsfeldes »Gewalt gegen Frauen« und der Frauenhausarbeit

Jahrhunderte lang galt Gewalt gegen Frauen als legitim, selbstverständlich, normal bzw. Privatsache. Erst mit dem politischen Kampf der Neuen Frauenbewegung für das Recht auf sexuelle Selbstbestimmung und gegen Männergewalt in Beziehungen ab den 1970er Jahren wurde Gewalt im Privaten enttabuisiert und als alltägliche Realität und Bedrohung bewusst gemacht.

Am Anfang standen zahlreiche frauenpolitische Initiativen und der Ausbau von Projekten Sozialer Arbeit (Frauenprojekte-Bewegung). 1976 wurde in West-Berlin das erste Frauenhaus in Deutschland eröffnet. Nach und nach wurden weitere Zufluchtsmöglichkeiten für Opfer als Aufgabe der Sozialen Arbeit ausgebaut. Waren die Anfänge noch geprägt von großem frauenbewegten Engagement und ehrenamtlich erbrachten Unterstützungs- und Hilfeleistungen für betroffene

Frauen, so begann in den 1980er und 1990er Jahren eine Professionalisierung, die durch neue Studien- und Ausbildungsgänge an Hochschulen abgesichert wurde. Es konnte eine Schließung von Schutzlücken im Sexualstrafrecht (u. a. die Strafbarkeit von Vergewaltigung in der Ehe 1997, Reform des § 177 zum Schutz der sexuellen Selbstbestimmung 2016) erkämpft werden.

Veränderungen durch den »Ersten Aktionsplan zur Bekämpfung häuslicher Gewalt« der Bundesregierung und das Gewaltschutzgesetz von 2002 wirkten sich auf das Handlungsfeld aus: Täter wurden stärker zur Verantwortung gezogen und Polizei und Justiz als Akteurinnen eingebunden. Interprofessionelle Kooperationsstrukturen unter Einbezug der Sozialen Arbeit gewannen an Bedeutung. Die Konvention zur »Verhütung und Bekämpfung von Gewalt gegen Frauen und häuslicher Gewalt« (»Istanbul Konvention«; 2011 vom Europarat mit 47 Mitgliedsstaaten verabschiedet und seit 2018 geltendes Recht in Deutschland) ist das erste rechtsverbindliche Instrument in Europa, das Mindeststandards für die Rechte, den Schutz und die Unterbringung von gewaltbetroffenen Frauen festlegt. Sie haben ein Recht auf Schutz und barriere- und diskriminierungsfreie, niedrigschwellige und professionelle Hilfe. Die unterzeichnenden Staaten verpflichten sich, ein spezialisiertes, dem Bedarf angemessenes Hilfesystem bereitzuhalten. Der Alternativbericht des Bündnisses Istanbul-Konvention (BIK) zu ihrer Umsetzung von 2021 beklagt aber das Fehlen einer ressortübergreifenden Gesamtstrategie für handlungsfähige Institutionen mit gesicherter Finanzierung (BIK 2021). So übersteigt in Deutschland der Hilfebedarf die Zahl der freien Frauenhausplätze seit Jahren und in ca. 125 Kommunen gibt es gar kein Frauenhaus.

15.2 Definition, Verbreitung und Folgen

Häusliche Gewalt wird definiert als »Gewaltstraftat zwischen Erwachsenen in einer partnerschaftlichen Beziehung, die besteht oder sich in Auflösung befindet oder aufgelöst ist, oder zwischen Erwachsenen, die in einer verwandtschaftlichen Beziehung zueinanderstehen, – unabhängig vom Tatort« (BIG o. J.). Sie tritt als körperliche, sexuelle oder psychische Gewalt auf, aber auch als ökonomische (z. B. Ausbeutung, Geldverweigerung, Erpressung, Diebstahl) oder soziale Gewalt (z. B. Verleumdung, Mobbing, Rufschädigung, Unterstellungen, Veröffentlichung persönlicher Bilder oder Dokumente z. B. im Internet).

2019 wurden in Deutschland rund 141.792 Personen Opfer von Gewalt in ihrer Partnerschaft, über 80 % davon waren Frauen. Alle drei Tage stirbt eine Frau in Deutschland durch Partnerschaftsgewalt. Mehr als ein Mal pro Stunde wird eine Frau statistisch gesehen durch ihren Partner gefährlich verletzt. Die meisten Taten werden im Privaten verübt und nicht polizeilich registriert, daher ist die Dunkelziffer erheblich höher als die Angaben der Polizeilichen Kriminalstatistik (Pressemitteilung des BMFSFJ).

Die von Monika Schröttle und Ursula Müller im Auftrag des Bundesministeriums für Frauen, Senioren, Familie und Jugend (BMFSFJ) durchgeführte repräsentative Befragung zeigt, dass Gewalt gegen Frauen am häufigsten von einem aktuellen oder früheren Partner ausgeht. Mehr als jede dritte Frau in Deutschland zwischen 16 und 85 Jahren hat Erfahrungen mit körperlicher bzw. sexueller Gewalt in Beziehungen. Davon war etwa ein Drittel so schwer verletzt, dass medizinische Hilfe in Anspruch genommen werden musste. Als häufiger Auslöser von Gewalt erwies sich die Trennungsabsicht der Frau. 13 % der befragten Frauen haben schwere, strafrechtlich relevante sexuelle Gewalt erlebt (Schröttle & Müller 2006).

Die weltweit größte Befragung zu Gewalt gegen Frauen innerhalb der Staaten der Europäischen Union hat im März 2014 Ähnliches zutage gefördert: Die Europäische Agentur für Grundrechte (Fundamental Rights Agency, FRA) zeigte, dass ein Drittel aller Frauen in den 28 EU-Ländern zwischen 15 und 74 Jahren angaben, »körperliche und/oder sexuelle Gewalt« erfahren zu haben, allein 22 % durch den eigenen Partner. Ein Drittel – das entspricht 62 Millionen Frauen. 5 % (9 Millionen) Frauen geben an, Opfer einer Vergewaltigung geworden zu sein. 55 % aller Befragten gaben an, Opfer einer sexuellen Belästigung geworden zu sein, unter den Frauen in Führungspositionen waren dies 75 %.

Nur 22 % der Gewaltopfer hätten eine*n Ärztin*Arzt oder ein Krankenhaus aufgesucht, nur 15 % die Polizei. 12 % der Befragten erklärten, als Kinder Opfer sexueller Gewalt gewesen zu sein. In 97 % aller Fälle waren die Täter Männer (FRA 2015). Diese Ergebnisse decken sich mit der Studie des Bundes-Familienministeriums von 2004.

Zahlreiche Studien dokumentieren die teilweise gravierenden und anhaltenden körperlichen und psychischen Folgen. Dazu gehören Drogen- und Alkoholmissbrauch, Schlafstörungen und Verlust des Selbstwertgefühls. Auch das Gesundheitsverhalten leidet, was sich auf die reproduktive Gesundheit von Frauen auswirkt (Blättner u. a. 2021).

Gewalt gegen Mütter ist immer auch Gewalt gegen Kinder: indirekt als Zeug*innen oder auch als direkte Opfer von Gewalt. Häusliche Gewalt und Kindesmisshandlung, -vernachlässigung oder -missbrauch gehen häufig miteinander einher (Kavemann & Kreyssig 2013).

15.3 Hilfen für von Gewalt betroffene Frauen

Es gibt heute ein – auch im europäischen Vergleich – gut ausgebautes Notruf-, Beratungs- und Unterstützungsangebot für Frauen und Kinder: an die 750 Fachberatungsstellen sowie rund 360 Frauenhäuser und etwa 40 Zufluchtswohnungen in Deutschland sowie ein breites Netz an Notrufstellen. 2020 wurde circa 17.000 Frauen mit ihren Kindern Schutz und professionelle Beratung ermöglicht, um aus der Gewaltspirale herauszukommen und ein gewaltfreies und selbstbestimmtes Leben zu führen (www.frauenhauskoordinierung.de). Es gibt etwa 85 Täterarbeitseinrichtungen in Fällen Häuslicher Gewalt sowie Landes- und Bundeskoordinierungsstellen, die landes- und deutschlandweit Unterstützung und Vernetzung für Frauenhäuser und Fachberatungsstellen anbieten.

Das Gewaltschutzgesetz von 2002 ermöglicht der Polizei die Wegweisung der gewaltausübenden Person und ein Näherungsverbot und eröffnet den Frauen die Option, in der eigenen Wohnung bleiben und bei ausreichender Sicherheit auf den Schutz im Frauenhaus verzichten zu können. Darüber hinaus kann die Überlassung der gemeinsamen Wohnung zur alleinigen Nutzung beantragt werden. Auch der längerfristige Platzverweis nach den Landespolizeigesetzen und die Möglichkeit, von Gewalt betroffenen Migrantinnen ein eigenständiges Aufenthaltsrecht zu erteilen, kann grundsätzlich positiv bewertet werden.

Das 2013 eingerichtete Hilfetelefon des BMFSFJ, das rund um die Uhr und aktuell mit etwa 80 vielsprachigen Beraterinnen besetzt ist, verzeichnet eine hohe Zahl der Anfragen und Weitervermittlungen (seit dem Bestehen zählt man 40.000 bis 50.000 Beratungen jährlich sowohl mit gewaltbetroffenen Frauen als auch Ratsuchenden aus dem sozialen Umfeld) (Jahresbericht des Hilfetelefons Gewalt gegen Frauen 2019). Die Beratung ist niedrigschwellig, kostenlos und vertraulich und vermittelt weiter zu lokal erreichbaren spezialisierten Beratungsstellen. 96 % der Ratsuchenden sind weiblich. Der Beratungsbedarf in einer Fremdsprache ist ansteigend hoch. Sexualisierte und psychische Gewalt in (Ex-)Paarbeziehungen bildeten die Schwerpunkte der Beratung.

Hilfen für (mit-)betroffene Kinder

Die überwiegende Zahl – 2019 waren es 66 % – der ins Frauenhaus geflüchteten Frauen hat Kinder, die dort eine eigenständige Unterstützung brauchen (Frauenhauskoordinierung). Diese sollte auf ihre spezifischen Probleme, Loyalitätskonflikte und Ängste eingehen und geschlechterbewusst ausgerichtet sein. Das setzt entsprechende Stellen, Kooperationen und finanzielle Mittel voraus. Ein Problem ist der Schutz von Kindern und Müttern, wenn vom Jugendamt ein (begleiteter) Umgang mit (gewaltbereiten) Vätern mit ihren Kindern verordnet wird. Hier ist eine verantwortliche Kooperation zwischen Frauen- und Kinderschutzeinrichtungen notwendig und nicht immer gegeben, wenn z. B. die möglichen Gefährdungen nicht ernst genommen werden.

Die Arbeit mit Tätern häuslicher Gewalt wurde in den letzten Jahren auf- und ausgebaut, auch gefördert durch die Möglichkeit der Justiz, in Strafverfahren entsprechende Auflagen, z. B. Anti-Aggressions-Kurse zu besuchen, auszusprechen.

15.4 Trägerschaft und Finanzierung

Frauenhäuser sind überwiegend in Trägerschaft der Freien Wohlfahrtspflege. Die Finanzierung von Frauenhäusern ist uneinheitlich und unzureichend (BMFSFJ 2012). Landes- und kommunale Mittel, Eigenmittel der Träger und der Bewohnerinnen sowie Spenden und Bußgelder bilden die Basis der Finanzierung. In vielen Kommunen werden die Leistungsansprüche der Frauen nach SGB II und SGB XII zur Finanzierung herangezogen. Das wiederum schließt Gruppen von Frauen aus: Studentinnen, Auszubildende, Frauen mit Einkommen oder Asylsuchende. So kommen ca. 40 % der Bewohnerinnen wegen fehlender Rechtsansprüche teilweise oder ganz für ihren Aufenthalt selbst auf.

Die Frauenhauskoordinierung setzt sich für eine bundesgesetzliche Regelung zu einem Rechtsanspruch auf Schutz und Hilfe bei Gewalt ein, unabhängig davon, aus welchen Heimatkommunen Frauen kommen. Eine verlässliche Rechtsgrundlage steht noch aus.

So wird zwar einerseits der Hilfebedarf misshandelter, vergewaltigter oder von Gewalt bedrohter Frauen und Kinder mehrheitlich anerkannt, andererseits sind Frauenhäuser oder Beratungsstellen immer wieder durch regionale Schließungs- oder Kürzungsdebatten herausgefordert.

15.5 Fachliche Kompetenzen für die Frauenhausarbeit

Diese sind vielfältig: Psychologische, soziologische, politische und juristische Kenntnisse sind wichtig, ebenso Kompetenzen in der Gesundheits- oder Trauma-Beratung, in der Familienhilfe oder in der Kinder- und Jugendarbeit. Für Gewaltopfer ist eine parteiliche Haltung der Mitarbeiterinnen notwendig und elementar, z. B. für die Trauma-Verarbeitung. Das bedeutet, die Bewältigungsmuster der Frauen zu akzeptieren sowie die strukturelle Eingebundenheit in gesellschaftliche Macht- und Ohnmachtsverhältnisse zu reflektieren. Die Parteilichkeit mit den Frauen kann Fachkräfte auch herausfordern, z. B. bei Bewohnerinnen, die ihre Kinder oder Mitbewohnerinnen mit Gewalt bedrohen.

Studien zeigen die Unterschiedlichkeit der Schutzsuchenden: So gibt es Frauen, die emotional stark verstrickt sind in die Gewaltbeziehung oder andere, die handlungsmächtig ihren neuen Lebensweg angehen. Professionelle, die sich im Arbeitsfeld Häusliche Gewalt engagieren, müssen um diese Unterschiede wissen.

In den vergangenen Jahren hat sich die Klientel der Bewohnerinnen verändert. Mehrfach-Betroffenheit von sozialem Ausschluss hat zugenommen: prekäre finanzielle Verhältnisse, keine oder geringfügige Erwerbstätigkeit, psychische

Probleme, Suchtmittel-Abhängigkeiten oder unsicherer Aufenthaltsstatus. Dadurch und durch die verschärfte Wohnraumsituation bleiben die Bewohnerinnen länger als früher im Frauenhaus und haben einen verstärkten Unterstützungsbedarf. Zu den besonders belasteten Gruppen gehören Migrantinnen. Zwei Drittel der in Frauenhäusern Schutzsuchenden hatten 2019 in den vergangenen zehn Jahren eine Migrationsgeschichte (Frauenhauskoordinierung 2020).

15.6 Spezifika der professionellen Hilfe: Umgang mit Ambivalenzen

Im Kontext von Liebesbeziehungen sind Liebe *und* Hass, Wunsch nach Nähe *und* Distanzierung, Zusammenbleiben *und* Trennung Teile ganz normaler Verstrickungen. Aus diesem Grund sind Erfahrungen mit der Ambivalenz der Opfer von häuslicher Gewalt, der Widersprüchlichkeit ihrer Bedürfnisse und der Schwierigkeiten, sich aus Gewaltbeziehungen zu lösen, Teil der Arbeit der Professionellen. Ein Beispiel sind Frauen, die von der Polizei rasche Hilfe und Schutz erwarten, sich aber selbst schützend vor ihren gewalttätigen Mann stellen, wenn er abgeführt oder vernommen werden soll, oder sie unterlaufen Kontaktverbote und öffnen dem Mann immer wieder die Tür oder sie geben Rechtsanwält*innen keinen klaren Auftrag für eine erfolgreiche Prozessführung. Etwa ein Viertel der Frauen, die ein Frauenhaus aufsuchen, kehrt – wenn auch oft nur vorübergehend – zu ihrem Misshandler zurück. Die Gründe dafür sind vielfältig und reichen von ökonomischer und sozialer Abhängigkeit bis zu z. T. komplexen Verstrickungen und Ambivalenzen, die Brückner (2010) grundlegend analysiert hat. Auch Frauen, die über Jahre schwerst misshandelt wurden, kehren zurück, weil sie – nach eigenen Worten – Verantwortung für ihren Mann übernehmen, den sie z. T. als verletzlich und hilflos erleben. Oder wenn Frauen das Bild des dominanten Mannes teilen, kann es schwierig sein, den oft schleichenden Beginn zunehmender Einengung und Übergriffe wahrzunehmen und abzuwehren.

Weitere Gründe, in belastenden Beziehungen zu verharren, sind kulturell vermittelte Familientraditionen, die z. B. Frauen keine Trennungsabsichten zubilligen. Finanzielle oder soziale Abhängigkeiten können auch Hinderungsgründe sein ebenso wie die prekäre Situation als Alleinstehende oder Alleinerziehende oder als ›Zerstörerin‹ der Familie.

Wenn kulturell vermittelte Bilder einer Subordination von Frauen unter ihre Väter, Ehemänner oder Brüder prägend sind, und Frauen und Mädchen als Trägerinnen der Familienehre wahrgenommen werden, fällt ein Ausbruch aus dem Familienverbund besonders schwer.

Fachkräfte müssen die Ambivalenzen im Verhalten der Frauen erkennen und verstehen und den angemessenen Umgang mit derartigen Widersprüchen als wichtigen Teil der professionellen Hilfe sehen. Ebenso wichtig ist die Wahrung von Grenzen im Umgang mit Betroffenen, die sehr häufig Grenzverletzungen erlebt haben. Das alles macht die Arbeit im Feld »Häusliche Gewalt« herausfordernd, aber auch – wie viele jahrelang dort Beschäftigte betonen – so erfüllend.

15.7 Prävention

Prävention Häuslicher Gewalt ist Teil des Arbeitsfelds. Dazu gehören Solidarität mit Bedrohten, öffentliches Eintreten für deren Belange, Zivilcourage, aber auch das Angebot von Selbstverteidigungskursen, Empowerment oder Awareness-Programmen wie z. B. ›Starke Eltern – Starke Kinder‹ oder Arbeit in der Nachbarschaft (zu Programmen siehe Meyer 2017).

Neue Formen der Grenzverletzungen und sexueller Gewalt gegen Frauen und Mädchen und Jungen, die zur Zeit von radikalisierten Terrorgruppen im Namen von Kultur und Religion – aber auch in neuen sozialen Medien – verübt werden, müssen für die Prävention beachtet werden. »Weiterer Forschungs- und Handlungsbedarf ergibt sich aus neuen Migrations- und Fluchtbewegungen« (Brückner 2020, 49). Auch der transgenerationelle Zusammenhang von Opfererfahrungen in der Kindheit und im späteren Erwachsenenleben ist eine Herausforderung für das Arbeitsfeld.

15.8 Bilanz und Ausblick

Ziel im Feld Gewalt gegen Frauen/Häusliche Gewalt ist der bestmögliche Schutz von Frauen und Kindern sowie der Abbau männlicher Gewalt und die Veränderung der sie stützenden Machtverhältnisse. Die Beseitigung der Gewalt gegen Frauen ist zentral für die Gleichberechtigung der Geschlechter. Es geht nicht allein darum, dass Frauen bessere und verlässlichere Schutz- und Hilfestrukturen vorfinden, sondern Staat, Gesellschaft und vor allem Männer sind gefordert. Jungen und Mädchen müssen neue Rollenbilder lernen, in denen geschlechtsspezifische Macht und Ohnmacht und Gewalt in der Partnerschaft keinen Platz haben. Es gilt die für viele immer noch gegebene Normalität von Beziehungsgewalt zu durchbrechen.

Soziale Arbeit im Bereich Häusliche Gewalt hat sich in den vergangenen 45 Jahren sehr professionalisiert. Verstärkter Rechtsschutz (Istanbul-Konvention, Gewaltschutzgesetz) sowie die Vernetzung der bestehenden Hilfeangebote haben die Chancen für eine gewaltfreie Gesellschaft zumindest näher gerückt.

Weiterführende Literatur

Brückner, M. (1983): Die Liebe der Frauen. Über Weiblichkeit und Misshandlung. Frankfurt a. M.: Neue Kritik.
Brückner, M. (1987): Die janusköpfige Frau – Lebensstärken und Beziehungsschwächen. Frankfurt a. M.: Neue Kritik.
Jungnitz, L., Lenz, H.-J., Puchert, R., Puhe, H. & Walter, W. (Hrsg.) (2007): Gewalt gegen Männer. Personale Gewaltwiderfahrnisse von Männern in Deutschland. Opladen: Budrich.

Internetquellen

www.hilfetelefon.de
www.bafza.de
www.frauenhauskoordinierung.de
www.coe.int/conventionviolence
www.bmsfj.de

Literatur

BIG e. V. (o. J.): Berliner Interventionsprojekt gegen häusliche Gewalt. Alte Ziele auf neuen Wegen. Ein neuartiges Projekt gegen Männergewalt an Frauen stellt sich vor. Berlin.
BIK (2021): Bündnis Istanbul-Konvention. Alternativbericht, Berlin.
Blättner, B., Hahn, D. & Brzank, P. J. Hrsg. (2021): Praxishandbuch Interpersonale Gewalt und Public Health, Weinheim/München: Beltz, Juventa.
Brzank, P. (2012): Wege aus der Partnergewalt – Frauen auf der Suche nach Hilfe. Sekundäranalyse der Repräsentativbefragung »Lebenssituation, Sicherheit und Gesundheit von Frauen in Deutschland«. Wiesbaden: Springer VS.
BMSFFJ – Bundesministerium für Senioren, Familien, Frauen und Jugend (2012): Bericht der Bundesregierung zur Situation der Frauenhäuser, Fachberatungsstellen und anderer Unterstützungsangebote für gewaltbetroffene Frauen und deren Kinder mit Gutachten von Kavemann, B., Helfferich, C. & Rixen, St. im Auftrag des BMSFFJ, Berlin: Bundesregierung.
Brückner, M. (2010): Erfolg und Eigensinn. Zur Geschichte der Frauenhäuser. In: Bereswill, M. & Stecklina, G. (Hrsg.): Geschlechterperspektiven für die Soziale Arbeit. Weinheim: Juventa, 61–80.
Brückner, M. (2018): Konfliktfeld Häusliche Gewalt: Transformationsprozesse und Perspektiven der Frauenhausarbeit. In: Lenz, G. & Weiss, A. (Hrsg.): Professionalität in der Frauenhausarbeit. Wiesbaden: Springer VS, 21–44.
Brückner, M. (2020) Gewaltdiskurse und deren Bedeutung für sozialarbeitswissenschaftliche Frauen- und Geschlechterforschung. In: Rose, L. & Schimpf, E. (Hrsg.): Sozialarbeitswissenschaftliche Geschlechterforschung. Methodologische Fragen, Forschungsfelder und empirische Erträge. Opladen u. a.: Budrich, 39–56.
FRA – Agentur der Europäischen Union für Grundrechte (2014): Gewalt gegen Frauen: eine EU-weite Erhebung. Luxemburg: Eigendruck.
Frauenhauskoordinierung (2020): Statistik Frauenhäuser und ihre Bewohner_innen 2019.
Hagemann-White, C. (2014): Gewalt gegen Frauen als Schlüsselthema der neuen Frauenbewegung – Wirkungen und Wandel einer machttheoretischen Patriarchatskritik im Zeit-

alter der Veränderung staatlichen Regierens. In: Rendtorff, B., Riegraf, B. & Mahs, C. (Hrsg.): 40 Jahre Feministische Debatten, Weinheim/Basel: Beltz, Juventa, 46–58.

Hagemann-White, C. (2016): Grundbegriffe und Fragen der Ethik bei der Forschung über Gewalt im Geschlechterverhältnis. In: Helfferich, C., Kavemann, B. & Kindler, H. (Hrsg.): Forschungsmanual Gewalt – Grundlagen der empirischen Erhebung von Gewalt in Paarbeziehungen und sexualisierter Gewalt. Wiesbaden: Springer VS, 13–32.

Helfferich, C., Kavemann, B. & Kindler, H. (Hrsg.) (2016): Einleitung. In: Forschungsmanual Gewalt – Grundlagen der empirischen Erhebung von Gewalt in Paarbeziehungen und sexualisierter Gewalt. Wiesbaden: Springer VS, 1–12.

Hilfetelefon: Jahresbericht des Hilfetelefons Gewalt gegen Frauen 2019 (2020), hrsg. vom Bundesministerium für Senioren, Familien, Frauen und Jugend (BMSFFJ).

Jahresbericht des Hilfetelefons Gewalt gegen Frauen 2019 (2020), hrsg. vom Bundesamt für Familie und zivilgesellschaftliche Aufgaben Köln.

Kavemann, B., Leopold, B., Schirrmacher, G. & Hagemann-White, C. (2000): »Wir sind ein Kooperationsmodell und kein Konfrontationsmodell«. Ergebnisse der wissenschaftlichen Begleitung zum Berliner Interventionsprojekt gegen häusliche Gewalt. Schriftenreihe des BMFSFJ Band 193. Stuttgart: Kohlhammer.

Kavemann, B. & Kreyssig, U. (Hrsg.) (2013): Handbuch Kinder und häusliche Gewalt. Wiesbaden: Springer VS.

Meyer, B. (2017): »Und bist Du nicht willig, so brauch' ich Gewalt!« Grenzverletzungen, Machtungleichheit, Gewalt und institutionelle Antworten. In: Gebrande, J., Melter, C. & Bliemetsrieder, S. (Hrsg.): Kritisch ambitionierte Soziale Arbeit. Intersektional-praxeologische Perspektiven. Weinheim/Basel: Beltz, 28–50.

Schröttle, M. (2017): Gewalt in Paarbeziehungen. Expertise im Rahmen des Zweiten Gleichstellungsberichtes der Bundesregierung. https://www.gleichstellungsbericht.de/de/article/51.expertisen.html, Aufruf: 01.05.2021.

Schröttle, M. & Müller, U. (2004): Lebenssituation, Sicherheit und Gesundheit von Frauen in Deutschland. Eine repräsentative Untersuchung zu Gewalt gegen Frauen in Deutschland. Im Auftrag des Bundesministeriums für Familie, Senioren, Frauen und Jugend, Berlin.

Stoevesand, S. (2018): Gewalt gegen Frauen und Gemeinwesenarbeit: »StoP« – das Nachbarschaftskonzept. In: Lenz, G. & Weiss, A. (Hrsg.): Professionalität in der Frauenhausarbeit. Wiesbaden: Springer VS, 205–238.

16 Hilfen für Frauen in sexuellen Ausbeutungsverhältnissen

Yvette Völschow, Wiebke Janßen & Silke Gahleitner

16.1 Sexuelle Ausbeutung und Zwangsprostitution

Sexuelle Ausbeutung wird in engem Zusammenhang mit der juristisch in § 232a StGB geregelten Zwangsprostitution als Ausnutzung einer konkreten Zwangslage oder allgemeiner Hilflosigkeit einer Person definiert, die das Ziel hat, die Person zur Arbeit in der Prostitution oder zur Durchführung anderer sexueller Dienstleistungen, durch die sie ausgebeutet wird, zu bringen. Die Opfer sind zumeist weiblich. Ohne das Aufkommen jedoch durchaus auch existierender männlicher Betroffener unterschlagen zu wollen, stehen daher von sexueller Ausbeutung betroffene Frauen im Fokus dieses Beitrags.

Die massive Einschränkung der Handlungs- und Entscheidungsfreiheit bezüglich der Tätigkeit sowie keine angemessene Entlohnung und schlechte Arbeitsbedingungen (vgl. KOK 2017, 4) sind zentrale Elemente, die Zwangsprostitution von Prostitution im Allgemeinen abgrenzen.

Obgleich der Beruf der Prostituierten seit der Legalisierung im Zuge des Prostitutionsgesetzes (ProstG) 2002 grundsätzlich in Deutschland als legal und frei wähl- und ausübbar gilt, existieren zwar auch (z. B. bestimmte religiös oder feministisch geprägte) Perspektiven, die davon ausgehen, dass Prostitution immer einer Art Zwang unterliegt (vgl. zusammenfassend Völschow u. a. 2021 i. E.). Dennoch ist Zwangsprostitution davon über die genannten Ausbeutungsmerkmale zu unterscheiden. Sexuelle Ausbeutung/Zwangsprostitution sind dabei häufig mit dem Delikt Menschenhandel verknüpft, das strafgesetzlich in § 232 StGB geregelt ist.

Im Jahr 2019 wurden laut Polizeistatistik deutschlandweit 287 Verfahren zu sexueller Ausbeutung mit insgesamt 427 Opfern (davon 405 weibliche) abgeschlossen (vgl. BKA 2020, 6). Da es sich hier um ein sog. Kontrolldelikt handelt, deren Ermittlungserfolge stark von der Sensibilisierung und aktiven Ermittlung durch die Strafverfolgungsbehörden abhängen, ist davon auszugehen, dass trotz des 2017 in Kraft getretenen Prostitutionsschutzgesetzes (ProstSchG) nur ein Bruchteil der tatsächlichen Fälle bekannt wird (vgl. ebd., 34). Die Gründe für die geringe Anzeigebereitschaft liegen in vielfältigen Abhängigkeiten der Opfer von den Täter*innen (vgl. ebd., 18; KOK 2017, 7f.). Ein Zeugnis dafür stellen die zahlreichen, in Abbildung 16.1 aufgeführten Kontroll- und Gewaltarten der Täter*innen dar (▶ Abb. 16.1).

Während im Falle ausländischer Frauen, die im Zuge von Menschenhandel zum Zwecke der Zwangsprostitution illegal nach Deutschland gelangten, die Abhängigkeit von dem*der Täter*in häufig noch durch Angst vor der eigenen Straffälligkeit begründet bzw. gesteigert wird (vgl. BKA 2020, 18), steht bei deutschen Betroffenen oft die emotionale Abhängigkeit im Fokus, die sich vor allem im sog. Loverboy-Phänomen zeigt. Ein Täter spielt dabei seiner oft sehr jungen Partnerin zunächst eine romantische Paarbeziehung vor, im Laufe derer er sie z. B. aus angeblicher Geldnot dazu bringt, sich für ihn zu prostituieren (vgl. ebd., 13; KOK 2017, 8).

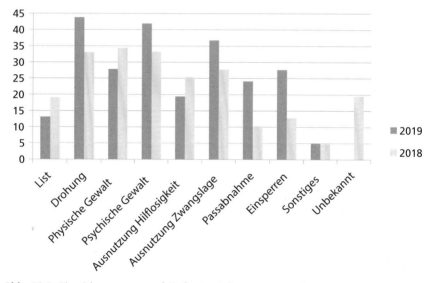

Abb. 16.1: Einwirkungsarten auf Opfer im Rahmen von Ausbeutung 2018/2019 (Angaben in %, eigene Darstellung, Daten aus: BKA 2020, 16)

16.2 Sexuelle Ausbeutung und Zwangsprostitution als Handlungsfeld Sozialer Arbeit

So nachvollziehbar die mangelnde Anzeigebereitschaft aufgrund der genannten Zwangs- und Abhängigkeitsverhältnisse ist, so deutlich ist auch die Komplexität, mit der die Soziale Arbeit bei der Hilfe für von sexueller Ausbeutung Betroffene umgehen muss. Konkret sind hier als spezialisierte Dienste die Straßensozialarbeit im Prostitutionsmilieu, sog. Prostitutionsberatungsstellen und vor allem Fachberatungsstellen gegen Menschenhandel zu nennen, die seit den 1980er Jahren existieren und meist als gemeinnützige Vereine durch Spenden und öffentliche Gelder gefördert werden oder sich in kirchlicher oder kommunaler Trägerschaft befinden.

Der Fokus ihrer Arbeit liegt auf der Aufklärungsarbeit sowie der psychosozialen Stabilisierung der zumeist traumatisierten Opfer (vgl. Körner & Völschow 2016; Gahleitner 2021). Dabei erweist sich nicht selten bereits die Kontaktaufnahme als herausfordernd. Die angeführten Abhängigkeitsstrukturen der Betroffenen, die eine mangelnde Gesprächsbereitschaft bedingen, sind markante Herausforderungen für die tägliche Arbeit mit dem klassischen *Hard-to-Reach-Klientel* (vgl. Giertz u. a. 2020). So ist Unterstützung von den betroffenen Frauen oft kaum annehmbar (vgl. Helfferich u. a. 2010) und der Vertrauensaufbau fällt schwer. Nicht zuletzt mit Blick auf die Schambesetzung des Themas bedarf es daher seitens der Fachkräfte in diesem Handlungsfeld immer auch der besonderen Reflexion von gesellschaftlichen Zuschreibungen und möglicherweise damit einhergehenden Stigmatisierungen der Betroffenen (vgl. Körner u. a. 2017). So sind deutlich niedrigschwellige und dabei hochgradig kooperative Strukturen für den Hilfeprozess notwendig, der mit Blick auf die Situation der Betroffenen absolut parteilich gestaltet werden muss (vgl. Völschow & Gahleitner 2021 i. E.).

Von sexueller Ausbeutung und Zwangsprostitution betroffenen Frauen werden psychische Folgen wie starker Stress, Anpassungs- und affektive Störungen, PTBS u. a. attestiert (vgl. Oram u. a. 2015, 1084ff. u. a.). Nach Gahleitner u. a. (2018) erleiden von sexueller Ausbeutung betroffene Frauen häufig komplexe Traumatisierungen, reagieren zu großen Teilen mit abgespaltenem, vermeidendem Verhalten und sind so zunächst in der Wahrnehmung der eigenen psychischen Folgen des Erlebten getrübt. Der Vertrauensaufbau zwischen den Betroffenen und den professionellen Akteur*innen ist eine entsprechend große Herausforderung und doch die wohl wichtigste Grundlage im Hilfeprozess (vgl. Völschow & Gahleitner 2021 i. E.). Für die Soziale Arbeit wird so das Erfordernis umfassender Kenntnisse im traumapädagogischen Kontext deutlich.

Drei-Ebenen-Modell der Traumabewältigung

Nach Gahleitner (2021) wird diesem Bedarf mit einem Vorgehen nach dem sog. Drei-Ebenen-Modell der Traumabewältigung Rechnung getragen:

1. Schritt: umfassend Sicherheit herstellen,
2. Schritt: Problembewältigung unterstützen,
3. Schritt: Integration in den Lebensalltag begleiten.

Die Stabilisierung und Erschließung nutzbarer Ressourcen der Opfer findet im ersten Schritt statt. Per akuter Hilfen wie z. B. der Unterbringung in einer Schutzwohnung, der vorläufigen Sicherung von Lebensgrundlagen über finanzielle Hilfen und die Weitervermittlung an zuständige Fachberatungsstellen soll in umfassendem Maße Sicherheit hergestellt werden. Grundgedanke ist, dass mit der eigentlichen Problembewältigung nicht begonnen werden kann, solange die Lebenssituation nicht sicher ist (vgl. Gahleitner 2021, 110ff.). Auf der zweiten Stufe kann dann bereits eine vorsichtige Auseinandersetzung mit der problembelasteten Situation und den (Gewalt-)Erfahrungen aufgenommen werden. Hierfür müssen die Berater*innen der Fachberatungsstellen entsprechend – z. B. psychotraumatologisch – ausgebildet sein. Bis zu einer vertretbaren Weitervermittlung an Psychotherapeut*innen für eine tiefergehende Auseinandersetzung mit dem Thema können jedoch Monate bis Jahre vergehen (vgl. ebd.), wenn sie überhaupt möglich wird. Im dritten Schritt soll der Übergang in einen unabhängigen Alltag flankiert werden. Das kann bei ausländischen Opfern von Menschenhandel/Zwangsprostitution auch die Rückreise in das Herkunftsland bedeuten.

Das Modell berücksichtigt, dass eine gefestigte Vertrauensbasis zwischen den Betroffenen, deren Vertrauen in Menschen sowie Institutionen aufgrund schwer erschütternder (Bindungs-)Erfahrungen zumeist deutlich verletzt wurde, und den Helfenden, die ihre Vertrauenswürdigkeit erst unter Beweis stellen müssen, unabdingbar ist (vgl. ebd.).

16.3 Kooperationserfordernisse mit anderen Professionen

Um dem komplexen Feld der Hilfen bei sexueller Ausbeutung gerecht zu werden und Betroffenen bedarfsgerecht Unterstützung bieten zu können, ist die Kooperation der unterschiedlichen (potenziell) involvierten Akteur*innen zentral (vgl. Völschow & Gahleitner 2021 i. E.). Sind es auf den ersten Blick Instanzen der Strafverfolgungsbehörden sowie die erwähnten Fachberatungsstellen, die hier eine Rolle spielen, so gibt es bei genauerem Hinsehen weitere Einrichtungen, die womöglich vereinzelt bzw. unbemerkt Kontakt zu Betroffenen haben können. Eine professionsübergreifende Zusammenarbeit und vor allem Aufklärung über und Sensibilisierung für das Phänomen der sexuellen Ausbeutung ist daher als zentraler Beitrag zu gelingenden Hilfeprozessen zu betrachten. Zu denen, die hier per Auftrag institutionalisiert und spezialisiert handeln, gehören Fachberatungsstellen Menschenhandel (psychosoziale Beratung/Begleitung Betroffener, Streetwork u. a.), spezialisierte Fachdienststellen der Polizei (Gefahrenabwehr, Strafverfolgung, Milieukontrollen), Sonderdezernate Organisierte Kriminalität/Menschenhandel der Staatsanwaltschaft (Ermittlungen, Vernehmungen) und Sonderbeauftragte des BAMF (Bundesamt für Migration und Flüchtlinge) für den Bereich Menschenhandel (vgl. Körner u. a. 2021 i. E.).

Daneben existieren Professionen, die nicht auf sexuelle Ausbeutung spezialisiert handeln, aber dennoch Kontakte zu Betroffenen haben können, wie nicht-spezialisierte Dienststellen der Polizei, Bereiche der Staatsanwaltschaft und Richterschaft ohne Spezialisierung und schließlich – als mitunter durchaus auch sozialpädagogisch ausgerichtete Berufsgruppen – Akteur*innen aus Behörden wie

Gesundheits-, Arbeits-, Jugendämtern sowie Ausländerbehörden und Beratungsstellen, die nicht auf Menschenhandel spezialisiert sind (vgl. ebd.).

Im Zuge multidisziplinärer Kooperation für eine bestmögliche Prävention und adressat*innenbezogene Intervention sollten möglichst allen Professionen grundlegende Vorgehensweisen der jeweils anderen in diesem Feld transparent sein. So ist für Sozialarbeiter*innen ein Einblick in die juristischen Gegebenheiten bezüglich Zwangsprostitution und sexueller Ausbeutung ebenso zentral, wie (trauma-) pädagogische Grundkenntnisse für mit Opfern umgehende Polizeibeamt*innen oder Vertreter*innen aus dem Ordnungs- oder medizinischen Dienst wünschenswert wären. Nicht zuletzt ermöglicht eine entsprechende Vernetzung die schnelle und bedarfsgerechte Weitervermittlung Betroffener (vgl. Völschow & Gahleitner 2021 i. E.).

16.4 Fazit

Sexuelle Ausbeutung bzw. Zwangsprostitution gehen mit vielen und tiefen Verletzungen der psychischen und physischen Gesundheit der betroffenen Frauen einher und sind zugleich in hohem Maße schambesetzt. Sie sind mit auf unterschiedlichen Abhängigkeiten basierenden Ambivalenzen verbunden, die das Annehmen von Hilfen erschweren. Die Identifizierung Betroffener ist entsprechend komplex. Hieraus ergibt sich ein immenses Dunkelfeld und damit eine nicht benennbar hohe Zahl Betroffener, denen es nicht oder nur spät gelingt, der Gewaltsituation zu entkommen.

Aufgrund der sensiblen, stigmatisierten und schambesetzten Thematik der sexuellen Ausbeutung sowie der Ambivalenzen, in denen sich Betroffene in der Regel befinden, ist schon ihre Identifizierung eine herausfordernde Aufgabe. Nicht weniger komplex gestaltet sich die Arbeit mit den Betroffenen. Sie erfordert fundierte Fachkenntnisse, die nicht nur spezialisiert Handelnden im Bereich Sozialer Arbeit, sondern – per multidisziplinärer Vernetzung und Kooperation – möglichst auch Professionen, die potenziell mit den Betroffenen in Kontakt kommen könnten, zugänglich gemacht werden sollten. Für spezialisiert Handelnde im Bereich der Sozialen Arbeit, bspw. im Bereich der Streetwork im Prostitutionsmilieu oder in Fachberatungsstellen für Betroffene, ist eine fundierte Aus-/Fortbildung bezüglich rechtlicher Belange und Hilfsmöglichkeiten ebenso zentral wie klinische bzw. (trauma-)pädagogische Kenntnisse und das Wissen, zu welchem Zeitpunkt im Unterstützungsprozess welche Schritte mit den betroffenen Frauen gegangen werden können.

Weiterführende Literatur

Follmar-Otto, P. & Rabe, H. (2009). Menschenhandel in Deutschland. Die Menschenrechte der Betroffenen stärken. Berlin. https://www.institut-fuer-menschenrechte.de/uploads/tx_commerce/studie_menschenhandel_in_deutschland_01.pdf, Aufruf: 09.03.2021.
Gahleitner, S. B. u. a. (2018) (s. u.)
Rabe, H. & Tanis, N. (2013). Menschenhandel als Menschenrechtsverletzung. Strategien und Maßnahmen zur Stärkung der Betroffenenrechte, Handreichung. Berlin: Schwabendruck. https://www.institut-fuer-menschenrechte.de/fileadmin/user_upload/PDF-Dateien/Handreichungen/Handreichung_Menschenhandel_als_Menschenrechtsverletzung.pdf, Aufruf: 09.03.2021.

Internetquellen

BAMF (2013): Identifizierung von Opfern von Menschenhandel aus Drittstaaten im Asylverfahren und im Fall der erzwungenen Rückkehr: https://www.bamf.de/SharedDocs/Anlagen/DE/EMN/Studien/wp56-emn-menschenhandel.html.
KOK – Bundesweiter Koordinierungskreis gegen Menschenhandel e. V.: https://www.kok-gegen-menschenhandel.de/startseite, Aufruf: 09.03.2021.

Literatur

BKA (2020): Menschenhandel und Ausbeutung. Bundeslagebild 2019. Wiesbaden. https://www.bka.de/SharedDocs/Downloads/DE/Publikationen/JahresberichteUndLagebilder/Menschenhandel/menschenhandelBundeslagebild2019.html?nn=27956, Aufruf: 08.02.2021.
Gahleitner, S. B. (2021): Das pädagogisch-therapeutische Milieu in der Arbeit mit Kindern und Jugendlichen. Trauma- und Beziehungsarbeit in stationären Einrichtungen (3., aktual. Aufl.). Köln: Psychiatrie Verlag.
Gahleitner, S. B. u. a. (2018): Psychosoziale Arbeit mit traumatisierten Frauen aus Gewaltverhältnissen. Ergebnisse aus einer Studie zum Thema Menschenhandel mit dem Zweck sexueller Ausbeutung. Kröning: Asanger.
Giertz, K., Große, L. & Gahleitner, S. B. (Hrsg.) (2020). Hard to reach: schwer erreichbare Klientel unterstützen. Köln: Psychiatrie Verlag.
Helfferich, C., Kavemann, B. & Rabe, H. (2010): Determinanten der Aussagebereitschaft von Opfern des Menschenhandels zum Zweck sexueller Ausbeutung – Eine qualitative Opferbefragung. Reihe: Polizei + Forschung, Bd. 41. Köln: Luchterhand.
Körner, M. & Völschow, Y. (2016): Menschenhandel zum Zweck sexueller Ausbeutung: Implikationen für die klinische Sozialarbeit. In: S. Borrmann & B. Thiessen (Hrsg.): Wirkungen Sozialer Arbeit. Potentiale und Grenzen der Evidenzbasierung für Profession und Disziplin. Opladen u. a.: Budrich, 358–372.
Körner, M., Völschow, Y. & Radtke, M. (2017): Strafverfolgung von Zwangsprostitution – vorbehaltsbegründete Dynamiken zwischen ausländischen Opfern und der Polizei. In: Liebl, K. (Hrsg.): Empirische Polizeiforschung XX: Polizei und Minderheiten. Frankfurt: Verlag für Polizeiwissenschaft, 99–120.
Körner, M., Radtke, M. & Völschow, Y. (2021, i. E.): Behördliche AkteurInnen im Deliktbereich Menschenhandel/Zwangsprostitution – Vorbehalte und Ansätze der Sensibilisierung. In: Völschow, Y. & Gahleitner, S. B. (Hrsg.) Menschenhandel und Zwangsprostitution. Interdisziplinäre Perspektiven mit Blick auf Prävention und Intervention. Weinheim: Beltz Juventa.

KOK – Bundesweiter Koordinierungskreis gegen Menschenhandel e. V. (2017): Menschenhandel. Sexuelle Ausbeutung. Berlin. https://www.kok-gegen-menschenhandel.de/fileadmin/user_upload/medien/Publikationen_KOK/KOK_Broschuere_Sexuelle_Ausbeutung.pdf, Aufruf: 09.02.2021.

Oram, S., Khondoker, M., Abas, M., Broadbent, M. & Howard, L. M. (2015). Characteristics of trafficked adults and children with severe mental illness: a historical cohort study. The Lancet Psychiatry. doi: 10.1016/S2215-0366(15)00290-4.

Völschow, Y. & Gahleitner, S. B. (2021, i. E.): Kooperationen in der Präventions- und Interventionsarbeit bei Menschenhandel im Kontext von sexueller Ausbeutung und Zwangsprostitution: Implikationen für die Praxis. In: Y. Völschow & S. B. Gahleitner (Hrsg.): Menschenhandel und Zwangsprostitution. Interdisziplinäre Perspektiven mit Blick auf Prävention und Intervention. Weinheim: Beltz Juventa.

Völschow, Y., Körner, M. & Janßen, W. (2021, i. E.): Gewalt in der (Zwangs-)Prostitution. In: B. Blättner, D. Hahn & P. J. Brzank (Hrsg.): Interpersonelle Gewalt: Eine Herausforderung für Public Health. Weinheim: Beltz Juventa.

17 Diskriminierungsaffine und demokratiefeindlich orientierte junge Menschen

Kurt Möller

17.1 Ausgangspunkte

Rechtsextremistische und islamistische Umtriebe, weitere Formen von un- und antidemokratischen Haltungen sowie pauschale Ablehnungen und Diskriminierungen von Angehörigen bestimmter gesellschaftlicher Gruppierungen – etwa Abwertungen von Geflüchteten und Muslim*innen – sind inzwischen zu brisanten, oftmals auch gewaltförmig, ja teils terroristisch zugespitzten Problemlagen geworden. Allein im Nachhinein erfolgende staatliche Sanktionierung und Repression können wenig gegen sie ausrichten, vor allem ihre Entstehung samt ihre sozialen Hintergründe sind dadurch kaum zu beeinflussen. Neben Vereinigungen der Zivilgesellschaft sehen sich zunehmend Pädagogik und Soziale Arbeit aufgerufen, sich dieser Herausforderung anzunehmen. Insbesondere wird die Sozial*pädagogik* zu Hilfe gerufen, weil die Träger*innen der Entwicklung häufig noch jung sind bzw. in der Jugendphase entscheidende Etappen ihrer Radikalisierung durchlaufen haben. Diese sollen präventiv und notfalls interventiv erzieherisch-bildnerisch aufgegriffen werden.

17.2 Zentrale Arbeitsfelder und ihre Entstehung im Überblick

Das Arbeitsfeld sozialpädagogischer Rechtsextremismusbearbeitung gewann im vereinigten Deutschland nach und nach bereits seit Ende der 1980er/Anfang der 1990er Jahre an Kontur. Hintergrund waren einschlägig motivierte Übergriffe und Gewalttaten, aber auch die zunehmende Verbreitung rechtsextremer Einstellungen und die Besorgnis erregenden Wahlerfolge rechtsextremer Parteien und Listen.

Zu Beginn folgte die Praxis bisweilen ziemlich unbedarft dem Ansatz der »akzeptierenden Jugendarbeit« (Krafeld 1992, 1996), der fälschlich als Freibrief dafür interpretiert wurde, ohne notwendige Grenzziehungen und weitgehend unkontrolliert Ressourcen von Jugendarbeit für rechtsextrem Orientierte zur Verfügung zu stellen. Die Folge davon war, dass die gesamte sozialpädagogische ›Arbeit mit

Rechten‹ als ›gescheitert‹ galt (»Glatzenpflege auf Staatskosten«) und dementsprechend fast komplett aus öffentlicher Förderung verschwand. Allerdings stellte die Evaluation des Bundesprogramms »Civitas« fest, dass der Abschied von sozialpädagogischer Arbeit mit rechts(-extrem) orientierten jungen Menschen erhebliche Probleme evoziert hatte. Ohne sozialpädagogisches Gegengewicht würde den ›braunen Rattenfängern‹ das Feld für ihre Rekrutierungsabsichten überlassen, so die Kritik. Empfohlen wurde, auf die direkte Arbeit mit rechtsextrem orientierten Jugendlichen nicht zu verzichten, sondern sie im Gegenteil konzeptionell zu stärken (vgl. dazu z. B. das 2008 mit dem Deutschen Kinder- und Jugendhilfepreis ausgezeichnete, bei Bleiß u. a. 2004 dargelegte Konzept sowie Gulbins u. a. 2007).

Eine intensivere Beschäftigung mit Haltungen, die eher im Vor- und Umfeld solcher politischen Aktivität(sbereitschaft) anzusiedeln sind, weil sie eher in den sozialen Bezügen des Alltags beobachtet werden als in organisierten Formen, fand auf breiterer Basis erst um die Jahrtausendwende statt. Insbesondere die prominenten Repräsentativbefragungen zur »Gruppenbezogenen Menschenfeindlichkeit«, also zu antisemitischen, antimuslimischen, sexistischen, rassistischen und weiteren Facetten eines solchen »Einstellungssyndroms« (vgl. vor allem Heitmeyer 2002–2012), lenkten den Blick darauf, dass entsprechende Vorbehalte, Vorurteile, Abwertungen und die aus ihnen erwachsenden Diskriminierungs-, Hass- und Gewalttendenzen in Deutschland gesellschaftlich nicht nur vorhanden sind, sondern auch drohen, die politische Sozialisation der nachwachsenden Generationen zu prägen. Die Forschung zu biografischen Verläufen hin zu und auch weg von Pauschalisierenden Ablehnungskonstruktionen (PAKOs), also verallgemeinernden, empirisch nicht belegbaren und inhaltlich nicht haltbaren Zuschreibungen (vgl. Möller u. a. 2016), konnte sozialisatorische Hintergründe und Motivlagen im Jugendalter identifizieren. Damit stehen der Sozialen Arbeit anwendungsorientierte Erkenntnisse zur Verfügung.

Soziale Arbeit gegen Erscheinungsweisen des Islamismus entwickelte sich erst vergleichsweise spät, gleichsam als Langzeitfolge der Anschläge vom 11.09.2001 in den USA und späteren terroristischen Aktionen in Europa und in Deutschland. Ihre Bedeutsamkeit wurde und wird weiterhin auch dadurch unterstrichen, dass kriegerische Aktivitäten islamistischer Milizen im Nahen Osten insbesondere unter jungen in Europa lebenden Muslimen Attraktivität entfalten und in nicht unerheblichem Ausmaß zu dschihadistisch motivierten Ausreisen verleite(te)n. Insofern ist es nur folgerichtig, wenn die aktuelle Bundespolitik zur Extremismusprävention und Demokratieförderung neben dem Rechtsextremismus auch den islamistischen Extremismus fokussiert.

Die Regierungsstrategie setzt nicht allein auf die defensive Vorbeugung von Extremismus, sie will vielmehr offensiv und weiter ausgreifend die Förderung von Demokratie zum Gegenstand machen. Neben der bloßen Verhinderung von Angriffen auf die Demokratie wird im Sinne einer Ermöglichungslogik eine Sensibilisierung für Demokratie und die Information über die Vorzüge von Demokratie angezielt. Vor diesem Hintergrund ist der 16. im Auftrag der Bundesregierung erstellte Kinder- und Jugendbericht ausdrücklich der »Förderung demokratischer Bildung im Kindes- und Jugendalter« gewidmet. Der Bericht legt einen weiten

Bildungsbegriff zugrunde, der auch sozialarbeiterische Bildungsverständnisse einschließt. Damit eröffnet sich auch für die Soziale Arbeit ein Arbeitsfeld, das politische Bildung (auch) jenseits extremismuspräventiver Engführungen zur Aufgabe erklärt. Diese erstreckt sich nicht nur auf Politik im engeren Sinne, sondern ebenso und gerade auf das Politische im Alltag, also die politischen Implikationen des sozialen Mit-, Gegen- und Nebeneinanders in den tagtäglichen Lebenszusammenhängen (vgl. Bundesministerium 2020).

17.3 Adressierte Gruppierungen

Die in den genannten Arbeitsfeldern entfaltete Praxis zielt nicht allein auf die direkte Arbeit mit Kindern und Jugendlichen, die einschlägige problematische Haltungen aufweisen. Um den Erfolg sozialpädagogischer Ansätze zu stärken, bietet sie sich unterschiedlichen *Gruppierungen von Nutzer*innen* an.

- Sie adressiert *zum ersten* junge Menschen, die besonders gefährdet erscheinen, in solche Orientierungskomplexe, Problemzusammenhänge und Milieus hineingezogen zu werden, die pauschal ablehnenden Haltungen, Diskriminierung, Gewalt und politischem Extremismus in Verbindung mit Demokratiedistanz oder gar -gegnerschaft Vorschub leisten.
- *Zum zweiten* erstreckt sie sich teilweise daneben auch auf bereits entsprechend involvierte junge Menschen, soweit diese sich solchen Orientierungen und Aktivitäten zwar schon angenähert, aber noch keine Konsolidierung, etwa Organisierung, ihrer An- oder Einbindung durchlaufen haben.
- *Zum dritten* macht sie Angebote für diejenigen, die nach einer Szenekarriere ›aussteigen‹ wollen, also erkennbar und glaubwürdig bestrebt sind, eine (Re-)Demokratisierung ihrer Haltungen zu vollziehen.
- *Zum vierten* richtet sie sich allgemein an Kinder, Jugendliche und junge Erwachsene, um Werte wie wechselseitigen Respekt, Demokratie und Gewaltferne zu stärken und damit einen alltagskulturellen Umgang miteinander zu ermöglichen, in dem Menschenverachtung und ihre politischen Auswüchse möglichst wenig Chancen auf Entfaltung bekommen.
- *Zum fünften* macht Soziale Arbeit im Themenfeld zudem flankierend Angebote für Eltern, für weitere Umfeldpersonen von Kindern und Jugendlichen, für interessierte Akteure der Zivilgesellschaft sowie für Institutionen (z. B. Schulen) und – mittels »Mobiler Beratungsteams« (MBTs) und kommunaler »Partnerschaften für Demokratie« (PfD; vormals »Lokale Aktionspläne«) – für ganze Gemeinwesen mit dem Ziel, diese in ihren Demokratiegestaltungsaktivitäten zu bestärken.
- *Zum sechsten* kann auch die Arbeit mit Betroffenen und Opfern (rechts-)extremistischer Angriffe, Straftaten und Gewalt als Präventionsmaßnahme betrachtet werden, zumal sie nicht nur geschehene Vorfälle aufarbeitet, sondern auch

weitere Viktimisierungen verhindern soll. Demokratiezentren sorgen seit 2015 in allen Bundesländern für die Koordination und strategische wie qualitative Weiterentwicklung dieser Praxen.

17.4 Abgrenzung zu sicherheitsbehördlicher Prävention

Wenn es um Prävention geht, hat es Soziale Arbeit immer wieder mit Sicherheitsbehörden und dem Justizsystem zu tun. Wenn sich hier Arbeitsgebiete überlappen oder sogar personell ein und dieselbe Klientel adressiert wird, gilt es, die grundsätzlich unterschiedlichen Aufträge, Selbstverständnisse, Zuständigkeiten, Arbeitsprinzipien und Vorgehensweisen klar voneinander abzugrenzen – und dies in wechselseitiger Akzeptanz. Für Soziale Arbeit ist dabei wichtig festzuhalten, dass ihr Auftrag im Kern in der Unterstützung von Subjekten bei der Entwicklung individueller Handlungsfähigkeit und sozialer Integration liegt. Für die Soziale Arbeit stehen nicht primär Ordnungsfunktionen (Aufrechterhaltung oder Wiederherstellung öffentlicher Ordnung und Sicherheit), sondern Gestaltungs-, Entwicklungs-, Erziehungs- und Bildungsaufgaben im Zentrum. Ihr Kontakt zur Klientel ist grundsätzlich durch Freiwilligkeit gekennzeichnet. Sie ist rechtlich wie berufsethisch der in § 1 Abs. 1 SGB VIII ausgedrückten Richtschnur verpflichtet: »Jeder junge Mensch hat ein Recht auf Förderung seiner Entwicklung und auf Erziehung zu einer eigenverantwortlichen und gemeinschaftsfähigen Persönlichkeit.«

17.5 Handlungskonzepte und Methoden

Vor allem in den letzten rund drei Jahrzehnten hat sich eine große Vielfalt an unterschiedlichen Handlungskonzepten und eine noch größere Zahl an Methoden, Verfahren und Techniken ausdifferenziert. Im Interesse an ihrer Sortierung und Ordnung lassen sie sich in einem ersten Zugriff nach zugrundeliegenden Paradigmen und daraus folgenden Strategien erfassen. Ein zweiter Zugriff kann die darauf aufbauenden Formate und die damit wiederum zusammenhängenden Praxiskonzepte in den Blick nehmen.

17.5.1 Paradigmen und Strategien

Paradigmatisch lassen sich die Konzepte grob danach unterscheiden, ob sie mehr auf *Wissensvermittlung* oder mehr auf *Erfahrungs- und Gestaltungslernen* setzen. Während erstere strategisch eher auf Information, Aufklärung, Bewusstmachung, argumentative Überzeugung und kognitiv-moralische Reflexion setzt, setzt die Strategie der Ermöglichung von Erfahrungs- und Gestaltungslernen stärker auf die Förderung von Befähigungen.

Im Vordergrund erfahrungs- und gestaltungsorientierter Strategien steht ...

1. die Qualifizierung in Bereichen extremismusprotektiver und demokratieförderlicher personaler und sozialer Kompetenzen – wie z. B. Empathie, Reflexivität, Ambiguitätstoleranz und verbale Konfliktfähigkeit. Darüber hinaus geht es um die Vermittlung funktionaler Äquivalente. Mit Letzterem ist die Intention gemeint, an die Stelle von un- und antidemokratischen bzw. integritäts- und respektverletzenden Befriedigungsformen von durchaus legitimen Bedürfnissen für das Subjekt gleichwertige Alternativen treten zu lassen. Auf diese Weise sollen z. B. Wünsche nach Selbstwirksamkeit oder Zugehörigkeit, die oftmals für die Hinwendung zu problematischen Orientierungs- und Szenezusammenhängen und für den Verbleib darin nachweislich eine große Rolle spielen, sozial akzeptierte Befriedigungsformen finden, vermittelt durch sozialarbeiterische Angebote.
2. die Eröffnung von politischen Partizipationskanälen, die politische Einmischung zugunsten infrastruktureller Verbesserungen im Sozialraum der Betroffenen und das Spannen von Netzen betreibt, die professionelle Akteure zusammenbinden, aber auch Klient*innen aufzufangen vermögen, indem sie Letzteren tragfähige, verlässliche und Unterstützung bereithaltende Milieuerfahrungen ermöglichen.

17.5.2 Formate und Praxiskonzepte

Im Kontext dieser Paradigmen und Strategien und in ihren Schwerpunktsetzungen von ihnen beeinflusst, können mindestens acht verschiedene Formate und Praxiskonzepte unterschieden werden:

1. Formen der *Unterrichtung* im Sinne des Paradigmas der Wissensvermittlung (Infoveranstaltungen, Kurse, Seminare etc.),
2. *Begegnung* entsprechend dem Paradigma des Erfahrungslernens (etwa Begegnung mit Angehörigen unterschiedlicher Kulturen oder Religionen),
3. in einer Mischform beider Formate *Trainings* (etwa Argumentationstrainings, in denen reale Situationen simuliert werden),
4. *personenbezogene Beratungen und Unterstützungen* (z. B. als Alltags- und Sozialisationshilfen und/oder therapeutisch orientierte Settings),

5. *Einzelansprache* (etwa über Plakate, Rundfunksendungen, Filme und Internetcontent),
6. *Rechercheformate* (z. B. als historische Spurensuchen),
7. *Produktorientierung* (entweder indem Objekte hergestellt werden wie z. B. Theater- und Musikstücke oder indem junge Menschen soweit qualifiziert werden, dass diese konkrete Aufgaben übernehmen können, z. B. als Guides in Gedenkstätten bzw. Ausstellungen oder als Streitschlichtende) und
8. Vorhaben von *Strukturverbesserungen im Gemeinwesen* (z. B. indem – partizipatorisch oder nicht – Spiel- und Aktionsräume im Alltag geschaffen werden).

Ganz praktisch setzen sich diese Formate – häufig mit Überschneidungsflächen – um z. B. in Ansätzen historischer Bildung, Unterrichts-, Seminar- und Trainingseinheiten zur Toleranz- und Demokratieerziehung, Konzepten der Qualifizierung persönlicher Kompetenzen und des allgemeinen sozialen Lernens, schulbezogenen, teilweise auch umfassenden Programmen wie Streitschlichtung und Mediation, Maßnahmen zur Deeskalation und Zivilcourage, Aufsuchende Arbeit (z. B. mit rechtsextrem orientierten Cliquen), körper- und bewegungsorientierten Konzepten von Erlebnis-, Abenteuer- und Sportpädagogik, kultur- und medienpädagogischen Konzepten, geschlechtsreflektierenden Ansätzen, Antidiskriminierungsarbeit u. v. m.

Als besonders erfolgversprechend für politisch-sozial ›kippelige‹ Jugendliche haben sich dabei in Evaluationen erfahrungsorientierte und auf die Vermittlung funktionaler Äquivalente abhebende Ansätze erwiesen, die Fähigkeiten und Chancen von jungen Menschen erhöhen, ihr Leben selbstbestimmt und zugleich verantwortungsbewusst führen zu können sowie ihre Integrationsbilanzen, also ihre Empfindungen von Zugehörigkeit, Anerkennung, Teilhabe und Identifikationschancen, zu verbessern.

Aussicht auf Erfolg haben diese Initiativen vor allem dann, wenn sie dabei befriedigende Erfahrungen sinnlichen Erlebens und Zugänge zu neuen Sinnerfahrungen bieten können. Stoßen sie dabei zudem noch auf Möglichkeiten, neue demokratiekompatible ›innere Bilder‹ an die Stelle problematischer mentaler Abbilder von relevanten Themenbereichen wie Schwulsein, Islam, Judentum, Demokratie usw. aufbauen zu können, werden sie in die Lage versetzt, die subjektive Verarbeitung ihrer Erfahrungen realitätsgerechter und sachangemessener vorzunehmen. Im Zuge solcher Erfahrungen entwickeln die jungen Menschen dann auch Selbst- und Sozialkompetenzen, die für PAKO-ferne Orientierungen und demokratische Aktivitäten förderlich sind und für ihre Realisation abgefordert werden (vgl. Möller 2019, Erfahrungsräume 2021).

17.6 Erforderliche Kompetenzen von Fachkräften

Von herausragender Bedeutung sind im Arbeitsfeld eine gründliche *Auftragsklärung* und ein sensibles *Fallverstehen*. Dazu gehört, die Nutzer*innen der sozialen Dienstleistung Soziale Arbeit als Subjekte ernst zu nehmen und sie nicht auf Rollen von Objekten der Behandlung zu reduzieren. Zu entschlüsseln sind die Motivationslagen und Erfahrungshintergründe von Pauschalisierenden Ablehnungskonstruktionen, Diskriminierungsaffinität und Demokratiefeindlichkeit, zudem aber auch die Ressourcen, die die Träger*innen entsprechender Orientierungen und Aktivitäten zur Verfügung haben und die genutzt werden können, um ihre Probleme und Bedarfe in angemessener Weise anzugehen. Zentral ist, die subjektive Funktionalität der problematischen Haltungen für Lebensbewältigungs- und Lebensgestaltungsabsichten herauszufinden, um für sie subjektiv als nicht minder attraktiv erachtete Äquivalente zugänglich machen zu können. Dies geht nicht ohne eine dialogische Auseinandersetzung, die die Arbeit an Lösungen als Koproduktion versteht.

Nicht zuletzt deshalb kommt der Gestaltung von *professionellen Arbeitsbeziehungen* im Arbeitsfeld sehr hohe Relevanz zu. Der Aufbau von *tragfähigem Kontakt und Vertrauen* sowie Verlässlichkeit und spürbare Hilfeleistungen bei einer sozial akzeptablen Lebensführung sind wesentliche Voraussetzungen dafür, dass Klient*innen sich öffnen, persönliche Dinge von sich preisgeben und die Bereitschaft aufbringen, Wege zu beschreiten, die ihnen Ertrag versprechend erscheinen, auch wenn sie für sie neu sind.

Derart angelegte Soziale Arbeit erschöpft sich aber andererseits auch nicht in Beziehungsarbeit. Vielmehr ist ein *strategisches Handeln* angezeigt, das seine Professionalität daraus bezieht, sorgfältig die Ausgangsbedingungen des herausgeforderten Handelns analysieren und einschätzen zu können, auf dieser Basis konzeptionelle Planungen zur Herstellung eines sinnhaften Zusammenhangs von Zielen, Inhalten und Methoden vorzunehmen, diese über fachlich gesicherte Aktivitäten umsetzen oder ggf. auch modifizieren zu können, um schließlich Ergebnisse zu erzielen, sie adäquat zu erfassen, zu bewerten und in praktische Schlussfolgerungen umzusetzen (vgl. dazu auch detaillierter »Erfahrungsräume öffnen« 2021).

17.7 Strukturdilemmata und aktuelle Entwicklungstendenzen zu ihrer Bearbeitung

Weniger an Ideenreichtum, methodischem Repertoire und Innovationskraft fehlt es den genannten Herangehensweisen insgesamt als vorrangig an zwei miteinander zusammenhängenden Desideraten: Zum ersten werden sie größtenteils in programmgesteuerten Modellprojekten und modellhaften Strukturen entwickelt, was zur Folge hat, dass der wünschbare Transfer von dort gewonnenen Erkenntnissen in Regelstrukturen ein immer wieder auftauchendes und schwer zu lösendes Problem darstellt. Zum zweiten wird die Befristung von Programmen zunehmend als fatal erlebt, weil sie einer kontinuierlichen Bearbeitung der von ihnen fokussierten Problemlagen zuwiderläuft, andauernde personelle Wechsel und damit Qualifikationsverluste sowie Planungsunsicherheiten mit sich bringt – und dies angesichts von Bearbeitungserfordernissen, die nicht konjunkturell auftreten, sondern strukturell und damit auf Dauer veranlasst werden.

Die Bundesregierung hat diese Problematik erkannt und Bundesjugend- und -innenministerium planen nach eigenen Angaben zu ihrer Abhilfe ein Demokratiefördergesetz. Ob und wann es in welcher Gestalt tatsächlich beschlossen wird und in Kraft tritt, ist gegenwärtig noch nicht absehbar.

Weiterführende Literatur

Bundesministerium für Familie, Senioren, Frauen und Jugend (2020) (s. u.).
Erfahrungsräume öffnen – Demokratie gestalten (2021). Die KISSeS-Strategie in der Praxis. Reutlingen: Sautter.
Möller, K. & Schuhmacher, N. (2014): Soziale und pädagogische Arbeit mit rechtsextrem affinen Jugendlichen. Akteure, Projekte, Ansätze und Handlungsfelder. Berlin: BIK Netz. https://www.vielfalt-mediathek.de/mediathek/5518/soziale-und-p-dagogische-arbeit-mit-rechtsextrem-affinen-jugendlichen-akteure-pr.html.
Ben Slama, B. & Kemmesies, U. (Hrsg.) (2020): Handbuch Extremismusprävention. Gesamtgesellschaftlich. Phänomenübergreifend. Wiesbaden: Bundeskriminalamt.

Internetquellen

Bundesministerium für Familie, Senioren, Frauen und Jugend: https://www.demokratie-leben.de/
Bundesamt für Migration und Flüchtlinge: https://www.bamf.de/DE/Behoerde/Beratungsstelle/beratungsstelle-node.html

Literatur

Bleiß, K., Möller, K., Peltz, C., Rosenbaum, D. & Sonnenberg, I. (2004): Distanz(ierung) durch Integration – Neue konzeptionelle Grundlagen für aufsuchende Arbeit mit rechtsextremen bzw. menschenfeindlich orientierten Jugendlichen. In: Neue Praxis, 34. Jg., H. 6, 568–590.
Bundesministerium für Familie, Senioren, Frauen und Jugend (2020): 16. Kinder- und Jugendbericht. Förderung demokratischer Bildung im Kindes- und Jugendalter. Bundestagsdrucksache 19/24200. Berlin. https://www.bmfsfj.de/bmfsfj/service/publikationen/16-kinder–und-jugendbericht/162238.
Gulbins, G., Möller, K., Rosenbaum, D. & Stewen, I. (2007): »Denn sie wissen nicht, was sie tun«? Evaluation aufsuchender Arbeit mit rechtsextrem und menschenfeindlich

orientierten Jugendlichen. In: deutsche jugend. Zeitschrift für die Jugendarbeit. 55. Jg., H. 12, 526–534.

Heitmeyer, W. (Hrsg.) (2002-2012): Deutsche Zustände, Folge 1–10. Frankfurt a. M./Berlin: Suhrkamp.

Krafeld, F. J. (Hrsg.) (1992): Akzeptierende Jugendarbeit mit rechten Jugendcliquen. Bremen: Steintor.

Krafeld, F. J. (1996): Die Praxis Akzeptierender Jugendarbeit. Konzepte, Erfahrungen, Analysen aus der Arbeit mit rechten Jugendcliquen. Opladen: Leske + Budrich.

Möller, K. (2019): Das Konzept »Pauschalisierende Ablehnungskonstruktionen« (PAKOs) und die KISSeS-Strategie – Theoretische Grundlagen, empirische Befunde und zentrale Schlussfolgerungen. In: Möller, K. & Neuscheler, F. (Hrsg.): »Wer will die hier schon haben?« Ablehnungshaltungen und Diskriminierung in Deutschland. Bonn: Bundeszentrale für politische Bildung, 91–110.

Möller, K., Grote, J., Nolde, K. & Schuhmacher, N. (2016): »Die kann ich nicht ab!« Ablehnung, Diskriminierung und Gewalt bei Jugendlichen in der (Post-)Migrationsgesellschaft. Wiesbaden: Springer VS.

Handlungsbereich »Gesundheitliche Beeinträchtigungen/Probleme des Alterns«

Kurzbeschreibung

Viele Arbeitsfelder der Sozialen Arbeit haben ihren Anknüpfungspunkt bei gesundheitlichen Beeinträchtigungen von Menschen. Diese lösen nicht nur einen medizinisch-therapeutischen oder heilpädagogischen Leistungsbedarf aus, sondern sind auch Zielpunkt für psychosoziale Leistungen der Sozialen Arbeit. Darüber hinaus geht es um die Bewältigung der nachberuflichen Phase und die Anpassung an die mit dem Älterwerden verbundenen bio-psycho-sozialen Veränderungen.

Adressat*innen

Suchtmittelabhängige Menschen
chronisch psychisch kranke Menschen
Menschen mit dauerhaften gesundheitlichen Beeinträchtigungen
Menschen mit Behinderung
ältere, alte, hochaltrige und pflegebedürftige Menschen
Menschen mit demenziellen Erkrankungen
sterbende Menschen

Wichtige Arbeitsfelder/-orte

Arbeitsfelder, die in diesem Band vorgestellt werden:
Unterstützung von gesundheitsbezogenen Selbsthilfegruppen (▶ Kap. 18); gesetzliche Betreuung von Menschen mit psychischen/kognitiven Beeinträchtigungen (▶ Kap. 19); Ambulante Drogen-/Suchtberatung; Arbeit in suchttherapeutischen Einrichtungen (▶ Kap. 20); niederschwellige Angebote für psychisch kranke Menschen, z. B. Anlaufstellen, Beratungsstellen, Teestuben und Beschäftigungsangebote; Arbeit in Sozialpsychiatrischen Diensten der Gesundheitsämter (▶ Kap. 21); Soziale Teilhabe von Menschen mit Behinderung inklusive Wohnen (▶ Kap. 22); Arbeit mit älteren Menschen (▶ Kap. 23).

Weitere Arbeitsfelder (Beispiele):
Arbeit in Sozialpädiatrischen Zentren/Frühförderstellen; Reha-Einrichtungen; Krankenhaussozialarbeit (Allgemeinkrankenhäuser, psychosomatische, psychiatrische und Suchtkliniken, gemeindenahe Tageskliniken); Seniorenberatung, Altenclubs, Altenbildung; psychosoziale Dienstleistungen in Pflegeeinrichtungen; Hospizarbeit; Aids-Hilfen; gesundheitsbezogene betriebliche Sozialarbeit.

18 Selbsthilfeunterstützung von Menschen mit gesundheitlichen Beeinträchtigungen

Bernhard Borgetto & Isabel Wünsche

Menschen mit gesundheitlichen Beeinträchtigungen helfen sich selbst, indem sie einerseits aktiv bei ihrer Behandlung mitwirken und andererseits ihre eigene Gesundheit beeinflussen und Krankheitsfolgen bewältigen – in medizinischer und in psychosozialer bzw. sozioökonomischer Hinsicht. Soziale Arbeit hat das Potential, Selbsthilfeaktivitäten in all diesen Belangen zu unterstützen und ggf. zu initiieren.

Typische Herausforderungen für Menschen mit chronischen gesundheitlichen Beeinträchtigungen sind Verunsicherung, Informationsmangel insbesondere in der Phase der Diagnose, Bedürfnis nach Austausch mit Gleichbetroffenen, negative berufliche und soziale Entwicklungen sowie Unkenntnis im sozialen Umfeld bzw. in der Bevölkerung insgesamt (Borgetto 2009). Mittlerweile geben rund 40 % der Bevölkerung in Deutschland an, an mindestens einer chronischen Erkrankung zu leiden (RKI 2014).

18.1 Die Wurzeln der Selbsthilfe

Mitte des 19. Jahrhunderts taucht der programmatische Begriff der Selbsthilfe (SH) im Zusammenhang mit der Industrialisierung und dem Massenelend der Arbeiterschaft auf. Die neu entstandenen Selbsthilfeassoziationen der Arbeiter*innen, dienten u. a. dazu, ein Mindestmaß an gesundheitlicher und sozialer Versorgung für ihre Mitglieder zu sichern. In dieser Tradition standen z. B. Arbeiter-Vereine, Krankenhilfskassen, Arbeiter Selbsthilfe-Kassen und schließlich auch die Gewerkschaften (vgl. Moeller 1996, Trojan 1999).

Ende des 19. Jahrhunderts reduzierte sich die SH angesichts der Einrichtung von staatlichen sozialen Sicherungssystemen auf die Restgröße individueller SH (vgl. Franz 1987). Mitte des 20. Jahrhunderts entwickelten sich neue gemeinschaftliche Formen der SH, die sich auf die Qualität sozialstaatlicher Versorgungsleistungen bezogen (vgl. Badura u. a. 1981; Kaufmann 1987). Zu Beginn der 1970er Jahre ›entdeckte‹ auch die Wissenschaft die gesundheitsbezogene SH und schrieb ihr unterschiedliche Funktionen in Bezug auf das Versorgungssystem zu (vgl. Borgetto 2004). Dabei wurden Begriff und Konzept der SH immer weiter aufgefächert.

18.2 Begriffliche Grundlagen

Der Begriff der *Selbsthilfe* (SH) wird in der Literatur nicht einheitlich verwendet. Auf Basis einer ausführlichen Begriffsanalyse (vgl. Borgetto 2004, 78ff.) werden hier alle Handlungsformen als SH bezeichnet, die sich auf ein gesundheitliches, psychosoziales oder soziales Problem durch die jeweils *Betroffenen* beziehen. Unabhängig vom Auslöser können alle möglichen Lebensbereiche der Betroffenen berührt werden.

Gemeinschaftliche Selbsthilfe umfasst dem gegenüber gemeinschaftliche Handlungsformen innerhalb eigens zu diesem Zweck geschaffener ›künstlicher‹ sozialer Gebilde (z. B. Selbsthilfegruppen, SHG; Selbsthilfeorganisationen, SHO). Beide Formen der SH beruhen vorwiegend auf Erfahrungswissen, ziehen aber auch häufig Expert*innenwissen mit heran.

18.3 Selbsthilfestrukturen

Zu den Aktivitäten von SHG gehören innenorientierte Aktivitäten wie das zweckfreie, nicht problemgerichtete Gespräche, Erfahrungsaustausch und Wissenserwerb, Gespräche über eigene Gefühle, Veränderungshilfen sowie Kontakt und Geselligkeit; eher außenorientierte Aktivitäten sind Öffentlichkeitsarbeit und Interessenvertretung (vgl. Trojan 1986).

Annähernd drei Millionen Menschen mit sozialen oder gesundheitlichen Problemen engagieren sich in Deutschland in schätzungsweise 70.000 bis 100.000 SHG, von denen mehr als zwei Drittel unmittelbar dem Gesundheitsbereich zuzuordnen sind (vgl. NAKOS 2019, 31). Das andere Drittel beschäftigt sich mit eher psychosozialen und sozialen Themen (ebd.). Die bevölkerungsweite Beteiligung an SHG liegt Schätzungen zufolge zwischen 1 % und 4 % der erwachsenen Bevölkerung.

SHO sind Organisationen/Verbände mit überregionaler Interessenvertretung und oft größeren Mitgliederzahlen und bestimmten Rechtsformen (meist eingetragene Vereine). Sie erbringen Dienstleistungen für die einzelnen Betroffenen (in der Regel *nicht* nur für ihre Mitglieder) und deren Angehörige, für die einzelnen SHG, die innerhalb der SHO aktiv sind, und für die Allgemeinheit.

Selbsthilfezusammenschlüsse (SHZ) umfassen SHG und SHO. Hinsichtlich der Sozialstruktur von SHZ (vgl. Borgetto 2004) gibt die Datenlage folgende Hinweise. Teilnehmer*innen an den gesprächsorientierten Gruppen psychisch und körperlich erkrankter Menschen stammen überwiegend aus der Mittelschicht. Diese Gruppen stellen aber nur einen relativ geringen Anteil der SHG insgesamt dar. Stärker verbreitet scheinen die Gruppen behinderter Menschen und ihrer Angehörigen, mit weniger Menschen aus der Mittelschicht. Der Anteil an Frauen in der gemeinschaftlichen SH ist deutlich höher als der an Männern.

18.4 Nachgewiesene Effekte von Selbsthilfezusammenschlüssen

Mittlerweile gibt es eine Vielzahl von Studien zu den Effekten von SHZ, die jedoch methodische Beschränkungen aufweisen (vgl. Borgetto 2004). In Zusammenhang mit dem besser gesicherten Wissen über die *salutogenen* und *tertiärpräventiven* Wirkungsweisen von Kommunikation und sozialen Bindungen kann aus dem Stand der Selbsthilfeforschung jedoch ein allgemeines heuristisches Modell der Wirkung von SHG abgeleitet werden (▶ Abb. 18.1).

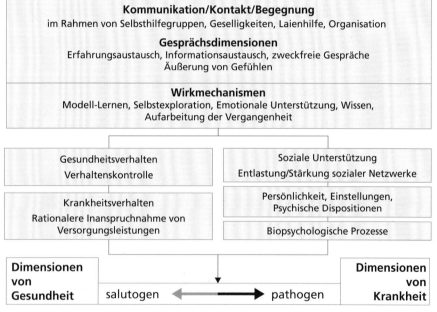

Abb. 18.1: Modell der Wirkung von Selbsthilfegruppen (Borgetto B. (2007): Wirkungen und Nutzen von Selbsthilfegruppen. Public Health Forum 15(2), S. 6–8.)

Ausgangspunkt ist hierbei das Gespräch zwischen Gleichbetroffenen bei der Teilnahme an SHG, bei geselligen Veranstaltungen einer Gruppe oder in der Beratung. Die ›Selbsthilfe-Kommunikation‹ beruht auf der ›erlebten und erlittenen Kompetenz‹ der Betroffenen. Kommunikation steht dabei nicht nur für sich selbst, sondern auch für die sozialen Bindungen zwischen den Betroffenen, die durch das Engagement in der SH entstehen.

Untersuchungsergebnisse zu den Arbeitsweisen und Aktivitäten von SHG legen nahe, vier Dimensionen der Kommunikation zwischen Betroffenen zu unterscheiden, die in Umfang und Intensität vom Kontext der jeweiligen Selbsthilfeaktivität abhängen: Erfahrungsaustausch, Informationsvermittlung, Verbalisierung von Gefühlen und das zweckfreie Gespräch. Mit diesen Dimensionen sind unterschiedliche Wirkmechanismen verbunden, die aus der Stressforschung und der Psychotherapieforschung bekannt sind, z. B. das Modell-Lernen, die Selbsterforschung, die gegenseitige emotionale Unterstützung, die Verbreiterung der individuellen Wissensbasis, die Aufarbeitung von Vergangenem und vieles mehr.

Primäre Effekte der gemeinschaftlichen SH sind *Verhaltensänderungen*, die individuelle *persönliche Entwicklung* und die Entlastung bzw. *Stärkung sozialer Netzwerke*.

Von Verhaltensänderungen sind direkte Effekte auf die Gesundheit zu erwarten. Empirische Studien geben Hinweise darauf, dass dies insbesondere bei SHG von Suchtabhängigen, von Patient*innen mit Essstörungen und von Diabetiker*innen der Fall ist. Eine rationalere Inanspruchnahme von Leistungen des professionellen Versorgungssystems und eine Erhöhung der Compliance (aktive Mitarbeit der Patient*innen an der Therapie) kann den bisherigen Studien zufolge unabhängig von der jeweiligen Diagnose angenommen werden. Dadurch erhöhen sich Effektivität und Effizienz der Gesundheitsversorgung.

Die persönliche Entwicklung basiert auf den therapieähnlichen Wechselbeziehungen zwischen den Betroffenen. Es gibt Belege dafür, dass die Effekte von Gesprächs-SHG mit denen der Gruppenpsychotherapie vergleichbar sind. SHG verringern dementsprechend psychische Störungen und erhöhen subjektive Gesundheit und Lebensqualität.

Aus der Stressforschung ist bekannt, dass gelungene soziale Beziehungen die Krankheitsanfälligkeit allgemein herabsetzen und sich durch die Stärkung des körperlichen Abwehrsystems auch direkt auf die Gesundheit auswirken. Eine große Zahl von Untersuchungen hat bestätigt, dass die Teilnahme an SHG Partnerbeziehungen entlastet und stärkt, Beziehungen zu Familienmitgliedern und Freunden verbessert, sozial aktiviert und den Umfang des sozialen Netzwerks erhöht.

Ebenso konnten direkte Belege für *salutogene* und *tertiärpräventive* Effekte von SHG gefunden werden: Verringerung und Bewältigung von Suchtverhalten und anderem gesundheitsschädigenden Verhalten, Verringerung von Depressionen und depressiven Verstimmungen, Steigerung des subjektiven Wohlbefindens, des Selbstwertgefühls und der Lebensqualität sowie eine bessere Bewältigung von Krankheiten und Behinderungen. Indirekte Hinweise auf die Besserung psychischer Störungen ergaben sich in mehreren Studien aus einer deutlichen Verringerung der Inanspruchnahme von stationären Versorgungsleistungen durch Mitglieder von SHG für psychisch Kranke.

Obwohl die *Evidenzbasis* der Selbsthilfeforschung noch schmal ist, sind die bislang vorgelegten Ergebnisse (z. B. Kofahl & Dierks 2018) doch vielversprechend. Nicht nur die allgemein aufgeschlossene Haltung gegenüber der SH, auch eine Verstärkung der Unterstützung und finanziellen Förderung der SH erscheinen gerechtfertigt.

18.5 Selbsthilfe-Unterstützung – der Beitrag der Sozialen Arbeit?

Unter Selbsthilfe-Unterstützung (SHU) wird die Wahrnehmung folgender Aufgaben verstanden:

- die Vermittlung von interessierten Bürger*innen in SHG,
- die infrastrukturelle Unterstützung, Begleitung und Beratung (nicht Leitung!) von SHG,
- die Unterstützung der Kooperation von SHZ mit Fachkräften des gesundheitlichen und sozialen Versorgungssystems,
- die Durchführung bzw. Unterstützung selbsthilfeförderlicher Öffentlichkeitsarbeit und
- die Einwirkung auf öffentliche und verbandliche Träger Sozialer Arbeit zur Erhöhung der Akzeptanz der SH.

Eine konsequente SHU bezieht sich auf die vorhandenen Potenziale, Wünsche und Ziele der Interessierten bzw. der SHG, um individuellen Selbsthilfemöglichkeiten zur Entfaltung zu verhelfen. Die zentralen Strategien sind dabei kooperative Beratung und Netzwerkorientierung. Um eine kommunale Politik der Selbsthilfeförderung zu bewirken, müssen die lokal bedeutsamen Fachorganisationen und politischen Entscheidungsträger für die Idee der SH gewonnen werden.

Selbsthilfefreundliche Strukturen in Gesundheitseinrichtungen können angestoßen, Kooperationen mit der SH initiiert und koordiniert werden (Liesener 2019).

In Einrichtungen der SHU (Selbsthilfekontaktstellen und -unterstützungseinrichtungen) sind vorwiegend Sozialpädagog*innen und Sozialarbeiter*innen tätig, seltener Soziolog*innen, Psycholog*innen oder Angehörige von Gesundheitsberufen. Als Voraussetzung für die Arbeit in einer SHU-Stelle wird ein Hochschulabschluss angesehen (vgl. Braun, Kettler & Becker 1997). Das Kompetenzprofil für Selbsthilfe-Unterstützer*innen umfasst neben den üblichen sog. Softskills wie Teamfähigkeit, Belastbarkeit etc. spezifische fachliche Kompetenzen der Sozialen Arbeit wie die Fähigkeit,

- Empowermentstrategien umzusetzen,
- Selbsthilfeaktivitäten non-direktiv zu unterstützen bzw. zu initiieren,
- sich sicher im Gesundheits- und Sozialsystem zu bewegen,
- Kooperationsnetzwerke aufzubauen,
- offen und sensibel gegenüber Gender- und Diversityaspekten (inklusive kultureller Differenzen) der Unterstützungsarbeit zu sein und
- eine eher begleitende und weniger interventionistische Grundhaltung einnehmen zu können.

Zudem ist es wichtig, an die aktuellen Diskurse der Gesundheitsförderung und Krankheitsbewältigung (Coping) anschließen zu können. Hilfreich sind darüber hinaus Berufserfahrungen, wenn möglich im Bereich der Beratung und Unterstützung von Gruppen sowie Erfahrungen aus den Bereichen Sozial- und Arbeitsmanagement, Moderation sowie Öffentlichkeitsarbeit. Grundlegend sind schließlich auch die Fähigkeit zur Analyse der eigenen Berufspraxis und die Klärung des beruflichen Selbstverständnisses und Qualitätsbewusstseins.

Institutionelle Formen der Selbsthilfe-Unterstützung

- Deutsche Arbeitsgemeinschaft SHG (DAG SHG),
- landes- und bundesweite Koordinationsstellen (NAKOS) in der Trägerschaft der DAG SHG,
- 257 Selbsthilfekontaktstellen (SHK) 2019 in Deutschland (NAKOS 2019, 9),
- SHO wie z. B. die Frauenselbsthilfe nach Krebs (vgl. Kirchner, Schulte & Borgetto 2006; www.frauenselbsthilfe.de),
- Kooperationsberatungsstellen für SHG und Ärzt*innen (KOSA) angesiedelt an mehreren Kassenärztlichen Vereinigungen (KV), z. B. in Potsdam.

18.6 Rechtliche und finanzielle Rahmenbedingungen der Selbsthilfe-Unterstützung

Die Finanzierung der SHU ist eine Gemeinschaftsaufgabe. Mehr als 90 % der SHU erhielten 2018 Fördermittel für ihre gesundheitsbezogene Selbsthilfeunterstützungsarbeit durch die gesetzlichen Krankenkassen (91,8 %) (NAKOS 2019, 15). Zwei Drittel erhielten ergänzend Fördermittel von der Kommune (67,9 %), die Rentenversicherung trug bei 10,4 % der SHU zur Deckung des Finanzbedarfs bei (ebd.). Ein weiterer Teil der Aufwendungen, 76,8 % der SHU im Jahr 2018, werden mit Eigenmitteln finanziert, die durch Einnahmen bei Veranstaltungen, dem Verkauf von Broschüren erwirtschaftet oder vom Träger (z. B. Der Paritätische) zur Verfügung gestellt werden (ebd.).

Die Fremdfinanzierung durch die GKV basiert auf der in § 20h SGB V geregelten, verpflichtenden Förderung der gesundheitsbezogenen SH. Die gesetzliche Rentenversicherung kann im Rahmen der Förderung der Rehabilitation nach § 31 Abs. 1 Nr. 3 SGB VI zur finanziellen Förderung der SH beitragen. Die soziale Pflegeversicherung trägt nach § 45d SGB XI mittlerweile ebenfalls verbindlich zur finanziellen Förderung der SH bei. Im Kinder- und Jugendhilfegesetz (§ 4 Abs. 3 SGB VIII) wurde auch der öffentlichen Jugendhilfe die Stärkung der SH aufgegeben, allerdings ohne konkrete finanzielle Förderregelungen.

18.7 Entwicklungsperspektiven

Angetreten als Herausforderer des als defizitär erlebten Systems medizinischer und psychosozialer Versorgung, sind Teile der gesundheitsbezogenen SH heute selbst Bestandteil des Gesundheitssystems geworden. Das Versorgungssystem hat durch diesen Prozess einige innovative Veränderungen erfahren.

Einerseits leisten SHZ einen Beitrag zur qualitativen Verbesserung und Reorganisation der Versorgung durch ein systematisiertes und integriertes Feedback im Hinblick auf Schwachstellen der Versorgung. Andererseits können die Leistungen der SH, wie einige Untersuchungen belegen, durchaus auch den Bedarf an Versorgungsleistungen senken und damit Kosten im Gesundheitssystem einsparen. Gleichzeitig ersetzt und entlastet sie die in ihrer Leistungsfähigkeit begrenzten primärsozialen Netze, aktiviert die Betroffenen und stärkt ihre Fähigkeiten, soziale Beziehungen einzugehen. Allerdings sollte auch nicht der Fehler einer Überschätzung der gemeinschaftlichen SH gemacht werden.

Infolge der durch die Corona-Krise erlassenen Kontaktbeschränkungen hat die virtuelle SH neue Impulse erfahren. Die virtuelle SH setzt als Ergänzung zur traditionellen SH verschiedene Technologien ein, welche einen zeitgleichen (z. B. über Video-Chat) oder zeitlich versetzten (z. B. über Foren, E-Mail-Gruppen) virtuellen Austausch und Informationssammlung ermöglichen.

Auch für die SHK gewinnen die Digitalisierung und das Qualitätsmanagement an Bedeutung, inhaltlich ist neben vielen Entwicklungen die Aktivierung von Selbsthilfepotenzialen bei schwer erreichbaren, sozial schwächeren Betroffenen eine wichtige Entwicklungsperspektive (Nickel u. a. 2006).

Weiterführende Hinweise

 a. *Fachliteratur*

»Klassiker«: Borgetto 2004, Moeller 1996, Trojan 1986 (s. u.)
Aktuelle Übersicht: Borgetto, B., Wünsche, I., Schwinn, S. & Pfingsten, A. (2020): Selbsthilfe. In: Razum, O. & Kolip, P. (Hrsg.): Handbuch Gesundheitswissenschaften (7. Aufl.). Weinheim/Basel: Beltz Juventa, 932–953.

b. *Foren für aktuelle Informationen und Fachdiskussionen*

Fachzeitschriften: Selbsthilfegruppenjahrbuch (DAG SHG); NAKOS-INFO, Fachdiskussionsreihe NAKOS-EXTRA, Dokumentationsreihe NAKOS-Paper zur Selbsthilfe-Unterstützung und Selbsthilfeförderung (www.nakos.de).

c. *Fachorganisationen/Berufsverbände:*

Deutsche Arbeitsgemeinschaft Selbsthilfegruppen (DAG SHG) e. V.: https://www.dag-shg.de; Bundesarbeitsgemeinschaft SELBSTHILFE von Menschen mit Behinderung und chronischer Erkrankung und ihren Angehörigen e. V. (BAG SELBSTHILFE) e. V.: www.bag-selbsthilfe.de

Internetquellen

Rechtliche Grundlagen: https://www.gkv-spitzenverband.de/Selbsthilfe.gkvnet
Aktuelle Statistiken: http://www.nakos.de/site/materialien/fachinformationen/studien/
Internetportal mit Datenbank zu Studien der Selbsthilfeforschung: http://blogs.hawk-hhg.de/wise/

Literatur

Badura, B., v. Ferber, C., Krüger, J., Riedmüller, B., Thiemeyer T. & Trojan, A. (1981): Einleitung: Sozialpolitische Perspektiven. In: Badura, B. & v. Ferber, C. (Hrsg.): Selbsthilfe und Selbstorganisation im Gesundheitswesen. München: Oldenbourg, 5–38.

Borgetto, B. (2004): Selbsthilfe und Gesundheit. Analysen, Forschungsergebnisse und Perspektiven. Bern, u. a.: Huber.

Borgetto B. (2007): Wirkungen und Nutzen von Selbsthilfegruppen. Public Health Forum 2007; 15(2), 6–8.

Borgetto, B. (2009): Sozialer Wandel und die Bewältigung chronischer Erkrankungen aus individualisierungstheoretischer Perspektive. In: Schaeffer, D. (Hrsg.): Bewältigung chronischer Krankheiten im Lebenslauf. Bern, Göttingen, Toronto, Seattle: Huber, 247–262.

Braun, J., Kettler, U. & Becker, I. (1997): Selbsthilfe und Selbsthilfeunterstützung in der Bundesrepublik Deutschland. Schriftenreihe des BMFSFJ, Bd. 136, Stuttgart u. a.: Kohlhammer.

Kaufmann, F.-X. (Hrsg.) (1987): Staat, intermediäre Instanzen und Selbsthilfe. München: Oldenbourg.

Kirchner, C., Schulte, H. & Borgetto, B. (2006): Effektive Brustkrebsversorgung aus Patientensicht am Beispiel der Frauenselbsthilfe nach Krebs. In: Kreienberg, R., Jonat, W., Volm, T., Möbus, V. & Alt, D. (Hrsg.): Management des Mammakarzinoms. Heidelberg: Springer (3. Aufl.), 61–66.

Kofahl, C. & Dierks, M.-L. (Hrsg.) (2018): SHILD-Studie – Gesundheitsbezogene Selbsthilfe in Deutschland. Entwicklungen. Wirkungen. Perspektiven. www.uke.de/extern/shild/Materialien_Dateien/SHILD-Fact-Sheets-2018-web-vollbild.pdf, Abruf: 11.03.2019.

Moeller, M. L. (1996): Selbsthilfegruppen. Anleitungen und Hintergründe. Reinbek bei Hamburg: Rowohlt.

NAKOS (Hrsg.) (2019): NAKOS Studien. Selbsthilfe im Überblick. Zahlen und Fakten 2019. 6. Ausgabe NAKOS Studien. Selbsthilfe im Überblick. Berlin.

Nickel, S., Werner, S., Kofahl, C. T. & Trojan, A. (2006): Aktivierung zur Selbsthilfe. Chancen und Barrieren beim Zugang zu schwer erreichbaren Betroffenen. Bremerhaven: Wirtschaftsverlag NW.

RKI – Robert Koch-Institut (Hrsg.) (2014) Chronisches Kranksein. Faktenblatt zu GEDA 2012: Ergebnisse der Studie »Gesundheit in Deutschland aktuell 2012«. RKI, Berlin.

Trojan, A. (Hrsg.) (1986): Wissen ist Macht. Eigenständig durch Selbsthilfe in Gruppen. Frankfurt a. M.: Fischer.

Trojan, A. (1999): Selbsthilfe und Gesundheit im nächsten Jahrhundert. In: NAKOS (Hrsg.): Selbsthilfe im nächsten Jahrhundert. Berlin: NAKOS Extra, 33–47.

19 Selbstbestimmung und Schutz von vulnerablen Erwachsenen

Reiner Adler

Psychisch kranke und behinderte Erwachsene, die ihre Angelegenheiten wegen ihrer Einschränkungen nicht selbst besorgen können, sind auf den besonderen Schutz des Staates angewiesen. Der Erwachsenenschutz hat eine über 2000-jährige Geschichte, beginnend mit dem römischen und germanischen Recht. Bis Anfang der 1990er Jahre wurden diese Menschen regelmäßig entmündigt; ihr Grundrecht auf Selbstbestimmung mussten sie an einen Vormund abtreten. Die Psychiatrie-Enquete hatte bereits 1975 die Vernachlässigung schutzbedürftiger Personen und ihre Stigmatisierung durch Entmündigung thematisiert. Erst das Betreuungsrecht 1992 eröffnete schließlich Selbstbestimmung und Schutz von vulnerablen Erwachsenen als Arbeitsfeld für die Sozialarbeit (Bundestagsdrucksache 11/4528).

19.1 Grundlagen der gesetzlichen Betreuung

Der Erwachsenenschutz basiert insbesondere auf dem Betreuungsrecht (BMJV 2020) und internationalen Rechtsnormen, wie dem Haager Erwachsenenschutzübereinkommen und der UN-Behindertenrechtskonvention (UN-BRK 2017).

Die Leitideen des Betreuungsrechts sind Erforderlichkeit, Selbstbestimmung, Fürsorge und Schutz (§§ 1896ff. BGB). Erforderlichkeit und Selbstbestimmung bedeuten zunächst, dass die Betreuerbestellung nur für sich selbst beantragt werden kann. Dritte können die Betreuerbestellung beim Betreuungsgericht nur ›anregen‹, sie kann aber »notfalls auch von Amts wegen« (Bundestagdrucksache 11/4528, 52) erfolgen. Die Betreuerbestellung setzt eine fachärztlich attestierte psychische Krankheit oder körperliche, geistige oder seelische Behinderung voraus (§ 280 FamFG), die jemanden ursächlich hindert, eigene Angelegenheiten ganz oder teilweise besorgen zu können. Die Überbetonung der medizinischen Perspektive ist ein Thema der Reformdiskussion zum Betreuungsrecht (Bundesratsdrucksache 564/20). Gegen den freien Willen ist eine Betreuerbestellung unmöglich, die Ablehnung ist dann zu respektieren. Der Erforderlichkeitsgrundsatz dient insofern dem Schutz vor einem stigmatisierenden Betreuungsverfahren (Bundesverfassungsgericht BVerfG 1 BvR 2579). Betroffene sind grundsätzlich verfahrensfähig und können sich mit Rechtsmitteln wehren (§§ 58ff., 275 FamFG), außerdem ist als zusätzlicher Verfahrensgarant die Bestellung einer Verfahrenspflegschaft vorgesehen (§ 276 FamFG).

Zum Selbstbestimmungsrecht gehört, dass die Betreuten ihre Betreuer*innen selbst auswählen können (§ 1897 BGB). Betreute bleiben trotz Betreuerbestellung geschäftsfähig und sollen so viel wie gewünscht und machbar selbst erledigen können. Betreuer*innen sollen den Betreuten ein Leben nach eigenen Wünschen und Vorstellungen im Rahmen der eigenen Fähigkeiten ermöglichen. Betreuer*innen haben den Wünschen der Betreuten zu entsprechen, auch wenn diese vor der Betreuerbestellung geäußert wurden und noch zutreffend sind. Betreuer*innen müssen die Betreutenwünsche aber nicht befolgen, wenn es dem Betreutenwohl zuwiderläuft. Das Gesetz konkretisiert jedoch nicht, unter welchen Voraussetzungen den Betreutenwünschen ausnahmsweise nicht zu entsprechen ist. Die kommende Betreuungsrechtsreform wird sich mit diesem Spannungsfeld zwischen Selbstbestimmungsrecht der Betreuten und staatlicher Fürsorgepflicht beschäftigen (Bundesratsdrucksache 564/1/20). Betreuer*innen müssen die Betreutenwünsche auch nicht befolgen, wenn es ihnen nicht zuzumuten ist. Das Betreuungsgericht hat dann ggf. einen Betreuerwechsel vorzunehmen (§ 1897 BGB). Wichtige Angelegenheiten müssen Betreuer*innen vor deren Erledigung mit den Betreuten besprechen, sofern dies deren Wohl nicht zuwiderläuft (§ 1901 BGB).

Das Fürsorgeziel verlangt von Betreuer*innen, dass sie im bestellten Aufgabenbereich dazu beitragen, Krankheit oder Behinderung der Betreuten zu beseitigen, zu bessern, Verschlimmerung zu verhüten oder Folgen zu mildern (§ 1901 BGB). Das bedeutet primär Unterstützung der Betreuten, falls nötig aber auch die gerichtliche und außergerichtliche Vertretung (§ 1902 BGB) z. B. gegenüber Ärzt*innen oder Sozialbehörden.

Erwachsenenschutz bezieht sich seit jeher auch auf den Schutz der Betreuten vor ihren Betreuer*innen und vor Dritten und gilt deshalb als »Indikator für den Umgang der Starken mit den Schwachen« (Schimke 2008, 16). Die Eingriffe von Betreuer*innen in die Grundrechte der Betreuten werden mit dem Betreuungsrecht kontrolliert, insbesondere durch Berichts- und Rechnungslegungspflichten (§§ 1837, 1839, 1840 BGB). Bestimmte Rechtsgeschäfte der Betreuer*innen sind genehmigungspflichtig durch das Betreuungsgericht, z. B. Vermögenssorge (§§ 1802–1825 BGB), Wohnungsaufgabe (§ 1907 BGB), Einwilligung in schwerwiegende ärztliche Maßnahmen (§§ 1904, 1905, 1906a BGB) oder Zwangsunterbringung (§ 1906 BGB). Dem Betreutenschutz dient auch das Verbot der Betreuerbestellung, wenn zur unterbringenden Einrichtung ein Abhängigkeitsverhältnis besteht (§ 1897). Mangelt es an fachlicher, organisatorischer oder persönlicher Betreuereignung, können Betreuer*innen vom Betreuungsgericht entlassen werden (§ 1908b BGB).

Erwachsenenschutz soll verhindern, dass die Wehrlosigkeit von vulnerablen Erwachsenen ausgenutzt wird. Dennoch existiert Betreuungskriminalität (Transparency International 2013), insbesondere wenn Betreuungsgerichte und -behörden überfordert sind und Veruntreuungen nicht auffallen. Berufsbetreuer*innen müssen bislang nur bei der ersten Bestellung mittels Führungszeugnis und Schuldnerverzeichnisauszug eine Auskunft zu Vorstrafen und Überschuldung geben. Solche Kontrollen sind aber weder valide noch konsequent, was schlimmstenfalls »als Gelegenheit zur Begehung von Straftaten missverstanden« wird (Görgen 2019, 152).

19.2 Betreute als Klient*innen

In Deutschland waren 2015 für mehr als 1,2 Millionen Erwachsene rechtliche Betreuer*innen bestellt (Deinert 2016), die Statistiken sind aber lückenhaft. Hinsichtlich Alter und Geschlecht unterscheiden sich Betreute zwar nicht allzu sehr von der Gesamtbevölkerung, allerdings ist die Mehrheit ohne Vermögen, alleinstehend und lebt bis ca. 65 Jahre eher im Privathaushalt. Eine geistige oder körperliche Behinderung begründet eher selten die Betreuerbestellung, häufiger sind psychische Erkrankung und Abhängigkeit sowie Demenz. Meist initiieren die Betroffenen selbst die Betreuerbestellung, oft sind es auch das soziale Umfeld wie Familie, Nachbarn oder professionelle Kontexte wie Pflege, Sozialbehörden, Polizei (BMJV 2018; BMFSFJ 2005).

19.3 Erwachsenenschutz als Beruf

Berufliche Betreuer*innen sind meist Selbständige oder angestellte Vereinsbetreuer*innen, eher selten auch angestellte oder verbeamtete Behördenbetreuer*innen. Die Berufsbetreuer*innen sind mehrheitlich Frauen, älter als 45 Jahre und meist über zehn Jahre im Beruf (BMJV 2018).

19.3.1 Behördenbetreuer*in

Nach dem Betreuungsbehördengesetz (§§ 4ff. BtBG) stellen die Mitarbeiter*innen der Betreuungsbehörde in der Kommune ein ausreichendes Beratungs- und Fortbildungsangebot für Betreuer*innen, Bevollmächtigte sowie zu Betreuungsverfügungen bereit. Sie beraten zu Betreuungsalternativen, kontaktieren Sozialleistungsträger und Beratungsstellen und beglaubigen Vorsorgevollmachten oder Betreuungsverfügungen. Die Betreuungsbehörde (in der Regel bei den Jugendämtern angesiedelt) unterstützt das Betreuungsgericht durch Sozialberichte und durch Vorschläge möglicher Betreuungspersonen. Sie beteiligt sich an Betreuungsverfahren insbesondere mit Anhörungs- und Beschwerderechten (§§ 274, 279 FamFG). Behördenmitarbeiter*innen organisieren ggf. die angeordnete polizeiliche Hinzuziehung zur zwangsweisen Vorführung von Betreuten bei einer gerichtlichen Anhörung (§ 278 FamFG) oder zur Unterstützung von Betreuer*innen bei der zwangsweisen Unterbringung in einer stationären Einrichtung (§ 326 FamFG). Behördenbetreuer*innen (§ 1897 BGB) werden nur selten bestellt, meist wenn sich keine andere geeignete Person finden lässt (BMJV 2018). Behördenbetreuer*innen sollen fachlich und persönlich geeignet oder erfahren sein (§ 9 BtBG) und werden als Sozialarbeiter*innen tariflich meist nach TVöD/SuE S12 eingruppiert (Bundesarbeitsgericht BAG 4 AZR 773/12).

19.3.2 Vereinsbetreuer*in

Die bei eingetragenen und gemeinnützigen Betreuungsvereinen tätigen Vereinsbetreuer*innen werden vom Betreuungsgericht namentlich bestellt. Sie sind in der Betreuungsführung nicht an Weisungen ihrer Geschäftsführung gebunden (§ 286 FamFG, § 1897 BGB). Vereinsbetreuer*innen führen durchschnittlich 33 Betreuungen, die vom Verein meist in der höchsten Vergütungsstufe wie bei Berufsbetreuer*innen (s. u.) abgerechnet werden (§ 7 VBVG). Als Angestellte erhalten Vereinsbetreuer*innen vom Verein meist ebenfalls eine tarifliche Vergütung nach TVöD/SuE S12 (BAG – 6 AZR 90/18). Die Mischfinanzierung der ungefähr 840 Betreuungsvereine über die Kommunen und die Betreuervergütungen ist allerdings weder einheitlich noch kostendeckend (Bundestagdrucksache 101/19).

19.3.3 Berufsbetreuer*in

Die ca. 13.000 selbständigen Berufsbetreuer*innen sind als größte Betreuerberufsgruppe sowohl haupt- wie auch nebenberuflich tätig. Berufsbetreuung setzt bislang keine spezifische Ausbildung voraus (BVerfG, 1 BvR 1909/95), insbesondere ab der elften Betreuerbestellung wird Beruflichkeit angenommen. Damit entsteht ein Anspruch auf eine pauschalierte Betreuervergütung gegen das Betreutenvermögen oder gegen die Staatskasse (§§ 1 VBVG, 1836d BGB). Berufsbetreuer*innen sollen gegenüber unentgeltlichen Betreuer*innen nur ausnahmsweise und subsidiär bestellt werden (§§ 1836, 1897 BGB). Die Vergütung der Berufsbetreuer*innen erfolgt über monatliche Fallpauschalen je nach a) Betreuerqualifikation, b) Betreuungsdauer c) Vermögenssituation und d) Wohnsituation des*der Betreuten. Sozialarbeiter*innen erhalten als höchste monatliche Fallpauschale 486,00 Euro für eine Betreuung in den ersten drei Monaten, wenn der*die Betreute nicht in einer stationären Einrichtung lebt und nicht mittellos ist. Die niedrigste Fallpauschale beträgt 102,00 Euro für eine Betreuung zwischen dem 13. und 24. Monat bei stationärem Aufenthaltsort der*des mittellosen Betreuten (Bundesgesetzblatt 2019).

19.4 Sozialarbeit und Erwachsenenschutz

Erwachsenenschutz ist als Betreuungsprozess mit dem Case Management vergleichbar (Ballew 1995, Roder 2016). Der Bundesverband der Berufsbetreuer*innen hat dazu Berufsethik und Berufsleitlinien vorgelegt (BdB 2018). Betreuer*innen sollen die Betreutenangelegenheiten nicht selbsttätig, sondern nur organisierend besorgen, vor allem wenn andere Hilfen (z. B. Sozialleistungsträger, Heimangebote) zur Verfügung stehen (Bundesgerichtshof BGH III ZR 19/10). Die Betreuungspraxis verlangt dennoch sozialarbeiterische Professionalität hinsichtlich Einzelfallhilfe, Biografieerkundung, Selbstreflexion, Vertrauensaufbau, Parteilichkeit, verbale sowie nonverbale Kommunikation und insbesondere Empowerment der Betreuten (Tormin 2019; Braches-Chyrek 2019).

Ungewöhnlich für die Sozialarbeit ist die persönliche Verantwortung und Haftung (§§ 1833, 1908i BGB) der Betreuer*innen gegenüber Betreuten und Dritten (Erben, Heim, Sozialleistungsträger) – selbst Genehmigungen des Betreuungsgerichts schützen nicht vor Haftung. Erwachsenenschutz kann auch bedeuten, dass Entscheidungen in lebensbedrohlichen Krisensituationen die Selbstbestimmung von Betreuten ggf. ersetzen müssen und zuweilen mit Zwang verbunden sind (z. B. Einwilligung in Fixierung oder ärztliche Zwangsmaßnahmen §§ 1906, 1906a BGB). Zwangskontext und Haftung machen Fachlichkeit und persönliche Reife zu wichtigen Bedingungen im Erwachsenenschutz.

Das Dilemma des doppelten Mandats der Sozialarbeit zwischen Hilfe und Kontrolle (Walter 2017) wirkt demnach auch im Erwachsenenschutz als »Spannungsverhältnis zwischen Freiheit und Fürsorge(,) zwischen Selbstbestimmung und Schutz« (Bundesratsdrucksache 564/20, 130).

19.5 Betreuungsrechtliche Aufgabenbereiche

Der Aufgabenkreis von Betreuer*innen umfasst meist die Vermögenssorge, Gesundheitssorge und die Aufenthaltsbestimmung – mehrheitlich in Kombination. Behördenangelegenheiten und Wohnungsangelegenheiten werden gleichfalls oft bestellt. Laut ISG-Studie sind selbständige Berufsbetreuer*innen bei 17 % der Betreuungen »zur Besorgung aller Angelegenheiten« (§ 276 FamFG) bestellt (BMJV 2018).

19.5.1 Gesundheitssorge

Unter Gesundheitssorge (§§ 1904, 1906a BGB) ist die Entscheidungsunterstützung der Betreuten bei medizinischen Behandlungen, Therapien, Medikationen oder Eingriffen hinsichtlich Risiken, Folgen und Alternativen zu verstehen. Fehlt bei Betreuten die Einwilligungsfähigkeit, müssen Betreuer*innen ersatzweise entscheiden. Betreuer*innen müssen sich ggf. unbeliebt machen, wenn sie Zweitgutachten oder Behandlungsabbrüche anstreben. Bei lebensgefährlichen und folgeschweren medizinischen Eingriffen holen Betreuer*innen die gerichtliche Genehmigung zur Erteilung oder Unterlassung einer Einwilligung ein, insbesondere wenn zwischen Betreuer*in und Ärztin/Arzt ein Dissens zum Betreutenwunsch herrscht (§ 1904 BGB). Dies erfordert viel persönliche Verantwortungsbereitschaft und Belastbarkeit, schließlich verantworten Betreuer*innen zu beantragende Eingriffe und entscheiden sich eventuell sogar gegen eine genehmigte Maßnahme.

Bei einwilligungsunfähigen Betreuten müssen Betreuer*innen aufgrund einer Patientenverfügung oder des mutmaßlichen Willens (§ 1901a BGB) dem Betreutenwillen »gegenüber Arzt und Pflegepersonal in eigener rechtlicher Verantwortung und nach Maßgabe des § 1901 BGB Ausdruck und Geltung zu verschaffen« – notfalls auch ohne betreuungsgerichtliche Genehmigung (BGH XII ZB 202/13 sowie 2/03).

Gegenüber Professionellen aus Medizin, Pflege und Therapie vertreten die Betreuer*innen ihre Betreuten, schließen ggf. Behandlungs- und Pflegeverträge, organisieren und überwachen die pflegerische Versorgung und nehmen die ärztliche Aufklärung entgegen. Bei Problemen fordern Betreuer*innen die Einsicht in Patientenunterlagen und erheben ggf. Ansprüche hinsichtlich Vertragserfüllung oder Schadensersatz.

Sehr gute Kenntnisse zu Krankheitsbildern, Therapien und relevanten Sozialgesetzbüchern (insbesondere SGB V, XI, XII) sind für die Gesundheitssorge unerlässlich.

19.5.2 Aufenthaltssorge

Die Aufenthaltssorge unterstützt Betreute zu einem selbstbestimmten Lebensumfeld in der eigenen Wohnung oder im Heim. Dazu gehören die materielle Absicherung, behindertengerechte Ausstattung, hauswirtschaftliche und pflegerische Dienstleistungen sowie der Abschluss eines Heim- oder Mietvertrags. Bei einem Aufenthaltswechsel klären Betreuer*innen mit den Betreuten die Wohnalternativen, beobachten gemeinsam die neue Wohn- und Versorgungssituation und regeln die melderechtlichen Aufgaben. Sind die Betreuten dazu nicht fähig, müssen Betreuer*innen die genannten Aufgaben in eigener Verantwortung und Haftung erledigen. Aufgabe und Kündigung der selbstgenutzen Betreutenwohnung durch den*die Betreuer*in unterliegen betreuungsrechtlichen Schutzregelungen (§ 1907 BGB).

Fehlt bei Betreuten der eigene Wille zur Aufenthaltsbestimmung, müssen Betreuer*innen deren Aufenthalt rechtsverbindlich festlegen, nötigenfalls auch freiheitsentziehend im Heim (LG Frankfurt/Oder 19 T 529/02). Der Aufgabenbereich zur Einwilligung in eine zwangsweise Unterbringung oder Fixierung (§§ 1906, 1906a BGB) gegen den Betreutenwillen muss aber explizit als Aufgabenkreis gerichtlich bestellt sein.

In eine Zwangsunterbringung zum Schutz, zur Behandlung oder zur Untersuchung gegen den Betreutenwillen können Betreuer*innen nur zur Verhinderung einer erheblichen gesundheitlichen Selbstschädigung oder gar Tötung einwilligen. Drittinteressen an der Unterbringungsmaßnahme (Angehörige, Personalmangel) und versteckte Mobilitätshinderungen (GPS-Tracker, Tranquilizer, Trickschlösser, Steckbretter) sind von Betreuer*innen zu erkennen und abzuwehren (Deutscher Ethikrat 2019). Betreuer*innen müssen die Unterbringungszustimmung ggf. bis zum Vorliegen der betreuungsgerichtlichen Genehmigung selbst verantworten, wenn mit dem Aufschub Gefahr verbunden ist. Sie beenden Unterbringungsmaßnahmen ggf. in eigener Verantwortung, wenn die Voraussetzungen wegfallen (§ 1906 BGB). Im Unterbringungsverfahren ist der*die Betreuer*in »Herr des Verfahrens« (ÜÖAG NRW 2019, 16), was erhebliche fachliche und kommunikative Kompetenzen von Sozialarbeiter*innen abverlangt.

Betreuer*innen versuchen aber möglichst, Zwangsmaßnahmen zu vermeiden. Die Betreuten werden zur Einwilligung in erforderliche Maßnahmen motiviert, um die Folgen des Zwangscharakters zu verhindern. Mit der Einrichtung wird auch nach Alternativen zur zwangsweisen Bewegungseinschränkung gesucht.

19.5.3 Vermögenssorge

Die Vermögenssorge wird bestellt, wenn Betreute sich krankheitsbedingt der Gefahr eines Vermögensschadens aussetzen. Dann können Betreuer*in (nur nach Maßgabe des § 1901 BGB) und Betreute*r bspw. unabhängig voneinander Verträge schließen, die aber aus dem Betreutenvermögen zu bezahlen sind. Betreuer*innen unterstützen die Betreuten in der selbstbestimmten Verwaltung und Nutzung des eigenen Vermögens. Nicht Sparsamkeit der Betreuten, sondern eine vielleicht unvernünftige, aber selbstbestimmte Lebensführung mittels Betreutenvermögen sind zielführend. Betreuer*innen erkunden die Willensäußerungen, Fähigkeiten, Gewohnheiten und Erfahrungen der Betreuten zu eigenwirtschaftlichen Themen und berücksichtigen das in Unterstützungs- und Entscheidungsprozessen (LG Rottweil 1 T 111/16).

Können die Betreuten ihre Mittel nicht selbst verwalten, dann kontrollieren und verbuchen Betreuer*innen die Kontobewegungen und sorgen für eine einwandfreie Belegführung. Zunehmend setzen Berufsbetreuer*innen hierfür Assistenzpersonal ein (BMJV 2018). Die Taschengeldauszahlung ohne »Asymmetrie der Machtbeziehung« (BdB 2018, 11) ist ein wichtiges Ziel der Vermögenssorge. Betreuer*innen müssen sich bei größerem Betreutenvermögen mit Anlageformen und -risiken beschäftigen. Die Zustimmung des Betreuungsgerichts (§ 1811 BGB) entbindet nicht von Haftung durch angegriffene Anlageentscheidungen.

Die Vermögenssorge umfasst die Geltendmachung und Abwehr von Ansprüchen aller Art (z. B. Sozialleistungen, Erbschaften, Schadensersatz, Pflichtteilsansprüche Sozialrechtsklagen), die sozialrechtliche Mitwirkungspflicht (§ 60 SGB I) und ggf. die Steuererklärung der Betreuten (§ 34 Abgabenordnung AO, Meier & Deinert 2016). Einschlägige Fachlichkeit, unzweideutige Parteilichkeit zugunsten der Betreuten, Kommunikationskompetenz und robuste Konfliktbereitschaft sind für Betreuer*innen hierzu unersetzlich.

Weiterführende Literatur

 BdB 2018, BMJV 2018, BMJV 2020, Meier, S. & Deinert, H. 2016 (s. u.)

Internetquellen

Bundesverband der Berufsbetreuer/innen: https://bdb-ev.de/
Online-Lexikon Betreuung des Bundesanzeiger Verlags: www.reguvis.de/betreuung/

Literatur

Ballew, J. & Mink, G. (1995): Was ist Case Management?, in: Wendt, W.-R. (Hrsg. 1995): Unterstützung fallweise. Case Management in der Sozialarbeit, Freiburg: Lambertus, 56–83.
BdB (2018): Berufsethik und Berufsleitlinien des Bundesverbandes der Berufsbetreuer/innen e. V. vom 04.05.2018, Hamburg: BdB.
BMFSFJ (2005): Die Lebenslage älterer Menschen mit rechtlicher Betreuung, Bundesministerium für Familie, Senioren, Frauen und Jugend, Berlin: BMFSFJ.
BMJV (2018): Qualität in der rechtlichen Betreuung. Köln: Bundesanzeiger.
BMJV (2020): Betreuungsrecht, Bundesministerium der Justiz und für Verbraucherschutz. Berlin
Braches-Chyrek, R. (2019): Soziale Arbeit – Methoden und Konzepte. Opladen: Budrich.
Bundesgesetzblatt (2019): Gesetz zur Anpassung der Betreuer- und Vormündervergütung, Nr. 23 vom 27.09.2019, 866ff.
Deinert, H. (2016): Betreuungszahlen 2015, in: Betreuungsrechtliche Praxis BtPrax 02, 218–220.
Deutscher Ethikrat (2019): Hilfe durch Zwang? Berlin: Deutscher Ethikrat.
Görgen, Th. u. a. (2019): Vermögensdelikte in Betreuungsverhältnissen, Münster: Deutsche Hochschule der Polizei.
Meier, S. & Deinert, H. (2016): Handbuch Betreuungsrecht. Heidelberg: Müller.
Roder, A. (2016). Das neue Betreuungsmanagement, in: Fachzeitschrift für Betreuungsmanagement, 2, 18–23
Schimke, H.-J. (2008): Vom Recht der Starken und Schutz der Schwachen, in: bdb-aspekte 72, 16–19
Tormin, F. (2019): Macht und Pädagogik in der rechtlichen Betreuung, Bad Heilbrunn: Klinkhardt.
Transparency International (2013): Transparenzmängel, Betrug und Korruption im Bereich der Pflege und Betreuung, Berlin: TI.
UN-BRK (2017): Die UN-Behindertenrechtskonvention, Berlin: Beauftragte der Bundesregierung für die Belange von Menschen mit Behinderungen.
ÜÖAG NRW (2019): Leitfaden zum Umgang mit betreuungsrechtlichen Unterbringungen, Überörtliche Arbeitsgemeinschaft für das Betreuungswesen in Nord-Rhein-Westfalen, o. O.: Eigenpublikation.
Walter, U. (2017): Grundkurs methodisches Handeln in der sozialen Arbeit. München: Reinhardt.

20 Soziale Arbeit in der Suchthilfe

Marion Laging

20.1 Annäherung an den Suchtbegriff

Der Begriff »Sucht« lässt sich etymologisch auf »siechen« zurückführen und gehört damit in das Bedeutungsfeld von »Krankheit«. Doch erst seit 1968 ist Sucht durch ein Urteil des Bundessozialgerichts als Krankheit mit allen sozialleistungsrechtlichen Folgen und Ansprüchen in Deutschland anerkannt.

Der Suchtbegriff wurde im internationalen Raum kritisch diskutiert. So hat die Weltgesundheitsorganisation (WHO) in ihrem diagnostischen Manual der International Classification of Diseases (ICD-11) den Begriff der Sucht (Addiction) durch Abhängigkeit (Dependence) ersetzt. Man versprach sich davon einen weniger stigmatisierenden und diskriminierenden Umgang mit Betroffenen. In Deutschland, aber auch international hat sich der Terminus Abhängigkeit jedoch nicht flächendeckend durchsetzen können. So heißt bspw. eine renommierte wissenschaftliche Zeitung »Sucht« und ihr internationales Pendant »Addiction«.

Heute findet sich in Praxis und Wissenschaft wie auch in der Alltagssprache meist ein synonymer Gebrauch der Begriffe »Sucht« und »Abhängigkeit«, dem auch in diesem Beitrag gefolgt wird.

Sucht bzw. das Abhängigkeitssyndrom als Krankheit wurde u. a. in dem medizinischen Manual der WHO definiert. Legale Substanzen (z. B. Tabak), illegale Substanzen (z. B. Cannabinoide) und bestimmte Medikamente (z. B. Sedativa) sind dabei gleichermaßen im ICD-11 aufgenommen, ohne dass die ICD-11 in Hinblick auf den rechtlichen Status einer Substanz eine Unterscheidung vornimmt. Substanzungebundene Süchte (Verhaltenssüchte) zählen mit Ausnahme der Glücksspielsucht gemäß des ICD-11 nicht zur Gruppe der Suchterkrankungen, sondern werden in anderen Kategorien der ICD geführt.

Eine medizinisch geprägte Diagnostik und Einordnung gemäß des ICD-11 sind wichtig, da sich hieraus für die Betroffenen Ansprüche nach Behandlung und Rehabilitation ableiten und durchsetzen lassen. Letztendlich finanziert sich auf dieser Basis auch ein nicht unerheblicher Teil der Suchthilfe (s. u.).

20.2 Sucht als bio-psychosoziales Geschehen

Für ein umfassendes Verständnis des Suchtgeschehens hat sich allerdings in der Suchthilfe die *bio-psychosoziale Perspektive* durchgesetzt. Im Rahmen dieses Modells wird davon ausgegangen, dass eine Vielzahl von Faktoren, die der körperlichen (biologischen), den psychischen und den sozialen Dimensionen zugeordnet werden können, an der Krankheitsentwicklung, am Krankheitsgeschehen und an der Krankheitsbewältigung beteiligt sind.

Soziale Einflussfaktoren bei der Entstehung, Aufrechterhaltung und Bewältigung von Sucht wurden in einer Vielzahl von Studien wiederholt und eindrücklich nachgewiesen. So gibt es bspw. eindeutige Belege für die empirischen Zusammenhänge von Geschlecht und Sucht. Bildung, Einkommen und Beruf zeigen ebenfalls Einfluss, ebenso die Religionszugehörigkeit. Die nachgewiesenen Zusammenhänge sind jedoch nicht immer einfach zu erklären und in manchen Fällen auch kontra-intuitiv. So praktizieren bspw. Studierende in einem größeren Ausmaß riskanten Alkoholkonsum als ihre nicht-studierenden Altersgenossen.

Vor dem Hintergrund des bio-psychosozialen Modells von Gesundheit und Krankheit öffnet sich – neben der Medizin – das Feld der Bearbeitung von Erkrankungen für weitere Disziplinen und Professionen. Der Sozialen Arbeit, als Expertin der sozialen Dimension, kommen hier zentrale Funktionen und Aufgaben zu.

20.3 Suchthilfe im Spannungsfeld von Abstinenz und Harm Reduction

Das heutige Arbeitsfeld der Suchthilfe nahm seinen Ausgangspunkt bereits vor dem Ersten Weltkrieg in einer staatlich organisierten Trinkerfürsorge mit ambulanten und stationären Angeboten, die die enormen gesundheitlichen und sozialen Folgen eines z. T. epidemischen Alkoholmissbrauchs aufzufangen suchte.

Nach dem katastrophalen Einbruch während der Jahre der Nazi-Herrschaft dauerte es bis zum Ende der 1960er Jahre – auch unter dem Eindruck der »Drogenwelle« im Zuge der »68-Bewegung« –, bis sich die Suchthilfe in Deutschland wieder restrukturieren konnte (Klein 2003, 482). Seit den 1970er Jahren wurde zudem das Arbeitsfeld der Suchtprävention aufgebaut; seitdem hat es sich zu einem eigenständigen Arbeitsfeld mit eigener Expertise und Strukturen entwickelt, auf das an dieser Stelle aber nicht gesondert eingegangen werden kann.

Die Entwicklung der Suchthilfe war immer durchdrungen von einer Auseinandersetzung mit der Frage, welche Art von Unterstützung und Maßnahmen für die Bewältigung bzw. Überwindung einer Suchterkrankung am besten geeignet seien. Dabei spielte die Debatte um das »Abstinenzparadigma« vs. »Harm Reduction« eine herausragende Rolle.

> ### Abstinenzparadigma
>
> Das Konzept »*Abstinenzparadigma*« folgt dem Gedanken, dass eine Suchterkrankung in ihrer fortschreitenden Entwicklung nur durch den Verzicht auf die entsprechenden psychoaktiven Substanzen zu stoppen ist und dass die oftmals enormen sozialen und gesundheitlichen Schäden, die mit einer Suchterkrankung einhergehen können, durch Abstinenz obsolet werden. Werden demgegenüber diese Risiken und Schäden (z. B. eine HIV-Infektion bei intravenösem Heroingebrauch) durch spezifische Maßnahmen gemindert (z. B. durch Abgabe steriler Spritzen), ohne dass die Sucht als solche bearbeitet wird, vermindert sich in der Folge der Leidensdruck und damit auch die Motivation und der Wille, abstinent zu leben. Auf diese Weise würden – so die Argumentation – alle Hilfen, die Leiden und Schäden verhindern oder begrenzen, einer Entwicklung von Abstinenz und damit der Überwindung der Sucht entgegenwirken.

Es zeigt sich jedoch, dass viele Menschen mit schädlichem oder abhängigem Substanzkonsum aus ganz unterschiedlichen Gründen nicht für ein abstinentes Leben zu gewinnen sind: Sie haben bspw. eine Karriere des Scheiterns mit Abstinenzbehandlungen hinter sich, sind mit Abstinenz überfordert oder diese entspricht schlicht und ergreifend nicht ihren Lebensvorstellungen (Körkel 2012).

Darüber hinaus wurde in neueren Forschungsarbeiten rund um das »Transtheoretische Modell der Verhaltensänderung« und die »Motivierende Gesprächsführung« deutlich, dass ein Leidensdruck zwar eine notwendige, aber nicht hinreichende Komponente für die Entwicklung einer Veränderungsbereitschaft zur Überwindung der Suchterkrankung darstellt. Andere Komponenten wie z. B. eine Selbstwirksamkeitserwartung stellen ebenfalls wichtige Gelingensbedingungen dar.

> ### Schadensminimierung/Harm Reduction
>
> Seit den 1970er Jahren wurden Hilfen unter den Stichworten »*Schadensminimierung*« oder »*Harm Reduction*« entwickelt und angeboten, die nicht vorrangig auf Abstinenz zielen, sondern auf eine Reduktion der zu befürchtenden Schädigungen und auf die Verbesserung der Lebensqualität. Wichtige Beispiele sind hier die Substitutionsbehandlung, Spritzentausch, Konsumräume und Wärmestuben.

Bis heute wird kontrovers diskutiert, welcher Stellenwert diesen Angeboten im System der Suchtkrankenhilfe insgesamt zukommen soll. Sehen manche diese Hilfen als niedrigschwelligen und adressatenorientierten Zugang zu den abstinenzorientierten Hilfen (Deutsche Hauptstelle für Suchtfragen 2014), stellen diese Hilfen für andere eine gleichberechtigte Option neben der Abstinenz dar. Unter dem Stichwort der »zieloffenen Hilfen« wird in den diesbezüglichen Diskursen der letzten Jahre die Wahlfreiheit und Selbstbestimmung der Klient*innen betont, aus der Palette der Angebote dasjenige zu wählen, das nach Ansicht der Klient*innen am besten zur eigenen Bedarfslage passt.

20.4 Strukturen und Angebote in der Suchthilfe

Deutschland verfügt – auch im internationalen Vergleich – über ein gut ausgebautes System der medizinischen und sozialen Sicherung in der Suchthilfe. Die Angebote werden zum großen Teil flächendeckend vorgehalten und lassen sich – in starker Anlehnung an die Vorschläge von Leune (2013) – in folgende Bereiche strukturieren.

- *Niedrigschwellige Angebote*: Wichtige Angebote sind Streetwork, Konsumräume oder Kontaktläden mit sozialarbeiterischer Betreuung. *Bundesweit ca. 300 Angebote.*
- *Suchtberatungs- und Behandlungsstellen*: Die hier beschäftigten Fachkräfte unterstützen Betroffene beim Aufbau der Motivation, Hilfe anzunehmen. Sie erstellen Hilfepläne und vermitteln in weiterführende Angebote (soziale, berufliche, medizinische Rehabilitation). Darüber hinaus halten viele Suchtberatungsstellen Angebote für Angehörige vor. Suchtberatungs- und Behandlungsstellen übernehmen zudem vielfach auch die psychosoziale Begleitung Substituierter, unterstützen Selbsthilfegruppen und -projekte und unterhalten Fachstellen für Prävention. *Bundesweit ca. 1.300 Stellen mit ca. 500.000 Klient*innen.*
- *Entgiftung und qualifizierter Entzug*: Im qualifizierten Entzug werden die Entzugserscheinungen medikamentös aufgefangen und es findet eine psychosoziale Begleitung statt. *Bundesweit ca. 7.500 Plätze in über 300 spezialisierten Einrichtungen, meist Krankenhäuser.*
- *Ambulante und stationäre medizinische Rehabilitation*: Diese Behandlung erfolgt mit dem Ziel der beruflichen (Re-)Integration. Es stehen verschiedene Angebote zur Verfügung. Wie sich die Behandlung gestaltet, wird entsprechend der medizinischen und psychosozialen Behandlungserfordernisse individuell und zeitlich begrenzt festgelegt. Sozialrechtlich ist die medizinische Rehabilitation eine Maßnahme in Verantwortung der gesetzlichen Rentenversicherung – soweit Ansprüche erworben wurden. *Bundesweit etwa 720 anerkannte Einrichtungen und ca. 73.000 Maßnahmen jährlich.*
- *Maßnahmen der Sozialen Rehabilitation*: Maßnahmen der Sozialen Rehabilitation sind bei mehrfachgeschädigten abhängigkeitskranken Menschen notwendig. Sie umfassen Hilfen zum Wohnen, zur Arbeit und zur Teilhabe am Leben in der Gemeinschaft. *Bundesweit 268 stationäre Einrichtungen der Sozialtherapie*

mit mehr als 10.700 Plätzen; 112 teilstationäre Einrichtungen der Sozialtherapie mit mehr als 1.200 Plätzen; 460 Angebote des ambulanten betreuten Wohnens mit mehr als 12.000 Plätzen.
- *Selbsthilfe*: Selbsthilfe ist eine wichtige Säule im Hilfesystem der Suchtkrankenhilfe. Zum einen gründen sich im Rahmen der Selbsthilfe in den Suchtberatungsstellen »Freundeskreise«, zum anderen zählen der Kreuzbund, das Blaue Kreuz, die Anonymen Alkoholiker zu den bekanntesten überregionalen Selbsthilfeverbänden. Wohnortnahe Selbsthilfeangebote in den Kommunen sind für abhängigkeitskranke Menschen heute Standard. *Bundesweit ca. 8.700 Gruppen* (▶ Kap. 18).

Das gesamte Suchthilfesystem zeigt sich in Hinblick auf seine Arbeitsbereiche und Adressatengruppen als äußerst umfassend und vielfältig. Durch die verschiedenen gesetzlichen Aufträge und Kostenträgerstrukturen gewinnt es weitere Komplexität.

Im ambulanten Bereich treten vor allem die Kommunen als Kostenträger auf. Als Berufsgruppe sind hier vornehmlich die Fachkräfte der Sozialen Arbeit vertreten. Der stationäre Bereich (Entgiftung, Rehabilitation) wird hingegen dem Schwerpunkt nach durch die Kranken- und Rentenversicherungsträger finanziert. Hier sind vor allem Mediziner*innen, Psycholog*innen engagiert, aber auch die Sozialberufe bringen sich hier ein.

Die zersplitterte Kostenstruktur im Gesamtsystem führt u. a. zu Problemen im *Übergangsmanagement*, das die Qualität der Versorgung immer wieder in Frage stellt. Zwar steht eine Vielzahl an Leistungen zur Verfügung, jedoch entstehen an den Übergängen zwischen den Leistungsbereichen oft Brüche, die für abhängigkeitskranke Menschen oft unüberbrückbar sind und Rückfälle verursachen (Walter-Hamann 2016). Weiterentwicklung der Leistungen für suchtgefährdete und suchtkranke Menschen und Qualitätssteigerungen in der Versorgung sind nicht mehr über weitere Ausdifferenzierungen, sondern durch eine intensivere Abstimmung und Verbindung von Leistungen im Sinne der personenbezogenen Hilfe ›wie aus einer Hand‹ zu erreichen (Walter-Hamann 2016, 90).

20.5 Profil der Sozialen Arbeit

Soziale Arbeit in der Suchtkrankenhilfe ist entscheidend geprägt durch den multidisziplinären Zuschnitt des Arbeitsfeldes. Sie erbringt ihren Beitrag und ihre Leistungen zur Bearbeitung der Suchtproblematik oftmals im Konzert mit anderen Disziplinen bzw. Professionen. Besonders bedeutsam sind hier die Psychologie, die Psychiatrie und die somatische Medizin.

Allgemein gesprochen ist die Soziale Arbeit in der Suchthilfe zuständig für die Bearbeitung der *»sozialen Dimensionen«* von Suchtgefährdung, Suchtentwicklung, Rehabilitation und Lebensführung unter den Bedingungen von Sucht.

Die soziale Dimension im Hinblick auf Sucht ist zum einen als ein Ursachenbündel zu verstehen. Zum anderen wirkt sich eine Suchterkrankung fast immer auf alle Bereiche der Lebensführung eines Menschen aus und führt nicht selten in die Armut und/oder in andere Randbereiche der Gesellschaft. Doch nicht nur die Erkrankten selbst erleiden Beeinträchtigungen. Es zeigen sich soziale Auswirkungen im Umfeld der Betroffenen, z. B. in Form von familiären Belastungen.

Von daher kann man von *zirkulären Bedingungskonstellationen* ausgehen: Soziale Faktoren sind maßgeblich an der Entwicklung von Sucht beteiligt und Sucht ist wiederum häufige Ursache für soziale und gesellschaftliche Ausschlussprozesse, die dann wiederum auf den Krankheitsverlauf und auf die Lebenssituation der Erkrankten Einfluss nehmen (Sommerfeld u. a. 2016, 8).

Soziale Arbeit in der Suchtprävention und Suchthilfe arbeitet mit dem Ziel, diese Zirkeldynamiken zu durchbrechen oder gar nicht erst entstehen zu lassen. Prävention und eine Verbesserung der Lebenslagen in allen Stadien und Ausprägungsformen von Suchtentwicklung und Rehabilitation gehören dabei traditionell zu den Aufgaben der Sozialen Arbeit in der Suchthilfe. Interventionen, die auf eine psychosoziale Behandlung zielen, sind eher Neuland und werden im Kontext der sich auch in Deutschland entwickelnden Klinischen Sozialarbeit erst in jüngerer Zeit als Zuständigkeitsbereich der Sozialen Arbeit proklamiert (Pauls 2013, 16).

Soziale Arbeit in Suchthilfe und -prävention

Zusammenfassend kann gesagt werden, dass Fachkräfte der Sozialen Arbeit in der Suchtprävention und Suchthilfe quantitativ sehr gut vertreten sind und die Bedeutsamkeit der sozialen Dimensionen für die Krankheitsentwicklung und Krankheitsgeschehen sozial-epidemiologisch gut untermauert und allgemein anerkannt ist. Damit kommt der Sozialen Arbeit eine enorme Relevanz in diesem Feld und innerhalb der multidisziplinären Kooperation zu.

Die Soziale Arbeit greift auch in der Suchthilfe auf die von ihr entwickelten Instrumente und Methoden der Einzelfallhilfe/Case Management, der Sozialen Gruppenarbeit und der Gemeinwesenarbeit zurück. Darüber hinaus hat sich spezifisch für die Suchtprävention und Suchtarbeit die Motivierende Gesprächsführung als Schlüsselkompetenz für fast alle Arbeitsfelder gezeigt. Die Motivierende Gesprächsführung impliziert und vermittelt – anders als ihr Name zunächst nahelegt – gleichzeitig eine professionelle Haltung und ein bestimmtes Verständnis von Sucht, Widerstand und Veränderung, die sich für die Anliegen der Sozialen Arbeit in der Suchthilfe und hier in der direkten Arbeit mit suchtgefährdeten oder suchtkranken Menschen als äußerst hilfreich erwiesen haben.

Weiterführende Literatur

Laging, M. (2020). Soziale Arbeit in der Suchthilfe. Grundlagen – Konzepte – Methoden (2., akt. Aufl.). Stuttgart: Kohlhammer.

Internetquellen

Deutsche Hauptstelle für Suchtfragen e. V.: https://www.dhs.de.
Bundeszentrale für gesundheitliche Aufklärung: https://www.bzga.de.
Europäische Beobachtungsstelle für Drogen und Drogensucht: https://wwwemcdda.europa.eu.

Literatur

Deutsche Hauptstelle für Suchtfragen (2014): Suchthilfe und Versorgungssituation in Deutschland. http://www.dhs.de/dhs-stellungnahmen/versorgungsstrukturen.html, Abruf: 13.02.2017.
Klein, M. (2003): Praxisfeld Suchthilfe. In: E. Badry (Hrsg.): Pädagogik: Grundlagen und sozialpädagogische Arbeitsfelder (4. Aufl.). München/Unterschleißheim: Kluwer, 481–493.
Körkel, J. (2012): Wege aus der Sucht – Suchtarbeit, Abstinenz und selbstkontrollierter Konsum. In: S. B. Gahleitner & G. Hahn (Hrsg.): Übergänge gestalten, Lebenskrisen begleiten (2. Aufl.). Bonn: Psychiatrie Verlag, 261–276.
Leune, J. (2013): Versorgung abhängigkeitskranker Menschen in Deutschland. In: Deutsche Hauptstelle für Suchtfragen (DHS) (Hrsg.): Jahrbuch Sucht. Geesthacht: Neuland, 181–196.
Pauls, H. (2013): Klinische Sozialarbeit: Grundlagen und Methoden psychosozialer Behandlung (3. Aufl.). Weinheim: Beltz Juventa.
Sommerfeld, P., Dällenbach, R., Rüegger, C. & Hollenstein, L. (2016): Klinische Soziale Arbeit und Psychiatrie: Entwicklungslinien einer handlungstheoretischen Wissensbasis. Wiesbaden: Springer.
Walter-Hamann, R. (2016): Suchthilfe in Netzwerken. In: Deutscher Verein für öffentliche und private Fürsorge (Hrsg.): Neue Ansätze in der Suchthilfe. Freiburg im Breisgau: Lambertus, 90–98.

21 Soziale Arbeit in psychiatrischen Arbeitsfeldern

Jeannette Bischkopf & Lars Friege

21.1 Einleitung

Die Arbeitsfelder der Psychiatrie sind umfangreich, vielfältig und herausfordernd. Sie bieten die Möglichkeit, in ganz unterschiedlichen Institutionen zu arbeiten, die von der Akutpsychiatrie über teilstationäre Angebote in Tageskliniken zu niedrigschwelligen, gemeindepsychiatrischen Angeboten reichen. In diesem interdisziplinären Handlungsfeld versucht fast immer ein multiprofessionelles Team, die Betroffenen in ihrer psychosozialen Notlage zu unterstützen. Erkranken Menschen psychisch, so wirkt sich dies fast immer körperlich, psychisch und sozial aus. Sozialarbeiter*innen fokussieren die sozialen Probleme und Folgen bei psychischer Erkrankung, sowohl der Betroffenen als auch des Umfelds. Ziel der Sozialen Arbeit in der Psychiatrie ist es, die Lebensqualität der Betroffenen durch Linderung der Beschwerden bzw. Krankheitsfolgen zu verbessern.

21.2 Adressat*innen und Bedarfe

Bei psychischen Erkrankungen sind das Verhalten und Erleben der betroffenen Menschen zeitlich begrenzt oder dauerhaft verändert, sodass es zu psychosozialen Problemen kommt. Diese Probleme können die Betroffenen selbst beeinträchtigen und/oder das Umfeld, z. B. Angehörige, Nachbarn, Arbeitskolleg*innen. Adressat*innen der Sozialen Arbeit in psychiatrischen Handlungsfeldern sind daher neben den Betroffenen selbst sehr häufig deren Angehörige und teilweise auch weitere Personen des Umfelds.

21.2.1 Definition psychischer Störungen

Psychische Störungen werden heute als bio-psychosozial bedingt verstanden. Damit ist gemeint, dass biologische, psychologische und soziale Faktoren an der Entstehung und Aufrechterhaltung psychischer Störungen beteiligt sind und sich psychische Erkrankungen oft auch auf diese Faktoren auswirken. Dabei handelt es sich um ein komplexes Geschehen, bei dem sich im Einzelfall die Bedeutung der einzelnen, sich gegenseitig beeinflussenden Faktoren nur schwer abgrenzen lässt. Biologische Faktoren können genetische Veranlagungen, (Vor-)Erkrankungen, Veränderungen der Botenstoffe im Gehirn (sog. Neurotransmitter), Hormonveränderungen u. a. sein. Psychologische Faktoren erfassen Denkgewohnheiten, Bewältigungsstrategien, Widerstandsfähigkeit etc. Soziale Faktoren beinhalten die Beziehungen zu Familie und Freund*innen, die Wohn- und Arbeitssituation sowie weitere Umgebungsfaktoren wie z. B. die finanzielle Situation. Psychische Störungen können allgemein als »Reaktion auf innere oder äußere Bedingungen oder als misslungene Strategie der Anpassung an Probleme des Lebens« begriffen werden (Clausen & Eichenbrenner, 2016, 172). Der Begriff verweist damit u. a. auch darauf, dass sowohl soziale Ursachen und Auslöser als auch soziale Folgen wichtige Aspekte psychischer Störungen und deren Behandlung darstellen. Um eine Diagnose stellen zu können, müssen zunächst die Symptome beschrieben werden. Diese werden zusammengefasst im *psychopathologischen Befund*.

Psychiatrische Diagnosen werden in Deutschland anhand der von der Weltgesundheitsorganisation WHO herausgegebenen International Classification of Diseases in der aktuell zehnten Revision (ICD-10) gestellt (Dilling & Freyberger 2019). 2022 wird diese von der ICD-11 abgelöst. In den USA werden psychiatrische Erkrankungen anhand des Diagnostischen und Statistischen Manuals Psychischer Erkrankungen der aktuell fünften Version (DSM 5, American Psychiatric Association 2018) gestellt.

Die Internationale Klassifikation der Funktionsfähigkeit, Behinderung und Gesundheit (ICF) stellt keine Alternative zu ICD oder DSM dar. Die ICF erfasst die funktionale Gesundheit und ihre Beeinträchtigungen einer individuellen Person bei Vorliegen einer Krankheit oder Gesundheitsstörung nach ICD (Schuntermann 2020). Dazu berücksichtigt die ICF die Besonderheiten und die Lebenswelt der Person und ihrer Umgebung. Die Auswirkungen von psychischen (und auch von organischen) Erkrankungen erfasst die ICF als Beeinträchtigungen z. B. der Mobilität, der Kommunikation, der Selbstversorgung, des häuslichen Lebens, des Erwerbslebens und der Interaktion mit Menschen. Die ICF ist damit sehr gut in der Sozialen Arbeit zur Diagnostik und als Voraussetzung zur Planung von Zielen und Interventionen geeignet.

21.2.2 Psychisch erkrankte Menschen als Adressat*innen Sozialer Arbeit

Sozialarbeiter*innen haben mit Betroffenen, auch Psychiatrieerfahrene genannt, zu tun, deren gesellschaftliche Teilhabe aufgrund der Auswirkungen der Erkrankungen eingeschränkt oder gefährdet ist. Betroffenen, bei denen dies nicht der Fall ist, reicht eine medizinische oder psychotherapeutische Unterstützung. Die Klientel der Sozialen Arbeit wird oft auch mit dem Begriff »hard to reach«, also schwer zu erreichen, charakterisiert. Dabei handelt es sich um Menschen, die unter schwereren, chronischen psychischen Störungen wie z. B. Schizophrenie, rezidivierenden bipolaren oder depressiven Erkrankungen oder Persönlichkeitsstörungen leiden. Hinzu kommen Menschen, die neben psychischen Störungen in komplexen psychosozialen und existenziellen Problemlagen leben, wie z. B. Wohnungslose oder Gefängnisinsassen (Giertz, Große & Gahleitner 2021). Ob und in welchem Ausmaß die Teilhabe an den unterschiedlichen Bereichen eingeschränkt ist, hängt nicht nur von der Störung selbst, sondern von vielen Faktoren der Person und ihres Umfelds ab. Insbesondere Menschen mit chronischen bzw. wiederholt auftretenden psychischen Störungen, wie organisch bedingten Störungen (z. B. Demenz), Suchterkrankungen, Schizophrenie, rezidivierenden Affektiven Erkrankungen (Depression und Manie bzw. Bipolare Störungen) und Persönlichkeitsstörungen (wie z. B. Borderline) oder aber mit mehreren Störungen (Schizophrenie und Sucht) sowie obdachlose Menschen und Migrant*innen benötigen häufiger die Unterstützung von Sozialarbeiter*innen zur Sicherung der Teilhabe und Erschließung von Ressourcen (Walther 2019).

21.3   Organisation des Arbeitsfelds

Das Handlungsfeld der Sozialen Arbeit mit psychisch erkrankten Menschen ist besonders vielfältig und regional sehr unterschiedlich. Die Versorgungsangebote lassen sich kaum nach bestimmten Gesichtspunkten (Finanzierung, Anbieter etc.) systematisieren. Die Versorgungsangebote sind als gewachsene Strukturen mit sehr unterschiedlichen regionalen Akteur*innen zu verstehen, die über die Zeit entstanden sind und oft eher die Möglichkeiten und Interessen der Träger widerspiegeln als den Bedarf der Adressat*innen (Heim u. a. 2019).

21.3.1   Entwicklung des Arbeitsfeldes

Die Versorgung psychisch erkrankter Menschen hat sich über die Zeit erheblich gewandelt. Die Beschäftigung mit der Psychiatriegeschichte (vgl. Brückner 2014) lohnt sich, um zu verstehen, warum z. B. psychisch erkrankte Menschen oft Ressentiments gegenüber Kliniken, medikamentöser Behandlung etc. haben. In der Lebensgeschichte von Dorothea Buck wird Psychiatriegeschichte z. B. bedrückend erfahrbar (Buck, 2014).Seit der Psychiatrie-Enquete in den 1970er Jahren ist mit der Auflösung bzw. Verkleinerung der großen wohnortfernen Landeskrankenhäuser für psychisch Erkrankte die regionale, d. h. wohnortnahe Versorgung ein Grundprinzip, das sich vor allem im Begriff der Gemeindepsychiatrie widerspiegelt. Leitend ist dabei die Vorstellung, psychisch erkrankte Menschen so wenig wie möglich in ihrer sozialen Teilhabe durch Behandlung einzuschränken und ihnen ein Leben in der Gemeinschaft zu ermöglichen.

21.3.2 Überblick über die Versorgungsstrukturen

Die psychiatrische Versorgung ist unübersichtlich, was vor allem die Hilfe suchenden Menschen vor große Probleme stellt, aber auch für die Helfenden eine große Herausforderung bedeutet, sich zurechtzufinden und geeignete Hilfeangebote zu finden. Folgende Angebote finden sich meistens:

> **Stationär**
>
> Gemeint sind Versorgungsangebote, die das Übernachten einschließen. Dies sind klassischerweise Psychiatrische Kliniken, die die Versorgung bis in die 1970er Jahre dominiert haben. Heutzutage gibt es weniger große und dafür *viele wohnortnahe kleine Kliniken*. Dadurch kann der Kontakt zum sozialen Umfeld besser erhalten werden. Im Bereich der *Rehabilitationskliniken* finden sich allerdings nach wie vor eher große, wohnortferne, meist psychosomatische Kliniken. Diese haben allerdings den Vorteil, Stationen für bestimmte psychische Störungen bilden zu können und dort spezialisierte Behandlungsprogramme anzubieten. Einige Rehabilitationskliniken sind auf die medizinisch-beruflich orientierte Rehabilitation spezialisiert (MBOR).

Besondere Wohnformen haben das frühere stationäre betreute Wohnen abgelöst.

Teilweise werden insbesondere für Krisen durch verschiedene Wohlfahrtsträger und auch Betroffenenorganisationen Krisenwohnungen oder -betten vorgehalten, um stationäre Aufnahmen zu vermeiden.

> **Teilstationär**
>
> In diese Gruppe fallen Angebote ohne Übernachtung, die aber große Teile des Tages abdecken. Die Betroffenen übernachten zuhause und müssen dazu sowie für die Bewältigung des Weges von und zur Einrichtung in der Lage sein.

In *Tageskliniken* werden meist eine medizinisch-psychotherapeutische Behandlung und weitergehende Beschäftigungsangebote gemacht, auch mit Blick auf eine berufliche Rehabilitation. *Tagesstätten* hingegen bieten sehr unterschiedlich verbindliche Angebote zur Beschäftigung, teilweise mit der Möglichkeit, begrenzt etwas hinzuzuverdienen. Vor allem dienen sie der sozialen Teilhabe. Zum Teil werden Beratung und Behandlung angeboten. Unverbindlicher sind Angebote, die ohne Vereinbarung bei Bedarf und so lange wie gewünscht aufgesucht werden können, wie Kontaktstellen, Patientencafés zum Austausch und zur Geselligkeit. Sie verfügen meist über ein niedrigschwelliges Beratungsangebot.

Eine Besonderheit sind Einrichtungen zur Rehabilitation psychisch Kranker (RPK-Einrichtungen). Dabei handelt es sich um wohnortnahe medizinische und berufliche Rehabilitationseinrichtungen, deren Maßnahmen zwischen drei und zwölf Monate dauern. Zur beruflichen Rehabilitation stehen mit den Beruflichen Trainingszentren (BTZ), den Berufsbildungswerken (BBW) und den Werkstätten für behinderte Menschen (WfbM) weitere berufliche Rehabilitationseinrichtungen zur Verfügung (▶ Kap. 9).

Ambulant

Zur ambulanten medizinischen Behandlung stehen *Fachärzt*innen für Psychiatrie und Psychotherapie* insbesondere für schwerer oder chronisch psychisch erkrankte Menschen zur Verfügung. Viele Betroffene werden jedoch medizinisch bei *anderen Fachärzt*innen* oder bei *Hausärzt*innen* behandelt, u. a. weil die Kapazitäten der Facharztpraxen für Psychiatrie dafür nicht ausreichen. Nur wenige Praxen können neben der medikamentösen Behandlung mit Psychopharmaka Psychotherapie anbieten. *Psychologische Psychotherapeut*innen* stehen für die psychotherapeutischen Hilfen zur Verfügung.

Allerdings sind die Wartezeiten oft beträchtlich, auf dem Land ist ebenso wie bezüglich der ärztlichen Versorgung ein Mangel zu beklagen und es sind zu wenig psychotherapeutische Angebote für schwere psychische Störungen verfügbar. Obwohl Menschen mit Wahn und Halluzinationen heutzutage mit Kognitiver Verhaltenstherapie erfolgreich behandelt werden können, haben Betroffene dazu kaum Zugang (Pillny & Lincoln 2020).

Ärzt*innen und teilweise Psychotherapeut*innen sind an Hilfeplänen beteiligt und verordnen ggf. weitergehende ambulante Hilfen wie z. B. aufsuchende Ergotherapie, Physiotherapie oder Soziotherapie sowie (psychiatrische) häusliche und Krankenpflege.

Psychiatrische Institutsambulanzen (PIA) sind in der Regel an Kliniken angesiedelt und bieten eine Behandlung im multiprofessionellen Team für psychisch erkrankte Menschen mit komplexen Problemlagen. Oft bieten PIAs die Weiterbehandlung nach stationärer Behandlung an.

Länderspezifisch unterschiedlich in Aufgaben und Organisation sind die *Sozialpsychiatrischen Dienste* (SpDi, manchmal auch SpD). Meist sind sie den Gesundheitsämtern zugeordnet. Der SpDi berät und unterstützt Betroffene, Angehörige und Bürger*innen sozialpsychiatrisch in Krisensituationen. Meist steht ein multiprofessionelles Team unter fachärztlicher Leitung zur Verfügung. Bei Bedarf und nach Möglichkeit können auch Hausbesuche angeboten werden. Der SpDi ist in der Regel auch zuständig, wenn in einer Krisensituation Zwangsmaßnahmen notwendig erscheinen, wie z. B. die Unterbringung in einer psychiatrischen Klinik (Heim u. a. 2019).

Betroffene können auf ein sehr breites Angebot an *Psychosozialen Beratungsstellen* zurückgreifen. Diese werden von öffentlichen Einrichtungen und Wohlfahrtsverbänden oder Vereinen angeboten. Oft richten sie sich an Personengruppen mit bestimmten Bedarfen, z. B. an Frauen mit Gewalterfahrung und Traumatisierung.

Ambulantes betreutes Wohnen ist verbreitet. Dabei leben die psychisch erkrankten Menschen alleine oder in Wohngemeinschaften und werden dort aufsuchend zumeist von Sozialarbeiter*innen unterstützt.

Eine wichtige Rolle spielen Aktivitäten und Unterstützungsangebote, die von Betroffenen selbst und deren Angehörigen ausgehen. Neben sehr vielen meist spezialisierten *Selbsthilfe- und Angehörigengruppen* fungieren heutzutage Psychiatrieerfahrene als Genesungsbegleiter*innen, die psychisch Erkrankten auf Wunsch zur Seite stehen (▶ Kap. 18).

Diese Darstellung typischer Angebote in der psychiatrischen Versorgung soll nicht darüber hinwegtäuschen, dass die konkreten Versorgungsmöglichkeiten regional sehr unterschiedlich sind und auch die Konzepte und Angebote von Einrichtungen wie Tageskliniken sich stark unterscheiden können. Damit besteht für Sozialarbeiter*innen die Notwendigkeit, sich mit der regionalen psychiatrischen Versorgung sehr gut vertraut zu machen, um eine möglichst passgenaue Versorgung ihrer Klientel realisieren zu können. Auswahl und Annahme psychosozialer Hilfen für psychisch erkrankte Menschen sollten nicht zufällig erfolgen, wie es in dieser eher informell geprägten Versorgungsstruktur der Fall ist (Heim u. a. 2019).

Möglichst genaue Kenntnis und regionale Zusammenarbeit der Akteur*innen inklusive einer funktionierenden Netzwerkarbeit kann nicht genug betont werden (Deller 2017). Dazu bieten sich die vorhandenen Netzwerke an, wie z. B. der Gemeindepsychiatrische Verbund (GPV) oder die Psychosoziale Arbeitsgemeinschaft (PSAG).

21.4 Soziale Arbeit im Arbeitsfeld

In allen zuvor dargestellten Einrichtungen sind praktisch immer Sozialarbeiter*innen tätig, andere Berufsgruppen sind nur manchmal vertreten. Insgesamt ist hervorzuheben, dass psychisch Erkrankte mit komplexen Problemen auf die multiprofessionelle Zusammenarbeit von Vertreter*innen vieler Disziplinen angewiesen sind (Soziale Arbeit, Psychologie, Medizin, Pflege, Ergotherapie, Physiotherapie und ggf. weitere). Erschwert wird diese Zusammenarbeit dadurch, dass es keine klare Verantwortung für den individuellen Gesamthilfeprozess gibt. Die Soziale Arbeit ist besonders stark vertreten bei allen psychosozialen Hilfeangeboten außerhalb stationärer und teilstationärer Angebote. Typische Tätigkeiten sind dabei Beratung inklusive Psychoedukation, Sozialberatung, Training bestimmter Fertigkeiten und vielfältige praktische Unterstützung in fast allen denkbaren Alltagssituationen. Sozialarbeiter*innen beraten psychisch Erkrankte insbesondere hinsichtlich der sozialen Teilhabe, der Teilhabe am Arbeitsleben und zu Fragen von Bildung und Ausbildung und der materiellen Existenzsicherung. Teilweise kommt der Sozialen Arbeit die Aufgabe zu, gemeinsam mit den Betroffenen die verschiedenen Behandlungs- und Hilfeangebote (im Sinne eines Case

Managements und der Hilfeplanung) zu koordinieren. Oft sind Sozialarbeiter*innen in die Bewältigung von akuten Krisen eingebunden.

Typische *Lebensweltbereiche*, die in der konkreten Einzelfallhilfe von Bedeutung sein können, haben Walther & Deimel (2017) benannt:

1. Materielle Absicherung
2. Klärung der rechtlichen Position
3. Wohnen und Selbstversorgung
4. Arbeit – Bildung – Beschäftigung – Tagesstruktur
5. Soziales Netz
6. Interessen – Freizeitgestaltung – Zugang zu Informationen
7. Umgang mit der Erkrankung

Aus den erfassten Informationen lassen sich konkrete Ziele, Aufgaben und Handlungsmöglichkeiten ableiten, die im Kontakt mit Klient*innen verhandelt werden müssen. Welche Aufgaben Sozialarbeiter*innen zukommen, unterscheidet sich je nach Setting z. T. erheblich.

Nicht nur die Versorgung ist nicht einfach geregelt, gleiches gilt für die Finanzierung der Angebote und auch für die jeweilig verantwortlichen Institutionen. Kostenträger sind je nach gesetzlich geregelter Anspruchsvoraussetzung Krankenversicherungen, Rentenversicherungen, Unfallversicherungen, die Bundesagentur für Arbeit, Träger der öffentlichen Jugendhilfe und Träger der Eingliederungshilfe, Integrations-bzw. Inklusionsämter und weitere. Für Sozialarbeiter*innen ist ein sicherer Umgang mit den gesetzlichen Grundlagen und die Kenntnis von und Vernetzung in der regionalen Versorgungsstruktur Voraussetzung, um den Hilfeprozess individuell erfolgreich zu gestalten. Wichtige Rechtsgrundlagen sind neben den Sozialgesetzbüchern solche, die die Rechte der Betroffenen einschränken können, z. B. bei Vorliegen von akuter Eigen- oder Fremdgefährdung. Dies wird in den *Unterbringungsgesetzen* der Länder unterschiedlich geregelt. Zusätzlich sind die Regelungen des *Betreuungsrechts* wichtig, wenn für bestimmte Lebensbereiche die Vertretungsvollmacht für einen Menschen gerichtlich einer anderen Person zugeordnet wird (§§ 1896 Bürgerliches Gesetzbuch; ▶ Kap. 19). Im konkreten Fall ist es daher wichtig, die Rechte der Patient*innen zu kennen, um angemessen handeln zu können (Brosey & Osterfeld 2017).

21.5 Handlungskonzepte und Methoden

Aktuelle Handlungskonzepte Sozialer Arbeit in psychiatrischen Arbeitsfeldern beruhen auf dem bio-psychosozialen Modell (▶ Kap. 21.2.1). Konkrete Interventionen können diesen drei Aspekten jeweils zugeordnet werden, stehen in Wechselwirkung und bedingen eine interdisziplinäre Zusammenarbeit, wobei Sozialarbeiter*innen besonders die soziale Dimension ansprechen,

21.5.1 Kompetenzen der Diagnostik und Beziehungsgestaltung

Um in ein System eingreifen zu können, muss dieses zunächst einmal analysiert und verstanden werden. Hier bietet die Soziale Arbeit diagnostische Kompetenzen, z. B. auf der Grundlage der ICF (▶ Kap. 21.2.1) an. Für die diagnostische Bewertung braucht es die Mitwirkung der betroffenen Personen. Für Sozialarbeiter*innen bedeutet das, dass sie Kontakt zu Menschen mit Psychiatrieerfahrung oder in akuten Krisensituationen aufbauen müssen. Die Regulation von Nähe und Distanz in der professionellen Beziehungsgestaltung mit psychisch kranken Menschen ist ein zentrales Thema, das neben Erfahrung und Training auch kontinuierliche Reflexion und Selbstreflexion sowie Rollenklarheit braucht. Um Sicherheit zu gewinnen über (1) die eigene Rolle, (2) die Beziehung, (3) den Auftrag und (4) den Kontext, in dem man sich befindet, haben Hammer & Plößl (2015) das Klärungskarussell entwickelt. Sie bieten entsprechende Fragen zu den Rollen an, die helfen, die eigene Position zu finden und vor allem in unklaren Situationen zu halten. Weiterhin sind eine kontinuierliche kollegiale Vernetzung und Supervision für die Qualität der Sozialen Arbeit entscheidend, die Auseinandersetzung mit eigenen Mustern und Vorannahmen und die Überprüfung, ob die Maßnahmen geeignet und wirksam sind. Schließlich kann es keine allgemeine Zuordnung von Interventionen zu Problemen geben, sondern immer einen individuellen Prozess, in den verschiedene Perspektiven einbezogen werden müssen (Deimel & Deloi 2017).

21.5.2 Spezifische Ansätze

Neben diesen grundlegenden Kompetenzen der Diagnostik und Beziehungsgestaltung haben sich spezifische Ansätze entwickelt. Besonders hervorzuheben ist die Entwicklung einer *Klinischen Sozialarbeit*: »Ausgehend von einem bio-psycho-sozialen Grundverständnis von Gesundheit, Störung, Krankheit und Behinderung liegt der Fokus Klinischer Sozialarbeit auf einer differenzierten psychosozialen Diagnostik, Beratung und Behandlung im Kontext der Lebenswelt sowie auf einer sozialklinisch orientierten Beeinflussung der Mikro-, Meso- und Makrosysteme der KlientInnen«, definiert das European Centre for Clinical Social Work, ECCSW (2020). Unter dem Aspekt Beratung finden sich eine Reihe von Methoden, die von Sozialarbeiter*innen in psychiatrischen Arbeitsfeldern angewandt werden. Hier sind z. B. zu nennen: die Motivierende Gesprächsführung (Kremer & Schulz 2020) und das Skillstraining aus der Dialektisch-Behaviorale Therapie (DBT) nach Marsha Linehan (z. B. von Auer & Bohus 2017). Schließlich lassen sich unter dem Stichwort *Soziotherapie* weitere Möglichkeiten einordnen, die Menschen in psychischen Krisen und bei chronischen Verläufen unterstützen. Zentral sind die Lebensweltorientierung und eine *Recovery*-orientierte und trialogische Haltung.

Recovery

Recovery ist ein Ansatz, der von den Betroffenen selbst entwickelt wurde und als Weiterentwicklung des *Empowerment*-Konzeptes angesehen werden kann. Hiermit ist gemeint, dass Menschen ihren eigenen individuellen Weg finden, eine psychische Krankheit zu überwinden oder mit ihr leben zu lernen. Begriffe wie Sinn, Wohlbefinden (engl. Wellbeing) und Teilhabe sind hierfür wichtige Zielgeber und im Grundverständnis Sozialer Arbeit bereits angelegt.

Wichtig ist, einen Blick für die individuellen Wege zu schärfen und zu bedenken, dass ein Mensch mehr ist als seine Diagnose und Interessen, Träume, Ideen und auch Leid und Zweifel hat. Deshalb sollten sich Sozialarbeiter*innen störungsbezogenes Wissen aneignen (vgl. Riecken 2018), den Menschen aber nicht darauf reduzieren. Eine grundsätzliche *Ressourcenorientierung* und eine optimistische Grundhaltung können hierbei helfen.

Weiterhin ist es empfehlenswert, frühzeitig einen sensibilisierten Umgang mit Sprache zu erlernen, Begriffe zu hinterfragen und ihre mitschwingenden, manchmal stigmatisierenden Bedeutungen zu suchen und zu vermeiden (Erreger & Foreman 2016). Wenn jemand eine Diagnose hat, kann er oder sie noch viele andere Dinge haben: Freunde, Hobbies, Haustiere. Bezeichnet man dagegen jemanden als »schizophren«, so verschwindet diese individuelle Person hinter diesem Label. In der Soziologie wurde im sog. Labeling-Ansatz gezeigt, dass das Label eine Reihe von Folgeproblemen mit sich bringt. Menschen reduzieren ihre Erwartungen an sich oder das Gegenüber oder sind in Gefahr, sich entsprechend eines Stereotyps zu verhalten. Für Sozialarbeiter*innen in psychiatrischen Arbeitsfeldern bedeutet dies, Stigmatisierungen und Vorurteile bewusst zu machen, Gegenstrategien im alltäglichen Umgang miteinander zu finden und Anti-Stigma-Arbeit, z. B. in entsprechenden Kampagnen, zu fördern.

Trialog

Mit *Trialog* ist gemeint, dass eine erfolgreiche Behandlung immer vom Verständnis und Austausch von mindestens drei Perspektiven abhängt: derjenigen des*der Betroffenen, des sozialen Umfelds wie z. B. von Angehörigen, Freund*innen und dem Arbeitskontext und des professionellen Behandlungsteams. Jede Perspektive hat ihre eigene Expertise, die sowohl aus Wissen, aber auch aus den konkreten Erfahrungen gespeist wird. Hier haben sich spezielle Formen des Austausches etabliert, die man trialogische Seminare nennt und die häufig von Sozialarbeiter*innen angeleitet und z. B. in Kontakt- und Beratungsstellen angeboten werden.

Schließlich wird in dieser Zusammenstellung deutlich, dass die Expertise der Sozialarbeiter*innen in der Arbeit mit psychisch kranken Menschen sich keineswegs auf den Kontakt zum einzelnen Fall beschränkt – sondern auf viele generalistische Kompetenzen im Bereich Wissen und Können zurückgreift, z. B. die Netzwerkarbeit oder die Vermittlung von Hilfen als Schnittstellenprofession.

21.6 Forschung und Entwicklung

Die Forschung in den Arbeitsfeldern Sozialer Arbeit muss vielfach erst aufgebaut und auf eigene Konzepte (z. B. Sommerfeld 2019) bezogen werden. International ist die Soziale Arbeit stärker empirisch ausgerichtet. Beispielsweise wurden in einer englischen Metaanalyse drei Bereiche gefunden, die Recovery psychisch erkrankter Menschen unterstützen:

1. Empowerment und das Zurückgewinnen von Kontrolle und Handlungsfähigkeit,
2. Verbundenheit (sowohl zwischenmenschlich als auch durch soziale Teilhabe) und
3. eine positive Identität (jenseits von Stigma und Diskriminierung).

Die Studienautor*innen schlussfolgern, dass sich mit diesen Bereichen eine Agenda Sozialer Arbeit für die Unterstützung psychisch kranker Menschen abzeichnet, die über die Fallarbeit im Einzelfall hinausgeht und Familien sowie Sozialräume und Nachbarschaften einbezieht (Tew u. a. 2012). Solche datenbasierten Argumentationen sind nicht nur für berufspolitische Fragen wie die Anerkennung von Sozialarbeiter*innen in der interdisziplinären Zusammenarbeit relevant, sondern auch für die Weiterentwicklung der Sozialen Arbeit selbst.

Ein wichtiges Instrument für die Bündelung von Forschungsdaten in Deutschland sind Leitlinien, die zu bestimmten Fragestellungen von Fachgesellschaften über einen langen Prozess von Datensichtung, Einordnung und Abstimmung erstellt und in regelmäßigen Abständen aktualisiert werden. Beispiele für Leitlinien sind die *S3-Leitlinie Psychosoziale Therapien bei schweren psychischen Erkrankungen* oder die *Leitlinie Kindesmisshandlung, – missbrauch, -vernachlässigung unter Einbindung der Jugendhilfe und Pädagogik*. Leitlinien stehen in der Tradition der Evidenzbasierten Medizin (bzw. in der Sozialen Arbeit der sog. Evidenzbasierten Praxis), d. h. dem Bemühen, den aktuellen Wissensstand zur Wirksamkeit bestimmter Interventionen (Evidenz) in die Behandlungsplanung einfließen zu lassen – neben den Aspekten der klinischen Erfahrung und dem Wissen und der Präferenzen der Behandelten.

Ein Beispiel eines größeren Datensatzes für den Bereich der Sozialen Arbeit in psychiatrischen Arbeitsfeldern in Deutschland, ist die BAESCAP-Studie über Teilhabechancen und -risiken von Menschen mit schweren psychischen Beeinträchtigungen (Landesverband Sozialpsychiatrie Mecklenburg-Vorpommern e. V.; Speck & Steinhart 2018; Heim & Walther 2020). Für die Soziale Arbeit in Deutschland wird nach wie vor die mangelnde Datenlage beklagt, hier liegt ein großes und notwendiges Entwicklungspotenzial für die Profession in der Zukunft.

Weiterführende Literatur

Bischkopf, J., Deimel, D., Walther, Ch. & Zimmermann, R.-B. (Hrsg.) (2022, i. E.): Soziale Arbeit in der Psychiatrie. (2., überarbeitete Aufl.). Köln: Psychiatrie Verlag.
Kring, A. M. Johnson, S. L. & Hautzinger, M. (2019): Klinische Psychologie: mit Online-Materialien (9., überarbeitete Aufl.), Weinheim: Beltz.
Zeitschrift »Sozialpsychiatrische Informationen«
Klinische Sozialarbeit – Zeitschrift für psychosoziale Praxis und Forschung

Internetquellen

https://www.psychiatrie.de/
https://www.awmf.org/leitlinien.html

Literatur

American Psychiatric Association (2018): Diagnostisches und Statistisches Manual Psychischer Störungen DSM-5. deutsche Ausgabe herausgegeben von Falkai, P. & Wittchen, H-U. (2., korrigierte Aufl.). Göttingen: Hogrefe.
Brosey, D. & Osterfeld, M. (2017): Die Rechte von Klientinnen und Klienten. In: J. Bischkopf, D., Deimel, Ch. Walther & R.-B. Zimmermann (Hrsg.): Soziale Arbeit in der Psychiatrie (S 139–157). Köln: Psychiatrie Verlag.
Brückner, B. (2014): Geschichte der Psychiatrie (2. Aufl.). Köln: Psychiatrie Verlag.
Buck, D. (2014): Auf der Spur des Morgensterns (5. Aufl.). Neumünster: Paranus-Verlag.
Clausen, J. & Eichenbrenner, I. (2016): Soziale Psychiatrie (2., überarbeitete und erweiterte Aufl.). Stuttgart: Kohlhammer.
Deimel, D. & Deloi, D. (2017): Psychosoziale Diagnostik. In: J. Bischkopf, D. Deimel, Ch. Walther & R.-B. Zimmermann (Hrsg.): Soziale Arbeit in der Psychiatrie (209–223). Köln: Psychiatrie Verlag.
Deller, U. (2017): Kooperationsmanagement und professionelle Netzwerkpflege. In: Bischkopf, J., Deimel, D., Walther, Ch. & Zimmermann, R. B. (Hrsg.): Soziale Arbeit in der Psychiatrie (309–322). Köln: Psychiatrie Verlag.
Dilling, H. & Freyberger, H. J. (Hrsg.) (2019): Taschenführer zur ICD-10-Klassifikation psychischer Störungen. Nach dem Pocket Guide von J. E. Cooper (9., akt. Aufl. entsprechend ICD-10_GM). Göttingen: Hogrefe.
Erreger, S. & Foreman, A. (2016): »That's So Borderline« – #LanguageMatters When Talking About Borderline Personality Disorder. Harrisburg. The New Social Worker. https://www.socialworker.com/feature-articles/practice/that-s-so-borderline/, Aufruf: 17.12.2020.
European Centre for Clinical Social Work (ECCSW): Selbstverständnis. https://eccsw.eu/european-centre-for-clinical-social-work/selbstverstaendnis/, Aufruf: 17.12.2020.
Giertz, K., Große, L. & Gahleitner, S. B. (Hrsg.) (2021): Hard to reach: schwer erreichbare Klientel unterstützen. Köln: Psychiatrie Verlag.
Hammer, M. & Plößl, I. (2015): Irre verständlich. Menschen mit psychischer Erkrankung wirksam unterstützen (3. Aufl.). Köln: Psychiatrie Verlag.

Heim, S., Heißler, M., Prins, S. & Zechert, C. (2019): Spielräume (Ökologie der selbst- und Fremdhilfe). In: K. Dörner, U. Plog, T. Bock, P. Brieger, A. Heinz & F. Wendt (Hrsg.): Irren ist menschlich. Lehrbuch der Psychiatrie und Psychotherapie (751–822) (25., überarb. Aufl.). Köln: Psychiatrie Verlag.

Heim, L. & Walther, C. (2020): Soziale Teilhabe. Ergebnisse einer Replikation der BAES-CAP-Studie. sozialpsychiatrische informationen, 50 (1), 44–49.

Kremer, G. & Schulz, M. (2020): Motivierende Gesprächsführung in der Psychiatrie. Köln: Psychiatrie Verlag.

Landesverband Sozialpsychiatrie Mecklenburg-Vorpommern e. V., Speck, A. & Steinhart, I. (Hrsg.) (2018): Abgehängt und chancenlos? Teilhabechancen und -risiken von Menschen mit schweren psychischen Beeinträchtigungen. Köln: Psychiatrie Verlag.

Pillny, M. & Lincoln, T. (2020): Moderne kognitive Verhaltenstherapie bei psychotischen Störungen. Der Nervenarzt, 91 (1), 43–49.

Riecken, A. (2018): Gesundheitsarbeit und Soziale Arbeit. Awareness, Beratungsprävalenz und Professionsverantwortung bei psychischen Störungen. Soziale Arbeit, 67 (1), 10–19.

Schuntermann, M. F. (2020): Einführung in die ICF: Grundkurs – Übungen – offene Fragen (5. Aufl.). Landsberg: ecomed Medizin.

Sommerfeld, P. (2019). Integration und Lebensführung – Theorie gesundheitsbezogener Sozialer Arbeit. In: S. Dettmers & J. Bischkopf (Hrsg.): Handbuch gesundheitsbezogene Soziale Arbeit (28–38). München: Reinhardt.

Tew, J., Ramon, S., Slade, M., Bird, V., Melton, J. & Le Boutillier, C. (2012): Social Factors and Recovery from Mental Health Difficulties: A Review of the Evidence. British Journal of Social Work, 42 (3), 443–460.

Von Auer, A. K. & Bohus, M. (2017): Interaktives Skillstraining für Jugendliche mit Problemen der Gefühlsregulation (DBT-A): Das Therapeutenmanual. Stuttgart: Schattauer.

Walther, Ch. & Deimel, D. (2017): Theorie Klinischer Sozialarbeit in der Psychiatrie. In: J. Bischkopf, D. Deimel, Ch. Walther & R.-B. Zimmermann (Hrsg.): Soziale Arbeit in der Psychiatrie (38–58). Köln: Psychiatrie Verlag.

Walther, Ch. (2019): Soziale Arbeit in der Sozialpsychiatrie. In: S. Dettmers & J. Bischkopf (Hrsg.): Handbuch gesundheitsbezogene Soziale Arbeit (200–208). München: Reinhardt.

22 Soziale Arbeit mit behinderten Menschen (in der Eingliederungshilfe)

Dieter Röh

22.1 Einleitung

Soziale Arbeit stellt einen wesentlichen Teil des professionellen Hilfesystems für behinderte Menschen im deutschen Sozialsystem dar. In verschiedenen Diensten und Einrichtungen der medizinischen, sozialen und beruflichen Rehabilitation (für eine Übersicht vgl. Dettmers 2019) kommt sie ebenso vor wie in kulturellen Einrichtungen, Stadtteilzentren sowie in Kontexten von Selbsthilfeförderung und Selbsthilfeorganisationen (▶ Kap. 18). In dem stark ausdifferenziertes Unterstützungssystem spielt die Eingliederungshilfe nach dem zweiten Teil des SGB IX neben den Leistungen der Kranken-, Unfall- und Rentenversicherung eine zentrale Rolle. Sie wird deshalb in diesem Beitrag in den Vordergrund gerückt.

> **Menschen mit Behinderung oder behinderte Menschen?**
>
> Als »Menschen mit Behinderung« werden Menschen mit körperlichen, geistigen bzw. psychischen Beeinträchtigungen oder Sinnesbeeinträchtigungen bezeichnet (Kinder, Jugendliche und Erwachsene), die an der Teilhabe in und durch die Gesellschaft gehindert sind und damit hierin ›behindert‹ werden. Daher würde es sich anbieten, diesen aktiven Prozess der Behinderung auch in der Bezeichnung der Personengruppen so auszudrücken und sie »behinderte Menschen« zu bezeichnen (vgl. Röh 2018, 10f.).
>
> Nach § 10 SGB I haben Menschen, die körperlich, geistig oder seelisch behindert sind oder denen eine solche Behinderung droht, unabhängig von der Ursache der Behinderung zur Förderung ihrer Selbstbestimmung und gleichberechtigten Teilhabe ein Recht auf Hilfe.

22.2 Von der Integration zur Inklusion

Die gesellschaftliche Entwicklung des Umgangs mit Behinderung reicht weit zurück und bis in die heutige Zeit hinein (vgl. Röh 2018, 14ff.). Für die jüngere

Vergangenheit kann die Psychiatrie-Enquete von 1975 als der zentrale Meilenstein, der den Anstoß zum Aufbau eines modernen Behandlungs-, Rehabilitations-, Versorgungs- und Unterstützungssystems in Deutschland gab, gelten. Das darauf folgende »Modellvorhaben zur Reform der Versorgung im psychiatrischen und psychotherapeutisch/psychosomatischen Bereich« erzeugte Ende der 1980er Jahre in Deutschland die notwendigen, menschenrechtlich wie fachlich begründeten Reformen (vgl. zu einer Bilanz: Aktion Psychisch Kranke 2006). Auch Menschen mit geistiger, körperlicher oder mehrfacher Beeinträchtigung waren bis dahin in Langzeitpsychiatrien untergebracht. In der Folge entwickelte sich ein differenziertes Behandlungs- und Rehabilitations- und ein gemeindepsychiatrisches Unterstützungssystem (größtenteils als Teil der Eingliederungshilfe nach dem Bundessozialhilfegesetz, heute Teil 2 des SGB IX) für psychisch kranke und geistig, körperlich oder mehrfachbeeinträchtigte Menschen (▶ Kap. 21).

Für letztere ist mit dem Normalisierungsprinzip ein zusätzlicher prägender Einfluss zu nennen: Es entstand in den 1950er Jahren in Skandinavien und wurde in den 1970er Jahren in Deutschland bekannt. Es sollte geistig, körperlich oder mehrfachbeeinträchtigten Menschen dazu verhelfen, »ein Leben so normal wie möglich führen« (Thimm 2005, 8) zu können. Durch diese Impulse kam ein System mit Institutionen zustanden, das wohnortnahe und möglichst normale Hilfen vorhielt. Behinderte Menschen lebten nun immer mehr in kleinen Heimen, Wohngruppen oder Wohngemeinschaften oder wurden ambulant betreut. Sie arbeiteten in Werkstätten für behinderte Menschen bzw. waren in Tagesstätten oder Tagesförderstätten beschäftigt. Eine wirkliche, umfängliche und ›normale‹ Begegnung mit anderen Menschen fand allerdings weder in der Nachbarschaft noch im Arbeitsumfeld oder auch im Freizeit- und Kulturbereich statt. Wenn überhaupt, gelang eine Integration in die ansonsten unveränderten Systeme, wie den allgemeinen Arbeitsmarkt, und Einrichtungen, wie etwa in Integrationsklassen an Schulen.

Die Feststellung, dass behinderte Menschen trotz Integrationsbemühungen doch immer noch weitgehend segregiert leben und zudem häufig in ihrer Selbstbestimmung erheblich eingeschränkt sind, was sich u. a. an der fehlenden Wahlmöglichkeit des eigenen Wohnraums oder Arbeitsplatzes und der Betreuung ausdrückt, führte dann zu dem Gedanken der Inklusion. Mit Inklusion wird nun die Vorstellung verbunden, dass, statt mit nachträglicher Integration, durch strukturelle Veränderungen in der Gesellschaft ein Leben für alle Menschen, auch für Menschen mit Beeinträchtigungen, in ein- und derselben Gesellschaft und nicht am Rande ermöglicht werden soll (vgl. zu den Grenzen dieser Vorstellung Wansing 2006; Röh 2018, 83ff.).

22.3 Behinderungsbegriff im heutigen Sozialrecht

Die Gesetzgebung zur Rehabilitation und Teilhabe behinderter Menschen, vor allem das 2001 in Kraft getretene und 2016 revidierte *Neunte Sozialgesetzbuch mit dem Titel »Rehabilitation und Teilhabe von Menschen mit Behinderungen«* (SGB IX), geht heute weithin von einem Behinderungsverständnis aus, das sich aus der 2001 von der Weltgesundheitsorganisation verabschiedeten *»International Classification of Functioning, Disability and Health«* (ICF) sowie der 2006 von den Vereinten Nationen verabschiedeten und 2008 von der Bundesrepublik Deutschland ratifizierten *»Übereinkunft über die Rechte von Menschen mit Behinderungen«* (Behindertenrechtskonvention, BRK) ableitet.

§ 2 Abs. 1 SGB IX

Menschen mit Behinderungen sind Menschen, die körperliche, seelische, geistige oder Sinnesbeeinträchtigungen haben, die sie in Wechselwirkung mit einstellungs- und umweltbedingten Barrieren an der gleichberechtigten Teilhabe an der Gesellschaft mit hoher Wahrscheinlichkeit länger als sechs Monate hindern können. Eine Beeinträchtigung nach Satz 1 liegt vor, wenn der Körper- und Gesundheitszustand von dem für das Lebensalter typischen Zustand abweicht. Menschen sind von Behinderung bedroht, wenn eine Beeinträchtigung nach Satz 1 zu erwarten ist.

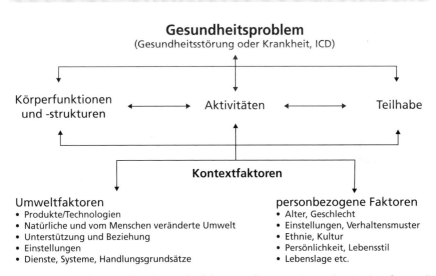

Abb. 22.1: Grundverständnis der ICF (auf der Grundlage von Deutsches Institut für medizinische Dokumentation und Information 2005, 22f.)

Behinderung entsteht demzufolge, wie eingangs bereits angedeutet, durch die negative Wechselwirkung zwischen gesundheitlichen Einschränkungen einer Person und den sie umgebenden Umweltfaktoren und nicht direkt und ausschließlich als Ergebnis oder Folge von z. B. körperlichen oder geistigen Beeinträchtigungen. Mit dieser Formel treffen die bislang getrennt behandelten sozialwissenschaftlichen und medizinischen Modelle in der Erklärung von Behinderung aufeinander und vereinigen sich zu einem Person-in-Umwelt-Modell. Das oben stehende Modell skizziert das Grundverständnis der ICF (▶ Abb. 22.1).

Behinderung ist damit nicht nur die aus einem Gesundheitsproblem resultierende Funktionsbeeinträchtigung, sondern wesentlich eine Beeinträchtigung im Bereich von Aktivität und Teilhabe. An diesem Modell wird deutlich, dass neben medizinisch-therapeutischen Hilfen zur Behebung, Linderung oder Beseitigung von Gesundheitsproblemen und Funktions- oder Aktivitätsbeeinträchtigungen auch soziale Hilfen benötigt werden, die die sozialen Folgen dauerhafter Gesundheitsprobleme, die z. B. durch fehlende Barrierefreiheit (Umweltfaktor) oder auch durch dysfunktionale Bewältigungsformen (personbezogener Faktor) zu Behinderungen werden können, bearbeiten.

Daher ist sowohl die persönliche Lebensführung behinderter Menschen zu unterstützen als auch an der Schaffung von ermöglichenden oder Reduzierung von beschränkenden Umweltfaktoren zu arbeiten.

22.4 Eingliederungshilfe nach dem SGB IX

In Deutschland finden wir ein stark ausdifferenziertes Unterstützungssystem wieder, von dem die Eingliederungshilfe (nach dem zweiten Teil des SGB IX), neben den Leistungen der Kranken-, Unfall- und Rentenversicherung, einen wesentlich Teil ausmacht. Alle Rehabilitations- und Teilhabeleistungen sind im SGB IX normiert.

Die Eingliederungshilfe ist insbesondere für diejenigen Menschen vorgesehen, deren Teilhabe nicht durch eigene Aktivitäten oder Ressourcen oder durch vorrangige Leistungen anderer Sozialgesetzbücher ermöglicht werden kann. Das Ziel der Eingliederungshilfe beschreibt § 90 SGB IX.

> **§ 90 Abs. 1 SGB IX**
>
> Aufgabe der Eingliederungshilfe ist es, Leistungsberechtigten eine individuelle Lebensführung zu ermöglichen, die der Würde des Menschen entspricht, und die volle, wirksame und gleichberechtigte Teilhabe am Leben in der Gesellschaft zu fördern. Die Leistung soll sie befähigen, ihre Lebensplanung und -führung möglichst selbstbestimmt und eigenverantwortlich wahrnehmen zu können.

Zu den *Leistungen der Eingliederungshilfe* zählen nach § 102 SGB IX

- »Leistungen zur medizinischen Rehabilitation«,
- »Leistungen zur Teilhabe am Arbeitsleben«,

- »Leistungen zur Teilhabe an Bildung« und
- »Leistungen zur Sozialen Teilhabe«.

Die Anspruchsberechtigung sowie der Bedarf werden vom Träger der Eingliederungshilfe (der Teil der kommunalen Verwaltung ist) auf Antrag des Leistungsberechtigten, also des behinderten Menschen, im Rahmen der *Gesamt- oder Teilhabeplanung* in einem ICF-basierten Verfahren geprüft. Dabei sollen die Wünsche der Leistungsberechtigten beachtet werden und es werden mit ihnen gemeinsam Ziele für den Bewilligungszeitraum formuliert und niedergeschrieben. Der Leistungsbescheid dient dann als Grundlage für die *Leistungserbringung* (z. B. im Bereich der Leistungen zur Teilhabe am Arbeitsleben in einer Werkstatt für behinderte Menschen oder der Leistungen zur Sozialen Teilhabe innerhalb und außerhalb eines selbst gemieteten oder besessenen Wohnraums) durch in der Hauptsache gemeinnützige oder mitunter auch privatgewerbliche Trägern, die hierfür Entgelte erhalten (▶ Kap. 1). Neben den sog. *Fachleistungen*, die in Form von Assistenz erbracht werden, erhalten behinderte Menschen bei nicht ausreichendem Einkommen entweder Grundsicherung oder Renten wegen Erwerbsminderung, die mit Arbeitsentgelten aus der Tätigkeit in Werkstätten für behinderte Menschen oder anderen Einkommensarten kombiniert werden.

22.5 Soziale Arbeit in der Eingliederungshilfe

Sozialarbeiter*innen sind in der Eingliederungshilfe sowohl bei den *Trägern der Eingliederungshilfe* (in Behörden) (▶ Kap. 1) angestellt und an der Gesamtplanung (inklusive der Beratung von Interessierten oder Dritten, wie z. B. Angehörigen oder Mitarbeitenden anderer Fachdienste) beteiligt als auch – zum größeren Teil – bei den *Leistungserbringern* beschäftigt. Hauptsächlich arbeiten sie dort in der »qualifizierten Assistenz« (§ 78 Abs. 2 SGB IX) behinderter Menschen in deren eigenem Wohnraum oder in besonderen Wohnformen (früher als »stationär« bezeichnet), als Sozialdienstmitarbeiter*innen in Werkstätten für behinderte Menschen bzw. als Arbeitsassistent*innen oder Jobcoaches in regulären Betrieben des ersten Arbeitsmarktes oder in Beratungsstellen. Aber auch als Geschäftsführer*innen oder Regional-, Abteilungs- oder Teamleitungen sind Sozialarbeiter*innen tätig.

Soziale Arbeit ist mit ihrer *Expertise für die Zusammenhänge zwischen Person und Umwelt* prädestiniert, die auch in der ICF, der BRK und im SGB IX festgestellten Wechselwirkungen (s. o.) zu bearbeiten.

Der *professionelle Beitrag Sozialer Arbeit* besteht in der methodisch geleiteten und wissenschaftlich begründeten personenzentrierten Unterstützung auf der einen und dem Arrangieren der dafür notwendigen Umweltbedingungen (inklusive der sozialmanagerialen Bedingungen in den Einrichtungen und Sozialen Diensten) auf der anderen Seite. Ein besonderer Stellenwert kommt in der jüngeren Diskussion sozialraumorientierten Konzepten zu (Röh & Meins 2021), die maßgeblich in der Sozialen Arbeit entwickelt wurden.

Die professionelle Expertise der Sozialen Arbeit unterscheidet sich von einer sonder- oder heilpädagogischen Ausrichtung, die hauptsächlich auf die personenbezogene Förderung, Erziehung und Bildung der betroffenen Menschen abzielt. Soziale Arbeit hat dagegen eine doppelte Sicht auf lebensweltlich-systemische und individuelle Faktoren, die sich hinsichtlich der Genese und Entwicklung von Problemen der selbstbestimmten Lebensführung und Teilhabe erkennen lassen und auf die sie einwirken kann. Auf der Basis des Capabilities Approach wurde die Aufgabe der Sozialen Arbeit in der Förderung einer *daseinsmächtigen Lebensführung* (Röh 2013) beschrieben, was auch auf die Arbeit mit behinderten Menschen angewandt werden kann. Es geht dabei sowohl um die *Förderung der gesellschaftlichen Möglichkeiten* wie auch um die *Förderung der persönlichen Möglichkeiten*, um eine daseinsmächtige Lebensführung (sprich Teilhabe) zu unterstützen (▶ Abb. 22.2).

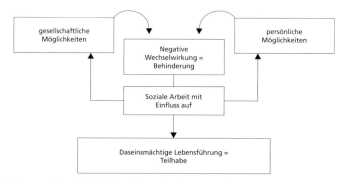

Abb. 22.2: Integratives Modell Sozialer Arbeit zur Förderung von Teilhabe (eigene Darstellung)

So besteht Soziale Arbeit immer in der Förderung des Einzelnen als Verbesserung des persönlichen Möglichkeitsraums, z. B. durch Befähigung zu einer besseren, weil gelingenderen Vermittlung seiner Bedürfnisse mit den Anforderungen der Umwelt – etwa im Bereich von Beschäftigung und Arbeit –, und gleichzeitig als Verbesserung des gesellschaftlichen Möglichkeitsraums, z. B. durch Beeinflussung der Umweltkomponenten (z. B. Familie, Nachbarschaft, Institutionen, Gemeinwesen, Gesellschaft) mit dem Ziel des Abbaus von Barrieren jedweder Art.

Im Horizont einer Theorie daseinsmächtiger Lebensführung zielt Soziale Arbeit daher darauf ab,

a. dass behinderte Menschen ausreichend Ressourcen für die eigene Lebensführung zur Verfügung haben, z. B. ein ausreichendes Einkommen zur Deckung des behinderungsspezifischen Mehrbedarfs oder auch barrierefreie Zugänge zu Gebäuden und Informationen,

b. anstehende Entwicklungsaufgaben wie z. B. die Loslösung vom Elternhaus oder den Erwerb eines Schul- oder Berufsabschlusses mithilfe relevanter Bezugspersonen meistern können (Entwicklung/Bildung) und
c. innerhalb relevanter Lebensbereiche entsprechende Rollen ausüben können (Inklusion/Integration), z. B. als Schüler*in, Lebenspartner*in, Arbeitnehmer*in oder Ähnliches (vgl. Röh 2018, 164)

Stehen Ressourcen nicht in ausreichenden Maße zur Verfügung oder ist deren Nutzung durch die individuelle Beeinträchtigung in Kombination mit den externen Umweltfaktoren nicht oder nur eingeschränkt möglich, so ist Soziale Arbeit nötig. Dabei kann es z. B. darum gehen, die sozialen Beziehungen behinderter Menschen zu fördern.

Beispiel: Soziale Beziehungen/soziale Netzwerke

Soziale Beziehungen und soziale Netzwerke behinderter Menschen unterscheiden sich häufig signifikant von denen der restlichen Bevölkerung. Soziale Beziehungen werden dabei sozialwissenschaftlich gesehen nicht einzeln betrachtet, sondern als soziales Netzwerk verstanden, das einzelne Beziehungen in ihrer Interaktion und die durch sie gegebene (oder vorenthaltene) soziale Unterstützung enthält. Diese Netzwerke sind bei behinderten Menschen vergleichsweise klein, räumlich nah und dicht. Es gibt in ihnen einerseits nur wenige informelle Quellen sozialer Unterstützung, z. B. von Nachbar*innen oder Freund*innen. Mitarbeiter*innen von Wohneinrichtungen oder Werkstätten und Sozialen Diensten sowie Familienangehörige machen innerhalb der Netzwerke häufig einen sehr großen, mitunter sogar den größten Anteil aus, der Kontakt zu Angehörigen ist mitunter auch konfliktbelastet. Kennzeichnend für die sozialen Netzwerke behinderter Menschen ist entsprechend eine hohe soziale Abhängigkeit. Soziale Netzwerke sind daher ein Ansatzpunkt für Soziale Arbeit, der der Umwelt einer Person zugeordnet werden kann, und durch Netzwerkinterventionen sowie sozialraumorientiertes Handeln wird auf die entsprechenden Bedarfe reagiert.

22.6 Methoden der Sozialen Arbeit

Um auf die Wechselwirkungen zwischen persönlichem und gesellschaftlichem Möglichkeitsraum eingehen zu können und behinderte Menschen in ihrer daseinsmächtigen Lebensführung unterstützen zu können, bedarf es eines breit gefächerten *Methodenrepertoires*. Zu den professionellen Aufgaben der Sozialen Arbeit zählen diverse Methoden und Einsatzgebiete, von denen einige in der folgenden Tabelle dargestellt werden (▶ Tab. 22.1).

Tab. 22.1: Methoden und Einsatzgebiete Sozialer Arbeit

Methode	Exemplarische Einsatzgebiete
Einzelfallhilfe	Qualifizierte Assistenz im Bereich Wohnen oder Arbeitsassistenz im Bereich Arbeit und Beschäftigung
Beratung	Sozialpsychiatrische Dienste, Psychosoziale Kontakt- und Beratungsstellen
Kompetenzförderung, Training	Soziales Kompetenztraining, Bildungsangebote, Mobilitätstraining
Sozialtherapie	Stärkung der sozialen Netzwerke und Aufbau bzw. Pflege sozialer Beziehungen zur Förderung der Unterstützung durch Andere
Case Management	Gesamt-/Teilhabeplanung zur Planung von passgenauen Hilfen
Familienarbeit	Psychosoziale Beratung von Familien nach Bekanntwerden einer Beeinträchtigung oder auch Hilfe bei der Loslösung von jungen erwachsenen Menschen mit Beeinträchtigungen aus der Herkunftsfamilie
Gruppenarbeit	Soziales Lernen in der Gruppe, Freizeitangebote
Selbsthilfeförderung	Anregung bzw. Moderation von Selbsthilfegruppen und -aktivitäten behinderter Menschen
Soziales Management	Leitung eines Sozialen Dienstes bei einem Leistungserbringer, Sicherstellung der Finanzierung, Personalführung etc.
Sozialräumliches Handeln	Vernetzung mit anderen sozialstaatlichen oder zivilgesellschaftlichen Angeboten des die eigene Einrichtung umgebenden Sozialraums oder in der Lebenswelt der Adressat*innen

Eigene Darstellung

22.7 Aktuelle Herausforderungen und Aufgaben Sozialer Arbeit

Um das Selbstbestimmungsrecht behinderter Menschen und ihre umfassende gesellschaftliche Teilhabe zu fördern, ist Soziale Arbeit aktuell aufgefordert, sich an der (Weiter-)Entwicklung und fachgerechten Umsetzung folgender Themen zu beteiligen:

- eines guten ICF-basierten und partizipativen Verfahrens zur Bedarfsermittlung, Zielfeststellung und Unterstützungsplanung in der Gesamt-/Teilhabeplanung unter Beachtung des Primats der Selbstbestimmung sowie dazu passender Unterstützungsplanung in der Leistungserbringung,

- Schaffung von inklusivem, barrierefreiem Wohnraum und geeigneter Methoden für die qualifizierte Assistenz durch Fachkräfte der Sozialen Arbeit,
- Auf- und Ausbau inklusiver Arbeitsplätze und geeigneter Methoden für die Unterstützte Beschäftigung und Arbeitsassistenz sowie der Begleitung und Förderung von Beschäftigten in Werkstätten für behinderte Menschen oder Tagesförderstätten,
- Auf- und Ausbau inklusiver, sozialräumlicher Prozesse und Strukturen in der Kommune bzw. Nachbarschaft durch Vernetzung mit sozialstaatlich finanzierten Diensten und Einrichtungen und zivilgesellschaftlichen Organisationen,
- Stärkung der Partizipation behinderter Menschen auf allen Ebenen (Gesamt-/Teilhabeplanung; Leistungserbringung; Evaluation und Planung von Hilfen) durch Anerkennung ihrer Expertise aus eigener Erfahrung.

Weiterführende Literatur

Degener, T. & Diehl, E. (Hrsg.) (2015): Handbuch Behindertenrechtskonvention Teilhabe als Menschenrecht – Inklusion als gesellschaftliche Aufgabe. Bonn: Bundeszentrale für politische Bildung.
Hedderich, I., Biewer, G., Hollenweger, J. & Markowetz, R. (Hrsg.) (2016): Handbuch Inklusion und Sonderpädagogik, Bad Heilbrunn: Klinkhardt.
Röh, D. (2018): Soziale Arbeit in der Behindertenhilfe (2. Aufl.). München: Reinhardt/UTB.
Teilhabe – Fachzeitschrift der Lebenshilfe, ISSN 1867-3031.
Sozialpsychiatrische Informationen, ISSN 0171-4538.

Internetquellen

Monitoringstelle zur Umsetzung der UN-Behindertenrechtskonvention: https://www.institut-fuer-menschenrechte.de/das-institut/abteilungen/monitoring-stelle-un-behindertenrechtskonvention.
Umsetzungsbegeleitung BTHG: https://umsetzungsbegleitung-bthg.de/.
BAGüS: https://www.bagues.de/de/.

Literatur

Aktion Psychisch Kranke (Hrsg.) (2006): 25 Jahre Psychiatrie-Enquête, Bd. II (2. Aufl.). Bonn: Psychiatrie Verlag.
DIMDI – Deutsches Institut für medizinische Dokumentation und Information (2005): Internationale Klassifikation der Funktionsfähigkeit, Behinderung und Gesundheit. Köln.
Röh, D. (2013): Soziale Arbeit, Gerechtigkeit und das gute Leben. Eine Handlungstheorie zur daseinsmächtigen Lebensführung. Wiesbaden: Springer VS.
Röh, D. (2018): Soziale Arbeit in der Behindertenhilfe (2. Aufl.). München: Reinhardt/UTB.

Röh, D. & Meins, A. (2021): Sozialraumorientierung in der Eingliederungshilfe – Grundlagen, Konzepte und Methoden zur Teilhabeförderung. München: Reinhardt.
Thimm, W. (2005): Das Normalisierungsprinzip. Eine Einführung. In: Ders. (Hrsg.): Das Normalisierungsprinzip. Ein Lesebuch zu Geschichte und Gegenwart eines Reformkonzepts (12–31). Marburg: Lebenshilfe-Verlag.
Wansing, G. (2006): Teilhabe an der Gesellschaft. Menschen mit Behinderung zwischen Inklusion und Exklusion. Wiesbaden: Springer VS.

23 Ältere Menschen

Julia Steinfort-Diedenhofen

23.1 Gegenstand des Arbeitsfelds, Adressat*innen, Aufgaben und Ziele

Der demografische Wandel führt durch die gestiegene Lebenserwartung und den Geburtenrückgang zu einer Alterung der Gesellschaft. In diesem Zusammenhang ist es eine wachsende Aufgabe, Menschen in dieser Lebensphase zu stärken (vgl. Kühnert & Ignatzi 2019, 15ff.). Der Lebensabschnitt Alter ist durch eine große Vielfalt in Bezug auf unterschiedliche individuelle Gestaltungsmöglichkeiten geprägt. Mit zunehmendem Alter kumulieren sowohl soziale Benachteiligungen als auch Privilegien. Verschiedene Dimensionen der Lebenslage (z. B. Gesundheit, Bildung, soziale Netzwerke oder finanzielle Ressourcen) befördern oder behindern die Gestaltungsmöglichkeiten dieser Lebensphase.

Alter(n) ist zudem geprägt von Übergängen und typischen Ereignissen, die für ältere Menschen sowie für ihre Bezugspersonen Gestaltungs- und Bewältigungsanlässe darstellen. Diese sind z. B. die Neuorientierung nach der Phase der Berufs- und/oder der Familienphase, neue intergenerationelle Verhaltenserwartungen/ Rollen, aber auch der Umgang mit der eigenen Vulnerabilität und Endlichkeit und die damit verbundenen Anpassungen.

Ziele Sozialer Arbeit mit älteren Menschen sind, wie auch in anderen Lebensphasen, die Erhaltung und Förderung von Selbstbestimmung und Teilhabe durch Beratung, Betreuung, Bildung und Begleitung.

23.2 Historische Entstehung des Arbeitsfeldes

Die Vielfalt heutiger Arbeitsfelder mit älteren Menschen lässt sich auf zwei prägende historische Wurzeln zurückverfolgen (vgl. Aner 2020; Kühnert & Ignatzi 2019; Pohlmann 2016).

Die erste Wurzel hat ihren Ursprung in der Armenfürsorge des Mittelalters. Alte Menschen wurden zunächst nicht als eigene Zielgruppe identifiziert, da weniger das kalendarische Alter, sondern die Arbeitsfähig- bzw. Arbeitsunfähigkeit das zentrale Kriterium der traditionellen Fürsorge war. Aus diesem Gedanken der Fürsorge heraus entwickelten sich gesundheits- und pflegebezogene Angebote, die im heutigen, modernen Begriff der *Altenhilfe* gebündelt werden. Hierzu gehören Beratungsstellen, pflegerische Versorgungen, Rehabilitationseinrichtungen, Gerontopsychiatrien, Einrichtungen der Palliativversorgung sowie weitere Dienste, die Hilfeleistungen bei Krisen, in schwierigen Lebenssituationen oder bei Pflegebedarf erbringen.

> **Praxisbeispiel: Stationäre Altenhilfe**
>
> Sie arbeiten in einem gruppenübergreifenden Sozialen Dienst in einem Pflegeheim. Ihre Aufgaben sind die Zusammenarbeit mit Bewohner*innen und Angehörigen, mitarbeiterbezogene, vernetzende Tätigkeiten sowie Aufgaben in der Verwaltung.

Die zweite Wurzel bezieht sich auf Bereiche, die sich nicht schwerpunktmäßig auf Gesundheit und Pflege beziehen lassen, sondern auf Ermächtigung/Empowerment und Partizipation Älterer angelegt sind. Die sog. *Altenarbeit* bezieht sich damit stärker auf die Anregung älterer Menschen zu selbstgewählten und sinnerfüllten Tätigkeiten, auf die Ermöglichung von Teilhabe, Selbstbestimmung und Aktivierung. Diese finden z. B. statt in freizeitorientierter Sozialer Arbeit mit älteren und alten Menschen, oder in Angeboten kultureller Bildung und Kulturarbeit oder Sozialer Arbeit im Kontext von Bildung und Lernen im Alter.

> **Praxisbeispiel: Offene Altenarbeit**
>
> Sie arbeiten in einer Seniorenbegegnungsstätte. Ihre Aufgaben sind die Organisation von Bildungs- und Freizeitangeboten, die Unterstützung selbstorganisierter Aktivitäten der Senior*innen, die Koordination von Freiwilligem Engagement von Älteren und für Ältere sowie Beratungsangebote.

Altenhilfe und *Altenarbeit* lassen sich inzwischen jedoch in der praktischen Arbeit kaum voneinander abgrenzen, weshalb verstärkt der Begriff der *Sozialen Altenarbeit* genutzt wird. Dieser führt zum einen die sozialarbeiterische als auch die sozialpädagogische Traditionslinie Sozialer Arbeit zusammen und betont zum anderen die Gemeinsamkeiten (z. B. in Paradigmen, Konzepten und Methoden) der beiden historischen Wurzeln (vgl. Aner 2020, 30f.). Das Kuratorium Deutsche Altershilfe (KDA) hat mit dem Terminus der *Altershilfe* einen alternativen Begriff vorgeschlagen, mit dem eine Verbindung beider historisch gewachsenen Felder vorgenommen werden kann (vgl. Pohlmann 2016, 9).

23.3 Rechtliche und organisatorische Rahmenbedingungen der Sozialen Arbeit mit älteren Menschen

Für ältere Menschen existiert kein eigenes Sozialrecht. Somit sind die Angebote der Sozialen Arbeit für ältere Menschen weniger einheitlich gerahmt als z. B. die Leistungen und Maßnahmen für die Lebensphasen Kindheit und Jugend, die durch SGB VIII definiert werden (▶ Kap. 2 und folgende)

Sowohl Umfang als auch Art und Weise von Angeboten der Sozialen Arbeit mit älteren Menschen liegen in kommunaler Verantwortung und werden als Teil der sog. »kommunalen Daseinsvorsorge« unter dem Stichwort »Altenhilfe« nach § 71 SGB XII geregelt. Da in diesem Paragrafen nicht vorgegeben wird, von welchen Berufsgruppen die präventiven und offenen Angebote zu erbringen sind, werden die unterschiedlichen Hilfen nicht nur von Sozialarbeiter*innen und Sozialpädagog*innen, sondern auch von anderen (sozialen) Berufsgruppen erbracht (vgl. Hammerschmidt & Löffler 2020, 11).

Durch diese wenig spezifischen rechtlichen Regelungen und die jeweils unterschiedlichen Ausprägungen kommunaler Selbstverwaltung unterscheiden sich die Angebote stark. Vielfach werden sie auch durch regionale Bundes- oder Landesförderschwerpunkte geprägt. In den letzten Jahren sind zahlreiche Modellprojekte entstanden, die nach Ablauf der Modellphase z. T. in die kommunale Finanzierung übernommen worden sind. Hier muss allerdings kritisch eingeräumt werden, dass gerade in finanziell belasteten Städten und Landkreisen die Soziale Altenarbeit damit »zum Spielball unterschiedlicher Bedingungen in den Kommunen« (Kircheldorff 2020, 38) wird. Letztlich sind nur die Pflichtaufgaben aus der traditionellen, fürsorglichen Praxis gesichert. Der Einsatz Sozialer Arbeit ist damit oftmals davon abhängig, ob Träger (z. B. im Bereich Gesundheit und Pflege) die Soziale Altenarbeit als Bestandteil ihres professionellen Konzeptes ansehen und entsprechend in ihre Leistungen investieren.

23.4 Typische Handlungskonzepte und Methoden der Sozialen (Alten-)Arbeit

Die Konzepte und Methoden Sozialer Arbeit mit älteren, alten und hochaltrigen Menschen haben sich in ganz unterschiedlichen Handlungsfeldern etabliert. Sie stellen eine zunächst unübersichtliche Landschaft dar und sind, je nach Kontext und Tradition, mit jeweils spezifischen Zugängen und Zielen verbunden. Dennoch existieren für verschiedene Formate, Felder, Zeitpunkte oder Arbeitsfeldtypen jeweils spezielle Konzepte und Methoden, die im Folgenden tabellarisch zusammengeführt und mit Beispielen illustriert werden.

Tab. 23.1: Handlungskonzepte und Methoden Sozialer Arbeit mit älteren Menschen – eine Zusammenführung

Handlungskonzepte & Methoden in verschiedenen Formaten (vgl. Galuske 2013, 164)		
Einzel-(Fall-)Hilfe	Soziale Gruppenarbeit	Gemeinwesenarbeit
Eins-zu-Eins-Begleitungen, z. B. biografische Verfahren zur Erinnerungspflege	Gruppenveranstaltungen, z. B. zu gemeinsamen Themen oder Aktivitäten	Angebote im öffentlichen Raum, z. B. Quartiersarbeit, Stadtteilfeste, -konferenzen

Handlungskonzepte & Methoden in verschiedenen Feldern (vgl. Aner & Karl 2020, 109ff.)			
Freizeitorientierte Angebote	Angebote im Bereich kultureller Bildung und Kulturarbeit mit älteren Menschen	Angebote im Kontext von Bildung und Lernen im Alter	Angebote im Bereich Gesundheit und Pflege
Soziale Arbeit zur Gestaltung von freier Zeit, z. B. in offenen Alten-/Senior*innentreffs oder Freizeitgestaltung im Heim	Soziale Arbeit in kulturnahen Orten, z. B. soziokulturelle Zentren, kirchliche Altenarbeit oder Migrationssozialarbeit	Soziale Arbeit im Kontext altersspezifischer Bildungsanliegen in non-formalen und informellen Formaten	Soziale Arbeit in der Geriatrie & Gerontopsychiatrie

Handlungskonzepte & Methoden zu verschiedenen Zeitpunkten (vgl. Aner & Karl 2020, 149ff.)		
Präventive Angebote	Rehabilitative Angebote	Palliative Angebote
Krankheitsprävention und Soziale Gesundheitsarbeit	Soziale (Alten-)Arbeit in der Rehabilitation	Soziale Arbeit in der Hospiz und Palliativversorgung

Handlungskonzepte & Methoden nach Arbeitsfeldtypen (vgl. Thole 2012, 28)		
Lebensweltergänzende Settings	Lebensweltunterstützende Settings	Lebensweltersetzende Settings
z. B. Beratungsangebote, z. B. Pflegeberatungen und Case Management und Wohnberatungen	z. B. Maßnahmen der offenen Altenhilfe in Begegnungszentren und Tagespflegeeinrichtungen	z. B. Angebote in stationären Altenhilfeeinrichtungen

Eigene Darstellung

Diese Auswahl zeigt die Vielfalt des Spektrums der Sozialen Arbeit mit älteren Menschen. Sie erhebt nicht den Anspruch, sämtliche Konzepte und Methoden in den jeweiligen Bereichen aufzuzeigen. Ihnen gemeinsam ist angesichts der demografischen Entwicklung ein innovatives Potenzial, da sich Bedürfnisse, Bedarfslagen, Motivationen und Interessen der älteren Menschen von Generation zu Generation verändern. So werden künftig bspw. ethische Fragen im Hinblick auf den Einsatz technischer Hilfsmittel verstärkt in konzeptionellen und methodischen Fragen reflektiert werden müssen. In der praktischen Arbeit wird weiter zu begründen sein, welche Konzepte und Methoden zum professionellen Handlungsprofil Sozialer Arbeit gehören und wo sich Unterschiede zu anderem pädagogischen, therapeutischen und auch nicht-professionellem (z. B. »ehrenamtlichem«) Handeln zeigen.

23.5 Soziale Arbeit mit Menschen mit Demenz

Zunehmende Aufmerksamkeit in der Sozialen Arbeit mit älteren Menschen erfahren Konzepte und Methoden, die dazu beitragen, dass Menschen mit Demenz sowie ihre pflegenden und sorgenden Angehörigen ein selbstbestimmtes Leben in Würde und mit Teilhabemöglichkeiten erleben können (vgl. Philipp-Metzen 2015, 9ff.). Nichtmedikamentöse Konzepte und Ansätze zeigen signifikant positive Effekte und haben ein großes Potenzial, um die Lebensqualität von Menschen mit Demenz zu verbessern (vgl. Weidekamp-Maicher 2013, 143). Das Spektrum dieser Interventionsansätze reicht von kognitiven Ansätzen zur (Re-)Aktivierung (z. B. Gedächtnistraining) bis zu ganzheitlichen Konzepten der Wohngestaltung (z. B. »Special Care Units«). Zudem existieren im Bereich der Kommunikation und Aktivierung zahlreiche Einzelkonzepte (Basale Stimulation, Validation, Zehn-Minuten-Aktivierung u. a.), aber auch Angebote der Sozialen Gruppenarbeit (wie das gemeinsame Singen oder tiergestütztes Arbeiten) und Angebote im Rahmen der Gemeinwesenarbeit (wie eine Ausstellung mit Werken von Bewohner*innen eines Pflegeheimes) gehören zum methodischen Repertoire der Sozialen Arbeit für und mit demenzerkrankten Menschen.

23.6 Grundlegende Strukturprobleme, Dilemmata und besondere Herausforderungen Sozialer Arbeit mit älteren Menschen

In der Sozialen Arbeit mit älteren Menschen ist es notwendig und herausfordernd, unterschiedliche Blickwinkel auf das Alter(n) zusammenzuführen. Als eine grundlegende Herausforderung erscheint es, sowohl die Aufmerksamkeit auf die Potenziale als auch auf die Verletzlichkeit dieser Lebensphase zu richten (vgl. Kruse 2013, 239). Bis zuletzt verfügen ältere Menschen über Potenziale, z. B. über »ein bemerkenswertes Lebenswissen, eine ausgeprägte psychische Widerstandsfähigkeit und die Fähigkeit, trotz der deutlich erhöhten Verletzlichkeit eine akzeptierende oder sogar positive Lebensperspektive zu bewahren« (ebd.).

Hier setzt die Soziale Arbeit an, indem sie Menschen befähigt, »sich mit ihren Möglichkeiten und Fähigkeiten in ihrem jetzigen und späteren Leben in der Gesellschaft zu behaupten und Handlungsräume und -optionen zu erweitern« (Friesenhahn, Braun & Ningel 2014, 10).

Die Arbeitsanforderungen an die Soziale Arbeit mit älteren Menschen beziehen sich dabei nicht nur auf die Älteren selbst, sondern ebenfalls auf die intergenerationellen Beziehungen, auf Institutionen sowie gesellschaftliche Diskurse und Strukturen. Dies ist angesichts der nur in Teilen gesicherten Finanzierung (s. o.) insofern ein Dilemma, als die Soziale Arbeit ihre Angebote und Maßnahmen mit und für ältere Menschen stets zu begründen und zu rechtfertigen hat. Ein bundesweites Altenhilfe-(Struktur-)Gesetz, das (auch präventive) Leistungen klar definiert, würde die Arbeit hingegen verlässlicher und planbar machen. Vorbild eines solchen Gesetzes könnte das Bundesteilhabegesetz (BTHG) sein (vgl. Hammerschmidt & Löffler 2020, 27). Ob und wie sich eine solche rechtliche Neuregelung durchsetzen wird, ist letztlich auch davon abhängig, wie sich die Soziale Arbeit selbst in die Diskussion einbringt.

23.7 Notwendiger Ausbau im Bereich der Kompetenzen der Fachkräfte

Auch in den Studiengängen Sozialer Arbeit zeigt sich noch viel Entwicklungsbedarf. Bislang fehlt es an gemeinsamen Maßstäben für hochwertige sozialgerontologische und -geragogische Qualifikationsziele an deutschen Hochschulen im Bereich des grundständigen Bachelorstudiums Sozialer Arbeit, obwohl sich Bedarfe der Fachpraxis und potenzieller Studieninteressierter verstärkt zeigen. Kompetenzentwicklungen werden im Bereich altersrelevanter Studieninhalte, also z. B. in gerontologischen, geriatrischen und gerontopsychiatrischen und geragogischen Bereichen benötigt, um auf den demografischen Wandel und Alter als Lebensphase auch in Bezug auf die »Alterung der Handlungsfelder« vorbereitet zu sein (vgl. Meyer 2019, 53).

Zunehmend nachgefragt werden berufsrelevante Weiterbildungsangebote, die für spezifische Bereiche der Sozialen Arbeit mit Älteren qualifizieren, wie z. B. Case- und Care-Management oder Sozialmanagement. Mit der Ausweitung der Arbeitsfelder und Adressat*innen (s. o.) vollzieht sich für die Fachkräfte also eine paradoxe Situation: Absolvent*innen der Sozialen Arbeit werden mit einer Berufsrealität konfrontiert, für die sie in Bezug auf Alterstheorien, -konzepte und -methoden (noch) zu wenig vorbereitet werden (vgl. Kricheldorff 2020, 83). Diese Analyse ist weniger ein Grund zur Resignation, als ein Hinweis darauf, dass künftig in diesem Handlungsfeld viel Neuland zu beschreiten sein wird. Hochschulen und Studierende sollten sich deshalb angesprochen fühlen, mit innovativer Kraft und kreativem Gestaltungswillen die nächsten Etappen der Sozialen Arbeit mit älteren Menschen mitzuprägen.

23.8 Aktuelle Entwicklungstendenzen

Die Soziale Arbeit mit älteren Menschen ist entwicklungsoffen, diskursiv und partizipativ angelegt. Sie nimmt die Senior*innen als selbstverantwortliche Akteur*innen ernst. Konkret geht es um den Auf- und Ausbau vielfältiger Angebote und Strukturen im Bereich von Beratung, Betreuung, Bildung und Begleitung im Rahmen der gesetzlich finanzierten und selbstorganisierten Gestaltungsräume. Die Soziale Arbeit ist die Profession und Disziplin, die über die dazu notwendige Kompetenz, Kreativität und Reflexivität verfügt, um Wandlungsprozesse auf individueller, intergenerationeller, organisationaler und gesellschaftlicher Ebene theoretisch fundiert zu reflektieren und handlungspraktisch zu gestalten.

Zu hoffen ist, dass die verstärkte Auseinandersetzung und partizipativ angelegte Arbeit mit älteren Menschen zu einer erweiterten Perspektive der Identität der Sozialen Arbeit selbst führt. Auseinandersetzungen mit Fragen nach Lebensqualität bis ins hohe Alter, nicht nur im Hinblick auf das Nötige, sondern auch auf das Mögliche, werden die künftigen Entwicklungen in der Profession und Disziplin Sozialer Arbeit maßgeblich prägen.

Weiterführende Literatur

Schramek, R., Kricheldorff, C., Schmidt-Hertha, B. & Steinfort-Diedenhofen, J. (Hrsg.) (2018): Altern – Lernen – Bildung. Stuttgart: Kohlhammer.
Bubolz-Lutz, E., Gösken, E., Kricheldorff, C. & Schramek, R. (2010): Geragogik – Das Lehrbuch. Stuttgart: Kohlhammer.

Internetquellen

https://www.dgsa.de/fachgruppen/soziale-arbeit-in-kontexten-des-alterns/
https://forum-seniorenarbeit.de/2019/05/erklaerung-des-dbsh-zur-sozialen-arbeit-fuer-und-mit-alten-menschen/
https://www.dggg-online.de/
http://www.ak-geragogik.de/

Literatur

Aner, K. (2020): Soziale Altenhilfe als Aufgabe Sozialer (Alten-)Arbeit. In: In: Aner, K./Karl, U. (Hrsg): Handbuch Soziale Arbeit und Alter (2. Aufl.). Wiesbaden: Springer VS, 29–54.
Galuske, M. (2013): Methoden der Sozialen Arbeit. Eine Einführung (10. Aufl.). Weinheim/Basel: Beltz Juventa.
Hammerschmidt P. & Löffler, E. M. (2020): Soziale Altenhilfe als Teil kommunaler Sozial(hilfe-)politik. In: Aner, K. & Karl, U. (Hrsg): Handbuch Soziale Arbeit und Alter (2. Aufl.). Wiesbaden: Springer, 9–261

Kricheldorff, C. (2020a): Ausbildung und Weiterbildung von Fachkräften Sozialer (Alten-) Arbeit. In: Aner, K. & Karl, U. (Hrsg): Handbuch Soziale Arbeit und Alter (2. Aufl.) Wiesbaden: Springer, 73–84.

Kricheldorff, C. (2020b): Soziale Arbeit in gerontologischen Handlungsfeldern und im Gesundheitswesen. In: Becker, M., Kricheldorff, C. & Schwab, J. E. (Hrsg.): Handlungsfeldorientierung in der Sozialen Arbeit (2., erw. u. überarb. Aufl.). Stuttgart: Kohlhammer, 37–59.

Kruse, A. (2013): Auf dem Weg zu einer altersfreundlichen Kultur: Potenziale verwirklichen, Verletzlichkeiten annehmen. In: Hellgardt, E. & Welker, L. (Hrsg.): Weisheit und Wissenschaft. München: Herbert Utz, 229–246.

Meyer, C. (2019): Soziale Arbeit und Alter(n). Weinheim/Basel: Beltz Juventa.

Philipp-Metzen, H. E. (2015): Soziale Arbeit mit Menschen mit Demenz. Grundwissen und Handlungsorientierung für die Praxis. Stuttgart: Kohlhammer.

Pohlmann, S. (2016). Altershilfe. Band 1 und 2: Hintergründe und Herausforderungen. Münchener Hochschulschriften für Angewandte Sozialwissenschaften. Neu-Ulm: AG Spak.

Weidekamp-Maicher, M. (2013): Nichtpharmakologische Therapieansätze: ihr Einfluss auf die Lebensqualität Demenzkranker und die Rolle der Messinstrumente. In: Zeitschrift für Gerontologie und Geriatrie, 46, 134–143.

Handlungsbereich »Abweichendes Verhalten«

Kurzbeschreibung

Dieser Handlungsbereich bezieht sich auf Verhalten, das gegen Normen des Strafrechts verstößt, wie Diebstahl, Raub und Körperverletzung; eingeschlossen darin sind Maßnahmen, die (weiterem) strafrechtlich auffälligem Verhalten vorbeugen sollen. Die Soziale Arbeit ist dann gefragt, wenn das Verhalten mit »sozialen Schwierigkeiten« einhergeht.

Adressat*innen

Straffällige Menschen aller Altersgruppen

Wichtige Arbeitsfelder/-orte

Arbeitsfelder, die in diesem Band vorgestellt werden:
Jugendgerichtshilfe (▶ Kap. 24); Arbeit mit Strafentlassenen innerhalb und außerhalb von Einrichtungen, z. B. Bewährungshilfe, Führungsaufsicht, Strafvollzug (▶ Kap. 25).

Weitere Arbeitsfelder (Beispiele):
Täter-Opfer-Ausgleich; Gewaltpräventionsprojekte; Sozialpädagogische Gruppenarbeit; Gerichtshilfe für Erwachsene.

24 Jugendhilfe im Strafverfahren

Bernd Holthusen & Sabrina Hoops

24.1 Aufgaben der Jugendhilfe im Rahmen eines Jugendstrafverfahrens

Die Jugendhilfe im Strafverfahren (JuHiS) – in § 38 Jugendgerichtsgesetz (JGG) als Jugendgerichtshilfe (JGH) bezeichnet – ist immer dann gefordert, sobald eine polizeiliche Meldung über einen Tatverdacht eines jungen Menschen beim Jugendamt eingeht und ein justizieller Vorgang in Gang gesetzt wird.

Als Teil des Systems der Kinder- und Jugendhilfe, das gesetzlich verankert ist im SGB VIII, orientiert sich die Jugendhilfe im Strafverfahren am *Kindeswohl*. Die grundlegende Aufgabe der Kinder- und Jugendhilfe gemäß § 1 Abs. 3 SGB VIII ist es, junge Menschen in ihrer individuellen und sozialen Entwicklung zu fördern und mit ihren Angeboten dazu beizutragen, Benachteiligungen zu vermeiden oder abzubauen sowie sie vor Gefahren für ihr Wohl zu schützen. Vor dem Hintergrund, dass (mutmaßliche) Straffälligkeit von Jugendlichen ein Aspekt sein *kann* (aber nicht zwangsläufig sein *muss*), der die Entwicklung und das Aufwachsen junger Menschen beeinträchtigt, sind sie und ihre Familien immer auch *Adressat*innen der Kinder- und Jugendhilfe*.

Im Fokus des pädagogischen Auftrags der Jugendhilfe im Strafverfahren steht somit nicht die *Legalbewährung* (wie im Jugendgerichtsgesetz), sondern der einzelne junge Mensch in seiner spezifischen Lebenssituation (Trenczek 2018). Ziel der JuHiS ist es demnach, Risiken, die aus der Straffälligkeit und deren möglichen Folgen erwachsen können, für die weitere Entwicklung der*des Jugendlichen möglichst weitgehend zu vermeiden. Im Fall von Verurteilungen sollten die Sanktionen möglichst pädagogisch ausgerichtet sein und dem Grundsatz »ambulant statt stationär« folgen – freiheitsentziehende Strafen sollen wegen ihrer schädlichen Wirkungen, wo immer es möglich ist, zugunsten von ambulanten sozialpädagogischen Angeboten vermieden werden.

Die Verortung der Jugendhilfe im Strafverfahren in das System der Jugendhilfe ist noch vergleichsweise jüngeren Datums, geregelt im § 52 SGB VIII – Mitwirkung in Verfahren nach dem Jugendgerichtsgesetz. Unter einer *historischen Perspektive* betrachtet ist auffallend, dass das Aufgabenverständnis der Jugendhilfen im Strafverfahren sehr *justiznah* konzipiert war. Spätestens mit der Neuregelung des Kinder- und Jugendhilferechts im Jahr 1990 im SGB VIII wurde die Einbindung der gerichtsbezogenen Aufgaben in den Verantwortungsbereich des Jugendamts betont. Empirische Forschung zur JuHiS liegt bislang nur vereinzelt vor, hier dominiert aber noch eine eher justizorientierte als eine sozialpädagogisch interessierte Perspektive (vgl. Dollinger 2012).

Zu den Aufgaben der JuHiS gehört in erster Linie die *Mitwirkung im laufenden Jugendstrafverfahren*. Hierzu zählen

- die Kontaktaufnahme mit den Jugendlichen und ggf. deren Familien,
- die Erläuterung des Verfahrensablaufs und Information über Verfahrensrechte,
- eigene Ermittlungen zum Umfeld,
- die Berichterstattung für die Staatsanwaltschaft im Vorverfahren und für das Jugendgericht im Rahmen der Hauptverhandlung,
- die Anwesenheit in der Hauptverhandlung,
- ein Maßnahmenvorschlag,
- die Erklärung der verhängten Sanktionen für den jungen Menschen sowie
- die Prüfung eines etwaigen Hilfebedarfs und ggf.
- die Einleitung entsprechender Jugendhilfeangebote (▶ Kap. 6).

Beteiligt wird die JuHiS auch bei Haftentscheidungen: Wenn Untersuchungshaft droht oder vollzogen wird, muss geprüft werden, ob Alternativen zur *U-Haftvermeidung* bzw. *-verkürzung* in Betracht kommen. Weiter stellen sich der JuHiS *Aufgaben im Anschluss an das Jugendstrafverfahren* wie die Vermittlung, ggf. Durchführung und Überwachung der verhängten *Auflagen* und *Weisungen* sowie das *Übergangsmanagement* im Fall von Jugendarrest und Jugendstrafe. Es liegt dabei in der Verantwortung der JuHiS vor Ort, eine angemessene Angebotsstruktur wie z. B. Betreuungsweisungen, pädagogisch begleitete Arbeitsweisungen, soziale Trainingskurse oder auch Angebote zur Untersuchungshaftvermeidung sicherzustellen. Teilweise werden die ambulanten sozialpädagogischen Angebote in freier Trägerschaft durchgeführt, teilweise werden sie aber auch durch die JuHiS als Organisationseinheit des Jugendamts realisiert.

Die Rechte und die Beteiligung der JuHiS im Jugendstrafverfahren sind zudem in § 38 JGG unter dem Titel *Jugendgerichtshilfe* normiert. Das Spannungsfeld zwischen SGB VIII und JGG, in dem sich die JuHiS bewegt, drückt sich bereits in der unterschiedlichen Begrifflichkeit »Jugendgerichtshilfe« aus. Da das Jugendstrafrecht (im Gegensatz zum Erwachsenenstrafrecht) am *Erziehungsgedanken* ausgerichtet ist und vorrangig erneuten Straftaten entgegenwirken soll (§ 2 Abs. 1 JGG), kommt der JuHiS die besondere Bedeutung zu, vor allem die pädagogische Perspektive in das Jugendstrafverfahren einzubringen. In ihrer Rolle wurde die »Jugendgerichtshilfe« durch die jüngsten *JGG-Änderungen* im Rahmen des *Gesetzes zur Stärkung der Verfahrensrechte von Beschuldigten im Jugendstrafverfahren* nochmals bekräftigt.

24.2 Die Adressat*innen der Jugendhilfe im Strafverfahren

Adressat*innen der JuHiS sind junge Menschen, denen eine Straftat vorgeworfen wird und die zum mutmaßlichen Tatzeitpunkt zwischen 14 und unter 21 Jahre alt waren. Da zur Jugendphase das Austesten von Grenzen und nicht selten auch das Überschreiten von Strafnormen gleichsam dazugehört und entsprechend weit verbreitet ist, sind die Adressat*innen der JuHiS häufig ganz ›normale‹ Jugendliche, die mit jugendtypischer Delinquenz meist im Bagatellbereich auffällig werden. Entsprechend werden diese Verfahren, die die Mehrzahl der Jugendstrafverfahren stellen, häufig im Vorverfahren mit oder ohne Auflagen (§ 45 JGG) *eingestellt.* Dieses Vorgehen folgt der kriminologischen Erkenntnis, dass eine informelle Verfahrenserledigung besser ist als ein formelle. Im Zweifelsfall ist das mildere Mittel anzuwenden und nach Möglichkeit sollte jede Form der Etikettierung vermieden werden.

Die pädagogische Arbeit mit jungen Menschen, die mehrfach und/oder mit schwerwiegenderen Straftaten auffällig werden, steht im Zentrum der Tätigkeit der JuHiS. Kennzeichnend ist hier, dass sich diese Jugendlichen sehr häufig in einer für sie schwierigen, mit vielen Unsicherheiten verbundenen Lebenssituation befinden. Vielfach sind bei diesen Jugendlichen neben der Delinquenz auch weitere Belastungen vorhanden, die für die Jugendhilfe relevant sind und Hinweise auf *weitere Hilfebedarfe* oder eine *Kindeswohlgefährdung* (▶ Kap. 5) geben können. Diese Jugendlichen begleitet die JuHiS während des gesamten Verfahrens und auch während der Sanktionierung. Des Weiteren wird geprüft, ob weitere Leistungen oder Angebote der Jugendhilfe notwendig sind.

In etwa einem Drittel der JuHiS gehören auch *Kinder unter 14 Jahren*, die einer rechtswidrigen Tat verdächtigt werden, und deren Familien zu den Adressat*innen (vgl. Arbeitsstelle Kinder- und Jugendkriminalitätsprävention/Projekt Jugendhilfe und sozialer Wandel 2011, 76). Wegen der Strafunmündigkeit dieser Kinder ist ein justizielles Verfahren hier ausgeschlossen. Im Falle eines tatverdächtigen Kindes schickt die Polizei eine polizeiliche Meldung an das Jugendamt, das den Familien sodann ein Beratungsangebot unterbreiten kann und ggf. einen möglichen erzieherischen Bedarf prüft – weitere, justizielle Schritte erfolgen nicht.

24.3 Organisationsformen der Jugendhilfe im Strafverfahren

Die JuHiS ist in den Kommunen – aufgrund der jeweiligen historischen Entwicklung und regionaler Rahmenbedingungen – unterschiedlich organisatorisch verankert. In den meisten Jugendämtern gibt es eine *eigenständige, spezialisierte Organisationseinheit*, in der die jeweiligen pädagogischen Fachkräfte ausschließlich die Aufgabe der Mitwirkung im Jugendstrafverfahren haben und über ein breites, spezialisiertes Fachwissen verfügen, das in speziellen Fortbildungsveranstaltungen, z. B. in Form der Grundlagenqualifizierung der Deutschen Vereinigung für Jugendgerichte und Jugendgerichtshilfen (DVJJ), erworben werden kann. Neben dieser Form des spezialisierten Fachdienstes werden in anderen Jugendämtern die Aufgaben nach § 52 SGB VIII im Allgemeinen Sozialen Dienst (ASD) (▶ Kap. 5) bearbeitet, häufig in *regionalisierten Einheiten*. Teilweise übernehmen innerhalb des ASD dann einzelne Fachkräfte, die über Spezialwissen und Erfahrungen zum Jugendstrafverfahren verfügen, vorrangig diese Aufgaben. Vor allem in kleinen Jugendämtern wird die JuHiS nur von einer Person wahrgenommen, die sog. »*Ein-Personen-JGHs*« (vgl. Arbeitsstelle Kinder- und Jugendkriminalitätsprävention/Projekt Jugendhilfe und sozialer Wandel 2011, 29f.). In selteneren Fällen ist die JuHiS nicht innerhalb des Jugendamts angesiedelt, sondern ganz oder teilweise an einen freien Träger *delegiert*. Ein typischer Fall ist hier, dass ein freier Träger, der durch langjährige Erfahrung in der Migrationsarbeit besonders qualifiziert ist, und dessen Mitarbeiter*innen über besondere Sprachkenntnisse verfügen, die Fälle übernehmen, in denen die Jugendlichen einen Migrationshintergrund haben.

Je nach Organisationsform stellen sich unterschiedliche Herausforderungen für die dort tätigen Fachkräfte und deren institutionellen Kooperationsbezüge: Bei zentralen, spezialisierten JuHiS stellt sich die Frage nach der Sozialraumorientierung (▶ Kap. 12) und nach der Anbindung an die anderen Organisationseinheiten des Jugendamts; wenn die Mitwirkung im Strafverfahren entspezialisiert durch Fachkräfte des ASD übernommen wird, stellt sich die Frage nach dem notwendigen Spezialwissen über das Jugendstrafverfahren. Auch können Konfliktsituationen durch zeitgleiche vordringliche Aufgaben entstehen, wenn z. B. eine Kindeswohlgefährdung geprüft werden muss und eine Hauptverhandlung terminiert ist. Bei den »Ein-Personen-JGHs« sind andere Herausforderungen zu bewältigen, wie etwa kollegiale Beratung ermöglicht werden kann oder auch wie die Vertretung bei Terminüberschneidungen oder im Fall von Urlaub oder Krankheit gewährleistet werden kann.

24.4 An der Schnittstelle zu Polizei und Justiz: Die Bedeutung der Kooperation

Der Arbeitsalltag der Jugendhilfen im Strafverfahren ist vielfach geprägt durch das Erfordernis einer institutionellen Zusammenarbeit. Alle beteiligten Institutionen, allen voran Polizei und Justiz, adressieren die Jugendlichen unter ihrem jeweiligen Handlungsauftrag. Eine gute, von Rollenklarheit bestimmte Kooperation ist dabei essenziell, auch mit Blick auf einen professionellen Umgang mit den Adressat*innen und deren weitere individuelle und soziale Entwicklung. Die jungen Menschen »sind darauf angewiesen, dass potenzielle Konkurrenzen, Kommunikationsstörungen oder Kooperationsschwierigkeiten zwischen den Institutionen nicht zu ihrem Nachteil ausgetragen werden« (vgl. Arbeitsstelle Kinder- und Jugendkriminalitätsprävention/Projekt Jugendhilfe und sozialer Wandel 2011, 45).

Für ihre Arbeit an der Schnittstelle zur Polizei und Justiz benötigen die JuHiS-Fachkräfte nicht nur umfassende Rechtskenntnisse das Jugendstrafverfahren betreffend, sondern auch Wissen über die Aufträge und Handlungslogiken der anderen beteiligten Institutionen: Die Polizei hat die Aufgabe, die Straftaten zu ermitteln und aufzuklären, die Staatsanwaltschaft hat die Ermittlungen zu leiten, über Verfahrenseinstellungen zu entscheiden oder anzuklagen, das Jugendgericht hat die Aufgabe, Recht zu sprechen, der Strafvollzug den Freiheitsentzug zu organisieren, die Rechtsanwält*innen zu verteidigen etc. Die Vielfalt der jeweiligen Aufgaben und Zielsetzungen, die hier nur skizziert sind, macht deutlich: Die institutionelle Zusammenarbeit im Alltag ist komplex und reich an fachlichen Herausforderungen. Dabei kann die handlungsfeldübergreifende Zusammenarbeit im Alltag durchaus auch zu Konflikten führen. Ein Beispiel dafür ist, wenn im Rahmen der Kooperation an die JuHiS der Wunsch herangetragen wird, umfassende Rückmeldungen an die Polizei zu geben, dies aber aus guten Gründen des *Sozialdatenschutzes* nicht möglich ist. Wichtig für die Arbeit der JuHiS ist, dass für die Adressat*innen die Rollen der verschiedenen Akteur*innen klar und dass die Kooperationen der JuHiS ihnen gegenüber transparent sind, damit das pädagogische Arbeitsverhältnis nicht beeinträchtigt wird.

Häuser des Jugendrechts

Mit der Zielsetzung, die Kooperation von Staatsanwaltschaft, Polizei und Jugendhilfe zu befördern, sind in den letzten Jahren in immer mehr Kommunen *Häuser des Jugendrechts* eingerichtet worden. In den Häusern des Jugendrechts sind (sofern es sich nicht um ein virtuelles Haus des Jugendrechts handelt) die Jugendstaatsanwaltschaft, die polizeiliche Jugendsachbearbeitung und die JuHiS gemeinsam in einem Gebäude untergebracht, um die Kommunikation zwischen den Institutionen durch kurze Wege auszubauen und Abläufe besser aufeinander zu beziehen. In der fachlichen Diskussion sind die Häuser des Jugendrechts nicht unumstritten, u. a. da Intransparenzen auf Seiten der Adressat*innen entstehen können, die den Vertrauensaufbau zur JuHiS belasten können.

Weitere wichtige jugendhilfeinterne Kooperationspartner der JuHiS sind die verschiedenen Dienste im Jugendamt und die freien Träger, die ambulante sozialpädagogische Angebote realisieren. Gemeinsam mit ihnen muss die Angebotsstruktur vor Ort den Bedarfen entsprechend beständig weiterentwickelt werden.

24.5 Fazit und Herausforderungen

Die JuHiS hat sich als essenzieller Teil des Jugendstrafverfahrens etabliert. Mit ihrem genuin pädagogischen Auftrag, ihrem Fachwissen und ihrem spezifischen Zugang zu den Jugendlichen im Strafverfahren hat sie eine eigenständige Position und ist für die Umsetzung des Erziehungsgedankens des JGG unverzichtbar.

Das fachliche Selbstverständnis der JuHiS ist bei den beteiligten Kooperationspartner*innen weithin anerkannt. Damit die JuHiS ihre fachliche Rolle als *Jugendhilfe* im Jugendstrafverfahren weiter profilieren kann, bedarf es besonders qualifizierter und spezialisierter Fachkräfte, ausreichender personeller Ressourcen in den jeweilgen Organisationseinheiten sowie einer bedarfsorientierten Angebotsstruktur der Jugendhilfe. Hier lassen sich deutliche regionale Disparitäten als Herausforderung für die zukünftige fachliche Entwicklung benennen.

Die Fachkräfte in der JuHiS brauchen – ergänzend zu der sozialpädagogischen Qualifikation und der guten Kenntnis der Jugendhilfeangebotsstruktur vor Ort – Spezialwissen über das Jugendstrafverfahren, die weiteren Verfahrensbeteiligten und zu kriminologischen Grundlagen. Die Fachkräfte bewegen sich in dem anspruchsvollen Spannungsfeld zwischen Jugendhilfe und Justiz, zwischen SGB VIII und JGG, zwischen Hilfe und Kontrolle. Kollegiale Beratung und Supervision sind notwendige Elemente, damit die Fachkräfte ihre Erfahrungen und Konflikte fachlich reflektieren können. Sind diese Voraussetzungen erfüllt, kann die Mitwirkung der Jugendhilfe in Verfahren nach dem Jugendgerichtsgesetz auf fachlich hohem Niveau im Interesse der jungen Adressat*innen erfolgen.

Weiterführende Literatur

Trenczek, T. & Goldberg, B. (2016): Jugendkriminalität, Jugendhilfe und Strafjustiz. Mitwirkung der Jugendhilfe im strafrechtlichen Verfahren. Stuttgart: Richard Boorberg.

Internetquellen

Deutsche Vereinigung für Jugendgerichte und Jugendgerichtshilfen e. V.: https://www.dvjj.de/

Literatur

Arbeitsstelle Kinder- und Jugendkriminalitätsprävention/Projekt Jugendhilfe und sozialer Wandel (2011): Das Jugendgerichtshilfeb@rometer. Empirische Befunde zur Jugendhilfe im Strafverfahren in Deutschland. Band 12. München: Verlag Deutsches Jugendinstitut. https://www.dji.de/fileadmin/user_upload/bibs/64_13415_Jugendgerichtshilfebarometer.pdf. Aufruf: 20.11.2020.

Dollinger, B. (2012): Die Jugendgerichtshilfe im Fokus sozialwissenschaftlicher Forschung. Überblick und Diskussion der empirischen Befunde. In: Zeitschrift für Jugendkriminalrecht und Jugendhilfe (ZJJ), 23 (4), 416–426.
Trenczek, T. (2018): Mitwirkung der Jugendhilfe im Strafverfahren – Jugendgerichtshilfe. In: B. Dollinger & H. Schmidt-Semisch (Hrsg.): Handbuch Jugendkriminalität. Interdisziplinäre Perspektiven (3. Aufl.). Wiesbaden: Springer VS, 381–392.

25 Soziale Arbeit mit straffällig gewordenen Menschen

Heinz Cornel

25.1 Gegenstand des Arbeitsfelds

Soziale Arbeit mit straffällig gewordenen Menschen wird in der alltäglichen fachlichen Praxis häufig als Straffälligenhilfe bezeichnet. Ganz deckungsgleich sind die Begriffe nicht, denn in der Straffälligenhilfe wird bspw. auch psychologische Beratung und Rechtsberatung durch entsprechende Fachkräfte geleistet. Der Begriff ›straffällig‹ ist dabei nicht wörtlich zu nehmen, denn ob Strafe fällig ist, wäre im Einzelfall kriminalpolitisch zu klären. Immerhin ist in den meisten Fällen zumindest die Täterschaft und Zurechenbarkeit geklärt. Es geht um Hilfen im Kontext der Delinquenz und damit – soweit diese von Polizei, Staatsanwaltschaft und Gerichten registriert wurde – des Strafrechts. Meist ist damit die Erwartung eines kriminalpräventiven Effekts durch Integration und Resozialisierung verbunden, wodurch sich auch Kontrollaspekte ergeben, die je nach Arbeitsfeld unterschiedlich sind. Grundsätzlich aber ist die Straffälligenhilfe den Zielen der Sozialen Arbeit, ihrer professionellen Haltung und ihren Methoden verpflichtet. Straffälligenhilfe wird vornehmlich als fachlich-professionelle, aber auch als ehrenamtliche Hilfe geleistet. Sie kann ambulant oder stationär erfolgen. Zur ambulanten Straffälligenhilfe gehören neben den Angebotsformen für erwachsene Straftäter*innen auch zahlreiche Diversionsmaßnahmen und Angebote im Rahmen von Weisungen innerhalb des Jugendstrafrechts (▶ Kap. 24).

Stationäre Reaktionen auf Delinquenz sind meist mit zwangsweisem Einschluss verbunden, deren Notwendigkeit sich – im Gegensatz bspw. zum Krankenhaus – nicht an Art oder Umfang des Hilfebedarfs orientiert, sondern Ausfluss der kriminalpolitischen Strafrechtskonzeption ist, in deren Mittelpunkt trotz Geldstrafensystem und vieler sozialpädagogischer Elemente noch immer die Freiheitsstrafe steht. Stationäre Angebote der Straffälligenhilfe, die in Form von Langzeittherapieprogrammen weder mit Zwang noch mit Einschluss verbunden sind, sind sehr selten (Cornel 2020). Durch die neuen Möglichkeiten zahlreicher Landesstrafvollzugsgesetze zur Unterbringung in einer Übergangseinrichtung zur Vorbereitung der Entlassung als Langzeitausgänge (z.B. in § 50 Abs. 4 Brandenburgisches Justizvollzugsgesetz und § 49 Abs. 3 Landesjustizvollzugsgesetz Rheinland-Pfalz) haben sich neue Perspektiven für stationäre Hilfen ergeben, die aber zur Zeit mangels vorhandener finanzierter Angebote noch nicht genutzt werden. Allerdings bietet die freie Straffälligenhilfe spezifische Wohnhilfen, betreutes Wohnen und im Rahmen der Haftentlassenenhilfe auch Übergangswohneinrichtungen an.

Straffälligenhilfe hat immer auch kriminalpräventive Effekte im Sinne tertiärer Kriminalprävention, weil sie integrativ und resozialisierend wirkt und somit Rückfälle vermeidet. Das gilt nicht für jeden Einzelfall und ist nicht sicher prognostizierbar, insgesamt ist aber die Risikosenkung und die Steigerung der Schutzfaktoren gut belegt (Cornel 2018a, 49ff.). Darüber hinaus kann das Wissen über Risiko- und Schutzfaktoren aber auch schon früh in der Elternbildung und -beratung, in Kitas und Schulen, in Jugendfreizeitstätten und Sportvereinen eingesetzt werden, um primäre Kriminalprävention zu leisten, denn das gehört zum Arbeitsfeld sozialarbeiterischer Hilfen und pädagogischer Aufgaben im Kontext der Delinquenz.

25.2 Beschreibung der Arbeitsfelder

Soziale Arbeit mit straffälligen Menschen muss zunächst realisieren, dass die Zielgruppe in ganz besonderem Maße durch vielfache Zuschreibungsprozesse definiert wird und dass sich der Hilfebedarf nicht direkt von den Ergebnissen dieser Stigmatisierungen lösen lässt. Selbstverständlich kann man soziale Benachteiligungen und Hilfebedarfe von straffällig gewordenen Menschen konkret erheben und entsprechende ambulante und stationäre Hilfeformen Sozialer Arbeit entwickeln. Oft würde diesbezüglich sicher das Regelhilfesystem genügen, denn so spezifisch ist deren Bedarf bei Wohnungslosigkeit, Arbeitslosigkeit, Armut, Bildungsferne, Schulden- oder Suchtproblemen nicht. Straffälligenhilfe muss aber anderes und mehr leisten, weil es Soziale Arbeit im Zusammenhang mit Delinquenz zusätzlich mit Stigmatisierungen, Strafwünschen der Bevölkerung, Ängsten vor der Opferwerdung, dem Strafrecht als einem mächtigen traditionellen System und Zwangskontexten zu tun hat. Soziale Hilfe im Straf- und Maßregelvollzug, in Bewährungshilfe, Führungsaufsicht, Gerichtshilfe (zur Jugendgerichtshilfe: ▶ Kap. 24), in Haftvermeidungsprojekten und Haftentlassenenhilfe durch freie Trägern der Straffälligenhilfe sind als Arbeitsfelder mit ihren Aufgaben deshalb nicht allein vor dem Hintergrund sozialer Benachteiligung zu verstehen.

Zudem ist darauf hinzuweisen, dass Delinquenz oder Kriminalität keine unveränderlichen Persönlichkeitsmerkmale sind, sondern Produkt einer Zuschreibung. Die kriminologische Dunkelfeldforschung hat bestens belegt, dass fast alle Menschen in ihrem Leben sich abweichend verhalten und dabei auch Strafgesetze brechen. Wer straffällig ist und wer nicht, hängt also von den Instanzen sozialer Kontrolle und manchmal ganz zufällig vom ›Entdeckt-Werden‹ ab. Die aufgedeckte Delinquenz, insbesondere wenn sie zu Haftstrafen führt, hat für die Wahrnehmung des*der Täters*Täterin durch die Gesellschaft und sich selbst erhebliche Folgen, die in der Sozialen Arbeit mit straffälligen Menschen zu berücksichtigen sind.

Schließlich kann Straffälligenhilfe Teil des Sozialsystems und Teil des Justizsystems sein (Cornel 2018b, 64f.). Soweit sie bspw. als Gerichtshilfe, Bewährungshilfe oder Führungsaufsicht justizielle Straffälligenhilfe ist, hat sie spezifische Kontroll- und Berichtspflichten, die die übliche Schweigepflicht gemäß § 203 StGB einschränken. Auch dieser Aspekt bestimmt die Aufgaben in diesem Arbeitsfeld.

25.2.1 Arbeitsfelder ambulanter Straffälligenhilfe

Zentrale Aufgabenfelder und Institutionen der ambulanten Straffälligenhilfe sind die

- Bewährungshilfe,
- Gerichtshilfe,
- Haftentscheidungshilfe und Untersuchungshaftvermeidung,
- Führungsaufsicht,
- Entlassungsvorbereitung und Haftentlassenenhilfe,
- Hilfen für Angehörige Inhaftierter,
- Hilfen zur Vermeidung der Vollstreckung von Ersatzfreiheitsstrafen,
- Kriminalprävention.

Bewährungshilfe

Die Bewährungshilfe soll dem*der Verurteilten helfend und betreuend zur Seite stehen und ihn*sie im Einvernehmen mit dem Gericht überwachen. Zum Zuge kommt eine solche Unterstellung durch das Gericht, wenn die Freiheitsstrafe insgesamt oder ein Strafrest zur Bewährung ausgesetzt wurde, was eine positive Sozialprognose voraussetzt. Die meisten verhängten Freiheitsstrafen werden zur Bewährung ausgesetzt und ein je nach Bundesland unterschiedlicher Teil der Gefangenen kommt nach einer Zweidrittel-Strafverbüßung vorzeitig zur Bewährung frei. Kommt es zu neuen Straftaten während der Bewährungszeit oder hält sich der*die Proband*in nicht an die Auflagen und Weisungen des Gerichts, so kann die Aussetzung zur Bewährung widerrufen werden, sodass dann die Freiheitsstrafe in einem Gefängnis vollstreckt wird (zu den Rechtsgrundlagen s. Textfeld unten). Die in der Bewährungshilfe tätigen Sozialarbeiter*innen wirken also sowohl helfend entsprechend den Bedarfslagen ihrer Proband*innen als auch kontrollierend mit einem eindeutigen Berichtsauftrag von Seiten der Gerichte. Soziale Arbeit in der Bewährungshilfe ist also Soziale Arbeit im *Zwangskontext* – Proband*innen können keine Hilfe erwarten ohne befürchten zu müssen, dass auch Aspekte ihrer Lebensführung berichtet werden, die sie lieber nicht offenbaren möchten. Diesen Doppelauftrag kann kein*e Bewährungshelfer*in umgehen – er muss daher den Proband*innen transparent und deutlich gemacht werden. Diese müssen wissen, dass die Schweigepflicht eingeschränkt ist, wenn sie sich vertrauensvoll an ihre*n Bewährungshelfer*in wenden.

Bewährungshilfe kann ihre komplexen Aufgaben sachgerecht nur wahrnehmen, wenn pro Proband*in genügend Zeit besteht. Das muss nicht für jeden gleich viel Zeit sein, weil die Problemlagen und Persönlichkeiten unterschiedlich sind und weil sich auch im Laufe der Bewährungszeit der Bedarf ändert. Im Vergleich zu stationären Sanktionen ist die Bewährungshilfe sehr erfolgreich (Jehle u. a. 2016, 72ff.): Im Jahr 2011 wurden 57.202 Unterstellungen unter Bewährungsaufsicht beendet, nach allgemeinem Strafrecht 71,1 % der Strafaussetzungen zur Bewährung mit Straferlass, d. h. erfolgreich, nach Jugendstrafrecht sogar 76,8 % (Statistisches Bundesamt 2011, 11, 17; neuere Daten wurden bisher nicht publiziert). Das waren jeweils höhere Quoten, als in den 1960er bis 1990er Jahren erzielt wurden. Die in der Vergangenheit betriebene starke Ausweitung auf immer mehr Fälle je Bewährungshelfer*in hat also dem Erfolg nicht geschadet. Gleichwohl werden in den letzten Jahren vermehrt Konzepte der Neuorganisation, Spezialisierung und insbesondere der Risikoorientierung diskutiert (Kawamura-Reindl 2018b, 456ff.; Cornel, Dünkel, Pruin, Sonnen & Weber 2015).

Gerichtshilfe

Die Gerichtshilfe ist nicht zu verwechseln mit der Jugendgerichtshilfe gemäß § 38 JGG und § 52 SGB VIII (▶ Kap. 24), sondern eine Ermittlungshilfe für Staatsanwaltschaft und Gericht im Erwachsenenstrafrecht. Die Gerichtshilfe hat die Aufgabe, die Umstände zu ermitteln, die für die Rechtsfolgen der Tat von Bedeutung sind. Sie ermittelt zu diesem Zweck mit den Methoden Sozialer Arbeit zu den persönlichen und wirtschaftlichen Verhältnissen der Angeklagten. Das Ergebnis dieser Ermittlungen teilt sie Staatsanwaltschaft und Gericht mit, sodass diese eine fundierte Entscheidung treffen können. Die Berichte der Gerichtshilfe können sich auch auf die Situation des Opfers einer Straftat beziehen. Außerdem kann die Gerichtshilfe auch im Strafvollstreckungsverfahren zur Vorbereitung von Entscheidungen beauftragt werden, die die vorzeitige Entlassung aus dem Strafvollzug betreffen. Die Gerichtshilfe ist organisatorisch in manchen Bundesländern gemeinsam mit der Bewährungshilfe bei den »Soziale Dienste der Justiz« angesiedelt und in anderen Ländern bei Gerichten oder den Staatsanwaltschaften. Meistens werden die Gerichtshilfeaufgaben von spezialisierten Fachkräften wahrgenommen, manchmal aber auch gemeinsam mit Aufgaben der Bewährungshilfe oder des Täter-Opfer-Ausgleichs. Außerdem sind der Gerichtshilfe häufig Aufgaben zur U-Haftvermeidung oder der Vermeidung der Vollstreckung von Ersatzfreiheitsstrafen übertragen (Cornel 2021, 96ff.).

Haftentscheidungshilfe und Untersuchungshaftvermeidung

Wenn auch die Bewährungshilfe sehr erfolgreich ist, so setzt sie im Verlauf einer kriminellen Karriere und auch bei jeder einzelnen konkreten Strafverfolgung nach einem Tatvorwurf sehr spät an, kann also nicht früh deeskalierend und entstigmatisierend wirken. Da die ersten Kontakte zum Strafjustizsystem und insbesondere zu Haftanstalten ganz besondere Weichen stellen, Lebenskrisen auslösen und Selbststigmatisierungen födern können, sind Haftentscheidungshilfen und Untersuchungshaftvermeidungsprojekte wichtige Instrumente und Angebote der Sozialen Arbeit, die straffälligen Menschen helfen können, nicht inhaftiert und damit besonders stigmatisiert und aus ihren Lebenszusammenhängen gerissen zu werden. Es ist bekannt, dass nicht nur die gesetzlichen Haftgründe, sondern auch soziale Randständigkeit im Zusammenhang mit apokryphen Haftgründen häufig zu Inhaftierungen führen. Diesen Vorgehensweisen können Haftentscheidungshilfen und Untersuchungshaftvermeidungsprojekte den Boden entziehen. Haftentscheidungshilfen und Projekte zur Untersuchungshaftvermeidung oder -verkürzung werden durch Gerichtshilfen oder freie Träger inzwischen in allen Bundesländern angeboten. Sie können der Desintegration von straffälligen Menschen erfolgreich entgegentreten.

Führungsaufsicht

Während die Bewährungsaufsicht eine positive Sozialprognose voraussetzt und Proband*innen einen Gefängnisaufenthalt erspart oder diesen zumindest verkürzt, stellt die Führungsaufsicht eine »Maßregel der Besserung und Sicherung« dar, die bei schweren Straftaten zusätzlich angeordnet werden kann, wenn die Gefahr besteht, dass weitere Straftaten begangen werden (negative Sozialprognose). Diese Personen unterstehen der Führungsaufsichtsstelle; zusätzlich wird für sie ein*e Bewährungshelfer*in bestellt. Auf Antrag der Aufsichtsstelle kann gemäß § 145a StGB bei einem Verstoß gegen Weisungen, die während der Führungsaufsichtszeit zu befolgen sind, eine Freiheitsstrafe bis zu einem Jahr oder Geldstrafe verhängt werden, wenn durch den Verstoß der Zweck der Maßregel gefährdet wird. Die Führungsaufsicht entstand 1975 aus der früheren Polizeiaufsicht und wurde 2007 ausgeweitet und mit weiteren Weisungen versehen.

Beispiele für Weisungen

- Den Wohn- oder Aufenthaltsort nicht ohne Erlaubnis der Aufsichtsstelle zu verlassen,
- sich nicht an bestimmten Orten aufzuhalten, die Gelegenheit oder Anreiz zu weiteren Straftaten bieten können,
- jeden Wechsel der Wohnung oder des Arbeitsplatzes unverzüglich der Aufsichtsstelle zu melden.

Im Zuge dieser Reform wurden auch die forensischen Ambulanzen gesetzlich verankert, die der verurteilten Person helfend und betreuend zur Seite stehen sollen. Dem*der Straftäter*in kann seither die Weisung erteilt werden, sich bei Ärzt*innen oder Psychotherapeut*innen einer forensischen Ambulanz vorzustellen und sich psychiatrisch, psycho- oder sozialtherapeutisch betreuen und behandeln zu lassen (vgl. §§ 68a Abs. 7 und 68b Abs. 1 Ziff. 11 und Abs. 3 StGB). Zudem kann im Rahmen der Führungsaufsicht seit 2011 auch die sog. elektronische Fußfessel angewandt werden; sie wird aber nur sehr selten eingesetzt (Wolter 2020, 197).

Die Anzahl der Führungsaufsichtsfälle ist zumindest bis 2014 beständig gewachsen, seither stagnieren die Zahlen (Wolter 2020, 198). Bei Jugendlichen und Heranwachsenden spielt die Führungsaufsicht allerdings fast keine Rolle (Gundelach 2015). Die Führungsaufsicht als zusätzliche Maßnahme nach voller Strafverbüßung findet unter straffälligen Personen deutlich weniger Akzeptanz als die Bewährungshilfe. Gleichwohl steht auch hier der Auftrag an die Sozialarbeiter*innen, der Klientel helfend und betreuend zur Seite zu stehen.

Entlassungsvorbereitung, Übergangsmanagement und Haftentlassenenhilfe

Zwar gibt es in allen Justizvollzugsanstalten Sozialdienste, die mit der Bewährungshilfe, den Aufsichtsstellen für die Führungsaufsicht, den Arbeitsagenturen und Sozialämtern usw. zusammenarbeiten sollen (vgl. § 154 Abs. 2 Strafvollzugsgesetz des Bundes von 1977 und entsprechende Regelungen in den Landesstrafvollzugsgesetzen), oft reicht diese Hilfe aber nicht über die Mauern und den Entlassungstag hinaus in die Lebenswelt des haftentlassenen Menschen hinein. Deshalb ist es sinnvoll, dass durch freie und kommunale Träger Haftentlassenenhilfe angeboten wird und insbesondere Mitarbeiter*innen freier Träger der Straffälligenhilfe schon zur Entlassungsvorbereitung Gefangene in den Justizvollzugsanstalten aufsuchen und betreuen. Hier bezieht sich also ambulante Straffälligenhilfe auf stationär untergebrachte Personen. Diese Hilfen haben keinen Kontrollauftrag der Justiz und die Mitarbeiter*innen deshalb eine uneingeschränkte Schweigepflicht. Diese Hilfen können deshalb auch von Personen in Anspruch genommen werden, die (zukünftig) zugleich Proband*innen der Bewährungshilfe sind. Zwar wird man Doppelbetreuungen möglichst vermeiden und freie Träger und Bewährungshilfe sollten kooperieren – das darf aber nicht zu einer Verweigerung justizunabhängiger Hilfe führen. Viele freie Träger bieten nach der Entlassung Beratungsstellen, Entlassenenanlaufstellen und weitergehende nachsorgende Hilfen an.

Das Thema der Entlassungsvorbereitung und Nachbetreuung bzw. Haftentlassenenhilfe wird unter dem Begriff ›Übergangsmanagement‹ in den letzten 15 Jahren verstärkt und teils mit neuen Aspekten diskutiert (vgl. u. a. Cornel 2012; Pruin 2018).

Übergangsmanagement

Unter Übergangsmanagement versteht man die Planung, Vermittlung und Durchführung von Resozialisierungshilfen für (ehemalige) Gefangene, wobei insbesondere die frühzeitige Koordination zwischen Strafvollzug, Bewährungshilfe und freier Straffälligenhilfe im Mittelpunkt steht (Cornel 2021, 68).

Angesichts von 70.000 bis 80.000 Entlassungen aus Strafhaft pro Jahr und weiteren 30.000 Entlassungen aus Untersuchungshaft (ebd.) wird deutlich, wie wichtig im Einzelfall, aber auch institutionell und strukturell Vernetzungen der Hilfen unterschiedlicher Hilfeleister sind.

Hilfen für Angehörige Inhaftierter

Angehörigenarbeit ist mittelbare Straffälligenhilfe. Sie bezieht sich bspw. auf Ehepartner*innen, Partner*innen, Kinder oder Eltern von (inhaftierten) Straffälligen und soll sowohl diesen selbst in ihrer schwierigen Lebenssituation helfen als auch der Integration der Straffälligen dienen, wobei die Angehörigen natürlich nicht als Mittel zum Zweck benutzt werden dürfen. Selbstverständlich steht das Regelhilfeangebot allen Angehörigen von Straffälligen offen – aber die dort tätigen Mitarbeiter*innen erfassen nicht immer die spezifische Problematik von Stigmatisierung, sozialer Problemlage, ungeklärten Beziehungskonstellationen insbesondere angesichts von Inhaftierungen und Strafaspekten. Es gilt ein Mitbestraftwerden der Angehörigen zu vermeiden, ökonomische Verluste durch Wegfall eines Unterhaltsverpflichteten auszugleichen und gleichzeitig einen Kontaktabbruch allein aufgrund der Straffälligkeit zu verhindern (Kawamura-Reindl 2018a, 504). Besonderheiten gelten selbstverständlich bei Gewalt- und Sexualstraftaten, bei denen die Angehörigen Opfer waren und eine Wiederholung droht. Die wenigen spezifischen Angehörigenberatungsangebote bspw. in Bochum, Celle, Nürnberg, Würzburg und Tübingen werden überwiegend von Ehefrauen, Lebenspartnerinnen und Müttern wahrgenommen. In einigen Justizvollzugsanstalten werden sozialpädagogisch begleitete Vater-Kind-Gruppen angeboten (Cornel 2021, 176).

Hilfen zur Vermeidung der Vollstreckung von Ersatzfreiheitsstrafen durch gemeinnützige Arbeit

Die Vermeidung der Vollstreckung von Ersatzfreiheitsstrafen durch das Angebot gemeinnütziger Arbeiten, organisiert und begleitet durch Soziale Arbeit, ist ein weiterer wichtiger Bereich ambulanter Straffälligenhilfe, der in den letzten Jahren stark an Bedeutung insbesondere in der freien Straffälligenhilfe zugenommen hat. Zum einen können immer mehr Personen ihre Geldstrafe nicht bezahlen und es fehlt ihnen teils auch an sozialer Kompetenz, selbst bei Bagatelldelikten der Ersatzfreiheitsstrafenvollstreckung zu entgehen. Zum anderen hat sich weitgehend die kriminalpolitische Auffassung durchgesetzt, dass es weder ethisch im Sinne rationaler Kriminalpolitik noch finanziell zu rechtfertigen ist, diese zu Geldstrafe verurteilten Personen zu inhaftieren und aus ihren Lebenszusammenhängen zu reißen.

Zahlreiche Untersuchungen zur Vermeidung der Vollstreckung von Ersatzfreiheitsstrafen haben erwiesen, dass die Vermittlung gemeinnütziger Arbeit eine wichtige kriminalpolitische Maßnahme ambulanter Straffälligenhilfe darstellen kann, wenn die aktuelle Lebenslage berücksichtigt wird und eine sozialarbeiterische Begleitung erfolgt (Bögelein & Kawamura-Reindl 2018). Es geht also nicht allein um die Vermittlung und Organisation gemeinnütziger Arbeit, sondern um bedarfsangemessene Unterstützung und Begleitung der Klient*innen, die ansonsten meist die Arbeiten schnell wieder abbrechen.

Zur Sozialen Arbeit im Rahmen ambulanter Straffälligenhilfe gehören zweifellos auch zahlreiche Diversionsmaßnahmen und Angebote im Rahmen von Weisungen innerhalb des Jugendstrafrechts (▶ Kap. 24).

25.2.2 Aufgabenfelder der stationären Straffälligenhilfe

Dieser Abschnitt konzentriert sich auf die Soziale Hilfe im Strafvollzug und in Übergangseinrichtungen, weil – wie sich zeigen wird – die Soziale Arbeit in der Untersuchungshaft und die im Maßregelvollzug viele Gemeinsamkeiten mit der im Strafvollzug hat.

Der Strafvollzug selbst ist ein Arbeitsfeld professioneller Sozialer Arbeit, er ist aber – trotz seines gesetzlich festgeschriebenen Ziels der Resozialisierung – keine Institution der Sozialen Arbeit.

Am 31. März 2020 gab es im deutschen Justizvollzug 59.487 Gefangene, von denen 3.312 weiblich (5,6 %) waren (Statistisches Bundesamt 2020). 52.869 Personen waren im geschlossenen Vollzug untergebracht und 6.618 (11,1 %) im offenen Vollzug. Von diesen Gefangenen befanden sich 12.251 in Untersuchungshaft, 42.177 verbüßten eine Freiheitsstrafe (im Jahr 2000: 53.183) und 3.557 eine Jugendstrafe (im Jahr 2000: 7.396) (ebd. und Statistisches Bundesamt 2019, 11). Von den verurteilten Strafgefangenen waren im März 2020 2.540 und von den Jugendstrafgefangenen 125 weiblich. 1.797 Personen verbüßten im März 2020 eine lebenslange Freiheitsstrafe. In Sicherungsverwahrung waren 593 Personen inhaftiert, davon eine Frau.

Das Bundesstrafvollzugsgesetz von 1977, das inzwischen von 16 Landesstrafvollzugsgesetzen ersetzt wurde, untergliederte die Soziale Hilfe im Strafvollzug in die Hilfe bei der Aufnahme, Hilfe während des Vollzuges und Hilfe zur Entlassung (§§ 71ff. StVollzG). In vielen Landesstrafvollzugsgesetzen findet man eine ähnliche Strukturierung. Sozialarbeiter*innen im Strafvollzug sind zum einen ihrer Profession mit ihren Zielen und Methoden verbunden und zum anderen sind sie Teil des Strafvollzugssystems, unterstehen der Anstaltsleitung und sind dem Vollzugsziel verpflichtet. Das kann zu Konflikten führen, denn Auftraggeber*in ist nicht nur der*die Klient*in selbst, sondern der Staat mit seinem Interesse der zukünftigen Einhaltung der Strafgesetze und der fluchtsicheren Unterbringung. Das unterscheidet Sozialarbeiter*innen nicht von den Ärzt*innen, Lehrer*innen und Psycholog*innen in diesem Bereich.

Soziale Arbeit im Strafvollzug leistet gerade in der ersten Phase vor allem Krisenintervention und Beratung (Cornel 2018d, 326 und 329), organisiert Gruppenarbeit bzw. Gruppentrainings, Entschuldungshilfe, soziale Kulturarbeit und Täter-Opfer-Ausgleich – oft in Kooperation mit Fachkräften von außerhalb des Vollzugs. Sie versucht, den Gefangenen die Opferperspektive nahezubringen und erörtert mit diesen ggf. ihre Straftaten und eigenen lebensgeschichtlichen Zusammenhänge, Erfahrungen und Haltungen (Cornel 2018d, 330ff.). In der Untersuchungshaft verschieben sich die Schwerpunkte der Arbeit aufgrund der Unschuldsvermutung, der hohen Suizidgefahr nach der Verhaftung und der Vorbereitung der Hauptverhandlung (Cornel 2018c, 284ff.).

Am Tag der Entlassung verfügen viele Strafgefangene nicht über eigenen Wohnraum, können diesen nicht erlangen und nicht in ihre Familien zurückkehren, sodass ihnen Wohnungslosigkeit droht, die wiederum eine schlechte Voraussetzung für die Legalbewährung und Integration ist. Die Hilfen zur Überwindung besonderer sozialer Schwierigkeiten gemäß §§ 67ff. SGB XII (z. B. Vermittlung eigenen Wohnraums, Platz in einer Einrichtung des betreuten Wohnens) sind häufig nicht in ausreichender Anzahl bzw. rechtzeitig vorhanden und entsprechen häufig nicht dem spezifischen Bedarf straffällig gewordener Menschen mit wenig unterstützenden sozialen Beziehungen, die oft zudem noch arbeitslos und verschuldet sind. Auf dem Wohnungsmarkt sind sie daher vielfach benachteiligt; deshalb muss sich Soziale Arbeit um spezifische betreute Wohnformen und Unterstützung bei der Wohnraumvermittlung kümmern. Das gilt ganz besonders, wenn es über die reine Wohnungslosigkeit hinaus um mangelnde soziale Kompetenzen im Bereich Wohnen, Haushaltsführung, Körperpflege, Gesundheitsvorsorge und eigene Ernährung geht, wobei es völlig nebensächlich ist, ob diese Kompetenzen durch eine lange Inhaftierung verloren gingen (Hospitalisierung) oder nie vorhanden waren. Insbesondere die freie Straffälligenhilfe kann stationäre Übergangseinrichtungen anbieten, wobei es bedarfsangemessen entweder um eine möglichst schnelle Verselbstständigung des Wohnens geht oder um eine längere Phase, in der auch Soziales Lernen und die Überwindung von Beziehungs- oder Bindungsstörungen eine Rolle spielen. Die Bedeutung von Übergangseinrichtungen ist noch dadurch gewachsen, dass zahlreiche Landesstrafvollzugsgesetze die Möglichkeiten geschaffen haben, Langzeitausgänge von bis zu sechs Monaten während der Strafvollstreckungszeit in solchen Heimen zu verbringen (z. B. in § 50 Abs. 4 Brandenburgisches Justizvollzugsgesetz).

Wichtig sind die Vernetzung aller ambulanten und stationären Hilfen und möglichst die Schaffung einer gemeinsamen gesetzlichen Grundlage sowie regionale und landesweite Gesamtplanungen (Cornel, Dünkel, Pruin, Sonnen & Weber 2015).

25.3 Soziale Probleme und problematische Lebenslagen der Zielgruppe dieses Arbeitsfelds

So vielfältig wie das im letzten Abschnitt skizzierte Arbeitsfeld ist, so heterogen ist auch die Zielgruppe. Zwar sind die jungen Männer stark überrepräsentiert, aber der Anteil der über 60-Jährigen wächst und der kleine Anteil straffälliger Frauen hat spezifische Bedarfe. Gemeinsam sind der Zielgruppe die Stigmatisierung der Delinquenz und die gewollte Übelszufügung durch das Strafrecht. Die

Lebenslage wird eben nicht nur durch soziale Benachteiligungen und die Biografie bestimmt, sondern durch den Zwangskontext der Hilfen und Strafbedürfnisse in der Bevölkerung. Gleichwohl lassen sich zahlreiche Aspekte problematischer Lebenslagen und Lebensläufe benennen, die zumindest gehäuft bei der Zielgruppe der Straffälligen auftreten. Zu nennen sind Gewalterfahrungen, Vernachlässigungen in der Erziehung (Cornel 2020) und ein niedriges Niveau in Schulausbildung und Berufsqualifikation, sodass es zu Problemen auf dem Arbeitsmarkt kommt. Schuldistanz und Probleme schon in der frühkindlichen Erziehung mit Folgen hinsichtlich der sozialen Kompetenzen sowie Stigmatisierungen, Sucht, Schulden und Armut sind häufig anzutreffen (Cornel 2006, 116f.), wobei vor einfachen Vermutungen hinsichtlich der Kausalität zu warnen ist.

> **Rechtliche und organisatorische Rahmenbedingungen der Arbeitsfelder**
>
> Für die Bewährungshilfe finden sich die wesentlichen Regelungen für Erwachsene in den §§ 56ff. Strafgesetzbuch sowie für Jugendliche und Heranwachsende in den §§ 21ff. und 88 Jugendgerichtsgesetz (JGG).
>
> Die Gerichtshilfe hat ihre Rechtsgrundlagen vor allem in den §§ 160 Abs. 3 und 463d Strafprozessordnung (StPO).
>
> Die Führungsaufsicht ist in den §§ 68ff. Strafgesetzbuch rechtlich geregelt und die forensischen Ambulanzen in den §§ 68a Abs. 7, 68b Abs. 1 Ziff. 7 und Abs. 2. Sowohl Bewährungshilfe als auch Gerichtshilfe und Führungsaufsicht sind Soziale Dienste der Landesjustizbehörden.
>
> Die Haftentlassenenhilfe und Entlassungsvorbereitung durch Mitarbeiter*innen der freien Straffälligenhilfe hat ihre Grundlage in § 67f. SGB XII (Sozialhilfe). Die freien Träger selbst können kleine Vereine, private gemeinnützige Träger in unterschiedlichen Rechtsformen mit Dutzenden Mitarbeiter*innen sein, aber auch große Verbände wie bspw. die Arbeiterwohlfahrt, das Diakonische Werk oder die Caritas. Die Mitwirkung im Verfahren nach dem Jugendgerichtsgesetz bzw. Jugendgerichtshilfe durch die Jugendämter ist in § 52 SGB VIII (Kinder- und Jugendhilfe) und § 38 JGG geregelt.
>
> Für Strafvollzug und Untersuchungshaftvollzug gibt es seit der Föderalismusreform spezifische Landesgesetze.

25.4 Handlungskonzepte, Arbeitsweisen und Handlungsstrategien

Betrachtet man die Arbeitsweisen in diesem Arbeitsfeld, so fällt zunächst auf, dass häufig nicht Fachkräfte der Sozialen Arbeit zielgruppenspezifische Arbeitsweisen in einem ihren Methoden angemessenen Setting entwickelt haben, sondern dass Soziale Arbeit rein repressive Reaktionen auf Delinquenz in bestehenden Kontrollstrukturen und Zwangskontexten des Strafrechts zurückdrängte, wenn auch meist nicht völlig ersetzen konnte. Die Arbeit in Zwangskontexten ist der Sozialen Arbeit nicht so fremd, wie das häufig dargestellt wird (vgl. Kähler 2005, 9, 14; Cornel 2008, 4f.). Aber das Strafrecht hat mit der drohenden Freiheitsstrafe im Zentrum ganz besondere Zwangsmittel zur Verfügung, die das Arbeitsfeld prägen. Dennoch oder gerade deshalb muss Soziale Arbeit hier ihr eigenständiges Profil bewahren und ihre eigene professionelle Haltung zeigen: Lebenslagen verbessernd, menschenrechtsorientiert, auf soziale Gerechtigkeit und Chancenverbesserung zielend.

Ist ein Hilfebedarf bei Klient*innen der Bewährungshilfe und Führungsaufsicht nicht vorhanden oder sehen diese keinerlei Veränderungsbedarf und sind zur Mitwirkung nicht zu motivieren, dann ist diese Entscheidung dem Gericht mitzuteilen. Ggf. bedarf es dazu einer diagnostischen und prognostischen Einschätzung. Eine weitere Beteiligung an der strafrechtlichen Sozialkontrolle ist dann aus der Perspektive der Sozialen Arbeit nicht mehr nötig. Soweit zur Mitwirkung nicht motiviert werden konnte, sind alternative Hilfeangebote zu benennen und eine niederschwellige Ansprechbarkeit ist sicherzustellen.

Fachliche Soziale Arbeit kann sich auch im Arbeitsfeld mit straffällig gewordenen Menschen ihr Setting nicht immer aussuchen – sie ist, wie andere Professionen auch, von Machtstrukturen abhängig. In der konkreten Fallarbeit mit straffälligen Menschen muss sie sich immer wieder entscheiden zwischen der Arbeit in Zwangskontexten und der totalen Verweigerung, die ein Alleinlassen des*der Klient*in in hilflosester Situation implizieren kann. Dieser Widerspruch ist im Einzelfall nicht aufzuheben – kriminalpolitisch lassen sich die Gewichte zwischen Repression und Hilfe durchaus verschieben, wie man das in den letzten 120 Jahren erleben konnte.

25.5 Aktuelle Entwicklungstendenzen

Betrachtet man die Soziale Arbeit mit straffällig gewordenen Menschen in einem Zeithorizont von 50 bis 60 Jahren, so wird man feststellen können, dass sie sich sowohl in den Gefängnissen, erst recht aber in der ambulanten Straffälligenhilfe stark ausgeweitet hat. Das gilt sowohl für die justizielle als auch die freie Straffälligenhilfe. Heute stehen mehr als 150.000 Personen unter Bewährungsaufsicht, wobei in den letzten 20 Jahren vor allem die Führungsaufsicht zugenommen hat. Die Anzahl der Inhaftierten pro 100.000 der Bevölkerung ist hingegen in diesem Zeitraum gesunken.

Insbesondere in der Bewährungshilfe gibt es eine Debatte darüber, inwieweit die Ziele und Methoden der Sozialen Arbeit oder die Risikoorientierung im Mittelpunkt stehen (beides schließt sich grundsätzlich nicht aus: Cornel, Grosser, Lindenberg & Lindenberg 2018) und inwieweit die nichtfreiheitsentziehenden

Maßnahmen und Hilfeleistungen für straffällig gewordene Menschen eine einheitliche Rechtsgrundlage brauchen (Cornel, Dünkel, Pruin, Sonnen & Weber 2015).

Weiterführende Literatur

Cornel, H., Kawamura-Reindl, G. & Sonnen, B.-R. (Hrsg.) (2018), Cornel, H. (2021) (s. u.)

Internetquellen

Deutsche Bewährungshilfe e. V.: https://www.dbh-online.de/
Bundesarbeitsgemeinschaft für Straffälligenhilfe e. V.: https://www.bag-s.de/
Deutsche Vereinigung für Jugendgerichte und Jugendgerichtshilfen e. V.: https://www.dvjj.de/

Sonstige Hinweise

Fachzeitschriften: Bewährungshilfe, Forum Strafvollzug, Neue Kriminalpolitik, Zeitschrift für Jugendkriminalrecht und Jugendhilfe
Fachorganisationen/Berufsverbände: s. Internetquellen

Literatur

Bögelein, N. & Kawamura-Reindl, G. (2018): Gemeinnützige Arbeit zur Vermeidung von Ersatzfreiheitsstrafen, In: Cornel, Kawamura-Reindl, Sonnen 2018, 246–261.
Cornel, H. (2006): Probanden der Sozialen Dienste der Justiz in Berlin – Daten zur Legal- und Sozialbiographie sowie zur sozialen Situation und Durchführung der Aufsichten. In: Bewährungshilfe, 53. Jg., Heft 2, 99–124.
Cornel, H. (2008): Die Bedeutung des Zwangskontextes in der Sozialen Arbeit mit Delinquenten. In: Klinische Sozialarbeit, Heft 2, 4–6.
Cornel, H. (2012): Übergangsmanagement im Prozess der Resozialisierung. In: Bewährungshilfe, 59, 286–308.
Cornel, H., Kawamura-Reindl, G. & Sonnen, B.-R. (Hrsg.) (2018): Resozialisierung. Handbuch (4. Aufl.) Baden-Baden: Nomos.
Cornel, H. (2018a): Zum Begriff der Resozialisierung. In: Cornel, Kawamura-Reindl, Sonnen 2018, 31–62.
Cornel, H. (2018b): Rechtsgebiete der Resozialisierung. In: Cornel, Kawamura-Reindl, Sonnen 2018, 63–74.
Cornel, H (2018c): Untersuchungshaft. In: Cornel, Kawamura-Reindl, Sonnen 2018, 262–296.
Cornel, H. (2018d): Resozialisierung im Strafvollzug: In: Cornel, Kawamura-Reindl, Sonnen 2018, 310–338.
Cornel, H. (2020): Delinquenz, Beziehungs- und Bindungsstörungen. Ihre Bedeutung für lang anhaltende kriminelle Karrieren und Resozialisierungsangebote, in Soziale Arbeit, Heft 9/10, 340–350.
Cornel, H. (2021): Resozialisierung durch Soziale Arbeit. Stuttgart: Kohlhammer.

Cornel, H, Dünkel, F., Pruin. I., Sonnen, B.-R. & Weber, J. (2015): Diskussionsentwurf für ein Landesresozialisierungsgesetz. Nichtfreiheitsentziehende Maßnahmen und Hilfeleistungen für Straffällige, Mönchengladbach: Forum Verlag.
Cornel, H., Grosser, R., Lindenberg, K. & Lindenberg, M. (2018): Wissen, was wir tun. Überlegungen zur Rückbesinnung auf sozialarbeiterisches Handeln in der Arbeit mit straffällig gewordenen Menschen, in: Bewährungshilfe, Heft 1, 78–91.
Gundelach, L. (2015): Die Führungsaufsicht nach der Vollverbüßung einer Jugendstrafe. Baden-Baden: Nomos.
Jehle, J.-M., Albrecht, H.-J., Hohmann-Fricke S. & Tetal, C. (2016): Legalbewährung nach strafrechtlichen Sanktionen. Eine bundesweite Rückfalluntersuchung. Mönchengladbach: Forum Verlag.
Kähler, H. (2005): Soziale Arbeit in Zwangskontexten. München: Reinhardt.
Kawamura-Reindl, G. (2018a): Hilfen für Angehörige Inhaftierter. In: Cornel, Kawamura-Reindl, Sonnen 2018, 503–513
Kawamura-Reindl, G. (2018b): Bewährungshilfe für Jugendliche und Heranwachsende im Spannungsfeld von Hilfe und Kontrolle. In: Dollinger, B. & Schmidt-Semisch, H. (Hrsg.): Handbuch Jugendkriminalität – Interdisziplinäre Perspektiven. Wiesbaden: Springer VS, 443–460.
Pruin, I. (2018): Gestaltung von Übergängen. In: Cornel, Kawamura-Reindl, Sonnen 2018, 572–590.
Statistisches Bundesamt (2011): Rechtspflegestatistik. Bewährungshilfe, Fachserie 10, Reihe 5. Wiesbaden: Statistisches Bundesamt.
Statistisches Bundesamt (2019): Strafvollzugsstatistik 2019. Fachserie 10, Reihe 4.1, Wiesbaden: Statistisches Bundesamt.
Statistisches Bundesamt (2020): Bestand der Gefangenen und Verwahrten in den deutschen Justizvollzugsanstalten nach ihrer Unterbringung auf Haftplätzen des geschlossenen und offenen Vollzuges. Wiesbaden: Statistisches Bundesamt.
Wolter, D. (2020): Zahlen zur Führungsaufsicht – was wissen wir (nicht)? In: Bewährungshilfe, Heft 3, 197–202.

Handlungsbereich »Sozialmanagement«

Kurzbeschreibung

Dieser Handlungsbereich umfasst adressatenunabhängige Arbeitsfelder der Sozialen Arbeit. Es geht um die Sicherung der Qualität Sozialer Arbeit, um die Gewährleistung der erforderlichen personalen und materiellen Ressourcen sowie um planende und leitende Aufgaben.

Adressat*innen

Adressat*innenenunabhängig

Wichtige Arbeitsfelder/-orte

Arbeitsfelder, die in diesem Band vorgestellt werden:
Förderung und Begleitung freiwilligen sozialen Engagements (▶ Kap. 26).

Weitere Arbeitsfelder (Beispiele):
Soziales Quartiersmanagement; Sozialplanung; Supervision; Fort- und Weiterbildung; Organisations- und Personalentwicklung; Qualitätsmanagement; Leitung von Diensten und Einrichtungen; Fundraising; Projektentwicklung.

26 Förderung und Begleitung freiwilligen sozialen Engagements

Gisela Jakob

26.1 Engagementförderung als neuer Arbeitsbereich

26.1.1 Ausbau und Aufwertung des Engagements

Die Förderung und Begleitung freiwilligen sozialen Engagements hat sich als ein eigener Arbeitsbereich herausgebildet, in dem auch die professionelle Soziale Arbeit präsent ist. Unter Stichworten wie Freiwilligen- oder Ehrenamtskoordinierung geht es in sozialen Einrichtungen und Organisationen darum, Rahmenbedingungen für eine gelingende Zusammenarbeit von beruflichen Mitarbeiter*innen und freiwillig engagierten Bürger*innen zu schaffen und Engagement zu ermöglichen. Wohlfahrtsverbände, Kirchen und größere Vereine haben eigene Arbeitsbereiche und Stabsstellen eingerichtet, um ihren Mitgliedsorganisationen Serviceleistungen zur Förderung von Engagement und Ehrenamt anzubieten. In zahlreichen Kommunen sind mit den ca. 400 Freiwilligenagenturen und ähnlichen Einrichtungen lokale Anlaufstellen mit dem Auftrag entstanden, trägerübergreifend Engagement anzuregen und zu unterstützen. In Kommunalverwaltungen und auf Bundes- und Landesebene haben sich Strukturen und Netzwerke zur Engagementförderung gebildet. Bundesprogramme wie z. B. »Menschen stärken Menschen« des Bundesministeriums für Familie, Senioren, Frauen und Jugend prägen mit ihrer Förderlogik die Situation vor Ort. Hinzu kommen neuere Projekte wie die verschiedenen Patenschafts- und Mentoringprojekte (vgl. Gesemann u. a. 2021), Helfergruppen und Asylarbeitskreise in der Flüchtlingsarbeit (vgl. Zajak & Gottschalk 2018), Tafeln, Bürgerhilfevereine in ländlichen Gemeinden und Initiativen, die sozial benachteiligten Menschen Zugänge zum Engagement eröffnen. Die neuen Praktiken digitalen Engagements wie das Teilen und Weiterleiten von Beiträgen über Online-Petitionen und Crowdfunding bis hin zu anspruchsvollen Open-Source- und Civic-Tech-Projekte bringen derzeit einen weiteren Veränderungsschub (vgl. Dritter Engagementbericht 2020).

Für die Soziale Arbeit ist wichtig, dass sie über die Koordinierung des freiwilligen Engagements in Einrichtungen und Diensten hinausgehend den Auftrag hat, ihren Adressat*innen Möglichkeiten zur Partizipation und gesellschaftlichen Mitwirkung zu eröffnen. Dies geschieht in der Stadtteilarbeit, in der Kinder- und Jugendarbeit oder in Projekten zur Inklusion von Menschen mit Beeinträchtigungen (vgl. Hilse-Carstensen, Meusel & Zimmermann 2019). Die Adressat*innen werden dann nicht mehr nur als Hilfebedürftige oder Leistungsempfänger gesehen, sondern als Bürger*innen mit Rechten auf Teilnahme und Teilhabe an sozialen, politischen und ökonomischen Prozessen.

26.1.2 Gegenläufige Tendenzen

Die Förderung und Begleitung freiwilligen sozialen Engagements hat sich zwar als Arbeitsbereich in einem Teil der Einrichtungen und Organisationen etabliert. Allerdings lassen sich auch gegenläufige Entwicklungen beobachten. So hängt es vom Selbstverständnis und von den engagementbezogenen Vorstellungen der Organisationen ab, wie mit dem Engagement umgegangen wird (vgl. Backhaus-Maul u. a. 2015, 547ff.). In großen Organisationen und Verbänden im Sozial- und Gesundheitsbereich, die sich in erster Linie als Dienstleister und Unternehmen verstehen, ist das ehrenamtliche Engagement unter Druck geraten (vgl. Liebig 2011). Die Organisationen orientieren sich zunehmend an betriebswirtschaftlichen Logiken wie Wettbewerb und Konkurrenz. Damit verlieren die Gewinnung und ›Pflege‹ von Mitgliedern und die Förderung von Engagement an Bedeutung und werden an den Rand gedrängt.

Diese unterschiedlichen und sogar gegenläufigen Entwicklungen sind unbedingt im Blick zu behalten, wenn es um Fragen der Förderung und Begleitung freiwilligen Engagements geht. Derzeit ist schwer einzuschätzen, wie sich dieser relativ neue Arbeitsbereich weiterentwickeln wird.

26.2 Begriffliche Annäherungen

Mit Begriffen wie Ehrenamt, bürgerschaftliches Engagement, Freiwilligenarbeit oder freiwilliges Engagement werden die vielfältigen Tätigkeiten bezeichnet, mit denen sich Menschen gesellschaftlich engagieren. Diese Begriffsvielfalt ist der Heterogenität sowie den unterschiedlichen Traditionen der Tätigkeiten geschuldet. In dem vorliegenden Beitrag wird mit dem Begriff des freiwilligen (sozialen) Engagements gearbeitet.

Freiwilliges (soziales) Engagement

Freiwilliges Engagement umfasst alle Tätigkeiten, mit denen sich Menschen freiwillig und weitgehend unentgeltlich engagieren. Das Engagement findet im öffentlichen Raum statt, wird in der Regel gemeinsam mit anderen erbracht und kann sich sowohl im Rahmen einer formalen Organisation als auch in weniger formalisierten Zusammenhängen wie Gruppen, Initiativen und sozialen Bewegungen vollziehen. Die Engagierten gehen mit den Tätigkeiten über die Verfolgung eigener Interessen hinaus und orientieren sich am Gemeinwohl (vgl. Enquete-Kommission 2002, 86ff.).

Diese Merkmale sind nicht ganz trennscharf und bleiben – wie etwa die Kategorie des Gemeinwohls – vage. Sie ermöglichen allerdings zumindest eine formale Bestimmung, um freiwilliges Engagement von Tätigkeiten zu unterscheiden, die Menschen in ihrer Erwerbsarbeit oder im privaten Bereich erbringen. Untersuchungen wie der ZiviZ-Survey, eine repräsentative Erhebung zivilgesellschaftlicher Organisationen (vgl. Krimmer 2019) und die Freiwilligensurveys greifen auf diese Bestimmung zurück. So ermittelt der 5. Freiwilligensurvey für Deutschland eine Quote von knapp 40 % der Bürger*innen über 14 Jahren, die sich freiwillig engagieren (vgl. Simonsohn u. a. 2021).

Freiwilliges Engagement findet in nahezu allen gesellschaftlichen Bereichen statt und schließt das ehrenamtliche Engagement ein, mit dem in vielen Organisationen die verschiedenen Formen von Hilfen und direkter Unterstützung bezeichnet werden. Freiwilliges soziales Engagement umfasst die Tätigkeiten in sozialen Einrichtungen, Organisationen und Diensten (vgl. Klein, Fuchs & Flohé 2011). Dazu gehören Bereiche wie die Wohlfahrtspflege, die Kinder- und Jugendhilfe, die Stadtteilarbeit, die Wohnungslosenhilfe, die Altenarbeit, die Behindertenhilfe, die Flüchtlings- und Migrationsarbeit und Einrichtungen im Gesundheitswesen. Auch Freiwilligendienste und Selbsthilfe (▶ Kap. 18) sind Varianten freiwilligen Engagements.

Über diese begriffliche Annäherung mittels formaler Kriterien hinausgehend hat die Enquete-Kommission »Zukunft des Bürgerschaftlichen Engagements« (2002) eine inhaltliche Bestimmung vorgeschlagen, die ich für den vorliegenden Beitrag übernehme.

> Mit einem freiwilligen Engagement nehmen Bürger*innen demnach ihre *Rechte auf Partizipation und gesellschaftliche Mitwirkung* wahr. Engagement ist mehr als eine unentgeltliche Dienstleistung. Es steht vielmehr für ein Recht auf Teilnahme, mit dem sich Bürger*innen in gesellschaftliche Belange einmischen und daran mitwirken, Gesellschaft im Kleinen oder auch in zentralen Funktionen mitzugestalten.

Die Tätigkeiten können sich in bestehende Organisationen und Einrichtungen einfügen, können sich aber auch als Kritik und Protest an gesellschaftlichen Strukturen äußern. Dies lässt sich derzeit in Gruppen und sozialen Bewegungen beobachten, die sich gegen die restriktive Fluchtpolitik oder für eine veränderte Klimapolitik einsetzen.

Berufliche Mitarbeiter*innen und freiwillig Engagierte

Ausgehend von dieser formalen und inhaltlichen Bestimmung von Engagement als Recht auf gesellschaftliche Mitwirkung empfehle ich veränderte Kennzeichnungen für die verschiedenen Beteiligten. Das nach wie vor gebräuchliche Begriffspaar Hauptamt und Ehrenamt hat seine Wurzeln in obrigkeitsstaatlichen Traditionen am Beginn des 19. Jahrhunderts (vgl. Sachße 2003) und entspricht weder dem heutigen Verständnis von Engagement noch der fachlichen Ausrichtung professioneller Sozialer Arbeit. Statt der Bezeichnung »Hauptamtliche« sollte von *beruflichen Mitarbeiter*innen* gesprochen werden, womit neben den Fachkräften der Sozialen Arbeit das berufliche Personal in sozialen Einrichtungen insgesamt erfasst wird. Statt der Kennzeichnung als »Ehrenamtliche« empfehle ich für die zahlreichen Engagierten im sozialen Bereich die Wendung *freiwillig engagierte Bürger*innen* oder *freiwillig Engagierte*. Der Begriff des Bürgers bzw. der Bürgerin ist dabei nicht an die Staatsbürgerschaft geknüpft, sondern meint Personen, die sich – über die eigenen Interessen hinausgehend – gesellschaftlich engagieren (vgl. Olk & Hartnuß 2011). Berufliche Mitarbeiter*innen und freiwillig Engagierte haben unterschiedliche Aufträge und Rollen und sind auf verschiedene Weise in die jeweilige Organisation eingebunden. Dies sollte sich auch in den begrifflichen Bezeichnungen widerspiegeln.

26.3 Zwischen Kooperation und Konkurrenz – Zur Zusammenarbeit von freiwillig Engagierten und beruflichen Mitarbeiter*innen

Bei der Zusammenarbeit von freiwillig Engagierten und beruflichen Mitarbeiter*innen in sozialen Einrichtungen und Organisationen haben sich verschiedene Modelle herausgebildet. Das Spektrum reicht von Engagierten, die recht autonom handeln und eigene Gestaltungsmöglichkeiten haben, bis hin zu »Ehrenamtlichen« als Weisungsempfänger*innen und Zuarbeiter*innen für die ›Profis‹ (vgl. Schumacher 2018, 74). Wenn beide Gruppen zusammenarbeiten, dann ist häufig von Spannungen und Konflikten die Rede. Angesichts des hohen Arbeitsdrucks und zeitlicher Überlastungen wird die Integration freiwillig Engagierter von beruflichen Mitarbeiter*innen als weitere, zusätzliche Aufgabe erlebt und manchmal als Bedrohung für den eigenen Arbeitsplatz wahrgenommen. Dies wird verschärft, wenn die Entscheidung zur Integration von Engagement in Arbeitsabläufe als Top-Down-Prozess durch die Geschäftsleitung erfolgt, ohne dass die beruflichen Mitarbeiter*innen einbezogen worden sind (vgl. Roß & Tries 2010).

Auch von Seiten freiwillig Engagierter werden Konflikte thematisiert, die sich aus überzogenen Erwartungen an die Handlungs- und Entscheidungsmöglichkeiten der beruflich Tätigen ergeben (vgl. Schumacher 2018, 69). Als weiterer Faktor für Missverständnisse und Auseinandersetzungen kommen die unzureichende Kommunikation und der fehlende Informationsfluss hinzu, die von beiden Gruppen beklagt werden (Roß & Tries, 7; Schumacher 2018, 67). Außerdem mangelt es häufig an klaren Aufgabenbeschreibungen und Rollendefinitionen für die verschiedenen Beteiligten.

Diese Spannungen und Konflikte sind nicht immer den persönlichen Beziehungen zwischen beruflichen und freiwillig engagierten Mitarbeiter*innen geschuldet. Vielmehr wird die Zusammenarbeit stark von äußeren Faktoren beeinflusst wie dem Umgang der jeweiligen Organisation mit dem Engagement (vgl. Backhaus-Maul u. a. 2015). Hinzu kommen der zunehmende Wettbewerb und Kostendruck für die Organisationen im Sozial- und Gesundheitsbereich, die sich auf den Arbeitsalltag der beruflichen Mitarbeiter*innen auswirken. Nicht zuletzt spielen auf Seiten der professionellen Sozialen Arbeit auch die fehlende gesellschaftliche Wertschätzung und die nach wie vor offene Frage nach dem Stand der Professionalisierung Sozialer Arbeit eine Rolle (vgl. Nadai u. a. 2005).

26.4 Kennzeichen eines professionellen Freiwilligenmanagements

Um die Zusammenarbeit von beruflichen Mitarbeiter*innen und freiwillig Engagierten zu verbessern und in Organisationen förderliche Rahmenbedingungen für Engagement ›herzustellen‹, sind in den letzten Jahren Konzepte für ein professionelles Freiwilligenmanagement ausgearbeitet worden (vgl. Reifenhäuser, Hoffmann & Kegel 2017; Rosenkranz & Weber 2012). Dabei geht es um eine sorgfältige Planung und Aufgabenbestimmung, die Gewinnung, Vorbereitung und Qualifizierung der freiwillig Engagierten sowie ihre Unterstützung, Begleitung und Anerkennung. Ein professionelles Freiwilligenmanagement zielt auf Einrichtungen und Organisationen, die Angebote und Dienstleistungen bereitstellen und diese mit beruflichem Personal erbringen. Auch Vereine und Gruppen, die ausschließlich mit freiwillig Engagierten und Ehrenamtlichen arbeiten, müssen das Engagement koordinieren und tun dies mit ihren ehrenamtlichen Ressourcen.

Freiwilligenmanagement bzw. -koordinierung sollte mehr sein als eine Methode, um das Engagement möglichst effizient zu nutzen. Vielmehr geht es darum, »den *Stellenwert* freiwilligen Engagements im *Selbstverständnis* der Organisation und in der *Organisationskultur* fest zu verankern« (Biedermann 2012, 59). Eine Zusammenarbeit mit freiwillig engagierten Bürger*innen kann nur gelingen, wenn dies von den verschiedenen Beteiligten, den Verantwortlichen in der Organisationsleitung, den beruflichen Mitarbeiter*innen und den freiwillig Engagierten gewollt und gemeinsam getragen wird. Dabei geht es nicht einfach darum, möglichst zahlreiche Freiwillige zu gewinnen. Vielmehr kommt es darauf an, dass Organisationen sich gegenüber der Mitwirkung von Engagierten öffnen und ihnen »einen zentralen Platz mit Möglichkeiten der Partizipation« einräumen (Hartnuß 2018, 109).

Professionelle Freiwilligenkoordinierung erfordert Kompetenzen, um die Zusammenarbeit der verschiedenen Beteiligten in der jeweiligen Einrichtung oder Organisation zu organisieren, Projekte zu entwickeln, Öffentlichkeitsarbeit zu betreiben und sich mit Akteur*innen außerhalb der eigenen Organisation zu vernetzen. In der Freiwilligenkoordinierung sind die Zielgruppen der Sozialen Arbeit keine Klient*innen, die der Hilfe und Unterstützung bedürfen, sondern freiwillig engagierte Bürger*innen, die über vielfältige Kompetenzen verfügen und diese einbringen möchten.

26.5 Herausforderungen für soziale Einrichtungen und Organisationen

Die Herausbildung der Engagementförderung als eigener Arbeitsbereich und eine sorgfältig angelegte Freiwilligenkoordinierung eröffnen Optionen, dass sich Menschen mit ihrem Wissen und Können einbringen können und die Zivilgesellschaft (vgl. Adloff 2005) als gesellschaftlicher Raum für Partizipation und Engagement gestärkt wird. Die Engagierten erbringen wertvolle Dienste, machen auf gesellschaftliche Probleme aufmerksam und entwickeln manchmal auch neue Formen für deren Bewältigung.

Dieses vielfältige Potenzial freiwilligen Engagements ist allerdings gefährdet, wenn die Tätigkeiten nur als kostengünstige Dienstleistungen gesehen werden, die die Ausgaben des Sozialstaats begrenzen oder senken sollen. Die Nutzung engagementbereiter Bürger*innen als ›Ausfallbürgen‹ und ›Lückenbüßer‹ wird von einer Förderpolitik unterstützt, mit der vor allem solche Tätigkeiten und Projekte unterstützt werden, mit denen kostengünstige Leistungen erbracht und sozialstaatliche Institutionen entlastet werden (vgl. Roß & Roth 2019, 54ff.). In diesen Kontext gehört auch die *Monetarisierung des Engagements*, wenn unter der Überschrift ›bezahltes Ehrenamt‹ geringfügige Entgelte und stundenweise Bezahlungen etwa in pflegenahen Bereichen oder in der Ganztagsschulbetreuung vorgenommen werden (vgl. Jakob 2015). Damit wird die Freiwilligkeit der Aktivitäten in Frage gestellt und Engagement wird auf die Rolle einer niedrig entlohnten Tätigkeit reduziert, um notwendige Aufgaben zu erfüllen.

Einer solchen Indienstnahme ist eine klare Absage zu erteilen. Soziale Einrichtungen und Organisationen sollten sich vielmehr an einem Verständnis freiwilligen Engagements orientieren, mit dem Bürger*innen Gelegenheiten zur *Partizipation und Mitwirkung* an Gesellschaft eröffnet werden. In der konkreten Zusammenarbeit würde dies bedeuten, die Ressourcen der beruflichen Mitarbeiter*innen und damit auch der Sozialen Arbeit und die lebensweltlichen Kompetenzen freiwillig Engagierter im Sinne der Adressat*innen zu bündeln. Dies erfordert eine Kooperation ›auf gleicher Augenhöhe‹. Engagement ist weder eine Ergänzung beruflicher Arbeit noch Laienarbeit. Beide Gruppen, beruflich Tätige und freiwillig Engagierte, haben vielmehr unterschiedliche Rollen inne und verfügen über unterschiedliche Wissensbestände, die sich gegenseitig ergänzen. Die Engagierten bringen dabei ihr Wissen und ihre Fähigkeiten aus ihren jeweiligen Lebenswelten ein. Dies erschwert manchmal die Zusammenarbeit, macht zugleich aber auch die Bedeutung und Eigensinnigkeit freiwilligen Engagements aus.

Weiterführende Literatur

Hartnuß, B. (2018), Olk, T. & Hartnuß, B. (2011), Roß, P.-S. & Roth, R. (2019) (s. u.)

Internetquellen

Bundesnetzwerk Bürgerschaftliches Engagement: www.b-b-e.de
Deutsche Stiftung für Engagement und Ehrenamt: www.deutsche-stiftung-engagement-und-ehrenamt.de
Stiftung Mitarbeit: www.mitarbeit.de

Literatur

Adloff, F. (2005): Zivilgesellschaft. Theorie und politische Praxis. Frankfurt/New York: Campus.
Backhaus-Maul, H., Speck, K., Hörnlein, M. & Krohn, M. (2015): Engagement in der Freien Wohlfahrtspflege. Empirische Befunde aus der Terra incognita eines Spitzenverbandes. Wiesbaden: Springer VS.
Biedermann, C. (2012): Freiwilligen-Management: Die Zusammenarbeit mit Freiwilligen organisieren. In: D. Rosenkranz & A. Weber (Hrsg.): Freiwilligenarbeit. Einführung in das Management von Ehrenamtlichen in der Sozialen Arbeit (2., akt. Aufl.). Weinheim/München: Juventa, 57–66.
Dritter Engagementbericht (2020): Zukunft Zivilgesellschaft: Junges Engagement im digitalen Zeitalter. Hrsg.: Bundesministerium für Familie, Senioren, Frauen und Jugend. Berlin.
Enquete-Kommission »Zukunft des Bürgerschaftlichen Engagements«, Deutscher Bundestag (2002). Bericht. Bürgerschaftliches Engagement: auf dem Weg in eine zukunftsfähige Bürgergesellschaft. Opladen: Leske & Budrich.
Gesemann, F., Nentwig-Gesemann, I., Seidel, A. & Walther, B. (Hrsg.) (2021): Engagement für Integration und Teilhabe in der Einwanderungsgesellschaft. Wiesbaden: Springer VS.
Hartnuß, B. (2018): Bürgerschaftliches Engagement und Soziale Arbeit. Ein Studienbuch für die Praxis. Bremen: Apollon University Press.
Hilse-Carstensen, T., Meusel, S. & Zimmermann, G. (Hrsg.) (2019): Freiwilliges Engagement und soziale Inklusion. Perspektiven zweier gesellschaftlicher Phänomene in Wissenschaft und Praxis. Wiesbaden: Springer VS.
Jakob, G. (2015): Wenn Engagement zu (Erwerbs-)Arbeit wird – Zu den Folgen einer Monetarisierung bürgerschaftlichen Engagements. In: Stiftung Mitarbeit (Hrsg.): Zwischen Erwerbsarbeit und Engagement. Die Debatte um das Geld im bürgerschaftlichen Engagement. Mitarbeiten.skript 08. Bonn: Verlag Stiftung Mitarbeit, 6–13.

Klein, A., Fuchs, P. & Flohé, A. (Hrsg.) (2011): Handbuch Kommunale Engagementförderung im sozialen Bereich. Berlin: Eigenverlag des Deutschen Vereins für öffentliche und private Fürsorge.

Krimmer, H. (Hrsg.) (2019): Datenreport Zivilgesellschaft. Wiesbaden: Springer VS.

Liebig, R. (2011): Was bleibt für das Ehrenamt? Analysen und Forschungsbefunde zum Wandel von Führungsstrukturen im Sozialbereich. In: Bürgerschaftliches Engagement unter Druck. Analysen und Befunde aus den Bereichen Soziales, Kultur und Sport. Opladen u. a.: Budrich, 29–163.

Nadai, E., Sommerfeld, P., Bühlmann, F. & Krattiger, B. (2005): Fürsorgliche Verstrickung. Soziale Arbeit zwischen Profession und Freiwilligenarbeit. Wiesbaden: Springer VS.

Olk, T. & Hartnuß, B. (2011): Bürgerschaftliches Engagement. In: Dies. (Hrsg.): Handbuch Bürgerschaftliches Engagement. Weinheim/Basel: Beltz Juventa, 145–161.

Reifenhäuser, S. G., Hoffmann, C. & Kegel, T. (2017): Freiwilligen-Management. Hintergründe und Handlungsempfehlungen für ein gutes Management des freiwilligen Engagements (2., akt. Aufl.). Regensburg: Walhalla.

Roß, P.-S. & Tries, H. (2010): Die Kernfrage des freiwilligen Engagements ist die Gewinnung der Hauptberuflichen. In: Newsletter Wegweiser Bürgergesellschaft 10, https://www.buergergesellschaft.de/fileadmin/pdf/gastbeitrag_ross_tries_100528.pdf, Aufruf: 10.11.2020.

Roß, P.-S. & Roth, R. (2019): Soziale Arbeit und bürgerschaftliches Engagement: gegeneinander – nebeneinander – miteinander? Berlin: Verlag des Deutschen Vereins für öffentliche und private Fürsorge e. V.

Rosenkranz, D. & Weber, A. (Hrsg.) (2012): Freiwilligenarbeit. Einführung in das Management von Ehrenamtlichen in der Sozialen Arbeit (2., akt. Aufl.). Weinheim/Basel: Beltz Juventa.

Sachße, C. (2003): Mütterlichkeit als Beruf. Sozialarbeit, Sozialreform und Frauenbewegung 1871–1929 (3. Aufl.). Weinheim/Basel, Berlin: Beltz Votum.

Schumacher, J. (2018): Kooperation von Haupt- und Ehrenamtlichen in der Arbeit mit Geflüchteten. Bestandaufnahme und Empfehlungen. Frankfurt a. M. https://www.bamf.de/SharedDocs/Anlagen/DE/Integration/Ehrenamt/studie-ehrenamt-hauptamt-inbas.pdf;jsessionid=5E35DEF0158F3F5A9F8D8B89911EB446.internet282?__blob=publicationFile&v=5, Aufruf: 12.10.2020.

Simonsohn, J. u. a. (2021): Freiwilliges Engagement in Deutschland. Zentrale Ergebnisse des Fünften Deutschen Freiwilligensurveys (FWS 2019). Hrsg.: Bundesministerium für Familie, Senioren, Frauen und Jugend. Berlin.

Zajak, S. & Gottschalk, I. (Hrsg.) (2018): Flüchtlingshilfe als neues Engagementfeld. Chancen und Herausforderungen des Engagements für Geflüchtete. Baden-Baden: Nomos.

Autor*innenverzeichnis

Prof. Dr. Reiner Adler, Ernst-Abbe-Hochschule-Jena, Reiner.Adler@eah-jena.de
Prof.in Dr.in Kathrin Aghamiri, Fachhochschule Münster, k.aghamiri@fh-muenster.de
Prof. Dr. Donja Amirpur, Hochschule Niederrhein, donja.amirpur@hs-niederrhein.de
Prof. Dr. Harald Ansen, Hochschule für Angewandte Wissenschaften Hamburg, Harald.Ansen@haw-hamburg.de
Prof. Dr. Rudolf Bieker, i. R., Hochschule Niederrhein, Rudolf.Bieker@hs-niederrhein.de
Prof. Dr. Jeannette Bischkopf, Fachhochschule Kiel, jeannette.bischkopf@fh-kiel.de
Prof. Dr. habil. Bernhard Borgetto, HAWK – Hochschule für angewandte Wissenschaft und Kunst Hildesheim/Holzminden/Göttingen, bernhard.borgetto@hawk.de
Prof. Dr. Heinz Cornel, i. R., Alice Salomon Hochschule Berlin, cornel@ash-berlin.eu
Sarah Büchter, Hochschule Düsseldorf, sarah.buechter@hs-duesseldorf.de
Prof. Dr. Ulrich Deinet, Hochschule Düsseldorf, ulrich.deinet@hs-duesseldorf.de
Prof. Dr. Ruth Enggruber, Hochschule Düsseldorf, ruth.enggruber@hs-duesseldorf.de
Prof. Dr. Lars Friege, Fachhochschule Kiel, lars.friege@fh-kiel.de
Prof.in Dr.in Silke Gahleitner, Alice Salomon Hochschule Berlin, silke.gahleitner@icloud.com
Prof. Dr. Heike Herrmann, Hochschule Fulda, heike.herrmann@sw.hs-fulda.de
Bernd Holthusen, Deutsches Jugendinstitut, holthusen@dji.de
Dr. Sabrina Hoops, Deutsches Jugendinstitut, hoops@dji.de
Prof. Dr. Gisela Jakob, Hochschule Darmstadt, gisela.jakob@h-da.de
Dr.in Wiebke Janßen, Universität Vechta, wiebke.janssen@uni-vechta.de
Prof. i. R. Dr. phil. habil. Ernst von Kardorff, ernst.von.kardorff@rz.hu-berlin.de
Prof. Dr. Johannes Kloha, Technische Hochschule Nürnberg Georg Simon Ohm, johannes.kloha@th-nuernberg.de
Julie Kunsmann, Gesellschaft für Sport und Jugendsozialarbeit, kunsmann@gsj-berlin.de
Prof. Dr. Marion Laging, Hochschule Esslingen, Marion.Laging@hs-esslingen.de
Prof. Dr. Heiko Löwenstein, Katholische Hochschule NRW. Abt. Köln, h.loewenstein@katho-nrw.de
Prof. Dr. Birgit Meyer, Hochschule Esslingen, Birgit.Meyer@hs-esslingen.de

Prof. Dr. phil. Kurt Möller, Hochschule Esslingen, Kurt.Moeller@hs-esslingen.de
Prof. Dr. Heike Niemeyer, Hochschule Niederrhein, Heike.niemeyer@hs-niederrhein.de
Prof.in Dr.in Nina Oelkers, Universität Vechta, nina.oelkers@uni-vechta.de
Prof.in Dr.in Anja Reinecke-Terner, Hochschule Hannover, anja.reinecke-terner@hs-hannover.de
Prof. Dr. Dieter Röh, Hochschule für angewandte Wissenschaft Hamburg, dieter.roeh@haw-hamburg.de
Prof. Dr. Sabrina Schmidt, Katholische Hochschule Nordrhein-Westfalen, Abt. Köln, s.schmidt@katho-nrw.de
Prof. Dr. Reinhold Schone, FH Münster, schone@fh-muenster.de
Dr. Nora Sellner, Katholische Hochschule NRW, n.sellner@katho-nrw.de
Prof. Dr. Birgit Steffens, Evangelische Hochschule Berlin, steffens@eh-berlin.de
Prof. Dr. Julia Steinfort-Diedenhofen, Katholische Hochschule Köln, j.steinfort-diedenhofen@katho-nrw.de
Hiltrud Stöcker-Zafari, Bundesgeschäftsführerin (i. R.) des Verbandes binationaler Familien und Partnerschaften, iaf e. V., stoecker-zafari@verband-binationaler.de
Prof.in Dr.in Yvette Völschow, Universität Vechta, yvette.voelschow@uni-vechta.de
Isabel Wünsche, M.Sc., HAWK – Hochschule für angewandte Wissenschaft und Kunst Hildesheim/Holzminden/Göttingen, isabel.wuensche@hawk.de

Kuhlmann/Löwenstein/
Niemeyer/Bieker (Hrsg.)

Soziale Arbeit

Das Lehr- und Studienbuch
für den Einstieg

*2022. 268 Seiten. Kart. € 34,–
ISBN 978-3-17-039266-3*

Grundwissen Soziale Arbeit

Zu Beginn des Studiums ist vor allem eins gefragt: Orientierung. Was ist Soziale Arbeit? Was sind ihre gesellschaftlichen Funktionen? Mit welchen professionstypischen Methoden arbeitet sie? Auf diese und viele weitere Fragen gibt dieses Buch präzise Antworten.
Es bereitet die Geschichte und die Professionalisierung der Sozialen Arbeit auf und stellt Soziale Arbeit als Wissenschaft vor. Zudem liefert es einen Überblick über die zentralen Theorien und Konzepte der Sozialen Arbeit. Eigene Kapitel sind den rechtlichen und sozialpolitischen Fundamenten der Sozialen Arbeit sowie den Beschäftigungsbedingungen der Fachkräfte gewidmet.

Das Buch eignet sich zur selbstständigen Einarbeitung in die zentralen Gegenstandsbereiche der Sozialen Arbeit, zur Prüfungsvorbereitung und als Basislektüre für einführende Lehrveranstaltungen.

Leseprobe und weitere Informationen unter **shop.kohlhammer.de**

Katharina Kitze

Burnout

Grundlagen und
Handlungswissen
für soziale Berufe

2021. 192 Seiten, 24 Abb.,
18 Tab. Kart. € 29,–
ISBN 978-3-17-037643-4

Grundwissen Soziale Arbeit

Dieses veranstaltungserprobte Lehrbuch führt umfassend in Ziele, Aufgaben und Instrumentarium des modernen Finanzmanagements ein, wobei die Belange und Spezifika mittelständischer Unternehmen besondere Berücksichtigung erfahren. Das Werk richtet sich als umfassender Vorlesungsbegleiter an Hochschulstudierende, ist aber aufgrund seines Aufgaben- und Fallstudienteils mit Lösungen auch zur inhaltlichen Auffrischung für die Praxis geeignet. Die Neuauflage wurde um neue Finanzierungs- und Bewertungsarten ergänzt sowie durch Berücksichtigung neuer Forschungserkenntnisse aktualisiert.

Leseprobe und weitere Informationen unter **shop.kohlhammer.de**